中華譯學館

莫言題

中華譯學館立館宗旨

以中華為根 譯與學并重
弘揚優秀文化 促進中外交流
拓展精神疆域 驅動思維創新

丁酉年冬月 許鈞撰 羅衛東書

中华译学馆·中华翻译家代表性译文库

许 钧 郭国良 / 总主编

严 复卷

徐雪英 / 编

ZHEJIANG UNIVERSITY PRESS
浙江大学出版社

总　序

　　考察中华文化发展与演变的历史,我们会清楚地看到翻译所起到的特殊作用。梁启超在谈及佛经翻译时曾有过一段很深刻的论述:"凡一民族之文化,其容纳性愈富者,其增展力愈强,此定理也。我民族对于外来文化之容纳性,惟佛学输入时代最能发挥。故不惟思想界生莫大之变化,即文学界亦然。"[①]

　　今年是五四运动一百周年,以梁启超的这一观点去审视五四运动前后的翻译,我们会有更多的发现。五四运动前后,通过翻译这条开放之路,中国的有识之士得以了解域外的新思潮、新观念,使走出封闭的自我有了可能。在中国,无论是在五四运动这一思想运动中,还是自1978年改革开放以来,翻译活动都显示出了独特的活力。其最重要的意义之一,就在于通过敞开自身,以他者为明镜,进一步解放自己,认识自己,改造自己,丰富自己,恰如周桂笙所言,经由翻译,取人之长,补己之短,收"相互发明之效"[②]。如果打开视野,以历史发展的眼光,

①　梁启超.翻译文学与佛典//罗新璋.翻译论集.北京:商务印书馆,1984:63.
②　陈福康.中国译学理论史稿.上海:上海外语教育出版社,1992:162.

从精神深处去探寻五四运动前后的翻译,我们会看到,翻译不是盲目的,而是在自觉地、不断地拓展思想的疆界。根据目前所掌握的资料,我们发现,在 20 世纪初,中国对社会主义思潮有着持续不断的译介,而这种译介活动,对社会主义学说、马克思主义思想在中国的传播及其与中国实践的结合具有重要的意义。在我看来,从社会主义思想的翻译,到马克思主义的译介,再到结合中国的社会和革命实践之后中国共产党的诞生,这是一条思想疆域的拓展之路,更是一条马克思主义与中国革命相结合的创造之路。

开放的精神与创造的力量,构成了我们认识翻译、理解翻译的两个基点。在这个意义上,我们可以说,中国的翻译史,就是一部中外文化交流、互学互鉴的历史,也是一部中外思想不断拓展、不断创新、不断丰富的历史。而在这一历史进程中,一位位伟大的翻译家,不仅仅以他们精心阐释、用心传译的文本为国人打开异域的世界,引入新思想、新观念,更以他们的开放性与先锋性,在中外思想、文化、文学交流史上立下了一个个具有引领价值的精神坐标。

对于翻译之功,我们都知道季羡林先生有过精辟的论述。确实如他所言,中华文化之所以能永葆青春,"翻译之为用大矣哉"。中国历史上的每一次翻译高潮,都会生发社会、文化、思想之变。佛经翻译,深刻影响了国人的精神生活,丰富了中国的语言,也拓宽了中国的文学创作之路,在这方面,鸠摩罗什、玄奘功不可没。西学东渐,开辟了新的思想之路;五四运动前后的翻译,更是在思想、语言、文学、文化各个层面产生了革命性的影响。严复的翻译之于思想、林纾的翻译之于文学的作用无须赘言,而鲁迅作为新文化运动的旗手,其翻译动机、翻译立场、翻译选择和翻译方法,与其文学主张、文化革新思想别无二致,其翻译起着先锋性的作用,引导着广大民众掌握新语言、接受新思想、表达自己的精神诉求。这条道路,是通向民主的道路,也是人民大众借助掌握的新语言创造新文化、新思想的道路。

回望中国的翻译历史,陈望道的《共产党宣言》的翻译,傅雷的文学翻译,朱生豪的莎士比亚戏剧翻译……一位位伟大的翻译家创造了经典,更创造了永恒的精神价值。基于这样的认识,浙江大学中华译学馆为弘扬翻译精神,促进中外文明互学互鉴,郑重推出"中华译学馆·中华翻译家代表性译文库"。以我之见,向伟大的翻译家致敬的最好方式莫过于(重)读他们的经典译文,而弘扬翻译家精神的最好方式也莫过于对其进行研究,通过他们的代表性译文进入其精神世界。鉴于此,"中华译学馆·中华翻译家代表性译文库"有着明确的追求:展现中华翻译家的经典译文,塑造中华翻译家的精神形象,深化翻译之本质的认识。该文库为开放性文库,入选对象系为中外文化交流做出了杰出贡献的翻译家,每位翻译家独立成卷。每卷的内容主要分三大部分:一为学术性导言,梳理翻译家的翻译历程,聚焦其翻译思想、译事特点与翻译贡献,并扼要说明译文遴选的原则;二为代表性译文选编,篇幅较长的摘选其中的部分译文;三为翻译家的译事年表。

需要说明的是,为了更加真实地再现翻译家的翻译历程和语言的发展轨迹,我们选编代表性译文时会尽可能保持其历史风貌,原本译文中有些字词的书写、词语的搭配、语句的表达,也许与今日的要求不尽相同,但保留原貌更有助于读者了解彼时的文化,对于历史文献的存留也有特殊的意义。相信读者朋友能理解我们的用心,乐于读到兼具历史价值与新时代意义的翻译珍本。

许　钧

2019 年夏于浙江大学紫金港校区

目　录

第三编　政治学与逻辑学

第四编 八大译著外之译著选编

导　言

一、严复生平简介[①]

1. 求　学

严复(1854—1921),福建侯官(今闽侯)人,出生于福建福州侯官县盖山镇阳岐村的一个中医世家,自幼先后师从叔父严焌昌及宿儒黄昌彝学习"四书五经",打下了良好的国学基础。1867 年,14 岁时投考沈葆桢办的福州(马尾)船政学堂(原名"求是堂艺局"),以第一名被录取进入船政学堂后学堂驾驶科,学习英文、数学、物理、化学、地质、天文、航海术等。入学后,改名宗光,字又陵。1871 年 5 月,18 岁,从福州船政学堂后学堂毕业,考列优等,在舰上实习,曾在我国台湾作业,并远航至马来西亚、日本等地。

1877 年,24 岁,奉派赴英留学,考入英国格林威治皇家海军学院学习。在英国求学期间,除学习重学(即力学)、格致学(含电学)、化学、炮

---

① 较为详细的严复生平介绍请参考:林耀华. 严复生平事略//林耀华. 从书斋到田野. 北京:中央民族大学出版社,2000;也转载于:朱修春. 严复学术档案. 武汉:武汉大学出版社,2015:101-117。另一篇介绍严复生平的是柯劭忞所纂《清史稿》中的《严复传》,转载于:朱修春. 严复学术档案. 武汉:武汉大学出版社,2015:96-97.

弹、画海道图等专业课程外,严复对于社会科学相关书籍也多有涉猎。他英语水平卓越,对西方科技和社会发展往往有独到的见解,深得清政府驻英国总领事郭嵩焘的赏识。郭评价他"又陵才分,吾甚爱之","宗光才质甚美,颖悟好学,论事有识"。洋监督斯穆塞格的评价语为"严宗光于管驾官应知学问以外,更能谈本溯源,以为传授生徒之资,足胜水师学堂教习之任"①。在英国求学两年后于 1879 年 9 月学成归国,回母校福州船政学堂任教习。改名复,字几道。

2. 仕 途

1880 年,李鸿章在天津办北洋水师学堂,调时年 27 岁的严复任教习。此后的 20 年,严复一直在北洋水师任职,培养晚清海军人才。在北洋水师第二个十年中,又奉李鸿章之命办俄文馆,任总办,协助张元济等在北京创办通艺学堂,提倡西学,培养人才。

严复的仕途并不十分顺利。由于清朝重文轻武,严复也一直希望能博得功名,曾经 4 次回福建参加乡试(1885 年、1888 年、1889 年、1893 年),均落第。严复想借八股文走举人、进士、翰林而公卿的道路最终以失败告终,其间还染上过鸦片毒瘾。直到宣统元年(1909 年)才被"朝旨赐文科进士出身""授海军协都统",严复时年已 46 岁。次年又作为"硕学通儒"担任资政院议员。在北洋水师学堂的最后几年,严复愈加目睹海军内部的腐败,觉得"北洋当差,味同嚼蜡"。好在学堂环境幽静,他可以在教务之余大量阅读中西书籍,从事翻译。严复虽然在留学期间研读过一些西学著作,并对西洋的社会结构、政治制度、思想学术等初步形成了自己的看法,但他对西洋社会形成精深的、系统化的认识,还是在其回国后持续不断的阅读和努力钻研下获得的。他后来翻译的大部分著作,并不是他留学英国时所读的,而是他任职北洋水师时所读的。1880—1881 年,严复初到北洋水师之时,初读英国哲学家斯宾塞(Herbert Spencer)所著的 *The Study of Sociology*(严译《群学肄言》),大为倾服,"辄叹得未曾有,生

① 孙应祥. 严复年谱. 福州:福建人民出版社,2014:43-44.

平好为独往偏至之论,及此始悟其非"。严复认为,此书"实兼《大学》《中庸》精义而出之以翔实,以格致诚正为治平根本矣"①。

3. 译　事

1894 年,中日甲午海战爆发,北洋水师全军覆没,严复在福州船政学堂同期的诸多好友如刘步蟾、邓世昌等皆壮烈殉国,北洋水师学堂所培植的学生也伤亡过半。甲午海战的失败对严复产生了非常大的冲击。是年,严复谕长子璩书中提到:"中国今日之事,正坐平日学问之非,与士大夫心术之坏,由今之道,无变今之俗,虽管、葛复生,亦无能为力也。""多看西书,觉世间惟有此种是真实事业,必通之而后有以知天地之所以位、万物之所以化育,而治国明民之道,皆舍之莫由。"②他对洋务运动进行了深刻反思,批判了"中学为体、西学为用"的思想,认为"中学有中学之体用,西学有西学之体用,分之则并立,合之则两亡"③。严复认为,如果不改变制度和观念,对于西方国家器物层面的革新和仿效,无法让一个古老的民族真正摆脱衰落的命运。严复随后转入一生中最为重要的翻译工作阶段。在短短 3 个月内(1895 年二月初至五月初)连续在天津《直报》上发表了 5 篇文章:《论世变之亟》《原强》《辟韩》《原强续篇》和《救亡决论》。他一开始就表现出勇猛的战斗姿态,鼓吹变法维新,提倡"新学",提出"鼓民力、开民智、新民德"的救世方略。

从 1896 年到 1908 年的 12 年时间内(43—55 岁),严复开展了他最富有成效、影响最大的翻译事业,笔耕不辍,先后翻译了赫胥黎的 *Evolution and Ethics*(严译《天演论》)等 8 部重要的西方经典学术著作。1897 年 12 月,《天演论》的出版引起轰动,④他被称为维新派的精神领袖,"物竞天择"

---

① 严复. 群学肄言·译余赘语//汪征鲁,方宝川,马勇. 严复全集(卷三). 福州:福建教育出版社,2014:10.(本书所引严复译文均出自该版本,后面引文的出处只列出篇名、书名及页码。)
② 严复. 与长子严璩书//王栻. 严复集(第三册). 北京:中华书局,1986:779-780.
③ 出自严复撰于 1902 年的《与外交报主人论教育书》。
④ 《天演论》至 1921 年商务印书馆已经印行了 20 版,可见其受欢迎程度。

一时成为流行语;并于 1898 年得到光绪帝召见,询问其对变法的意见。同年,在北京象房桥通艺学堂演讲"西学门径功用",随后的翻译一发不可收。

1900 年,义和团运动后,八国联军攻占天津和北京。严复认为,中国民智百年难开,维新自强不可能实现,维新派想做填海的精卫,只是自不量力而已。严复南迁上海租界避难期间始译亚当·斯密的《原富》。这以后的十年间,他的生活并不十分安定。出于家庭经济压力和其他的因素,严复多处任职,曾回天津主持开平矿务局的工作,1906 年被任命为复旦公学第二任校长、安庆高等学堂监督,往返于沪皖两地办学任职,又为开平矿诉讼事赴英国交涉并顺道游历西欧三国。1912 年之后,先后担任京师大学堂总监、总统府顾问、海军部编译处总纂等职务。这些任职,时间都较短暂,他都没有多下功夫。

他把主要的精力放在了翻译上,"屏弃万缘,惟以译书自课"。相继译出了亚当·斯密的《国富论》(严译《原富》)、斯宾塞的《社会学研究》(严译《群学肄言》)、约翰·穆勒的《论自由》(严译《群己权界论》)、孟德斯鸠的《论法的精神》(严译《法意》)、甄克斯的《政治简史》(严译《社会通诠》)、约翰·穆勒的《逻辑体系》(严译《穆勒名学》)半部、耶方斯的《名学浅说》这 8 部代表性译著。这些译著和其他一些政论,使得严复成为中国近代思想史上"最早系统地介绍西方资本主义经济、政治理论和学术思想,宣传资本主义'西学''新学',以与封建主义的'中学八旧学'相抗衡的首要代表人物"①。

4. 晚 年

严复晚年事务缠身,加之哮喘不断,仅在 1914 年翻译了卫西琴(A. Westharp)的《中国教育议》。1921 年,一代思想巨匠、翻译大家严复在福州郎官巷寓所逝世,享年 68 岁。其遗嘱内列三事:(1)中国必不亡,旧法可损益,必不可叛。(2)新知无尽,真理无穷。人生一世,宜励业益知。

---

① 任继愈. 中国哲学史(第四册). 北京:人民出版社,1979;207.

(3)两害相权,已轻群重。

严复的一生处于清末民初中国变革最为剧烈的时期,他除了系统介绍西方学术思想,推动中国维新变法外,还提出了"信、达、雅"的翻译理论。对于中国宪政改革、高等教育发展与改革、晚清中国海军的建立、"开民智、新民德"教育理念的普及都做出了卓越的贡献。

二、严复主要翻译作品简介①

早在英国留学期间,严复就感叹"西洋学术之精深,而苦穷年莫能殚其业"②。对中西文化经过长期的思考后,严复对于西学的评价是:"西人笃实,不尚夸张……其学绝驯实,不可顿悟,必层累阶级,而后有以通其微……以中国之糟粕方之,虽其间偶有所明,而散总之异、纯杂之分、真伪之判,真不可同日而语也。"③

他所努力从事的翻译工作是一个系统工程,旨在把西方现代经济学、政治学和社会学等基本原理输入进来,用这种完全不同的思想体系冲击和改变中国的知识体系与价值系统。为此,他所选择的这些作品大都是西方某一领域有影响力的代表作。在严复看来,这些影响西方世界的重要作品所承载的国家、民主、个人权利与自由理念,正是当时的中国所欠缺的,因此拯救中国需要从重塑理念开始。中西方观念上的差别正是导致中西方文明一个上升一个衰落的根源。严复翻译西方哲学、法学、经济学、逻辑学等领域名著主要有 8 种,共计约 190 万字。

1. 严译《天演论》

《天演论》(《进化论与伦理学》,*Evolution and Ethics*,published in 1891 in England),[英]赫胥黎(Thomas Henry Huxley)著,初版为 1898

---

① 参见:朱修春. 严复学术档案. 武汉:武汉大学出版社,2015:196-232.

② 孙应祥. 严复年谱. 福州:福建人民出版社,2014:36.

③ 严复. 与长子严璩书//王栻. 严复集(第三册). 北京:中华书局,1986:779-780.

年,沔阳卢氏慎始基斋木刻本,1905 年由商务印书馆正式出版,至 1921 年印行 20 版。《进化论与伦理学》的作者是英国著名生物学家赫胥黎。他是达尔文主义的主要代表,为捍卫科学探索的权利,加入了教会与科学界的论战。1893 年,赫胥黎在牛津大学做"进化论与伦理学"的演讲,并在此基础上出版了一个论文集。《天演论》是这本论文集的前半部,主要对进化论的原理做了哲学上的阐释,同时又认为社会伦理关系不同于自然法则,因为人类具有高于动物的先天"本性",人类社会的进展不应该模仿宇宙的过程,而应该在同它的斗争中不断走向完善。严复通过这本书的翻译传达了"物竞天择,适者生存"的道理,为推动晚清社会变革寻找到了重要的思想武器。

2. 严译《原富》

《原富》(《国富论》,*An Inquiry into the Nature and Cause of the Wealth of Nation*, published in 1776 in England),[英]亚当·斯密(Adam Smith)著,初版于 1901—1902 年,由上海南洋公学译书院出版。这部作品主要阐述了自利个体通过分工达成社会福利最大化的思想,倡导自由市场和"看不见的手"对资源的配置,强调了政府需要提供相应的法律、教育、军队等公共产品。对于这部作品的翻译,严复希望传达的信息是,西方国家的国富民强在于为民众提供了足够的自由,只有把每个个体的创造力都发挥出来,"任民竞争",国家不要干预,任由市场发展,经济和科技才能发展,财富才能累积,国家才能富强。

3. 严译《法意》

《法意》(《论法的精神》,*De L'esprit Des Lois*, *The Spirit of the Laws*, published in 1743 in France),[法]孟德斯鸠(C. L. S. Montesquieu)著,初版于 1904 年,由商务印书馆出版。这本书是法国著名启蒙思想家、哲学家孟德斯鸠的最后一部作品,是他对国家、社会、政治、法律等一系列问题思考和研究的总结。它讨论的主要不是法律,而是法的精神,指出一切被授予权力的人都容易滥用权力,并在对这一普遍现象思考的基础上提出了"以权力制约权力"的划时代构想。孟德斯鸠把政权分为立法、司法、行政三个部分,强调彼此的分立和制约,保障公民的自由权利。"三权分立"思想成为现代国家制度构建的理论基础。这部作品的翻译,为中国思想界引介了现代国家制度构建理论,为晚清国家制度变革指明了方向,也是严复主张君主立宪制的重要理论依据。

4. 严译《穆勒名学》

《穆勒名学》(《逻辑体系》, *A System of Logic*, published in 1843 in England),[英]约翰·穆勒(John Stuart Mill)著。《穆勒名学》的上半部于 1905 年由金陵金粟斋木刻出版。这部作品是 19 世纪西方经验主义思想的一部经典性的逻辑著作,原著分为名与辞、演绎推理、归纳推理、归纳方法、诡辩、伦理科学的逻辑等六个部分。穆勒指出,归纳与概括不同,概括是把同一命题的细节综合起来,而归纳则是由已知推论未知。他谈到了五种归纳方法:契合法、差异法、契差兼用法、剩余法、共变法。严复在翻译《天演论》等西方著作之后,意识到"求诚正名"的重要性,深知逻辑对于文明发展的重要性,因而把目光投向哲学认识的工具学和方法论。1900 年"开名学会,讲演名学,一时风靡,学者闻所未闻",此后两年中他翻译了此书。严复认识到,在西方自亚里士多德以来,就教人先明确概念、定义,避免乱用概念而在语言文字上造成名实不符的混乱。他认为,中国学者在思想方法上缺乏西学的翔实,关键就在于把演绎和归纳分离,而不能"实测会通"。他接受穆勒的理论而肯定科学上形成演绎原则的过程,是由实测而趋向演绎(外籀);既成演绎,不得遂视为与归纳(内籀)无涉。

5. 严译《群学肄言》

《群学肄言》(《社会学研究》, *The Study of Sociology*, published in 1873 in England),[英]斯宾塞(Herbert Spencer)著,初版于 1903 年,由上海文明编译书局印行,1908 年由商务印书馆印行。这部书是一本普及性的社会学读物,旨在向社会各界宣传社会学也可以像自然科学一样成为科学,其中第十六章论述了他一贯的社会渐进改良的理论,强调妥协,反对激进主义。严复非常重视这部书的翻译,认为"吾译此书真前无古人,后绝来哲";除了本书的重要性以外,严复的主要意图是希望通过宣传本书的改良思想,补救《天演论》立论过猛之弊。

6. 严译《群己权界论》

《群己权界论》(《论自由》,*On Liberty*, published in 1859 in England),[英]约翰·穆勒(John Stuart Mill)著,初版于1903年,由商务印书馆印行。这是一部表达自由主义思想的重要作品,是自由主义理论体系最后完成的标志。全书的中心议题有三:一是思想和言论自由;二是个性自由;三是社会对个人自由的控制。对个人和社会之间的权力界限的划分是作者思考的重点。它把人的价值放在首位,重视社会权威对个人自由干预的最小化。社会对个人自由干预的准则是,个人的行动只要不涉及自身以外他人的利害,个人就不必向社会负责。它从功利主义的角度论述了社会存在和个人的最低义务:为保障个人自由,一定的社会权威是必要的,个人必须遵守某种社会规范。严复的本意是在中国传播自由的理念,但现实中人们纷纷谈论自由,其内涵却各不相同,"喜新者又恣肆泛滥,荡然不得其义之所归",鉴于这种情况,严复费尽心思将书名改为《群己权界论》。①

7. 严译《社会通诠》

《社会通诠》(《政治简史》,*A Short History of Politics*, published in 1900 in England),[英]甄克斯(Edward Jenks)著,初版于1904年,由商务印书馆印行,至1915年共出了7版。本书讲的是政治进化史,将社会演化划分为三个阶段:蛮夷社会、宗法社会和国家社会。其中宗法社会以血缘为基础,判断一个人的归属只关心其种族而不关心其户籍,通常对于外族人比较排挤,"统于所尊"。而国家社会刚好相反,即根据户籍所在来

---

① 关于严复个人自由思想的讨论参见:黄克武. 严复理想社会中的个人自由与个人尊严//朱修春. 严复学术档案. 武汉:武汉大学出版社,2015:256-295;董小燕. 严复思想研究(第四章). 杭州:浙江大学出版社,2006.

定归属,不排外,人们享有自由和法律规定之权利。同时,甄克斯也拥护英国的君主立宪制。严复认为,中国传统社会就是宗法社会,这种社会制度是导致中国积贫积弱的制度来源。

8. 严译《名学浅说》

《名学浅说》(*Elementary Lessons in Logic*, published in 1870 in England),[英]耶方斯(William Stanley Jevons)著,初版于 1909 年,由商务印书馆印行,至 1921 年共出 11 版。这是一部逻辑学的介绍性读物。严复虽曾发心续译《穆勒名学》,但"人事卒卒,又老来精神茶短,惮用脑力。而穆勒书精深博大,非澄心湫虑,无以将事;所以尚未逮也"①,恰好 1908 年民国奇女子吕碧城求教名学,借此因缘翻译了耶方斯的《名学浅说》。

三、严复的翻译理论及其实践②

1. 严复翻译理论及内涵

严复在 1898 年出版的《天演论·译例言》中首次提出了翻译所要遵循的"信、达、雅"的理论,他认为:"译事三难:信、达、雅。求其信已大难矣,顾信矣不达,虽译犹不译也,则达尚焉。……译文取明深义,故词句之间,时有所颠倒附益,不斤斤于字比句次,而意义则不倍本文。"③罗新璋先生评价严复的"译例言"为"客观上起到继往开来的作用,一方面,集汉唐译经论说之大成,另一方面,开近代翻译学说之先河。所以他的译论一

① 名学浅说·译者自序//严复全集(卷五):331.
② 关于专门论述严复的专著很多,详细可进一步参见:高惠群,乌传衮. 翻译家严复传论. 上海:上海外语教育出版社,1992;沈苏儒. 论信达雅——严复翻译理论研究. 北京:商务印书馆,1998.
③ 天演论·译例言//严复全集(卷一):78.

出,备受学术界推重"①。

　　严复认为,所谓的"达"是为"信"服务的,正如钱锺书先生所言,"译文达而不信者有之矣,未有不达而能信者也"②。那么如何才能实现"达"和"信"统一的目的呢?严复认为,译者需要"全文神理融会于心,则下笔抒词,自善互备。至原文词理本深,难于共喻,则当前后引衬,以显其意",而这些努力,都是为了实现"达"的目标,而"为达即所以为信也"。对于"信、达、雅"三者的关系,严复引用孔子的观点,"'辞达而已。'又曰:'言之无文,行而不远。'"因此认为信、达、雅需要同时达到,这是翻译所需要追求的标准,"故信、达而外,求其尔雅"③,即"雅"的功用就是为了"行远"流布,为了"求达"。著名翻译理论家王宏志先生认为,"信"和"达""不仅不是矛盾,且还是互为一体的……'达'的最终目的,其实也是'信'"④。

　　当代著名翻译家许钧先生尊严复为我国近代"译学"之父,认为严复翻译思想与学说的影响深远:"严复的信达雅三难说,就译者本身而言,突破了这种直觉而盲目的翻译状况,表现出了译者主体意识的觉醒和对译事的自觉追求。……并提出明确的标准来规范自己的实践……他提出的信达雅,以'信'为翻译之本,兼达兼雅,三位一体,正是他对翻译之道探索的积极成果。"⑤

---

① 罗新璋. 我国自成体系的翻译理论//罗新璋. 翻译论集. 修订版. 北京:商务印书馆,2009:7.

② 转引自:汪荣祖. 严复的翻译//朱修春. 严复学术档案. 武汉:武汉大学出版社,2015:239.

③ 天演论·译例言//严复全集(卷一):78.

④ 王宏志. 重释"信达雅":二十世纪中国翻译研究. 北京:东方出版中心,1999:82.

⑤ 许钧为纪念严复《天演论·译例言》刊行一百周年而写的《在继承中发展》,发表于《中国翻译》1998年第2期。也有学者认为《天演论》的翻译实际上并没有遵照严复自己提出的信、达、雅标准,因为很多内容掺杂了译者自己的一些观点,没有忠实于原文。这里涉及翻译作品的目的和意义问题,作为思想家和翻译家的严复,自然希望能通过翻译来表达自己的观点,这在后面会有所论及。

2.翻译理论的实践①

严复选择意译是考虑到中英两种语言文法极不相同,故必须将原文"神理融会于心"之后再用译文的语法来表达,自不可能逐字逐句翻译,而必须有时颠倒原来的字句与段落;再由于用文言翻译,势必简洁,不宜冗赘,英文中的许多助语,自然略去;增饰打扮,让整个译文看起来像是中国人所写的作品。以《天演论》第一段为例加以比较说明。

其英文原文是:

It may be safely assumed that, two thousand years ago, before Caesar set foot in Southern Britain, the whole countryside visible from the windows of the room in which I write, was in what is called "the state of nature". Except, it may be, by raising a few sepulchral mounds, such as those which still, here and there, break the flowing contours of the downs, man's hands had made no mark upon it; and the thin veil of vegetation which overspread the broad-backed heights and the shelving sides of the coombs was unaffected by his industry. The native grasses and weeds, the scattered patches of gorse, contended with one another for the possession of the scanty surface soil; they fought against the droughts of summer, the frosts of winter.

若不加修饰,则原文大致可译为:

吾人可安心设想,二千年前恺撒涉足英南之前,仆书窗所见,整片田野风貌,乃呈原始景色,可能除了几处今日犹可见之荒坟,截断山冈相连之地平线外,皆未经人手雕琢之际也。荒野之上野草丛丛,

---

① 汪荣祖. 严复的翻译//朱修春. 严复学术档案. 武汉:武汉大学出版社,2015;245-247;高惠群,乌传衮. 翻译家严复传论. 上海:上海外语教育出版社,1992;93-96.

为获稀缺之土壤,相互竞争;与夏之酷热,冬之寒霜相抗争。

而经过严复的加工改造之后,则为:

> 赫胥黎独处一室之中,在英伦之南,背山而面野,槛外诸境,历历
> 如在几下。乃悬想二千年前,当罗马大将恺彻未到时,此间有何景
> 物。计惟天造草昧,人功未施,其借征入境者,不过几处荒坟,散见坡
> 陀起伏间。而灌木丛林,蒙茸山麓,未经删治如今日者,则无疑也。
> 怒生之草,交加之藤,势如争长相雄,各据一抔壤土,夏与畏日争,冬
> 与严霜争。①

严复为了达到翻译的效果,对内容做了删减,并增添了一些形容词。
例如原文中的"吾人可安心设想"(It may be safely assumed)以及"可能
除"(Except, it may be)等洋味颇重的语助词都直接删去,而不害主旨。
严复对于"man's hands had made no mark upon it"的自然景象,则一再
描述,"未经删治"之外平添了"天造草昧,人工未施"之句。在"恺彻"之前
增"罗马大将"语,帮助了解人物背景。此外,原文中虽无"赫胥黎独处一
室之中",但作者自称书窗所见,则其人其地已呼之欲出。对于
"contended with one another for the possession of the scanty surface
soil"翻译为"势如争长相雄,各据一抔壤土",用词非常简洁而不失原意。
经过删减改造之后,译文表达清晰,前后连贯,逻辑性强,更能"达"意。由
此可见,严复不过是据实刻画,而非向壁虚构,并未为"达"而有失于"信"。

同时,严复的翻译中非常明显的一个特色是,完全采用了中国士大夫
所熟悉的句式和结构,语言较之原文更为简洁流畅,有桐城派古文风格,
铿锵有力,从而实现了"雅"的目的;严复甚至认为用汉以前的文字更能表
达英文的原文,"用汉以前字法、句法,则为达易;用近世利俗文字,则求达
难"②。严复选择古汉语翻译的另一个重要原因是,晚清之际士大夫对于

---

① 天演论·导言一　察变//严复全集(卷一):82.
② 天演论·译例言//严复全集(卷一):78.

西方著述多不屑,而严复为了打动士大夫阶层,方便西方思想传播,还请桐城派吴汝纶为《天演论》作序,得到"其书乃骎骎与晚周诸子相上下"的高度评价。

再看亚当·斯密的《原富·篇六 论物价之析分》的第一段,原文是:

> In that early and rude state of society which precedes both the accumulation of stock and the appropriation of land,the proportion between the quantities of labour necessary for acquiring different objects seems to be the only circumstance which can afford any rule for exchanging them for one another. If among a nation of hunters,for example,it usually costs twice the labour to kill a beaver which it does to kill a deer one beaver should naturally exchange for or be worth two deer. It is natural that what is usually the produce of two days or two hours labour should be worth double of what is usually the produce of one day's or one hour's labour.

严复的译文是:

> 民始合群,无占田亦无积聚,交易之事,舍功力则差率由见。譬诸游猎之部,其杀一鼹鼠,方之杀一鹿者,其难倍之,则一鼹鼠应易两鹿;事之资二日作苦而后成者,其值倍于一日作苦之所成者,自然之势也。①

译文较原文更为简洁,而意思包含殆尽,并无重要的遗漏,文句亦未多颠倒,也不觉得有翻译的斧凿痕迹。其余严译诸书,虽详略有异,时有佳句美词,足可朗朗上口。如《群学肄言》中的"望舒东睇,一碧无烟,独立湖塘,延赏水月,见自彼月之下至于目前,一道光芒,滉漾闪烁,谛而察之,

---

① 原富·篇六 论物价之析分//严复全集(卷二):59.

皆细浪沦漪,受月光映发而为此也。徘徊数武,是光景者乃若随人"①,备受推崇。这些译文经严复之手,已完全像是本土作者的产物,自然不容易引起理解的隔阂,但这对于作者提出了更高的要求。

上述翻译风格为《天演论》的流行奠定了基础。《天演论》出版后之所以能风行海内,固然因为它阐述了"物竞天择,适者生存"的"天演"思想而归结到以人持天、自强保种,符合当时社会变革的诉求,但如果不是严复学贯中西,学术造诣特别是他的中文文学修养深厚,那么仍然是不可能如此风行的。严复除了深谙西学西语外,从年轻时就打下了比较扎实的国学根底,后来在古文字上又得益于桐城派大家吴汝纶的指点。吴汝纶很佩服他作为一位翻译家所独具的禀赋:"独执事博涉,兼能文章。学问奄有东西数万里之长,子云笔札之功,充国四夷之学,美具难并,钟于一手,求之往古,殆邈焉罕俦。"②但梁启超对于这种古雅的译文形式提出了批评,他认为:"其文笔太务渊雅,刻意模仿先秦文体,非多读古书之人,一翻殆难索解……学理邃颐之书,安能使学僮受其益乎?"③

四、严复翻译的特色

1. 托译言志④

严复不仅是一位翻译大家,更是中国早期启蒙运动的精神领袖,其翻译的一个突出特点是"托译言志",通过翻译过程对原作内容进行调整、删减以及评论,来表达作者的主要变革思想和价值取向。商务印书馆在重

---

① 群学肄言·物蔽第五//严复全集(卷三):61-62.
② 吴汝纶.答严幼陵//吴汝纶.桐城吴先生全书尺牍(卷一).台北:文海出版社,1973:131.
③ 梁启超.绍介新著《原富》//朱修春.严复学术档案.武汉:武汉大学出版社,2015:22.
④ 关于严复思想的研究可进一步参考:董小燕.严复思想研究.杭州:浙江大学出版社,2006.

印"严译名著丛刊"的前言中指出,严复翻译是"用来表达自己的政治主张和社会思想,严复的译作在很大程度上可以视为自己的著述"。这一特征在《天演论》中尤为突出。严复只选取了赫胥黎著作的演讲稿和导言部分,在翻译中采用了意译的方法,不对原文逐字逐句进行翻译,而是为适应中国古文的表达而对内容进行调整,诚如其所言,"时有所颠倒附益,不斤斤于字比句次,而意义则不倍本文"。

《天演论》第一段中的原文:

and the furious gales which swept, with unbroken force, now from the Atlantic, and now from the North Sea, at all times of the year; they filled up, as they best might, the gaps made in their ranks by all sorts of underground and overground animal ravagers. One year with another, an average population, the floating balance of the unceasing struggle for existence among the indigenous plants, maintained itself. It is as little to be doubted, that an essentially similar state of nature prevailed, in this region, for many thousand years before the coming of Caesar; and there is no assignable reason for denying that it might continue to exist through an equally prolonged futurity, except for the intervention of man.

严复的翻译为:

四时之内,飘风怒吹,或西发西洋,或东起北海,旁午交扇,无时而息。上有鸟兽之践啄,下有蚁蝝之啮伤,憔悴孤虚,旋生旋灭,菀枯顷刻,莫可究详。是离离者亦各尽天能,以自存种族而已。数亩之内,战事炽然。强者后亡,弱者先绝,年年岁岁,偏有留遗,未知始自何年,更不知止于何代。苟人事不施于其间,则莽莽榛榛,长此互相吞并,混逐蔓延而已,而诘之者谁耶?①

其中"强者后亡,弱者先绝"八个字是严复根据原文隐含的意思引申出来的,并没有忠实于原文表达,而且严复也打乱了语序,并省略了部分内容。但这八个字却是他自己最想表达的观点。

为弥补翻译只能复述原作而不能表达自己见解的局限,严复写下了大量按语;在译述过程中,他引入斯宾塞的一些思想,也对达尔文进化论思想做了介绍;考虑到中国读者对这些思想非常陌生,他又针对中国社会现实进行了发挥,按语字数达全书的三分之一之多,②于是整个作品成了夹叙夹议的再创作,而不是一部严格意义上的译著。严复加按语的主要原因是为了"集思广益",在翻译过程中如果遇到原文和其他人的学术观点有不一致的,就"谫陋所知,列入后案,以资参考。间亦附以己见,取《诗》称嘤求,《易》言丽泽之义"③。梁启超在对严复翻译的《原富》一书的介绍中对严译按语的评价是肯定的,认为"大率以最新之学理,补正斯密所不逮也。其启发学者之思想力、别择力,所益实非浅鲜。至其审定各种名词,按诸古义,达诸今理,往往精当不易"④。

翻译《天演论》的过程中,严复让斯宾塞批判赫胥黎,又让赫胥黎补充和批判斯宾塞,互相批判和补充的结果正是严复所需要的这种翻译,这的确是一种大胆的创造;他的翻译不仅有选择,而且把《进化论与伦理学》改造为《天演论》。关于严复的这种做法一直有争议,因为它显然是对原著的一种侵犯,但严复的翻译本来就不是纯粹的翻译活动,而是寻找思想火种,他用"物竞天择,适者生存"八个字概括了生物进化的规律,认为它是宇宙中一切事物进化的规律,同样适用于人类社会。他借翻译告诉中国读者,中国只有顺应这一天演规律,才能富强自保。这部翻译作品成为中

---

① 天演论·导言一　察变//严复全集(卷一):82.
② 严复在《天演论》之后翻译的作品中,如《原富》《法意》译文中加了不少按语。
③ 天演论·译例言//严复全集(卷一):79.
④ 梁启超.绍介新著《原富》//朱修春.严复学术档案.武汉:武汉大学出版社,2015:22.

国重要的现代思想启蒙作品,让中国社会普遍意识到革新图强的必然性和迫切性。

2. 中西方比较和"格义"贯通

严复翻译除了用古代典雅之词和句式结构外,还特别重视借用中文典故和中国传统学术概念体系来比附西学思想和概念,"本以理学西书,翻转不易,固取此书,日与同学诸子相课"①。这个方法和汉代佛教传入中国以来,早期佛经翻译为了让士大夫更容易理解佛教新的概念,借用中国本土传统儒学和道教术语的"格义"②方法相似。同时,严复也清楚地认识到,中西方的概念存在非常大的差异,很多概念看起来相似,但内涵迥异。从严复的译文中,我们可以看到他对于中西方文化之间的内在联系和区别有非常清晰的认识。

例如逻辑学的一些基本概念。西方的逻辑学(严复翻译为"名学")在推理方面有归纳(内籀)和演绎(外籀)两法。"乃推卷起曰:有是哉,是固吾《易》《春秋》之学也。迁所谓本隐之显者,外籀也;所谓推见至隐者,内籀也,其言若诏之矣。二者即物穷理之最要涂术也,而后人不知广而用之者,未尝事其事,则亦未尝咨其术而已矣。"③

对于中西方经典之间的联系,严复认为,"夫西学之最为切实,而执其例可以御蕃变者,名、数、质、力四者之学是已。而吾《易》则名、数以为经,质、力以为纬,而合而名之曰'易'"④。对于西方社会学(群学)的主旨和传统儒家思想的联系,严复在《群学肄言·译余赘语》中做了比较,认为《群

---

① 天演论·译例言//严复全集(卷一):79.
② 在中国古代佛教史中,"格义"是一个特殊的概念。《高僧传·竺法雅传》中提到竺法雅关于早期佛经翻译的方法。"竺法雅等援引中国传统哲学(即所谓的'外学'、'外典',主要指老庄哲学)概念来拟配、解释佛学的概念,并逐条著之为例,作为刊定的统一格式,于讲授时用之以训门徒,叫作'格义'。……到了鸠摩罗什时代,则更不须藉外典以相比拟,'格义'之法被视为'迂而乖本',遂弃之不用。"(方克立.中国哲学大辞典. 北京:中国社会科学出版社,1994:560.)
③ 天演论·译《天演论》自序//严复全集(卷一):76.
④ 天演论·译《天演论》自序//严复全集(卷一):76.

学肄言》一书实际上"兼《大学》《中庸》精义。而出之以翔实,以格致诚正为治平根本矣"①,因为西方的学术范围虽然比较广,包括数学、逻辑(名学)、物理(质学)等,但以格致而求治平的道理是不变的,"夫唯此数学者明,而后有以事群学,群学治,而后能修齐治平,用以持世保民以日进于郅治馨香之极盛也"②。

严复在《群己权界论·译凡例》中对于自由的概念是这样阐述的,"人的自由,而必以他人之自由为界",而这正好和儒家经典《大学》精神相一致,"絜矩之道,君子所恃以平天下者也"③。又在《原富》的"译事例言"中对中西方经济学的缘由做了比较:"谓计学创于斯密,此阿好者之言也……中国自三古以还,若《大学》,若《周官》,若《管子》《孟子》,若《史记》之《平准书》《货殖列传》,《汉书》之《食货志》,桓宽之《盐铁论》,降至唐之杜佑,宋之王安石,虽未立本干,循条发叶,不得谓于理财之义无所发明。"④严氏类似此种之论调甚多,究竟有无附会之处姑且勿论,但至少可知其并无数典忘祖之弊。

五、严复翻译的主要影响

1. 社会思想影响

严复的《天演论》给历史上占统治地位的"天道观"以毁灭性打击,为人们观察和解释社会以及人生问题提供了全新的视角,进而成为新的世界观和方法论,开辟了中国近代思想史上的进化论时代。《天演论》所唤醒的"合群保种"意识,为中国的古典民族主义注入了蓬勃生机,使之演变为现代民族主义。

---

① 群学肄言·译余赘语//严复全集(卷三):10.
② 原强//严复全集(卷七):17.
③ 群己权界论·译凡例//严复全集(卷三):254.
④ 原富·译事例言//严复全集(卷二):11.

追流溯源，中国的古典民族主义最初表现为血缘民族主义（nationalism of kinship），以种族血缘为认同符号；其后表现为文化民族主义（nationalism of culture），以文化道德为认同符号，所谓"诸夏用夷礼则夷之，夷狄用诸夏礼则诸夏之"，即"夷夏之辨"是其主要内容。在漫长的历史岁月中，中华文化在东方一直处于领先地位，古代中国人因此陶醉于万邦来朝的太平景象中，只有天下观而无国家观。近代以降，西方殖民主义者的炮火驱散了天朝大国的虚幻梦境，在外患频临、民族危机日深的情势下，《天演论》所激发的"合群保种"意识增强了国人对中华民族这个大群体及国家领土主权的认同感。这样，中国的民族主义除了传统的种族血统意识和文化道德观念等因素外，又增添了国家领土主权这一新内容。这种注重国家领土主权的民族主义（nationalism of sovereignty）就是现代民族主义，它是近代中国救亡运动的原动力。①

《原富》是中国近代史上第一本在中国引起普遍反响的经济学著作，在中国知识界起到了启蒙作用，远非传教士的同类译品可比。在《原富》的所有受众中，至少有一部分文化程度较高的知识分子看懂了《原富》，并且受到很大的影响。但《原富》未能像《天演论》那样，在近代中国社会一石激起千层浪。

这首先是因为《原富》的题材所限。从《原富》问世到拒俄运动、立宪运动、辛亥革命、二次革命、护国战争，直至五四运动，救亡图存一直是全社会关注的焦点，《天演论》讨论的正是亡国灭种的全局性问题；而《原富》是专门讨论富国裕民的经济学著作，经济问题较之于社会制度变革问题是次一个层面的问题，因此不像政治运动那样容易得到全社会的密切关注。

其次也应注意到，《国富论》是一部实证性的大部头著作，举证烦琐，篇幅过长。尽管严复对原著做了大量删削，而《原富》仍然有 55 万字，即或是当今专职经济学者也鲜有耐心将全书读完。《原富》本不如《天演论》

---

① 皮后锋. 严复评传. 南京：南京大学出版社，1990：390.

短小精悍,容易卒读,又其内容庞杂,不像《天演论》那样可约化成"物竞天择,适者生存"这种简短有力的口号。

再者,《原富》理论比较抽象复杂,一时难以读懂,因此当时将《原富》全书认真读完者并不多。严复受重农主义学派的影响,把自由主义经济政策视为近代中国脱贫致富、转弱为强的灵丹妙药,主观上认为《原富》就是近代中国最需要了解的经济学著作。虽然严复忽视了中国民族产业的竞争能力有明显的局限性,但不能因此全盘否定自由主义经济政策完全不适合近代中国。

2.社会变革思潮影响

严复的《天演论》所承载的思想观念很快被广泛接受,为社会变革提供了新的思想武器。梁启超也较早读到了《天演论》手稿,书未出版他就开始进行宣传并接受了《天演论》宣传的进化论思想。梁启超认为,19世纪之后政治制度道德之发达,风俗习惯之变迁,宗教之移易,全都依靠进化论,而且认识到数千年的历史事实上是进化之历史。康有为对此也给予了高度关注,称严复为"中国西学第一人"。《天演论》的出版很快成为维新派的重要思想武器,严复也成为维新派的精神导师,对于近代中国社会改良运动产生了积极影响。

严复选择翻译《社会通诠》是与政治文化潮流的一种互动,是对晚清现实政治和国家民族命运的关注,目的在于挽救《天演论》用药过猛之弊。《社会通诠》出版后,《东方杂志》创刊号及第2期上连续做了介绍,均对"民族主义"提出了明确的批评。1904年4月20日,《大公报》刊发了相关介绍性文章,对宗法社会与专制政体关系、宗法与排外关系等做了剖析,也提出了相应的批评。作为立宪派的杨度,结合《社会通诠》论述了中国只能实行君主立宪的政治见解。严复是极不赞成革命党人的排外与排满的思潮的,认为这是宗法社会的典型表现,与现代君国社会格格不入。而在这一问题上,章太炎先生却直言不讳地承认,革命党决意排满以复汉室之国家,即使由此引致某些边疆地区脱离国家亦在所不惜。而在辛亥革命成功后,孙中山当即宣布"五族共和",放弃了原来的主张。严译《社会通诠》中所表达的主张虽一度遭到革命党人的批评,但历史发展的方向并没有超出其预见的范围。①

3. 近代学科构建影响

此外,"严译"迭出的时段,正好是中国学术和教育体系从传统向近代转型的嬗递期,是中国近代学科构建的关键期,严复的学术活动与此转型构建有重要关联。② 严复不仅为近代中国经济学、政治学、社会学、法学、生物学、逻辑学等翻译了专门的译作,并推广介绍,而且还亲自参与了将西学系统性引入中国传统教育机构的工作,并基于他深厚的西学功底,参与设计了相关课程体系。1898 年,中国第一所国立大学——京师大学堂成立,同年严复以"西学门径功用"为题发表了著名演讲,全面提出了构建中国新学科谱系的问题。1902 年,严复出任京师大学堂译书局总办,修订了译书局章程,对西方教育体制和学术派的认识更加清晰细密。此外,严复还曾担任安徽安庆高等学堂监督、复旦公学第二任校长,致力于西方学科体系在中国的引介和推广。

总体上,严复的一系列重要翻译作品,成为西学东渐的一个重要转折点。《天演论》之前,中国人翻译西书的方式基本上是西译中述,严重影响了译文质量。《天演论》使中国士大夫改变了对西学偏颇的看法,知道了其中的精奥之理。此后,大量人文社会哲学引入中国,推动了近代中国学术的发展和转向,对于西方个人自由权利思想、宪政思想和社会改良思想的传播,以及相应的中国社会变革和改良起到了积极的作用。

严复是晚清中国"翻译第一人"和"西学第一人"③。他学贯中西,所翻译的英国社会学家赫胥黎的《天演论》开创了以中国士大夫所熟悉的古汉

---

① 王宪明. 语言、翻译与政治:严复译《社会通诠》研究. 北京:北京大学出版社,2005:187-208.

② 郭卫东. 融通古今中西:严复与中国近代学科的构建//朱修春. 严复学术档案. 武汉:武汉大学出版社,2015:355.

③ 梁启超称赞严复"于西学中学皆为我国第一流人物"。见:梁启超. 绍介新著《原富》//朱修春. 严复学术档案. 武汉:武汉大学出版社,2015:22.

语进行翻译的先河,"物竞天择"的思想引发了中国有识之士对社会变革的思考,也成为维新变法的重要思想来源。从更加宏观的层面来看,严复及其翻译作品的出现是西学东渐以来,传统中国和现代西方制度、文化、经济、军事等各个领域全面碰撞的结果,也是深谙中国传统文化的士大夫阶层在接触到西方文明之后的一种深层次反思和"救亡图存"改良呐喊的结果。无论是翻译文本的选择还是翻译风格的选择,严译的一个最大特色就是"托译言志",即通过系统性地翻译西方世界有影响力的学术著作,借它们的观点来表达译者改良政治和社会的观点。这超出了翻译本身的意义,也恰恰体现了翻译工作在应对"百年未有之变局"中所承载的特殊使命和功能。这个功能不仅仅在器物模仿和改进层面,更在通过对西方观念、价值、制度等进行系统性的中国化的阐述和介绍,使之成为传统中国精英阶层能够接受的观念,进而推进中西方价值观的碰撞和融合。从这个意义上来说,严复的翻译工作已经超出了文本翻译本身,而承载了历史转折时期文明融合和文化传播之使命。

六、版本选择说明

《中华翻译家代表性译文库·严复卷》的译文选择,主要依据的严译版本是福建教育出版社于 2014 年 6 月出版的《严复全集》(汪征鲁、方宝川、马勇主编)。选择这个版本的理由:其一,它是目前我们能够找到的最权威、最完整的严译作品集,它收录了目前所能发现的包括严复译著在内的所有严复文献,便于我们了解和把握严复的整体思想和相关背景材料;其二,它收录的译著以已出版发行的严复译著为底本,进行了系统性的点校,纠正了以往版本中的一些校订之误。

《严复全集》出版之前,已经出版发行的严译著作的主要版本有:《侯官严氏丛刻》(熊季廉编,南昌读有用书斋校印,1901)、《严侯官文集》(徐锡麟编,绍兴特别译书局发行,1903)、《严侯官全集》(中国愿学子辑,1903)、《严译名著丛刊》(商务印书馆,1931,1981)、《严复集》(王栻主编,中华书局,1986)、《严复合集》(王庆成等编,台北财团法人辜公亮文教基金会,1998)、《〈严复集〉补编》(孙应祥、皮后峰编,福建人民出版社,2004)、《严复翰墨》(卢美松主编,福建美术出版社,2004)等等,但它们都不是真正意义上收集全面的"全集"。

《严复全集》为力求全面编辑反映严复主要思想与生平交游的著述,择善选定点校之底本与参校本,旨在充分吸收借鉴学术界已有的整理研究成果,最大限度地体现严复著述原貌。其中严复八大译著中的《原富》《群学肄言》《群己权界论》《社会通诠》《法意》,以商务印书馆1931年出版的《严译名著丛刊》本为底本;《名学》与《名学浅说》则以生活·读书·新知三联书店1959年版为底本;《天演论》则收录手稿本、慎始基斋本、味经本、吴节本、商务本、国闻汇编本6个版本。其余的严复著述,原则上以其稿本或最早刊行本为底本。全集文字校对的原则方面,悉据原作底本,不做轻易改动;原作人名、地名、译名、专门术语等前后不一者,仍袭其旧;避讳字等,亦尽量保留原样,仅缺笔部分径改;内容涉及对外关系、民族与宗教政策者,亦仍其旧,以存历史之真。原作底本中明显的错别字,如"己""已""巳"的混同,"衹""祇"的混用,径改而不出校。常见的异体字、古今字、俗体字、通假字,基于全集的用字统一,根据实际状况酌情改成同一通行字,亦不出校。

七、编选说明

本书编选的依据主要有三个方面:一是我们编选的作品涵盖严复先生的八大译著,以尽力反映其翻译的全貌,并力求每一部分的编译体量上大致相等,但具体又会随作品质量、体量、完整性进行调整。二是每一部分的编选,我们主要依据翻译内容的体量和影响力,体量比较小又比较重要的作品,我们做了完整的收录;对于体量大的作品,我们在尽可能考虑作品前后完整性的基础上,编选了某些完整的章节。三是我们几乎收录了八大译著的译者序或译事例言,以方便读者了解作品引介背景,并比较研究严复的翻译思想,也尽量编选了部分严复解释原作者思想的传记。此外,已有文献中认为能够充分体现严复"信、达、雅"翻译境界的公认的精彩段落或相关章节,我们也尽可能编选进来。

根据严复译作涉及的具体领域,本书分为四编:"进化论与经济学""法律与社会学""政治学与逻辑学"和"八大译著外之译著选编"

严复在翻译过程中对名词的基本翻译方法包括音译和"格义"翻译,其中音译表达习惯和现代人表达有很大差别。直译的名词包括:伊脱(ether,以太)、叶科诺密(economics,经济学)、波里狄思(politics,政治)、斐洛苏非(philosophy,哲学)、古贲(gibbon,长臂猿)、戈栗拉(gorilla,大猩猩)等。用"格义"方法翻译的术语包括:格致(physics,物理)、庸(wages,工资)、格物硕士(great scientist,大科学家)、名理硕士(philosopher,哲学家)、计学家(economist,经济学家)、经价(natural prices,自然价格)、辜榷(monopoly,垄断)、内籀(induction,归纳)、外籀(deduction,演绎)、群(society,社会)、开藩属(establishment of colonies,建立殖民地)、精神(principle,原则、原理)、方维术(the value of quaternion,数学中的四元法)、名学(logic,逻辑学)等。

人名和地名的翻译与现代的翻译差别也比较大,如:额里查白(Elizabeth,伊丽莎白)、亚利各大(Aristocles,柏拉图,阿里斯托克勒为柏拉图原名)、亚丹斯密(Adam Smith,亚当·斯密)、郝伯思(Thomas Hobbes,霍布斯)、恭德(M. Comte,孔德)、奈特(Newton,牛顿)、叶殊奕(Jesuits,耶稣)、麦西(Moses,摩西)、鄂谟(Homer,荷马)、蒲陀牙(Portugal,葡萄牙)、额里思(Greece,希腊)等。

因为《严复全集》的点校比较完备,本书作为简体字版本,原则上仅将繁体字、异体字改为简化字,对于一些通假字的使用及表达不一致的用法等均予以保留,特此说明。

第一编

进化论与经济学

《天演论》译著选编①

1　译《天演论》自序

英国名学家穆勒·约翰有言:"欲考一国之文字语言,而能见其理极,非谙晓数国之言语文字者不能也。"斯言也,吾始疑之,乃今笃信深喻,而叹其说之无以易也。夫岂徒文字言语之散者而已,即至大义微言,古之人殚毕生之精力,以从事于一学,当其有得,藏之一心,则为理,动之口舌,著之简策,则为词,固皆有其所以得此理之由,亦有其所以载焉以传之故。呜呼!岂偶然哉!

自后人读古人之书,而未尝为古人之学,则于古人所得以为理者,已有切肤精怃之异矣。又况历时久远,简牍沿讹,声音代变,则通假难明,风俗殊尚,则事意参差。夫如是,则虽有故训疏义之勤,而于古人诏示来学之旨,愈益晦矣。故曰:读古书难。虽然,彼所以托以传之理,固自若也。

---

① 汪征鲁、方宝川、马勇主编的《严复全集(卷一》共收录了严复翻译的《天演论》6 个版本。本书采用了慎始基斋本。该版本是第一个通行本,由严复亲自校定,桐城名家吴汝纶为其作序。

使其理诚精,其事诚信,则年代国俗无以隔之,是故不传于兹,或见于彼,事不相谋而各有合。考道之士,以其所得于彼者,反以证诸吾古人之所传,乃澄湛精莹,如寐初觉。其亲切有味,较之觇毕为学者,万万有加焉。此真治异国语言文字者之至乐也。

今夫六艺之于中国也,所谓日月经天,江河行地者尔。而仲尼之于六艺也,《易》《春秋》最严。司马迁曰:"《易》本隐而之显。《春秋》推见至隐。"此天下至精之言也。始吾以谓本隐之显者,观《象》《系辞》以定吉凶而已;推见至隐者,诛意褒贬而已。及观西洋名学,则见其于格物致知之事,有内籀之术①焉,有外籀之术②焉。内籀云者,察其曲而知其全者也,执其微以会其通者也;外籀云者,据公理以断众事者也,设定数以逆未然者也。乃推卷起曰:有是哉,是固吾《易》、《春秋》之学也。迁所谓本隐之显者,外籀也;所谓推见至隐者,内籀也,其言若诏之矣。二者即物穷理之最要涂术也,而后人不知广而用之者,未尝事其事,则亦未尝咨其术而已矣。

近二百年,欧洲学术之盛,远迈古初。其所得以为名理、公例者,在在见极,不可复摇。顾吾古人之所得,往往先之,此非傅会扬己之言也。吾将试举其灼然不诬者,以质天下。夫西学之最为切实,而执其例可以御蓄变者,名、数、质、力四者之学是已。而吾《易》则名、数以为经,质、力以为纬,而合而名之曰"易"。大宇之内,质、力相推,非质无以见力,非力无以呈质。凡力皆乾也,凡质皆坤也。

奈端动之例三,其一曰:"静者不自动,动者不自止;动路必直,速率必均。"此所谓旷古之虑。自其例出,而后天学明,人事利者也。而《易》则曰:"乾其静也专,其动也直。"

后二百年有斯宾塞尔者,以天演自然言化,著书造论,贯天地人而一理之,此亦晚近之绝作也。其为天演界说曰:"翕以合质,辟以出力,始简

---

① 内籀之术:induction,归纳法。手稿本作"内导之法"。
② 外籀之术:deduction,演绎法。手稿本作"外导之法"。

易而终杂糅。"而《易》则曰:"坤其静也翕,其动也辟。"

至于全力不增减之说,则有自强不息为之先,凡动必复之说,则有消息之义居其始。而"易不可见,乾坤或几乎息"之旨。尤与"热力平均,天地乃毁"之言相发明也。此岂可悉谓之偶合也耶?虽然,由斯之说,必谓彼之所明,皆吾中土所前有,甚者或谓其学皆得于东来,则又不关事实,适用自蔽之说也。夫古人发其端,而后人莫能竟其绪;古人拟其大,而后人未能议其精,则犹之不学无术,未化之民而已。祖父虽圣,何救子孙之童昏也哉!

大抵古书难读,中国为尤。二千年来,士徇利禄,守阙残,无独辟之虑。是以生今日者,乃转于西学,得识古之用焉。此可为知者道,难与不知者言也。风气渐通,士知弇陋为耻,西学之事,问涂日多。然亦有一二巨子,詘然谓彼之所精,不外象、数、形下之末;彼之所务,不越功利之间,逞臆为谈,不咨其实。讨论国闻,审敌自镜之道,又断断乎不如是也。

赫胥黎氏此书之旨,本以救斯宾塞任天为治之末流,其中所论,与吾古人有甚合者。且于自强保种之事,反复三致意焉。夏日如年,聊为移译。有以多符空言,无裨实政相稽者,则固不佞所不恤也。

光绪丙申重九　严复序

2　译例言

一、译事三难:信、达、雅。求其信已大难矣,顾信矣不达,虽译犹不译也,则达尚焉。海通已来,象寄之才,随地多有,而任取一书,责其能与于斯二者,则已寡矣。其故在浅尝,一也;偏至,二也;辨之者少,三也。今是书所言,本五十年来西人新得之学,又为作者晚出之书。译文取明深义,故词句之间,时有所颠倒附益,不斤斤于字比句次,而意义则不倍本文。

题曰达旨,不云笔译,取便发挥,实非正法。什法师有云:"学我者病。"来者方多,幸勿以是书为口实也。

二、西文句中名、物、字,多随举随释,如中文之旁支,后乃遥接前文,足意成句。故西文句法,少者二三字,多者数十百言。假令仿此为译,则恐必不可通,而删削取径,又恐意义有漏。此在译者将全文神理融会于心,则下笔抒词,自然互备。至原文词理本深,难于共喻,则当前后引衬,以显其意。凡此经营,皆以为达,为达即所以为信也。

三、《易》曰:"修辞立诚。"子曰:"辞达而已。"又曰:"言之无文,行之不远。"三曰乃文章正轨,亦即为译事楷模。故信、达而外,求其尔雅。此不仅期以行远已耳,实则精理微言,用汉以前字法、句法,则为达易;用近世利俗文字,则求达难。往往抑义就词,毫厘千里,审择于斯二者之间,夫固有所不得已也,岂钓奇哉! 不佞此译,颇贻艰深文陋之讥,实则刻意求显,不过如是。又原书论说,多本名数格致,及一切畴人之学,倘于之数者向未问津,虽作者同国之人,言语相通,仍多未喻,矧夫出以重译也耶!

四、新理踵出,名目纷繁,索之中文,渺不可得,即有牵合,终嫌参差。译者遇此,独有自具衡量,即义定名。顾其事有甚难者,即如此书上卷导言十余篇,乃因正论理深,先敷浅说,仆始翻"卮言",而钱唐夏穗卿(曾佑),病其滥恶,谓内典原有此种,可名"悬谈"。及桐城吴丈挚父(汝纶)见之,又谓"卮言"既成滥词,"悬谈"亦沿释氏,均非能自树立者所为,不如用诸子旧例,随篇标目为佳。穗卿又谓如此则篇自为文,于原书建立一本之义稍晦。而悬谈、悬疏诸名,悬者玄也,乃会撮精旨之言,与此不合,必不可用。于是乃依其原目,质译"导言",而分注吴之篇目于下,取便阅者。此以见定名之难,虽欲避生吞活剥之诮,有不可得者矣。他如物竞、天择、储能、效实诸名,皆由我始。一名之立,旬月踟蹰。我罪我知,是存明哲。

五、原书多论希腊以来学派,凡所标举,皆当时名硕。流风绪论,泰西二千年之人心民智系焉,讲西学者所不可不知也。兹于篇末,略载诸公生世事业,粗备学者知人论世之资。

六、穷理与从政相同,皆贵集思广益。今遇原文所论,与他书有异同者,辄就谫陋所知,列入后案,以资参考。间亦附以己见,取《诗》称嘤求,《易》言丽泽之义。是非然否,以俟公论,不敢固也。如曰标高揭己,则失不佞怀铅握椠,辛苦移译之本心矣。

七、是编之译,本以理学西书,翻转不易,固取此书,日与同学诸子相课。迨书成,吴丈挚甫见而好之,斧落征引,匡益实多。顾惟探赜叩寂之学,非当务之所亟,不愿问世也。而稿经新会梁任公、沔阳卢木斋诸君借钞,皆劝早日付梓,木斋邮示介弟慎之于鄂,亦谓宜公海内,遂灾枣梨,犹非不佞意也。刻讫寄津覆斠,乃为发例言,并识缘起如是云。

　　光绪二十四年岁在戊戌四月二十二日　　严复识于天津尊疑学塾

3　《天演论》上(导言一～导言十八)

～ 导言一　察　变 ～

　　赫胥黎独处一室之中,在英伦之南,背山而面野,槛外诸境,历历如在几下。乃悬想二千年前,当罗马大将恺彻未到时,此间有何景物。计惟有天造草昧,人功未施,其借征入境者,不过几处荒坟,散见坡陀起伏间。而灌木丛林,蒙茸山麓,未经删治如今日者,则无疑也。怒生之草,交加之藤,势如争长相雄,各据一杯壤土,夏与畏日争,冬与严霜争,四时之内,飘风怒吹,或西发西洋,或东起北海,旁午交扇,无时而息。上有鸟兽之践啄,下有蚁蝝之啮伤,憔悴孤虚,旋生旋灭,菀枯顷刻,莫可究详。是离离者亦各尽天能,以自存种族而已。数亩之内,战事炽然。强者后亡,弱者先绝,年年岁岁,偏有留遗,未知始自何年,更不知止于何代。苟人事不施于其间,则莽莽榛榛,长此互相吞并,混逐蔓延而已,而诘之者谁耶?

英之南野,黄芩之种为多,此自未有纪载以前,革衣石斧之民,所采撷践踏者,兹之所见,其苗裔耳。邃古之前,坤枢未转,英伦诸岛乃属冰天雪海之区,此物能寒,法当较今尤茂。此区区一小草耳,若迹其祖始,远及洪荒,则三占以还,年代方之,犹瀼渴之水,比诸大江,不啻小支而已。故事有决无可疑者,则天道变化,不主故常是已。

特自皇古迄今,为变盖渐,浅人不察,遂有天地不变之言。实则今兹所见,乃自不可穷诘之变动而来。京垓年岁之中,每每员舆,正不知几移几换,而成此最后之奇。且继今以往,陵谷变迁,又属可知之事,此地学不刊之说也。假其惊怖斯言,则索证正不在远。试向立足处所,掘地深逾寻丈,将逢蠃灰,以是蠃灰,知其地之古必为海。盖蠃灰为物,乃蠃蚌脱壳积叠而成。若用显镜察之,其掩旋尚多完具者。使是地不前为海,此恒河沙数蠃蚌者胡从来乎?沧海扬尘,非诞说矣!且地学之家,历验各种僵石,知动植庶品,率皆递有变迁。特为变至微,其迁极渐,即假吾人彭、聃之寿,而亦由暂观久,潜移弗知,是犹蟪蛄不识春秋,朝菌不知晦朔,遽以不变名之,真瞀说也。

故知不变一言,决非天运。而悠久成物之理,转在变动不居之中。是当前之所见,经廿年、卅年而革焉可也,更二万年、三万年而革亦可也。特据前事推将来,为变方长,未知所极而已。虽然,天运变矣,而有不变者行乎其中。不变惟何?是名"天演"。

以天演为体,而其用有二:曰物竞,曰天择。此万物莫不然,而于有生之类为尤著。物竞者,物争自存也。以一物以与物物争,或存或亡,而其效则归于天择。天择者,物争焉而独存。则其存也,必有其所以存,必其所得于天之分,自致一己之能,与其所遭值之时与地,及凡周身以外之物力,有其相谋相剂者焉。夫而后独免于亡,而足以自立也。而自其效观之,若是物特为天之所厚而择焉以存也者,夫是之谓天择。天择者,择于自然,虽择而莫之择,犹物竞之无所争,而实天下之至争也。斯宾塞尔曰:"天择者,存其最宜者也。"夫物既争存矣,而天又从其争之后而择之,一争一择,而变化之事出矣。

【复案】物竞、天择二义，发于英人达尔文。达著《物种由来》一书，以考论世间动植种类所以繁殊之故。先是言生理者，皆主异物分造之说。近今百年格物诸家，稍疑古说之不可通，如法人兰麻克、爵弗来，德人方拔、万俾尔①，英人威里士、格兰特、斯宾塞尔、倭恩、赫胥黎，皆生学名家，先后间出，目治手营，穷探审论。知有生之物，始于同，终于异，造物立其一本，以大力运之。而万类之所以底于如是者，咸其自己而已，无所谓创造者也。然其说未大行也，至咸丰九年，达氏书出，众论翕然。自兹厥后，欧美二洲治生学者，大抵宗达氏。而矿事日辟，掘地开山，多得古禽兽遗蜕，其种已灭，为今所无。于是虫鱼禽互兽人之间，衔接迤演之物，日以渐密，而达氏之言乃愈有征。

故赫胥黎谓，古者以大地为静，居天中，而日月星辰，拱绕周流，以地为主；自歌白尼出，乃知地本行星，系日而运。古者以人类为首出庶物，肖天而生，与万物绝异。自达尔文出，知人为天演中一境，且演且进，来者方将，而教宗抟土之说，必不可信。盖自有歌白尼而后天学明，亦自有达尔文而后生理确也。

斯宾塞尔者，与达同时，亦本天演著《天人会通论》，举天、地、人、形气、心性、动植之事而一贯之，其说尤为精辟宏富。其第一书开宗明义，集格致之大成，以发明天演之旨；第二书以天演言生学；第三书以天演言性灵；第四书以天演言群理；最后第五书，乃考道德之本源，明政教之条贯，而以保种进化之公例要术终焉。呜呼！欧洲自有生民以来，无此作也。（不佞近翻《群谊》一书，即其第五书中之编也。）斯宾氏迄今尚存，年七十有六矣。其全书于客岁始葳事，所谓体大思精，殚毕生之力者也。达尔文生嘉庆十四年，卒于光绪八年壬午。赫胥黎于乙未夏化去，年七十也。

---

① 万俾尔：Karl Ernst von Baer(1792—1876)。

导言二　广　义

自递嬗之变迁,而得当境之适遇,其来无始,其去无终,曼衍连延,层见迭代,此之谓世变,此之谓运会。运者以明其迁流,会者以指所遭值,此其理古人已发之矣。但古以谓大运循环,周而复始,今兹所见,于古为重规,后此复来,于今为叠矩,此则甚不然者也。

自吾党观之,物变所趋,皆由简入繁,由微生著。运常然也,会乃大异。假由当前一动物,远迹始初,将见逐代变体,虽至微眇,皆有可寻。迨至最初一形,乃莫定其为动为植。凡兹运行之理,乃化机所以不息之精,苟能静观,随在可察:小之极于跂行倒生,大之放乎日星天地;隐之则神思智识之所以圣狂,显之则政俗文章之所以沿革,言其要道,皆可一言蔽之,曰"天演"是已。此其说滥觞隆古,而大畅于近五十年,盖格致学精,时时可加实测故也。

且伊古以来,人持一说以言天,家宗一理以论化,如或谓开辟以前,世为混沌,沕潜胶葛,待剖判而后轻清上举,重浊下凝;又或言抟土为人,咒日作昼,降及一花一草,蠕动蠕飞,皆自元始之时,有真宰焉,发挥张皇,号召位置,从无生有,忽然而成;又或谓出王游衍,时时皆有鉴观,惠吉逆凶,冥冥实操赏罚。此其说甚美,而无如其言之虚实,断不可证而知也。故用天演之说,则竺乾、天方、犹太诸教宗所谓神明创造之说皆不行。

夫拔地之木,长于一子之微;垂天之鹏,出于一卵之细。其推陈出新,逐层换体,皆衔接微分而来。又有一不易不离之理,行乎其内。有因无创,有常无奇。设宇宙必有真宰,则天演一事,即真宰之功能。惟其立之之时,后果前因,同时并具,不得于机缄已开,洪钧既转之后,而别有设施张主于其间也。是故天演之事,不独见于动植二品中也,实则一切民物之事,与大宇之内日局诸体,远至于不可计数之恒星,本之未始有始以前,极之莫终有终以往,乃无一焉非天之所演也。

故其事至赜至繁,断非一书所能罄。姑就生理治功一事,模略言之。先为导言十余篇,用以通其大义。虽然,隅一举而三反,善悟者诚于此而有得焉,则笓秘机之扃钥者,其应用亦正无穷耳。

【复案】斯宾塞尔之天演界说曰:"天演者,翕以聚质,辟以散力。方其用事也,物由纯而之杂,由流而之凝,由浑而之画,质力杂糅,相剂为变者也。"又为论数十万言,以释此界之例,其文繁衍奥博,不可猝译,今就所忆者杂取而粗明之,不能细也。

其所谓翕以聚质者,即如日局太始,乃为星气,名涅菩剌斯[①],布濩六合,其质点本热至大,其抵力亦多,过于吸力。继乃由通吸力收摄成珠,太阳居中,八纬外绕,各各聚质,如今是也。

所谓辟以散力者,质聚而为热,为光,为声,为动,未有不耗本力者也。此所以今日不如古日之热。地球则日缩,彗星则渐迟,八纬之周天皆日缓,久将迸入而与太阳合体。又地入流星轨中,则见陨石。然则居今之时,日局不徒散力,即合质之事,亦方未艾也。余如动植之长,国种之成,虽为物悬殊,皆循此例矣。

所谓由纯之杂者,万化皆始于简易,终于错综。日局始乃一气,地球本为流质,动植类胚胎萌芽,分官最简;国种之始,无尊卑、上下、君子小人之分,亦无通力合作之事。其演弥浅,其质点弥纯,至于深演之秋,官物大备,则事莫有同,而互相为用焉。

所谓由流之凝者,盖流者非他(此"流"字兼飞质而言),由质点内力甚多,未散故耳。动植始皆柔滑,终乃坚强;草昧之民,类多游牧,城邑土著,文治乃兴,胥此理也。

所谓由浑之画者,浑者芜而不精之消,画则有定体而界域分明。盖纯而流者未尝不浑,而杂而凝者,又未必皆画也。且专言由纯之

---

① 涅菩剌斯:Nebula,今称"星云"。

杂,由流之凝,而不言由浑之画,则凡物之病且乱者,如刘、柳①元气败为痌痹之说,将亦可名天演。此所以二者之外,必益以由浑之画而后义完也。物至于画,则由壮入老,进极而将退矣。人老则难以学新,治老则笃于守旧,皆此理也。

所谓质力杂糅,相剂为变者,亦天演最要之义,不可忽而漏之也。前者言辟以散力矣。虽然,力不可以尽散,散尽则物死,而天演不可见矣。是故方其演也,必有内涵之力,以与其质相剂。力既定质,而质亦范力,质日异而力亦从而不同焉。故物之少也,多质点之力。何谓质点之力?如化学所谓爱力是已。及其壮也,则多物体之力,凡可见之动,皆此力为之也。更取日局为喻,方为涅菩星气之时,全局所有,几皆点力。至于今则诸体之周天四游,绕轴自转,皆所谓体力之著者矣。人身之血,经肺而合养气,食物入胃成浆,经肝成血,皆点力之事也。官与物尘相接,由涅伏(俗曰脑气筋)以达脑成觉,即觉成思,因思起欲,由欲命动,自欲以前,亦皆点力之事。独至肺张心激,胃回胞转,以及拜舞歌呼手足之事,则体力耳。点、体二力,互为其根,而有隐见之异,此所谓相剂为变也。

天演之义,所苞如此,斯宾塞氏至推之农商工兵语言文学之间,皆可以天演明其消息所以然之故,苟善悟者深思而自得之,亦一乐也。

∽∽∽ 导言三 趋 异 ∽∽∽

号物之数曰万,此无虑之言也。物固奚翅万哉?而人与居一焉。人,动物之灵者也,与不灵之禽兽、鱼鳖、昆虫对;动物者,生类之有知觉运动

---

① 刘、柳:刘禹锡、柳宗元。

者也,与无知觉之植物对;生类者,有质之物,而具支体官理者也,与无支体官理之金、石、水、土对。凡此皆有质可称量之物也,合之无质不可称量之声、热、光、电诸动力,而万物之品备矣。总而言之,气质而已。故人者,具气质之体,有支体、官理、知觉、运动,而形上之神,寓之以为灵,此其所以为生类之最贵也。虽然,人类贵矣,而其为气质之所因拘,阴阳之所张弛,排激动荡,为所使而不自知,则与有生之类莫不同也。

有生者生生,而天之命若曰:使生生者各肖其所生,而又代趋于微异。且周身之外,牵天系地,举凡与生相待之资,以爱恶拒受之不同,常若右其所宜,而左其所不相得者。夫生既趋于代异矣,而寒暑、燥湿、风水、土谷,泊夫一切动植之伦,所与其生相接相寇者,又常有所左右于其间。于是则相得者亨,不相得者困;相得者寿,不相得者殇。日计不觉,岁校有余,浸假不相得者将亡,而相得者生而独传种族矣。此天之所以为择也。

且其事不止此,今夫生之为事也,孳乳而浸多,相乘以蓄,诚不知其所底也。而地力有限,则资生之事,常有制而不能逾。是故常法牝牡合而生生,祖孙再传,食指三倍,以有涯之资生,奉无穷之传衍,物既各爱其生矣,不出于争,将胡获耶?不必争于事,固常争于形,借曰让之,效与争等。何则?得者只一,而失者终有徒也。此物竞争存之论,所以断断乎无以易也。

自其反而求之,使含生之伦,有类皆同,绝无少异,则天演之事,无从而兴。天演者以变动不居为事者也。使与生相待之资于异者匪所左右,则天择之事,亦将泯焉。使奉生之物,恒与生相副于无穷,则物竞之论,亦无所施。争固起于不足也。然则天演既兴,三理不可偏废,无异、无择、无争,有一然者,非吾人今者所居世界也。

【复案】学问格致之事,最患者人习于耳目之肤近,而常忘事理之真实。今如物竞之烈,士非抱深思独见之明,则不能窥其万一者也。

英国计学家①(即理财之学)马尔达有言:“万类生生,各用几何级

①　计学家:economist,今通译“经济学家”。

数。（几何级数者，级级皆用定数相乘也。谓设父生五子，则每子亦生五孙。）使灭亡之数，不远过于所存，则瞬息之间，地球乃无隙地。"人类孳乳较迟，然使衣食裁足，则二十五年其数自倍，不及千年，一男女所生，当遍大陆也。生子最稀，莫逾于象。往者达尔文尝计其数矣，法以牝牡一双，三十岁而生子，至九十而止，中间经数，各生六子，寿各百年，如是以往，至七百四十许年，当得见象一千九百万也。

又赫胥黎云："大地出水之陆，约为方迷卢①者五十一兆。"今设其寒温相若，肥确又相若，而草木所资之地浆、日热、炭养、亚摩尼亚②莫不相同。如是而设有一树，及年长成，年出五十子，此为植物出子甚少之数，但群子随风而扬，枚枚得活，各占地皮一方英尺，亦为不疏，如是计之，得九年之后，遍地皆此种树，而尚不足五百三十一万三千二百六十六垓方英尺。此非臆造之言，有名数可稽，综如上式者也。

夫草木之蕃滋，以数计之如此，而地上各种植物，以实事考之又如彼，则此之所谓五十子者，至多不过百一二存而已。且其独存众亡之故，虽有圣者莫能知也，然必有其所以然之理，此达氏所谓物竞者也。

竞而独存，其故虽不可知，然可微拟而论之也。设当群子同入一区之时，其中有一焉，其抽乙独早，虽半日数时之顷，已足以尽收膏液，令余子不复长成，而此抽乙独早之故，或辞枝较先，或苞膜较薄，皆足致然。设以膜薄而早抽，则他日其子，将又有膜薄者，因以竞胜，如此则历久之余，此膜薄者传为种矣。此达氏所谓天择者也。

嗟夫！物类之生乳者至多，存者至寡，存亡之间，间不容发。其种愈下，其存弥难。此不仅物然而已。墨、澳二洲，其中土人日益萧瑟，此岂必虔刘胈削之而后然哉？资生之物所加多者有限，有术者既多取之而丰，无具者自少取焉而啬；丰者近昌，啬者邻灭。此洞识知

---

① 迷卢：mile，今通译"英里"。
② 炭养：二氧化碳。亚摩尼亚：ammonia，氮。

微之士,所为惊心动魄,于保群进化之图,而知徒高睨大谈于夷夏轩轾之间者,为深无益于事实也。

∽∽ 导言四　人　为 ∽∽

前之所言,率取譬于天然之物。天然非他,凡未经人力所修为施设者是已。乃今为之试拟一地焉,在深山广岛之中,或绝徼穷边而外,自元始来未经人迹,抑前经垦辟而荒弃多年。今者弥望蓬蒿,羌无蹊迳,荆榛稠密,不可爬梳。则人将曰:甚矣,此地之荒秽矣!然要知此蓬蒿荆榛者,既不假人力而自生,即是中种之最宜,而为天之所择也。

忽一旦有人焉,为之铲刈秽草,斩除恶木,缭以周垣,衡从十亩,更为之树嘉葩,栽美箭,滋兰九畹,种橘千头。举凡非其地所前有,而为主人所爱好者,悉移取培植乎其中,如是乃成十亩园林。凡垣以内之所有,与垣以外之自生,判然各别矣。此垣以内者,不独沟塍阑楯,皆见精思,即一草一花,亦经意匠。正不得谓草木为天工,而垣宇独称人事,即谓皆人为焉无不可耳。

第斯园既假人力而落成,尤必待人力以持久,势必时加护葺,日事删除,夫而后种种美观,可期恒保。假其废而不治,则经时之后,外之峻然峙者,将圮而日卑,中之浏然清者,必淤而日塞。飞者啄之,走者躏之,虫豸为之蠹,莓苔速其枯,其与此地最宜之蔓草荒榛,或缘间隙而文蓁,或因飞子而播殖,不一二百年,将见基址仅存,蓬科满目,旧主人手足之烈,渐不可见。是青青者又战胜独存,而遗其宜种矣。此则尽人耳目所及,其为事岂不然哉?此之取譬,欲明何者为人为,十亩园林,正是人为之一。

大抵天之生人也,其周一身者谓之力,谓之气;其宅一心者谓之智,谓之神;智力兼施,以之离合万物,于以成天之所不能。自成者谓之业,谓之功,而通谓之曰人事。自古之土铏洼尊,以至今之电车、铁舰,精粗迥殊,人事一也。故人事者所以济天工之穷也。

虽然，苟揣其本以为言，则岂惟是莽莽荒荒，自生自灭者，乃出于天生。即此花木亭垣，凡吾人所辅相裁成者，亦何一不由帝力乎？夫曰人巧足夺天工，其说固非皆诞，顾此冒彫横目，手以攫、足以行者，则亦彼苍所赋畀，且岂徒形体为然。所谓运智虑以为才，制行谊以为德，凡所异于草木禽兽者，一一皆秉彝物则，无所逃于天命而独尊。由斯而谈，则虽有出类拔萃之圣人，建生民未有之事业，而自受性降衷而论，固实与昆虫草木同科，贵贱不同。要为天演之所苞已耳，此穷理之家之公论也。

【复案】本篇有云，物不假人力而自生，便为其地最宜之种。此说固也。然不知分别观之则误人，是不可以不论也。赫胥黎氏于此所指为最宜者，仅就本土所前有诸种中，标其最宜耳。如是而言，其说自不可易，何则？非最宜不能独存独盛故也。然使是种与未经前有之新种角，则其胜负之数，其尚能为最宜与否，举不可知矣。大抵四达之地，接壤绵遥，则新种易通。其为物竞，历时较久，聚种亦多。至如岛国孤悬，或其国在内地，而有雪岭、流沙之限，则其中见种，物竞较狭，暂为最宜，外种阑入，新竞更起。往往年月以后，旧种渐湮，新种迭盛。此自舟车大通之后，所特见屡见不一见者也。

譬如美洲从古无马，自西班牙人载与俱入之后，今则不独家有是畜，且落荒山林，转成野种，族聚蕃生。澳洲及新西兰诸岛无鼠，自欧人到彼，船鼠入陆，至今遍地皆鼠，无异欧洲。俄罗斯蟋蟀旧种长大，自安息小蟋蟀入境，克灭旧种，今转难得。苏格兰旧有画眉最善鸣，后忽有斑画眉，不悉何来，不善鸣而蕃生，克善鸣者日以益希。澳洲土蜂无针，自窝蜂有针者入境，无针者不数年灭。

至如植物，则中国之蕃薯蓣来自吕宋，黄占来自占城，蒲桃、苜蓿来自西域，薏苡载自日南，此见诸史传者也。南美之番百合，西名哈敦，本地中海东岸物，一经移种，今南美拉百拉达①往往蔓生数十百

---

① 拉百拉达：La Plata，今通译"拉普拉塔"。

里,弥望无他草木焉。余则由欧洲以入印度、澳斯地利,动植尚多,往往十年以外,遂遍其境,较之本土,繁盛有加。

夫物有迁地而良如此,谁谓必本土固有者而后称最宜哉?嗟乎!岂惟是动植而已,使必土著最宜,则彼美洲之红人,澳洲之黑种,何由自交通以来,岁有耗减?而伯林海①之甘穆斯噶加,前土民数十万,晚近乃仅数万,存者不及什一,此俄人亲为余言,且谓过是恐益少也。物竞既兴,负者日耗,区区人满,乌足恃也哉!乌足恃也哉!

〰 导言五　互　争 〰

难者曰:信斯言也,人治天行,同为天演矣。夫名学之理,事不相反之谓同,功不相毁之谓同。前篇所论,二者相反相毁明矣,以矛陷盾,互相抵牾,是果僢驰而不可合也。如是岂名学之理,有时不足信欤?应之曰:以上所明,在在征诸事实。若名学必谓相反相毁,不出同原,人治天行,不得同为天演,则负者将在名学。理征于事,事实如此,不可诬也。

夫园林台榭,谓之人力之成可也,谓之天机之动,而诱衷假手于斯人之功力以成之,亦无不可。独是人力既施之后,是天行者,时时在在,欲毁其成功,务使复还旧观而后已。倘治园者不能常目存之,则历久之余,其成绩必归于乌有,此事所必至,无可如何者也。

今如河中铁桥,沿河石堰,二者皆天材人巧,交资成物者也。然而飘风朝过,则机牙暗损;潮头暮上,则基址微摇。且凉热涨缩,则笋缄不得不松;雾凇潜滋,则锈涩不能不长,更无论开阖动荡之日有损伤者矣。是故桥须岁以勘修,堰须时以培筑,夫而后可得利用而久长也。

故假人力以成务者天,凭天资以建业者人,而务成业建之后,天人势

---

① 伯林海:Behring Sea,今通译"白令海"。

不相能。若必使之归宗反始而后快者,不独前一二事为然。小之则树艺牧畜之微,大之则修齐治平之重,无所往而非天人互争之境。其本固一,其末乃歧。闻者疑吾言乎?则盍观张弓,张弓者之两手也,支左而屈右,力同出一人也,而左右相距。然则天行人治之相反也,其原何不可同乎?同原而相反,是所以成其变化者耶?

【复案】于上二篇,斯宾塞、赫胥黎二家言治之殊,可以见矣。斯宾塞氏之言治也,大旨存于任天,而人事为之辅,犹黄老之明自然,而不忘在宥是已。赫胥黎氏他所著录,亦什九主任天之说者,独于此书,非之如此,盖为持前说而过者设也。斯宾塞之言曰:"人当食之顷,则自然觉饥思食。"今设去饥而思食之自然,有良医焉,深究饮食之理,为之程度,如学之有课,则虽有至精至当之程,吾知人以忘食死者必相藉也。物莫不慈其子姓,此种之所以传也。今设去其自然爱子之情,则虽深谕切戒,以保世存宗之重,吾知人之类其灭久矣。此其尤大彰明较著者也。

由是而推之,凡人生保身保种,合群进化之事,凡所当为,皆有其自然者为之阴驱而潜率,其事弥重,其情弥殷。设弃此自然之机,而易之以学问理解,使知然后为之,则日用常行,已极纷纭繁赜,虽有圣者,不能一日行也。

于是难者曰:诚如是,则世之任情而过者,又比比焉何也?曰:任情而至于过,其始必为其违情。饥而食,食而饱,饱而犹食;渴而饮,饮而滋,滋而犹饮,至违久而成习。习之既成,日以益痼,生斯害矣。故子之所言,乃任习,非任情也。使其始也,如其情而止,则乌能过乎?学问之事,所以范情,使勿至于成习以害生也。斯宾塞任天之说,模略如此。

〜 导言六　人　择 〜

天行人治,常相毁而不相成固矣。然人治之所以有功,即在反此天行之故。何以明之? 天行者以物竞为功,而人治则以使物不竞为的;天行者倡其化物之机,设为已然之境,物各争存,宜者自立。且由是而立者强,强者昌;不立者弱,弱乃灭亡。皆悬至信之格,而听万类之自已。至于人治则不然,立其所祈向之物,尽吾力焉,为致所宜,以辅相匡翼之,俾克自存,以可久可大也。

请申前喻。夫种类之孳生无穷,常于寻尺之壤。其膏液雨露,仅资一本之生,乃杂投数十百本牙蘖其中,争求长养,又有旱涝风霜之虐,耘其弱而植其强。洎夫一本独荣,此岂徒坚韧胜常而已,固必具与境推移之能,又或蒙天幸焉,夫而后翘尔后亡,由拱把而至婆娑之盛也,争存之难有如此者! 至于人治独何如乎? 彼天行之所存,固现有之最宜者,然此之最宜,自人观之,不必其至美而适用也。是故人治之兴,常兴于人之有所择。

譬诸草木,必择其所爱与利者而植之,既植矣,则必使地力宽饶有余,虫鸟勿蠹伤,牛羊勿践履;旱其溉之,霜其苫之,爱护保持,期于长成繁盛而后已。何则? 彼固以是为美利也,使其果实材荫,常有当夫主人之意,则爱护保持之事,自相引而弥长,又使天时地利人事,不大异其始初,则主人之庇,亦可为此树所长保,此人胜天之说也。

虽然,人之胜天亦仅耳! 使所治之园,处大河之滨,一旦刍荛不属,虑殚为河,则主人于斯,救死不给,树乎何有? 即它日河复,平沙无际,茅芦而外,无物能生;又设地枢渐转,其地化为冰虚,则此木亦末由得艺。此天胜人之说也。

天人之际,其常为相胜也若此。所谓人治有功,在反天行者,盖虽辅相裁成,存其所善,而必赖天行之力,而后有以致其事,以获其所期。物种相刃相劘，又各肖其先，而代趋于微异。以其有异，人择以加，譬如树艺之家，果实花叶，有不尽如其意者，彼乃积摧其恶种，积择其善种，物竞自若也。特前之竞也，竞宜于天；后之竞也，竞宜于人。其存一也，而所以存异。夫如是积累而上之，恶日以消，善日以长，其得效有迥出所期之外者，此之谓人择。人择而有功，必能尽物之性而后可。嗟夫！此真生聚富强之秘术，慎勿为卤莽者道也。

【复案】达尔文《物种由来》云：人择一术，其功用于树艺、牧畜，至为奇妙。用此术者，不仅能取其群而进退之，乃能悉变原种，至于不可复识。其事如按图而索，年月可期。往尝见撒孙尼人斅羊，每月三次置羊于几，体段毛角，详悉校品，无异考金石者之玩古器也。其术要在识别微异，择所祈向，积累成著而已。顾行术最难，非独具手眼，觉察毫厘，不能得所欲也。具此能者，千牧之中，殆难得一。苟其能之，更益巧习，数稔之间，必致巨富。欧洲羊马二事，尤彰彰也。间亦用接构之法，故真佳种，索价不赀，然少得效。效者须牝牡种近，生乃真佳，无反种之弊。牧畜如此，树艺亦然，特其事差易，以进种略骤，易于决择耳。

～ 导言七　善　败 ～

天演之说，若更以垦荒之事喻之，其理将愈明而易见。今设英伦有数十百民，以本国人满，谋生之艰，发愿前往新地开垦。满载一舟，到澳洲南岛达斯马尼亚所（澳士大利亚南有小岛）弃船登陆，耳目所触，水土动植，种种族类，寒燠燥湿，皆与英国大异，莫有同者。此数十百民者，筚路褴缕，辟草莱，烈山泽，驱其猛兽虫蛇，不使与人争土，百里之周，居然城邑矣。更为之播英之禾，艺英之果，致英之犬羊牛马，使之游且字于其中。于是百里之内与百里之外，不独民种迥殊，动植之伦，亦以大异。凡此皆人之所为,而非天之所设也。

故其事与前喻之园林,虽大小相悬,而其理则一。顾人事立矣,而其土之天行自若也,物竞又自若也。以一朝之人事,闯然出于数千万年天行之中,以与之相抗,或小胜而仅存,或大胜而日辟,抑或负焉以泯而无遗,则一以此数十百民之人事何如为断。使其通力合作,而常以公利为期,养生送死之事备,而有以安其身,推选赏罚之约明,而有以平其气,则不数十百年,可以蔚然成国。而土著之种产民物,凡可以驯而服者,皆可渐化相安,转为吾用。

设此数十百民惰窳卤莽,愚暗不仁,相友相助之不能,转而糜精力于相伐,则客主之势既殊,彼旧种者,得因以为利,灭亡之祸,且暮间耳。即所与偕来之禾稼、果蓏、牛羊,或以无所托芘而消亡,或入焉而与旧者俱化。不数十年,将徒见山高而水深,而垦荒之事废矣。此即谓不知自致于最宜,用不为天之所择,可也。

【复案】由来垦荒之利不利,最觇民种之高下。泰西自明以来,如荷兰,如日斯巴尼亚,如蒲陀牙①,如丹麦,皆能浮海得新地。而最后英伦之民,于垦荒乃独著,前数国方之,瞠乎后矣。西有米利坚,东有身毒,南有好望新洲,计其幅员,几与欧亚埒。此不仅习海擅商,狡黠坚毅为之也,亦其民能自制治,知合群之道胜耳。故霸者之民,知受治而不知自治,则虽与之地,不能久居。而霸天下之世,其君有辟疆,其民无垦土,法兰西、普鲁士、奥地利、俄罗斯之旧无垦地,正坐此耳。法于乾、嘉以前,真霸权不制之国也。中国廿余口之租界,英人处其中者,多不逾千,少不及百,而制度厘然,隐若敌国矣。吾闽粤民走南洋美洲者,所在以亿计,然终不免为人臧获,被驱斥也。悲夫!

---

① 日斯巴尼亚:Hispania,即"西班牙"。蒲陀牙:Portugal,即"葡萄牙"。

～ 导言八　乌托邦 ～

又设此数十百民之内，而有首出庶物之一人，其聪明智虑之出于人人，犹常人之出于牛羊犬马，幸而为众所推服，立之以为君，以期人治之必申，不为天行之所胜。是为君者，其措施之事当如何？无亦法园夫之治园已耳。园夫欲其草木之植，凡可以害其草木者，匪不芟夷之，剿绝之。圣人欲其治之隆，凡不利其民者，亦必有以灭绝之，禁制之，使不克与其民有竞立争存之势。故其为草昧之君也，其于草莱、猛兽、戎狄，必有其烈之、驱之、膺之之事。其所尊显选举以辅治者，将惟其贤，亦犹园夫之于果实花叶，其所长养，必其适口与悦目者。且既欲其民和其智力以与其外争矣，则其民必不可互争以自弱也。于是求而得其所以争之端，以谓争常起于不足，乃为之制其恒产，使民各遂其生，勿廪廪然常惧为强与黠者之所兼并。取一国之公是公非，以制其刑与礼，使民各识其封疆畛畔，毋相侵夺，而太平之治以基。

夫以人事抗天行，其势固常有所屈也。屈则治化不进，而民生以雕，是必为致所宜以辅之，而后其业乃可以久大。是故民屈于寒暑雨旸，则为致衣服宫室之宜。民屈于旱干水溢，则为致潴渠畎浍之宜；民屈于山川道路之阻深，而艰于转运也，则有道途、桥梁、漕挽、舟车，致之汽电诸机，所以增倍人畜之功力也；致之医疗药物，所以救民之厉疾夭死也；为之刑狱禁制，所以防强弱愚智之相欺夺也；为之陆海诸军，所以御异族强邻之相侵侮也。凡如是之张设，皆以民力之有所屈，而为致其宜，务使民之待于天者，日以益寡，而于人自足恃者，日以益多。

且圣人知治人之人，固赋于治于人者也。凶狡之民，不得廉公之吏；偷懦之众，不兴神武之君。故欲郅治之隆，必于民力、民智、民德三者之中，求其本也。故又为之学校庠序焉。学校庠序之制善，而后智仁勇之民兴,智仁勇之民兴,而有以为群力群策之资,夫而后其国乃一富而不可贫,一强而不可弱也。嗟夫! 治国至于如是,是亦足矣。

然观其所以为术,则与吾园夫所以长养草木者,其为道岂异也哉! 假使员舆之中,而有如是之一国,则其民熙熙皞皞,凡其国之所有,皆足以养其欲而给其求。所谓天行物竞之虐,于其国皆不见,而惟人治为独尊,在在有以自恃而无畏。降以至一草木一禽兽之微,皆所以娱情适用之资,有其利而无其害。又以学校之兴,刑罚之中,举错之公也,故其民莠者日以少,良者日以多。驯至于各知职分之所当为,性分之所固有,通功合作,互相保持,以进于治化无疆之休。夫如是之群,古今之世所未有也,故称之曰乌托邦。乌托邦者,犹言无是国也,仅为涉想所存而已。然使后世果其有之,其致之也,将非由任天行之自然,而由尽力于人治,则断然可识者也。

【复案】此篇所论,如"圣人知治人之人,赋于治于人者也"以下十余语最精辟。盖泰西言治之家,皆谓善治如草木,而民智如土田。民智既开,则下令如流水之源,善政不期举而自举,且一举而莫能废。不然,则虽有善政,迁地弗良,淮橘成枳,一也;人存政举,人亡政息,极其能事,不过成一治一乱之局,二也。此皆各国所历试历验者。

西班牙民最信教,而智识卑下,故当明嘉、隆间,得斐立白第二为之主而大强,通美洲,据南美,而欧洲亦几为所混一。南洋吕宋一岛,名斐立宾者,即以其名名其所得地也。至万历末年,而斐立白第二死,继体之人,庸暗选懦,国乃大弱,尽失欧洲所已得地,贫削饥馑,民不聊生。直至乾隆初年,查理第三当国,精勤二十余年,而国势复振。然而民智未开,终弗善也。故至乾隆五十三年,查理第三亡,而国又大弱。虽道、咸以还,泰西诸国,治化宏开,西班牙立国其中,不能无所淬厉,然至今尚不足为第二等权也。

至立政之际,民智污隆,难易尤判。如英国平税一事,明计学者持之盖久,然卒莫能行,坐其理太深,而国民抵死不悟故也。后议者以理财启蒙诸书,颁令乡塾习之,至道光间,遂阻力去,而其令大行,通国蒙其利矣。夫言治而不自教民始，徒曰"百姓可与乐成，难与虑始"，又曰"非常之原，黎民所惧"，皆苟且之治，不足存其国于物竞之后者也。

〜〜 导言九　汰　蕃 〜〜

虽然，假真有如是之一日，而必谓其盛可长保，则又不然之说也。盖天地之大德曰生，而含生之伦，莫不孳乳，乐牝牡之合，而保爱所出者，此无化与有化之民所同也。方其治之未进也，则死于水旱者有之，死于饥寒者有之，且兵刑疾疫，无化之国，其死民也尤深。大乱之后，景物萧寥，无异新造之国者，其流徙而转于沟壑者众矣。

洎新治出，物竞平，民获息肩之所，休养生聚，各长子孙，卅年以往，小邑自倍。以有限之地产，供无穷之孳生，不足则争，干戈又动，周而复始，循若无端，此天下之生所以一治而一乱也。故治愈隆则民愈休，民愈休则其蕃愈速。且德智并高，天行之害既有以防而胜之，如是经十数传。数十传以后，必神通如景尊，能以二馒头哺四千众而后可。不然，人道既各争存，不出于争，将安出耶？争则物竞兴，天行用，所谓郅治之隆，乃儳然不终日矣，故人治者，所以平物竞也。而物竞乃即伏于人治之大成，此诚人道物理之必然，昭然如日月之必出入，不得以美言饰说，苟用自欺者也。设前所谓首出庶物之圣人，于彼新造乌托邦之中，而有如是之一境，此其为所前知，固何待论。

然吾侪小人，试为揣其所以挽回之术，则就理所可知言之，无亦二途已耳：一则听其蕃息，至过庶食不足之时，徐谋所以处置之者；一则量食为生，立嫁娶收养之程限，使无有过庶之一时。由前而言其术，即今英伦、法、德诸邦之所用。然不过移密就疏，挹兹注彼，以邻为壑，会有穷时，穷则大争仍起。由后而言，则微论程限之至难定也，就令微积之术，格致之学,日以益精,而程限较然可立,而行法之方,将安出耶?此又事有至难者也。

于是议者曰:"是不难,天下有骤视若不仁,而其实则至仁也者。夫过庶既必至争矣,争则必有所灭,灭又未必皆不善者也。则何莫于此之时,先去其不善而存其善?圣人治民,同于园夫之治草木,园夫之于草木也,过盛则芟夷之而已矣,拳曲拥肿则拔除之而已矣,夫惟如是,故其所养者,皆嘉葩珍果,而种日进也。去不材而育其材,治何为而不若是?疲癃、愚痫、残疾、颠丑、盲聋、狂暴之子,不必尽取而杀之也,鳏之寡之,俾无遗育,不亦可乎?使居吾土而衍者,必强佼圣智聪明才桀之子孙,此真至治之所期,又何忧乎过庶?"主人曰:"唯唯,愿与客更详之。"

【复案】此篇客说,与希腊亚利大各①所持论略相仿。又嫁娶程限之政,瑞典旧行之:民欲婚嫁者,须报官验明家产及格者,始为胖合。然此令虽行,而俗转淫佚,天生之子满街,育婴堂充塞不复收,故其令寻废也。

ᨠᨠᨠ 导言十 择 难 ᨠᨠᨠ

天演家用择种留良之术,于树艺牧畜间,而繁硕茁壮之效,若执左契致也。于是以谓人者生物之一宗,虽灵蠢攸殊,而血气之躯,传衍种类,所谓生肖其先,代趋微异者,与动植诸品无或殊焉。今吾术既用之草木禽兽而大验矣,行之人类,何不可以有功乎?此其说虽若骇人,然执其事而责其效,则确然有必然者。顾惟是此择与留之事,将谁任乎?

前于垦荒立国,始设为主治之一人,所以云其前识独知必出人人,犹人人之出牛羊犬马者,盖必如是而后乃可独行而独断也。果能如是,则无

---

① 亚利大各:Aristocles,即"柏拉图"。此为柏拉图原名。

论如亚洲诸国,亶聪明作元后,天下无敢越志之至尊。或如欧洲,天听民听、天视民视、公举公治之议院,为独为聚、圣智同优,夫而后托之主治也可,托之择种留良也亦可。而不幸横览此三洲六十余国之间,为上下其六千余年之纪载,此独知前识,迈类逾种,如前比者,尚断断乎未尝有人也。且择种留良之术,用诸树艺牧畜而大有功者,以所择者草木禽兽,而择之者人也。

今乃以人择人,此何异上林之羊,欲自为卜式;汧、渭之马,欲自为其伯翳,多见其不知量也已。

【复案】原文用白鸽欲自为施白来。施,英人,最善畜鸽者也,易用中事。

且欲由此术,是操选政者,不特其前识如神明,抑必极刚戾忍决之姿而后可。夫刚戾忍决诚无难,雄主酷吏皆优为之。独是先觉之事,则分限于天,必不可以人力勉也。且此才不仅求之一人之为难,即合一群之心思才力为之,亦将不可得。久矣合群愚不能成一智,聚群不肖不能成一贤也。且从来人种难分,比诸飞走下生,奚翅什伯。每有孩提之子,性情品格,父母视之为庸儿,戚邻目之为劣子,温温未试,不比于人。逮磨砻世故,变动光明,事业声施,赫然惊俗,国蒙其利,民戴其功。

吾知聚百十儿童于此,使天演家凭其能事,恣为抉择,判某也为贤为智,某也为不肖为愚,某也可室可家,某也当鳏当寡,应机断决,无或差讹,用以择种留良,事均树畜,来者不可知,若今日之能事,尚未足以企此也。

～ 导言十一　蜂　群 ～

故首出庶物之神人,既已杳不可得,则所谓择种之术不可行。由是知以人代天,其事必有所底,此无可如何者也。且斯人相系相资之故,其理至为微渺难思。使未得其人，而欲冒行其术，将不仅于治理无以复加，且恐其术果行，则其群将涣。盖人之所以为人者，以其能群也。第深思其所以能群，则其理见矣。

虽然，天之生物，以群立者，不独斯人已也。试略举之，则禽之有群者，如雁如乌；兽之有群者，如鹿如象，如米利坚之犎，阿非利加之猕，其尤著者也；昆虫之有群者，如蚁如蜂。凡此皆因其有群，以自完于物竞之际者也。今吾将即蜂之群而论之，其与人之有群，同欤？异欤？意其皆可深思，因以明夫天演之理欤？夫蜂之为群也，审而观之，乃真有合于古井田经国之规，而为近世以均富言治者之极则也。

【复案】古之井田与今之均富，以天演之理及计学公例论之，乃古无此事，今不可行之制。故赫氏于此，意含滑稽。

以均富言治者曰："财之不均，乱之本也。一群之民，宜通力而合作。然必事各视其所胜，养各给其所欲，平均齐一，无有分殊。为上者职在察贰廉空，使各得分愿，而莫或并兼焉，则太平见矣。"此其道蜂道也。

夫蜂有后(蜂王雌，故曰后)，其民雄者惰，而操作者半雌。(采花酿蜜者皆雌，而不交不孕。其雄不事事，俗误为雌，呼曰蜂姐。)一壶之内，计口而禀，各致其职。昧旦而起，吸胶戴黄，制为甘芗，用相保其群之生，而与凡物为竞。其为群也，动于天机之自然，各趣其功，于以相养，各有其职分之所当为，而未尝争其权利之所应享。是辑辑者，为有思乎？有情乎？吾不得而知之也。自其可知者言之，无亦最粗之知觉运动已耳。设是群之中，有劳心者焉，则必其雄而不事之惰蜂，为其暇也。此其神识智计，必天之所纵，而皆生而知之，而非由学而来，抑由悟而入也。设其中有劳力者焉，则必其半雌，盼盼然终其身为酿蓄之事，而所禀之食，特傈然仅足以自存。是细腰者，必皆安而行之，而非由墨之道以为人，抑由扬之道以自为也。之二者自裂房莳羽而来，其能事已各具矣。

然则蜂之为群，其非为物之所设，而为天之所成明矣。天之所以成此群者奈何？曰：与之以含生之欲，辅之以自动之机，而后冶之以物竞，锤之以天择,使肖而代迁之种,自范于最宜,以存延其种族。此自无始来,累其渐变之功,以底于如是者。

∽∽ 导言十二　人　群 ∽∽

人之有群,其始亦动于天机之自然乎? 其亦天之所设,而非人之所为乎? 群肇于家,其始不过夫妇父子之合,合久而系联益固,生齿日蕃,则其相为生养保持之事,乃愈益备,故宗法者群之所由昉也。夫如是之群,合以与其外争,或人或非人,将皆可以无畏,而有以自存。盖惟泯其争于内,而后有以为强,而胜其争于外也。此所与飞走蠕泳之群同焉者也。

然则人虫之间,卒无以异乎? 曰:有。鸟兽昆虫之于群也,因生而受形,爪翼牙角,各守其能,可一而不可二,如彼蜜蜂然。雌者雄者,一受其成形,则器与体俱,嫥嫥然趋为一职,以毕其生,以效能于其群而已矣,又乌知其余? 假有知识,则知识此一而已矣;假有嗜欲,亦嗜欲此一而已矣。何则? 形定故也。至于人则不然,其受形虽有大小强弱之不同,其赋性虽有愚智巧拙之相绝,然天固未尝限之以定分,使划然为其一而不得企其余。曰此可为士,必不可以为农;曰此终为小人,必不足以为君子也。此其异于鸟兽昆虫者一也。

且与生俱生者有大同焉,曰好甘而恶苦,曰先己而后人。夫曰先天下为忧,后天下为乐者,世容有是人,而无如其非本性也。人之先远矣,其始禽兽也。不知更几何世,而为山都木客;又不知更几何年,而为毛民猺獠;由毛民猺獠,经数万年之天演,而渐有今日,此不必深讳者也。自禽兽以至为人,其间物竞天择之用,无时而或休,而所以与万物争存,战胜而种盛者,中有最宜者在也。是最宜云何? 曰独善自营而已。夫自营为私,然私之一言,乃无始来。斯人种子,由禽兽得此,渐以为人,直至今日而根株仍在者也。古人有言,人之性恶。又曰人为孽种,自有生来,便含罪恶。其言岂尽妄哉！是故凡属生人，莫不有欲，莫不求遂其欲。其始能战胜万物，而为天之所择以此；其后用以相贼，而为天之所诛亦以此。何则？自营大行，群道将息，而人种灭矣。此人所与鸟兽昆虫异者又其一也。

【复案】西人有言，十八期民智大进步，以知地为行星，而非居中恒静，与天为配之大物，如占所云云者。十九期民智大进步，以知人道为生类中天演之一境，而非笃生特造，中天地为三才，如古所云云者。二说初立，皆为世人所大骇，笃旧者，至不惜杀人以杜其说。卒之证据厘然，弥攻弥固，乃知如如之说，其不可撼如此也。达尔文《原人篇》①，希克罗（德国人）《人天演》，赫胥黎《化中人位论》②，三书皆明人先为猿之理。而现在诸种猿中，则亚洲之吉贲（音奔）、倭兰两种，非洲之戈栗拉、青明子③两种为尤近。何以明之？以官骸功用，去人之度少，而去诸兽与他猿之度多也。自兹厥后，生学分类，皆人猿为一宗，号布拉默特。布拉默特者，秦言第一类也。

〰〰 导言十三　制　私 〰〰

自营甚者必侈于自由，自由侈则侵，侵则争，争则群涣，群涣则人道所恃以为存者去。故曰自营大行，群道息而人种灭也。然而天地之性，物之最能为群者，又莫人若。如是，则其所受于天，必有以制此自营者，夫而后有群之效也。

---

①　《原人篇》：*The Descent of Man Selection in Relation to Sex*，今译《人类的由来及性选择》。

②　《化中人位论》：*Man's Place in Nature*，今译《人类在自然界的位置》。

③　古贲：gibbon，长臂猿。倭兰：orangontang，猩猩。戈栗拉：gorilla，大猩猩。青明子：chimpanzee，黑猩猩。

【复案】人道始群之际，其理至为要妙。群学家言之最晰者，有斯宾塞氏之《群谊篇》，拍捷特《格致治平相关论》①二书，皆余所已译者。

夫物莫不爱其苗裔，否则其种早绝而无遗，自然之理也。独爱子之情，人为独挚，其种最贵，故其生有待于父母之保持，方诸物为最久。久，故其用爱也尤深，继乃推类扩充，缘所爱而及所不爱。是故慈幼者，仁之本也。而慈幼之事，又若从自营之私而起，由私生慈，由慈生仁，由仁胜私，此道之所以不测也。

又有异者，惟人道善以己效物，凡仪形肖貌之事，独人为能。

【案】昆虫禽兽亦能肖物，如南洋木叶虫之类，所在多有。又传载，寡女丝一事，则尤异者，然此不足以破此公例也。

故禽兽不能画，不能像，而人则于他人之事，他人之情，皆不能漠然相值，无概于中。即至隐微意念之间，皆感而遂通，绝不闻矫然离群，使人自人而我自我。故里语曰：一人向隅，满堂为之不乐；孩稚调笑，戾夫为之破颜。涉乐方罇，言哀已唏。动乎所不自知，发乎其不自已。

或谓古有人焉，举世誉之而不加劝，举世毁之而不加沮，此诚极之若反，不可以常法论也。但设今者有高明深识之士，其意气若尘垢秕糠一世也者，猝于途中，遇一童子，显然傲侮轻贱之，谓彼其中毫不一动然者，则吾窃疑而未敢信也。李将军必取霸陵尉而杀之，可谓过矣。然以飞将威名，二千石之重，尉何物，乃以等闲视之？其憾之者，犹人情也。

【案】原文如下：埃及之哈猛，必取摩德开而枭之高竿之上，亦已过矣。然彼以亚哈水鲁经略之重，何物犹大，乃漠然视之。门焉，再出入，傲不为礼，则其恨之者尚人情耳，今以与李广霸陵尉事相类，故易之如此。

不见夫怖畏清议者乎？刑章国宪，未必惧也，而斤斤然以乡里月旦为

---

① 《格致治平相关论》：*Physics and Politics*，今译《物理与政治》。

怀;美恶毁誉,至无定也,而礼俗既成之后,则通国不敢畔其范围。人宁受饥寒之苦,不忍舍生,而愧情中兴,则计短者至于自杀。凡此皆感通之机,人所甚异于禽兽者也。感通之机神,斯群之道立矣。大抵人居群中,自有识知以来,他人所为,常衡以我之好恶,我所为作,亦考之他人之毁誉。凡人与己之一言一行,皆与好恶毁誉相附而不可离。及其久也,乃不能作一念焉,而无好恶毁誉之别。由是而有是非,亦由是而有羞恶。人心常德,皆本之能相感通而后有。于是是心之中,常有物焉以为之宰,字曰天良。天良者,保群之主,所以制自营之私,不使过用以败群者也。

【复案】赫胥黎保群之论,可谓辨矣。然其谓群道由人心善相感而立,则有倒果为因之病,又不可不知也。盖人之由散入群,原为安利,其始正与禽兽下生等耳,初非由感通而立也。夫既以群为安利,则天演之事,将使能群者存,不群者灭;善群者存,不善群者灭。善群者何? 善相感通者。然则善相感通之德,乃天择以后之事,非其始之即如是也。其始岂无不善相感通者? 经物竞之烈,亡矣,不可见矣。赫胥黎执其末以齐其本,此其言群理,所以不若斯宾塞氏之密也。且以感通为人道之本,其说发于计学家亚丹斯密①,亦非赫胥黎氏所独标之新理也。

【又案】班孟坚曰:"不能爱则不能群,不能群则不胜物,不胜物则养不足。群而不足,争心将作。"吾窃谓此语,必古先哲人所已发。孟坚之识,尚未足以与此也。

～᷈᷈ 导言十四 恕 败 ᷈᷈～

群之所以不涣,由人心之有天良。天良生于善相感,其端孕于至微,

---

① 亚丹斯密:Adam Smith(1723—1790),今译"亚当·斯密",英国经济学家。

而效终于极巨,此之谓治化。治化者,天演之事也。其用在厚人类之生,大其与物为竞之能,以自全于天行酷烈之际。故治化虽原出于天,而不得谓其不与天行相反也。自礼刑之用,皆所释憾而平争,故治化进而天行消,即治化进而自营减。顾自营减之至尽,则人与物为竞之权力,又未尝不因之俱衰,此又不可不知者也。

故比而论之,合群者所以平群以内之物竞,即以敌群以外之天行。人始以自营能独伸于庶物,而自营独用,则其群以漓。由合群而有治化,治化进而自营减,克己廉让之风兴。然自其群又不能与外物无争,故克己太深,自营尽泯者,其群又未尝不败也。无平不陂,无往不复,理诚如是,无所逃也。今天下之言道德者,皆曰:终身可行莫如恕,平天下莫如絜矩矣。泰东者曰:"己所不欲,勿施于人。"所求于朋友,先施之。泰西者曰:"施人如己所欲受。"又曰:"设身处地,待人如己之期人。"凡斯之言,皆所谓金科玉条,贯彻上下者矣。自常人行之,有必不能悉如其量者。

虽然,学问之事,贵审其真,而无容心于其言之美恶。苟审其实,则恕道之与自存,固尚有其不尽比附也者。盖天下之为恶者,莫不务逃其诛。今有盗吾财者,使吾处盗之地,则莫若勿捕与勿罚;今有批吾颊者,使吾设批者之身,则左受批而右不再焉,已厚幸矣。持是道以与物为竞,则其所以自存者几何? 故曰:不相比附也。且其道可用之民与民,而不可用之国与国。何则? 民尚有国法焉,为之持其平而与之直也,至于国,则持其平而与之直者谁乎?

【复案】赫胥黎氏之为此言,意欲明保群自存之道,不宜尽去自营也。然而其义隘矣。且其所举泰东西建言,皆非群学太平最大公例也。太平公例曰:"人得自由,而以他人之自由为界。"用此则无前弊矣。斯宾塞《群谊》一篇,为释此例而作也。晚近欧洲富强之效,识者皆归功于计学。计学者,首于亚丹斯密氏者也。其中亦有最大公例焉,曰:"大利所存,必其两益:损人利己,非也,损己利人亦非;损下益上,非也,损上益下亦非。"其书五卷数十篇,大抵反复明此义耳。故道、咸以来,蠲保商之法,平进出之税,而商务大兴,国民俱富。嗟乎!

今然后知道若大路然，斤斤于彼己盈绌之间者之真无当也。

导言十五　最　旨

　　右十四篇，皆诠天演之义，得一一复按之。第一篇，明天道之常变，其用在物竞与天择；第二篇，标其大义，见其为万化之宗；第三篇，专就人道言之，以异、择、争三者明治化之所以进；第四篇，取譬园夫之治园，明天行人治之必相反；第五篇，言二者虽反，而同出一原，特天行则恣物之争而存其宜，人治则致物之宜，以求得其所祈向者；第六篇，天行既泯，物竞斯平，然物具肖先而异之性，故人治所以范物，使日进善而不知，此治化所以大足恃也；第七篇，更以垦土建国之事，明人治之正术；第八篇，设其民日滋，而有神圣为之主治，其道固可以法园夫；第九篇，见其术之终穷，穷则天行复兴，人治中废；第十篇，论所以救庶之术，独有耘莠存苗，而以人耘人，其术必不可用；第十一篇，言群出于天演之自然，有能群之天倪，而物竞为炉锤，人之始群，不异昆虫禽兽也；第十二篇，言人与物之不同，一曰才无不同，一曰自营无艺，二者皆争之器，而败群之凶德也，然其始则未尝不用是以自存；第十三篇，论能群之吉德，感通为始，天良为终，人有天良，群道乃固；第十四篇，明自营虽凶，亦在所用，而克己至尽，未或无伤。

　　今者统十四篇之所论而观之，知人择之术，可行诸草木禽兽之中，断不可用诸人群之内。姑无论智之不足恃也，就令足恃，亦将使恻隐仁爱之风衰，而其群以涣。且充其类而言，凡恤疲癃、养残疾之政，皆与其治相舛而不行，直至医药治疗之学可废，而男女之合，亦将如会聚牸牝之为，而隳夫妇之伦而后可。狭隘酷烈之治深，而慈惠哀怜之意少。数传之后，风俗遂成，斯群之善否不可知，而所恃以相维相保之天良，其有存者不可寡欤？

　　故曰：以人择求强，而其效适以得弱。盖过庶之患，难图如此。虽然，今者天下非一家也，五洲之民非一种也，物竞之水深火烈，时平则隐于通商庀工之中,世变则发于战伐纵衡之际,是中天择之效,所眷而存者云何?群道所因以进退者奚若?国家将安所恃而有立于物竞之余?虽其理诚奥博,非区区导言所能尽,意者深察世变之士,可思而得其大致于言外矣夫?

【复案】赫胥黎氏是书大指,以物竞为乱源,而人治终穷于过庶。此其持论所以与斯宾塞氏大相径庭,而谓太平为无是物也。斯宾塞则谓事迟速不可知,而人道必成于郅治。

其言曰(《生学天演》第十三篇《论人类究竟》):"今若据前事以推将来,则知一群治化将开,其民必庶,始也以猛兽毒虫为患,庶则此患先祛。然而种分壤据,民之相残,不啻毒虫猛兽也。至合种成国,则此患又减,而转患孳乳之浸多。群而不足,大争起矣。使当此之时,民之性情知能,一如其朔,则其死率,当与民数作正比例。其不为正比例者,必其食裕也。而食之所以裕者,又必其相为生养之事进而后能。于此见天演之所以陶钧民生,与民生之自为体合。(物自变其形,能以合所遇之境,天演家谓之体合。)体合者,进化之秘机也。虽然,此过庶之压力,可以裕食而减,而过庶之压力,又终以孳生而增。民之欲得者,常过其所已有,汲汲以求,若有阴驱潜率之者,亘古民欲,固未尝有见足之一时。故过庶压力,终无可免,即天演之用,终有所施。其间转徙垦屯,举不外一时挹注之事。循是以往,地球将实,实则过庶压力之量,与俱盈矣。故生齿日繁,过于其食者,所以使其民巧力才智,与自治之能,不容不进之因也。惟其不能不用,故不能不进,亦惟常用故常进也。举凡水火工虞之事,要皆民智之见端,必智进而后事进也。事既进者,非智进者莫能用也。格致之家,孜孜焉以尽物之性为事。农工商之民,据其理以善术,而物产之出也,以之益多,非民智日开,能为是乎?十顷之田,今之所获,倍于往岁,其农必通化植之学,知水利,谙新机,而已与佣之巧力,皆臻至巧而后可。制造之工,朝出货而夕售者,其制造之器,其工匠之巧,皆不可以不若人明矣。通商之场日广,业是者,于物情必审,于计利必精,不然,败矣!商战烈,则子钱薄,故用机必最省费者,造舟必最合法者,御舟必最巧习者,而后倍称之息收焉。诸如此伦，苟求其原，皆一群过庶之压力致之耳。盖恶劳好逸，民之所同。使非争存，则耳目心思之力皆不用。不用则体合无由，而人之能事不进，是故天演之秘，可一言而尽也。天惟赋物以孳乳而贪生，则其种自以日上。万物莫不如是，人其一耳。进者存而传焉，不进者病而亡焉。此九地之下，古兽残骨之所以多也。一家一国之中，食指徒繁，而智力如故者，则其去无噍类不远矣。夫固有与争存而夺之食者也，不见前之爱尔兰乎？生息之伙，均诸圈牢，然其究也，徒以供沟壑之一饱。饥馑疾疫，刀兵水旱，有不忍卒言者。凡此皆人事之不臧，非天运也。然以经数言之，则去者必其不善自存者也。其有孑遗而长育种嗣者，必其能力最大，抑遭遇最优，而为天之所择者也。故宇宙妨生之物至多，不仅过庶一端而已。人欲图存，必用其才力心思，以与是妨生者为斗，负者日退，而胜者日昌。胜者非他，智德力三者皆大是耳。三者大而后与境相副之能恢，而生理乃大备。且由此而观之，则过庶者非人道究竟大患也。吾是书前篇，于生理进则种贵，而孳乳用稀之理，已反复辨证之矣。盖种贵则其取精也，所以为当躬之用者日奢，以为嗣育之用者日啬。一人之身，其情感论思，皆脑所主。群治进，民脑形愈大，襞积愈繁，通感愈速。故其自存保种之能力，与脑形之大小有比例；而察物穷理，自治治人，与夫保种诇谋之事，则与脑中襞积繁简为比例。然极治之世，人脑重大繁密固矣，而情感思虑，又至赜至变，至广至玄。其体既大，其用斯宏，故脑之消耗，又与其用情用思之多寡、深浅、远近、精粗为比例。三比例者合，故人当此时，其取物之精，所以资辅益填补此脑者最费。脑之事费，则生生之事廉矣。物固莫能两大也，今日欧民之脑，方之野蛮，已此十而彼七；即其中襞积复叠，亦野蛮少而浅，而欧民多且深。则继今以往，脑之为变如何，可前知也。此其消长盈虚之故，其以物竞天择之用而脑大者存乎？抑体合之为，必得脑之益繁且灵者，以与蓄变广玄之事理相副乎？此吾所不知也。知者用奢于此，则必啬于彼。而郅治之世，用脑之奢，又无疑也。吾前书证脑进者成丁迟（谓北牡为合之时），又证男女情欲当极炽时，则思力必逊。而当思力大耗，如初学人攻苦思索算学难题之类，则生育能事，往往抑沮不行。统此观之，则可知群治进极，宇内人满之秋，过庶不足为患。而斯人孳生迟速，与其国治化浅深，常有反比例也。"

斯宾塞之言如此。自其说出，论化之士十八九宗之。计学家柏捷特著《格致治平相关论》，多取其说。夫种下者多子而子夭，种贵者少子而子寿，此天演公例。自草木虫鱼，以至人类，所随地可察者。斯宾氏之说，岂不然哉！

～ 导言十六　进　微 ～

前论谓治化进则物竞不行固矣，然此特天行之物竞耳。天行物竞者，救死不给，民争食也，而人治之物竞犹自若也。人治物竞者，趋于荣利，求上人也。惟物竞长存，而后主治者可以操砥砺之权，以磨琢天下。夫所谓主治者，或独具全权之君主；或数贤监国，如古之共和；或合通国民权，如今日之民主。其制虽异，其权实均，亦各有推行之利弊。

【案】今泰西如英、德各邦，多三合用之，以兼收其益。此国主而外，所以有爵民二议院也。

要之其群之治乱强弱，则视民品之隆污，主治者抑其次矣。然既曰主治，斯皆有导进其群之能。课其为术，乃不出道齐举错，与夫刑赏之间已耳。主治者悬一格以求入，曰：必如是，吾乃尊显爵禄之，使所享之权与利，优于常伦焉，则天下皆奋其才力心思，以求合于其格，此必然之数也。其始焉为竞，其究也成习，习之既成，则虽主治有不能与其群相胜者。后之衰者驯至于亡，前之利者适成其弊，导民取舍之间，其机如此。

是故天演之事，其端恒娠于至微，而为常智之所忽。及蒸为国俗，沦浹性情之后,悟其为弊,乃谋反之。操一苇以障狂澜,酾杯水以救燎原,此亡国乱群,所以相随属也。不知一群既涣,人治已失其权,即使圣人当之,亦仅能集散扶衰,勉企最宜,以听天事之抉择。何则? 天演之效,非一朝夕所能为也。是故人治天演,其事与动植不同,事功之转移易,民之性情气质变化难。持今日之英伦,以与图德之朝相较,(自显理第七至女主额勒查白是为图德之代,起明成化二十一年至万历三十一年。)则贫富强弱,相殊远矣。而民之官骸性情,若无少异于其初。词人狭斯丕尔之所写生,(狭,万历间英国词曲家,其传作大为各国所传译宝贵也。)方今之人,不仅声音笑貌同也,凡相攻相感不相得之情,又无以异。

苟谓民品之进,必待治化既上,天行尽泯,而后有功,则自额勒查白以至维多利亚,此两女主三百余年之间,英国之兵争盖寡,无炽然用事之天行也。择种留良之术,虽不尽用,间有行者,刑罚非不中也,害群之民,或流之,或杀之,或锢之终身焉。又以游惰告窭者之种下也,振贫之令曰:凡无业仰给县官者,男女不同居。凡此之为,皆意欲绝不肖者,传衍种裔,累此群也。

然而其事卒未尝验者,则何居? 盖如是之事,合通国而计之,所及者隘,一也;民之犯法失业,事常见诸中年以后,刑政未加乎其身,此凶民惰民者,已婚嫁而育子矣,又其一也。且其术之穷不止此,世之不幸罹文网,与无操持而惰游者,其气质种类,不必皆不肖也。死囚贫乏,其受病虽恒在夫性情,而大半则缘乎所处之地势。英谚有之曰:"粪在田则为肥,在衣则为不洁。"然则不洁者,乃肥而失其所者也。故豪家土苴金帛,所以扬其惠声;而中产之家,则坐是以冻馁。猛毅致果之性,所以成大将之威名;仰机射利之奸,所以致驵商之厚实,而用之一不当,则刀锯图圄从其后矣。由此而观之,彼被刑无赖之人,不必由天德之不肖,而恒由人事之不详也审矣。今而后知绝其种嗣俾无遗育者之真无当也。

今者即英伦一国而言之,挽近二百年治功所进,几于绝景而驰,至其民之气质性情,尚无可指之进步。而欧墨物竞炎炎,天演为炉,天择为冶,所骎骎日进者,乃在政治、学术、工商、兵战之间。呜呼,可谓奇观也已!

【复案】天演之学,肇端于地学之僵石古兽,故其计数,动逾亿年,区区数千年数百年之间,固不足以见其用事也。曩拿破仑第一入埃及时,法人治生学者,多挟其数千年骨董归而验之,觉古今人物,无异可指,造化模范物形,极渐至微,斯可见矣。

虽然,物形之变,要皆与外境为对待。使外境未尝变,则宇内诸形,至今如其朔焉可也。惟外境既迁,形处其中,受其逼拶,乃不能不去故以即新。故变之疾徐,常视逼拶者之缓急,不可谓古之变率极渐,后之变率遂常如此而不能速也。即如以欧洲政教、学术、农工、商战数者而论,合前数千年之变,殆不如挽近之数百年,至最后数十年,其变弥厉。故其言曰:耶稣降生二千年时,世界如何,虽至武断人不敢率道也。顾其事有可逆知者,世变无论如何,终当背苦而向乐。此如动植之变,必利其身事者而后存也。至于种胤之事,其理至为奥博难穷,诚有如赫胥氏之说者。即如反种一事,生物累传之后,忽有极似远祖者,出于其间,此虽无数传无由以绝。如至今马种,尚有忽出遍体虎斑,肖其最初芝不拉①野种者。(或谓此即《汉书》所云天马。)驴种亦然,此二物同原证也。芝不拉之为驴马,则京垓年代事矣。达尔文畜鸽,亦往往数十传后,忽出石鸽野种也。又每有一种受性偏胜,至牉合得宜,有以相剂,则生子胜于二亲。此生学之理,亦古人所谓"男女同姓,其生不蕃"理也。惟牉合有宜不宜,而后瞽瞍生舜,尧生丹朱,而汉高、吕后之悍鸷,乃生孝惠之柔良,可得而微论也。此理所关至巨,非遍读西国生学家书,身考其事数十年,不足以与其秘耳。

---

① 芝不拉:zebra,斑马。

导言十七 善 群

今之竞于人群者,非争所谓富贵优厚也耶?战而胜者在上位,持梁啮肥,驱坚策骄,而役使夫其群之众;不胜者居下流,其尤病者乃无以为生,而或陷于刑网。试合英伦通国之民计之,其战而如是胜者,百人之内,几几得二人焉,其赤贫犯法者,亦不过百二焉。恐议者或以为少也,吾乃以谓百得五焉可乎?然则前所谓天行之虐,所见于此群之中,统而核之,不外二十得一而已。是二十而一者,溓然在泥涂之中,日有寒饥之色,周其一身者,率猥陋不䡱,不足以遂生致养。嫁娶无节,蕃息之易,与圈牢均,故其儿女虽以贫露多不育者,然其生率常过于死率也。虽然,彼贫贱者,固自为一类也,此二十而一者,固不能于二十而十九者,有选择举错之权也。则群之不进,非其罪也。

设今有牧焉,于其千羊之内,简其最下之五十羊,驱而置之硗确不毛之野,任其弱者自死,强者自存,夫而后驱此后亡者还入其群,以并畜同牧之,是之牧为何如牧乎?此非过事之喻也,不及事之喻也。何则?今吾群之中,是饥寒罹文网者,尚未为最弱极愚之种,如所谓五十羊者也。且今之竞于富贵优厚者,当何如而后胜乎?以经道言之,必其精神强固者也,必勤足赴功者也,必智足以周事,忍足济事者也;又必其人之非甚不仁,而后有外物之感乎,而恒有徒党之己助,此其所以为胜之常理也。

然而世有如是之民,竞于其群之中,而又不必胜者则又何也?曰世治之最不幸,不在贤者之在下位而不能升,而在不贤者之在上位而无由降。门第、亲戚、援与、财贿、例故,与夫主治者之不明而自私,之数者皆其沮降之力也。譬诸重浊之物,傅以气脬、木皮;又如不能游者,挟救生之环,此其所以为浮,而非其物之能溯洄凫没以自举而上也。使一日者,取所傅而去之,则本地亲下,必终归于其所。

而物竞天择之用,将使一国之众,如一壶之水然。熨之以火,而其中无数莫破质点,暖者自升,冷者旋降,回转周流,至于同温等热而后已。是故任天演之自然,而去其牵沮之力,则一群之众,其战胜而亨,而为斯群之大分者,固不必最宜,将皆各有所宜,以与其群相结。其为数也既多,其合力也自厚,其孳生也自蕃。夫以多数胜少数者,天之道也,而义何虑于前所指二十而一之莠民也哉!此善群进种之至术也。

今夫一国之治,自外言之,则有邦交;自内言之,则有民政。邦交民政之事,必操之聪明强固、勤智刚毅而仁之人,夫而后国强而民富者,常智所与知也。由吾之术,不肖自降,贤者自升,邦交民政之事,必得其宜者为之主,且与时偕行,流而不滞,将不止富强而已,抑将有进种之效焉。此固人事之足恃,而有功者矣。夫何必择种留良,如园夫之治草木哉?

【复案】赫胥黎氏是篇,所谓去其所傅者,最为有国者所难能。能则其国无不强,其群无不进者。此质家亲亲,必不能也;文家尊尊,亦不能也。惟尚贤课名实者能之。尚贤则近墨,课名实则近于申、商,故其为术,在中国中古以来,罕有用者,而用者乃在今日之西国。英伦民气最伸,故其术最先用,用之亦最有功。如广立民报,而守直言不禁之盟。(宋宁宗嘉定七年,英王约翰与其民所立约,名《马格那咤达》华言大典。)保公二党,递主国成,以互相稽察。凡此之为,皆惟恐所傅者不去故也。

斯宾塞群学保种公例二,曰:凡物欲种传而盛者,必未成丁以前,所得利益,与其功能作反比例;既成丁之后,所得利益,与功能作正比例。反是者衰灭。其《群谊篇》立进种大例三:一曰民既成丁,功食相准;二曰民各有畔,不相侵欺;三曰两害相权,己轻群重。此其言乃集希腊、罗马与二百年来格致诸学之大成,而施诸邦国理平之际。有国者安危利菑则亦已耳,诚欲自存,赫、斯二氏之言,殆无以易也。赫所谓去其所傅,与斯所谓功食相准者,言有正负之殊,而其理则一而已矣。

导言十八　新　反

前言园夫之治园也,有二事焉:一曰设其宜境,以遂群生;二曰芸其恶种,使善者传。自人治而言之,则前者为保民养民之事,后者为善群进化之事。善群进化,园夫之术必不可行,故不可以力致。独主持公道,行尚贤之实,则其治自臻。然古今为治,不过保民养民而已。善群进化,则期诸教民之中,取民同具之明德,固有之知能,而日新扩充之,以为公享之乐利。

古之为学也,形气、道德歧而为二,今则合而为一。所讲者虽为道德治化形上之言,而其所由径术,则格物家所用以推证形下者也。撮其大要,可以三言尽焉:始于实测,继以会通,而终于试验。三者阙一,不名学也,而三者之中,则试验为尤重。古学之逊于今,大抵坐阙是耳。凡政教之所施,皆用此术以考核扬搉之,由是知其事之窒通,与能得所祈向否也。

天行物竞,既无由绝于两间。诚使五洲有大一统之一日,书车同其文轨,刑赏出于一门,人群大和,而人外之争,尚自若也;过庶之祸,莫可逃也。人种之先,既以自营不仁,而独伸于万物矣,绵传虽远,恶本仍存。呱呱坠地之时,早含无穷为己之性,故私一日不去,争一日不除。争之未除,天行犹用,如日之照,夫何疑焉。假使后来之民,得纯公理而无私欲,此去私者,天为之乎? 抑人为之乎? 吾今日之智,诚不足以知之。然而一事分明,则今日之民,既相合群而不散处于独矣,苟私过用,则不独必害于其群,亦且终伤其一己,何者? 托于群而为群所不容故也。是故成己成人之道,必在惩忿窒欲,屈私为群,此其事诚非可乐,而行之其效之美,乃不止于可乐。

夫人类自其天秉而观之,则自致智力,加之教化道齐,可日进于无疆之休,无疑义也。然而自夫人之用智用仁,虽圣哲不能无过。自天行终与人治相反,而时时欲毁其成功;自人情之不能无怨怼,而尚觊觎其所必不可几;自夫人终囿于形气之中,其知识无以窥天事之至奥。夫如是而曰人道有极美备之一境,有善而无恶,有乐而无忧,特需时以待之,而其境必自至者,此殆理之所必无,而人道之所以足闵叹也。窃尝谓此境如割锥术中,双曲线之远切线,可日趋于至近,而终不可交。

虽然,既生而为人矣,则及今可为之事亦众矣。邃古以来,凡人类之事功,皆所以补天辅民者也。已至者无隳其成功,未至者无怠于精进,则人治与日月俱新,有非前人所梦见者。前事具在,岂不然哉!夫如是以保之,夫如是以将之。然而形气内事,皆抛物线也。至于其极,不得不反,反则大宇之间,又为天行之事。人治以渐,退归无权,我曹何必取京垓世劫以外事,忧海水之少,而以泪益之也哉!

【复案】有叩于复者曰:"人道以苦乐为究竟乎?以善恶为究竟乎?"应之曰:"以苦乐为究竟,而善恶则以苦乐之广狭为分,乐者为善,苦者为恶,苦乐者所视以定善恶者也。使苦乐同体,则善恶之界混矣,又乌所谓究竟者乎?"曰:"然则禹、墨之胼茧非,而桀、跖之横恣是矣!"曰:"论人道务通其全而观之,不得以一曲论也。"人度量相越远,所谓苦乐,至为不齐。故人或终身汲汲于封殖,或早夜遑遑于利济,当其得之,皆足自乐,此其一也。且夫为人之士,摩顶放踵以利天下,亦谓苦者吾身,而天下缘此而乐者众也。使无乐者,则摩放之为,无谓甚矣。慈母之于子也,劬劳顾恤,若忘其身,母苦而子乐也。至得其所求,母且即苦以为乐,不见苦也。即如婆罗旧教苦行熏修,亦谓大苦之余,偿我极乐,而后从之。然则人道所为,皆背苦而趋乐,必有所乐,始名为善,彰彰明矣。故曰善恶以苦乐之广狭分也。

然宜知一群之中,必彼苦而后此乐,抑己苦而后人乐者,皆非极盛之世。极盛之世,人量各足,无取挹注,于斯之时,乐即为善,苦即为恶,故曰善恶视苦乐也。前吾谓西国计学为亘古精义、人理极则者,亦以其明两利为真利耳。由此观之,则赫胥氏是篇所称屈己为群为无可乐,而其效之美,不止可乐之语,于理荒矣。且吾不知可乐之外,所谓美者果何状也。然其谓郅治如远切线,可近不可交,则至精之譬。又谓世间不能有善无恶,有乐无忧,二语亦无以易。

　　盖善乐皆对待意境,以有恶忧而后见,使无后二,则前二亦不可见。生而瞽者不知有明暗之殊,长处寒者不知寒,久处富者不欣富,无所异则即境相忘也。曰:然则郅治极休,如斯宾塞所云云者,固无有乎? 曰:难言也。大抵宇宙究竟与其元始,同于不可思议。不可思议云者,谓不可以名理论证也。吾党生于今日,所可知者,世道必进,后胜于今而已。至极盛之秋,当见何象,千世之后,有能言者,犹旦暮遇之也。

4 《天演论》下(论一～论十七)

∽∽∽ 论一 能 实 ∽∽∽

道每下而愈况,虽在至微,尽其性而万物之性尽,穷其理而万物之理穷,在善用吾知而已矣,安用骛远穷高,然后为大乎?

　　【案】柏庚首为此言。其言曰:"格致之事,凡为真宰之所笃生,斯为吾人之所应讲。"天之生物,本无贵贱轩轾之心,故以人意轩轾贵贱之者,其去道固已远矣。尚何能为格致之事乎?

今夫荚两缄以为郛,一房而数子,督然不盈匊之物也。然使艺者不违其性,雨足以润之,日足以暄之,则无几何,其力之内蕴者敷施,其质之外附者翕受,始而萌芽,继乃引达,俄而布蕤,俄而坚孰,时时蜕其旧而为新,人弗之觉也,觉亦弗之异也。睹非常则惊,见所习则以为不足察,此终身由之而不知其道者,之所以众也。

夫以一子之微,忽而有根荄、支干、花叶、果实,非一曙之事也。其积功累勤,与人事之经营裁斫异,而实未尝异也。一鄂一柎,极之微尘质点,其形法模式,苟谛而视之,其结构勾联,离娄历鹿,穷精极工矣,又皆有不易之天则,此所谓至赜而不可乱者也。一本之植也,析其体则为分官,合其官则为具体。根干以吸土膏也,支叶以收炭气也,色非虚设也,形不徒然也,(草木有绿精,而后得日光,能分炭于炭养。)翕然通力合作,凡以遂是物之生而已。是天工也,特无为而成,有真宰而不得其朕耳。今者一物之生,其形制之巧密既如彼,其功用之美备又如此,顾天乃若不甚惜焉者,蔚然茂者,浸假而雕矣;荧然晖者,浸假而瘁矣。夷伤黄落,荡然无存。存者仅如他日所收之实,复以函生机于无穷,至哉神乎,其生物不测有若是者。

今夫易道周流,耗息迭用,所谓万物一圈者,无往而不遇也。不见小儿抛堉者乎?过空成道,势若垂弓,是名抛物曲线,(此线乃极狭椭圆两端。假如物不为地体所隔,则将行绕地心,复还所由。抛本处成一椭圆。其二脐点,一即地心,一在地平以上,与相应也。)从其渊而平分之,前半扬而上行,后半陁而下趋。此以象生理之从虚而息,由息乃盈,从盈得消,由消反虚。故天演者如网如筮。又如江流然,始滥觞于昆仑,出梁益,下荆扬,洋洋浩浩,趋而归海,而兴云致雨,则又反宗。始以易简,伏变化之机,命之曰储能;后渐繁殊,极变化之致,命之曰效实。储能也,效实也,合而言之天演也。此二仪之内,仰观俯察,远取诸物,近取诸身,所莫能外也。

希腊理家额拉吉来图有言:"世无今也,有过去有未来,而无现在。"譬诸濯足长流,抽足再入,已非前水,是混混者未尝待也。方云一事为今,其今已古。且精而核之,岂仅言之之时已哉!当其涉思,所谓今者,固已逝矣。

【案】赫胥黎他日亦言:"人命如水中漩洑,虽其形暂留,而漩中一切水质刻刻变易。"一时推为名言。仲尼川上之叹又曰:"回也见新,交臂已故。"东西微言,其同若此。

今然后知静者未觉之动也,平者不喧之争也。群力交推,屈申相报,众流汇激,胜负迭乘,广宇悠宙之间,长此摩荡运行而已矣。天有和音,地有成器,显之为气为力,幽之为虑为神。物乌乎凭而有色相?心乌乎主而有觉知?将果有物焉,不可名,不可道,以为是变者根耶?抑各本自然,而不相系耶?自麦西①、希腊以来,民智之开,四千年于兹矣。而此事则长夜漫漫,不知何时旦也。

【复案】此篇言植物由实成树,树复结实,相为生死,如环无端,固矣!而晚近生学家,谓有生者如人禽虫鱼草木之属,为有官之物,是名官品;而金石水土无官,曰非官品。无官则不死,以未尝有生也。而官品一体之中,有其死者焉,有其不死者焉。而不死者,又非精灵魂魄之谓也。可死者甲,不可死者乙,判然两物。如一草木,根荄支干,果实花叶,甲之事也;而乙则离母而转附于子,绵绵延延,代可微变,而不可死。或分其少分以死,而不可尽死,动植皆然。故一人之身,常有物焉,乃祖父之所有,而托生于其身。盖自受生得形以来,递嬗迤转,以至于今,未尝死也。

～～～ 论二 忧 患 ～～～

大地抟抟,诸教杂糅。自顶蛙拜蛇,迎尸范偶,以至于一宰无神,贤圣之所诏垂,帝王之所制立,司徒之有典,司寇之有刑,虽旨类各殊,何一不因畏天坊民而后起事乎!疾痛惨怛,莫知所由。然爱恶相攻,致憾于同种。神道王法,要终本始,其事固尽从忧患生也。

然则忧患果何物乎?其物为两间所无可逃,其事为天演所不可离。可逃可离,非忧患也。是故忧患者,天行之用,施于有情,而与知虑并著者

---

① 麦西:Moses,今通译"摩西"。

也。今夫万物之灵，人当之矣。然自非能群，则天秉未由张皇，而最灵之能事不著。人非能为群也，而不能不为群。有人斯有群矣，有群斯有忧患矣。故忧患之浅深，视能群之量为消长。方其混沌僮野，与鹿豕同，谓之未尝有忧患焉，蔑不可也；进而穴居巢处，有忧患矣，而未撄也。更进而为射猎，为游牧，为猺獠，为蛮夷，撄矣而犹未至也。独至伦纪明，文物兴，宫室而耕稼，丧祭而冠婚，如是之民，夫而后劳心钺心，计深虑远，若天之胥靡而不可弛耳。

咸其自至，而虐之者谁欤？夫转移世运，非圣人之所能为也，圣人亦世运中之一物，世运至而后圣人生，世运铸圣人，非圣人铸世运也。使圣人而能为世运，则无所谓天演者矣。民之初生，固禽兽也，无爪牙以资攫拏，无毛羽以御寒暑，比之鸟则以手易翼而无与于飞，方之兽则减四为二而不足于走。夫如是之生，而与草木禽兽樊然杂居，乃岿尔独存于物竞最烈之后，且不仅自存，直褎然有以首出于庶物。则人于万类之中，独具最宜而有以制胜也审矣。岂徒灵性有足恃哉？亦由自营之私奋耳。

然则不仁者，今之所谓凶德，而夷考其始，乃人类之所恃以得生。深于私，果于害，夺焉而无所与让，执焉而无所于舍，此皆所恃以为胜也。是故浑荒之民，合狙与虎之德而兼之，形便机诈，好事效尤，附之以合群之材，重之以贪戾、狠鸷、好胜、无所于屈之风。少一焉，其能免于阴阳之患，而不为外物所吞噬残灭者寡矣。而孰知此所恃以胜物者，浸假乃转以自伐耶？何以言之？人之性不能不为群，群之治又不能不日进，群之治日进，则彼不仁者之自伐亦日深。人之始与禽兽杂居者，不知其几千万岁也。取于物以自养，习为攘夺不仁者，又不知其几千百世也。其习之于事也既久，其染之于性也自深。气质鋈成，流为种智，其治化虽进，其萌櫱仍存。嗟夫！此世之所以不善人多，而善人少也。

夫自营之德，宜为散，不宜为群；宜于乱，不宜于治，人之所深知也。昔之所谓狙与虎者，彼非不欲其尽死，而化为麟凤、驺虞也。而无如是狒狒、眈眈者卒不可以尽伏。向也，资二者之德而乐利之矣，乃今试尝用之，则乐也每不胜其忧，利也常不如其害。凶德之为虐，较之阴阳外物之患，不啻过之。由是悉取其类,揭其名而僇之,曰过,曰恶,曰罪,曰孽;又不服,则鞭笞之,放流之,刀锯之,铁钺之。甚矣哉!群之治既兴,是狙与虎之无益于人,而适用以自伐也,而孰谓其始之固赖是以存乎?是故忧患之来,其本诸阴阳者犹之浅也,而缘诸人事者乃至深。六合之内,天演昭回,其奥衍美丽,可谓极矣,而忧患乃与之相尽。治化之兴,果有以祛是忧患者乎?将人之所为,与天之所演者,果有合而可奉时不违乎?抑天人互殊,二者之事,固不可以终合也。

论三　教　源

大抵未有文字之先,草昧敦庞,多为游猎之世。游,故散而无大群;猎,则戕杀而鲜食,凡此皆无化之民也。迨文字既兴,斯为文明之世。文者言其条理也,明者异于草昧也。出草昧,入条理,非有化者不能。然化有久暂之分,而治亦有偏赅之异。自营不仁之气质,变化綦难,而仁让乐群之风,渐摩日浅,势不能以数千年之磨洗,去数十百万年之沿习。故自有文字泊今,皆为嬗蜕之世,此言治者所要知也。

考天演之学,发于商周之间,欧亚之际,而大盛于今日之泰西。此由人心之灵,莫不有知,而死生荣悴,昼夜相代夫前,妙道之行,昭昭然若揭日月。所以先觉之俦,玄契同符,不期自合,分涂异唱,殊致同归。凡此二千五百余载中,泰东西前识大心之所得,微言具在,不可诬也。虽然,其事有浅深焉。昔者姬周之初,额里思①、身毒诸邦,抢攘昏垫,种相攻灭。迨东迁以还,二土治化,稍稍出矣。盖由来礼乐之兴,必在去杀胜残之后,民惟安生乐业,乃有以自奋于学问思索之中,而不忍于芸芸以生,昧昧以死。前之争也,争夫其所以生;后之争也,争夫其不虚生。其更进也,则争有以

---

① 额里思:Greece,今通译"希腊"。

充天秉之能事，而无与生俱尽焉。

善夫柏庚之言曰："学者何？所以求理道之真；教者何？所以求言行之是。然世未有理道不真，而言行能是者。东洲有民，见蛇而拜，曰：是吾祖也。使真其祖，则拜之是矣，而无知其误也。是故教与学相衡，学急于教。而格致不精之国，其政令多乖，而民之天秉郁矣。"由柏氏之语而观之，吾人日讨物理之所以然，以为人道之所当然，所孜孜于天人之际者，为事至重，而岂游心冥漠，勤其无补也哉！顾争生已大难，此微论蹄迹交午之秋，击鲜艰食之世也。即在今日，彼持肥曳轻，而不以生事为累者，什一千百而外，有几人哉！至于过是所争，则其愿弥奢，其道弥远，其识弥上，其事弥勤。凡为此者，乃贤豪圣哲之徒，国有之而荣，种得之而贵，人之所赖以日远禽兽者也。可多得哉！可多得哉！

然而意识所及，既随格致之业，日以无穷。而吾生有涯，又不能不远瞩高瞻。要识始之从何来，终之于何往，欲通死生之故，欲知鬼神之情状，则形气限之。而人海茫茫，弥天忧患，欲求自度于缺陷之中，又常苦于无术。观摩羯提标教于苦海，爱阿尼诠旨于逝川，则知忧与生俱，古之人不谋而合。而疾痛劳苦之事，乃有生对待，而非世事之傥来也。是故合群为治，犹之艺果莳花，而声明、文物之末流，则如唐花之暖室。何则？文胜则饰伪世滋，声色味意之可欣日侈，而聋盲爽发狂之患，亦以日增。其聪明既出于颛愚，其感慨于性情之隐者，亦微渺而深挚。

是以乐生之事，虽浓郁闲都，雍容多术，非僿野者所与知。而哀情中生，其中之之深，亦较朴鄙者为尤酷。于前事多无补之悔吝，于来境深不测之忧虞。空想之中，别生幻结，虽谓之地狱生心，不为过也。且高明荣华之事，有大贼焉，名曰"倦厌"。烦忧郁其中，气力耗于外。"倦厌"之情起而乘之，则向之所欣，俯仰之间，皆成糟粕。前愈浓至，后愈不堪。及其终也，但觉吾生幻妄，一切无可控揣。而尚犹恋恋为者，特以死之不可知故耳。呜呼！此释、景、犹、回诸教所由兴也。

【复案】世运之说，岂不然哉。合全地而论之，民智之开，莫盛于春秋战国之际：中土则孔、墨、老、庄、孟、荀，以及战国诸子，尚论者或谓其皆有圣人之才。而泰西则有希腊诸智者，印度则有佛。

佛生卒年月，迄今无定说。摩腾对汉明帝云："生周昭王廿四年甲寅，卒穆王五十二年壬申。"隋翻经学士费长房撰《开皇三宝录》云，生鲁庄公七年甲午，以春秋恒星不见，夜明星陨如雨为瑞应。周匡王五年癸丑示灭。《什法师年纪》及《石柱铭》云，生周桓王五年乙丑，周襄王十五年甲申灭度。此外有云佛生夏桀时，商武乙时，周平王时者，莫衷一是。独唐贞观三年，刑部尚书刘德威等与法琳奉诏详核，定佛生周昭丙寅，周穆壬申示灭。然周昭在位十九年，无丙寅岁，而汉摩腾所云二十四年亦误，当是二人皆指十四年甲寅而传写误也。今年太岁在丁酉，去之二千八百六十五年，佛先耶稣生九百六十八年也。挽近西士于内典极讨论，然于佛生卒，终莫指实，独云先耶稣生约六百年耳，依此则费说近之。佛成道当在定、哀间，与宣圣为并世。岂夜明诸异，与佛书所谓六种震动，光照十方国土者同物欤？鲁与摩羯提东西里差，仅三十余度，相去一时许，同时睹异，容或有之。

至于希腊理家，德黎称首，生鲁厘二十四年，德，首定黄赤大距、逆莢日食者也。亚诺芝曼德生鲁文十七年。毕达哥拉斯生鲁宣间。毕，天算鼻祖，以律吕言天运者也。芝诺芬尼生鲁文七年，创名学。巴弥匿智生鲁昭六年。般刺密谛生鲁定十年。额拉吉来图生鲁定十三年，首言物性者。安那萨哥拉（安息人）生鲁定十年。德摩颉利图生周定王九年，倡莫破质点之说。苏格拉第生周元王八年，专言性理道德者也。亚里大各一名柏拉图，生周考王十四年，理家最著号。亚里斯大德生周安王十八年，新学未出以前，其为西人所崇信，无异中国之孔子。（苏格拉第、柏拉图、亚里斯大德者，三世师弟子，各推师说，标新异为进，不墨守也。）此外则伊壁鸠鲁生周显廿七年，芝诺生周显三年，倡斯多噶学，而以阿塞西烈[1]生周赧初年，卒始皇六年者，终焉。盖至是希

---

① 阿塞西烈：Arcesilaus，今通译"阿塞西劳斯"，古希腊哲学家，曾是柏拉图学园的导师。

学支流亦稍涸矣。

尝谓西人之于学也,贵独获创知,而述古循辙者不甚重。独有周上下三百八十年之间,创知作者,迭出相雄长,其持论思理,范围后世,至于今二千年不衰。而当其时一经两海,崇山大漠,舟车不通,则又不可以寻常风气论也。呜呼,岂偶然哉!世有能言其故者,虽在万里,不佞将裹粮挟赞从之矣。

～～ 论四　严　意 ～～

欲知神道设教之所由兴,必自知刑赏施报之公始。使世之刑赏施报,未尝不公,则教之兴不兴未可定也。今夫治术所不可一日无,而由来最尚者,其刑赏乎?刑赏者,天下之平也,而为治之大器也。自群事既兴,人与人相与之际,必有其所共守而不畔者,其群始立。其守弥固,其群弥坚;畔之或多,其群乃涣。攻窃、强弱之间,胥视此所共守者以为断,凡此之谓公道。泰西法律之家,其溯刑赏之原也,曰:民既合群,必有群约。且约以驭群,岂惟民哉!彼狼之合从以逐鹿也,飙逝霆击,可谓暴矣。然必其不互相吞噬而后行,是亦约也,岂必载之简书,悬之象魏哉?隤然默喻,深信其为公利而共守而已矣。

民之初群,其为约也大类此。心之相喻为先,而文字言说,皆其后也。其约既立,有背者则合一群共诛之,其不背约而利群者,亦合一群共庆之。诛、庆各以其群。初未尝有君公焉,临之以贵势尊位,制为法令,而强之使从也。故其为约也,实自立而自守之,自诺而自责,此约之所以为公也。

夫刑赏皆以其群,而本众民之好恶为予夺,故虽不必尽善,而亦无由奋其私。私之奋也,必自刑赏之权统于一尊始矣。尊者之约,非约也,令也。约行于平等,而令行于上下之间。群之不约而有令也。由民之各私势力,而小役大、弱役强也。无宁惟是,群日以益大矣,民日以益蕃矣!智愚贤不肖之至不齐,政令之所以行,刑罚之所以施,势不得家平而户论也,则其权之日由多而趋寡,由分而入专者,势也。且治化日进,而通功易事之局成,治人治于人,不能求之一身而备也。

矧文法日繁,国闻日富,非以为专业者不暇给也。于是乎则有业为治人之人,号曰士君子。而是群者,亦以其约托之,使之专其事而行之,而公出赋焉,酬其庸以为之养,此古今化国之通义也。后有霸者,乘便篡之,易一己奉群之义,为一国奉己之名,久假而不归,乌知非其有乎? 挽近数百年,欧罗巴君民之争,大率坐此。幸今者民权日伸,公治日出,此欧洲政治所以非余洲之所及也。虽然,亦复其本所宜然而已。

且刑赏者,固皆制治之大权也。而及其用之也,则刑严于赏,刑罚世重世轻,制治者,有因时扶世之用焉。顾古之与今,有大不相同者存,是不可以不察也。草昧初民,其用刑也,匪所谓诛意者也。课夫其迹,未尝于隐微之地,加诛求也。然刑者期无刑,而明刑皆以弼教,是故刑罚者,群治所不得已,非于刑者有所深怒痛恨,必欲推之于死亡也。亦若曰:子之所为不宜吾群,而为群所不容云尔。

凡以为将然未然者谋,其已然者,固不足与治,虽治之犹无益也。夫为将然未然者谋,则不得不取其意而深论之矣。使但取其迹而诛之,则慈母之折菱,固可或死其子;涂人之抛堉,亦可或杀其邻。今悉取以入“杀人者死”之条,民固将逯于不幸而无辞,此于用刑之道,简则简矣,而求其民日迁善,不亦难哉! 何则? 过失不幸者,非民之所能自主也。故欲治之克蒸,非严于怙故过眚之分,必不可。刑必当其自作之孽,赏必如其好善之真,夫而后惩劝行,而有移风易俗之效。杀人固必死也,而无心之杀,情有可论,则不与谋故者同科。论其意而略其迹,务其当而不严其比,此不独刑罚一事然也。朝廷里党之间,所以予夺毁誉,尽如此矣。

∽∽ 论五　天　刑 ∽∽

今夫刑当罪而赏当功者,王者所称天而行者也。建言有之,天道福善而祸淫,"惠迪吉,从逆凶,惟影响"。吉凶祸福者,其天之刑赏欤?自所称而言之,宜刑赏之当,莫天若也。顾僭滥过差,若无可逃于人责者,又何说耶?请循其本。今夫安乐危苦者,不徒人而有是也,彼飞走游泳,固皆同之。诚使安乐为福,危苦为祸,祸者有罪,福者有功,则是飞走游泳者何所功罪,而天祸福之耶?应者曰:否否!飞走游泳之伦,固天所不恤也。此不独言天之不广也,且何所证而云天之独厚于人乎?就如所言,而天之于人也又何如?今夫为善者之不必福,为恶者之不必祸,无文字前尚矣,不可稽矣。有文字来,则真不知凡几也。贪狼暴虐者之兴,如孟夏之草木,而谨愿慈爱,非中正不发愤者,生丁槁饿,死罹刑罚,接踵比肩焉。且祖父之余恶,何为降受之以子孙?愚无知之蒙殃,何为不异于怙贼?一二人狂瞽偾事,而无辜善良,因之得祸者,动以国计,刑赏之公,固如此乎?

呜呼!彼苍之愦愦,印度、额里思、斯迈特三土之民,知之审矣。乔答摩《悉昙》之章,《旧约·约伯之记》与鄂谟(或作贺麻,希腊古诗人)之所哀歌,其言天之不吊,何相类也。大水溢,火山流,饥馑疠疫之时行,计其所戕,虽桀纣所为,方之蔑尔!是岂尽恶,而祸之所应加者哉?人为帝王,动云天命矣。而青吉斯凶贼不仁,杀人如薙,而得国幅员之广,两海一经。伊惕卜思,义人也,乃事不自由,至手刃其父,而妻其母。罕木勒特,孝子也,乃以父雠之故,不得不杀其季父,辱其亲母,而自剚刃于胸。此皆历生人之至痛极酷,而非其罪者也。而谁则尸之?夫如是尚得谓冥冥之中,高高在上,有与人道同其好恶,而操是奖善瘅恶者衡耶?

有为动物之学者,得鹿,剖而验之,韧肋而便体,远闻而长胫。喟然曰:伟哉夫造化!是赋之以善警捷足,以远害自完也。他日又得狼,又剖而验之，深喙而大肺，强项而不疲。怃然曰：伟哉夫造化！是赋之以猛鸷有力，以求食自养也。夫苟自格致之事而观之，则狼与鹿二者之间，皆有以觇造物之至巧，而无所容心于其间。自人之意行，则狼之为害，与鹿之受害，厘然异矣。方将谓鹿为善为良，以狼为恶为虐，凡利安是鹿者，为仁之事，助养是狼者，为暴之事。然而是二者皆造化之所为也。

譬诸有人焉，其右手操兵以杀人，其左能起死而肉骨之。此其人，仁耶暴耶？善耶恶耶？自我观之，非仁非暴，无善无恶，彼方超夫二者之间，而吾乃规规然执二者而功罪之，去之远矣。是故用古德之说，而谓理原于天，则吾将使理坐堂上而听断，将见是天行者，已自为其戎首罪魁，而无以自解于万物，尚何能执刑赏之柄，猥曰：作善，降之百祥；作不善，降之百殃也哉！（伊惕卜思事见希腊旧史，盖幼为父弃，他人收养，长不相知者也。）

【复案】此篇之理，与《易·传》所谓乾坤之道鼓万物，而不与圣人同忧，《老子》所谓天地不仁，同一理解。《老子》所谓不仁，非不仁也，出乎仁不仁之数，而不可以仁论也。斯宾塞尔著《天演公例》，谓教、学二宗，皆以不可思议为起点，即竺乾所谓不二法门者也。其言至为奥博，可与前论参观。

～～ 论六　佛　释 ～～

天道难知既如此矣，而伊古以来，本天立教之家，意存夫救世，于是推人意以为天意，以为天者万物之祖，必不如是其梦梦也，则有为天讼直者焉。夫享之以郊祀，讯之以蓍龟，则天固无往而不在也。故言灾异者多家，有君子，有小人，而谓天行所昭，必与人事相表里者，则靡不同焉。顾其言多傅会回穴，使人失据。及其敝也，则各主一说，果敢酷烈，相屠戮而乱天下，甚矣，诬天之不可为也。

宋元以来，西国物理日辟，教祸日销。深识之士，辨物穷微，明揭天道必不可知之说,以戒世人之笃于信古、勇于自信者。远如希腊之波尔仑尼,近如洛克、休蒙、汗德诸家,反复推明,皆此志也。而天竺之圣人曰佛陀者,则以是为不足驾说竖义,必从而为之辞,于是有轮回因果之说焉。夫轮回因果之说何? 一言蔽之,持可言之理,引不可知之事,以解天道之难知已耳。

今夫世固无所逃于忧患,而忧患之及于人人,犹雨露之加于草木。自其可见者而言之,则天固未尝微别善恶,而因以予夺、损益于其间也。佛者曰:此其事有因果焉。是因果者,人所自为,谓曰天未尝与焉,蔑不可也。生有过去,有现在,有未来,三者首尾相衔,如锒铛之环,如鱼网之目。祸福之至,实合前后而统计之,人徒取其当前之所遇,课其盈绌焉,固不可也。故身世苦乐之端,人皆食其所自播殖者。无无果之因,亦无无因之果,今之所享受者,不因于今,必因于昔;今之所为作者,不果于现在,必果于未来。当其所值,如代数之积,乃合正负诸数而得其通和也。必其正负相抵,通和为无,不数数之事也。过此则有正余焉,有负余焉。

所谓因果者,不必现在而尽也。负之未偿,将终有其偿之之一日。仅以所值而可见者言之,则宜祸者或反以福,宜吉者或反以凶,而不知其通核相抵之余,其身之尚有大负也。其伸缩盈朒之数,岂凡夫所与知者哉!自婆罗门以至乔答摩,其为天讼直者如此。此微论决无由审其说之真妄也,就令如是,而天固何如是之不惮烦? 又何所为而为此? 则亦终不可知而已。虽然,此所谓持之有故,言之成理者欤? 遽斥其妄,而以卤莽之意观之,殆不可也。且轮回之说,固亦本之可见之人事、物理以为推,即求之日用常行之间,亦实有其相似。此考道穷神之士,所为乐反复其说,而求其义之所底也。

论七　种　业

理有发自古初,而历久弥明者,其种姓之说乎? 先民有云:子孙者,祖父之分身也。人声容气体之间,或本诸父,或禀诸母,凡荟萃此一身之中,或远或近,实皆有其由来。且岂惟是声容气体而已,至于性情为尤甚。处若是境,际若是时,行若是事,其进退取舍,人而不同者,惟其性情异耳,此非偶然而然也。其各受于先,与声容气体,无以异也。方孩稚之生,其性情隐,此所谓储能者也。浸假是储能者,乃著而为效实焉。为明为暗,为刚为柔,将见之于言行,而皆可实指矣。又过是则有牝牡之合,苟具一德,将又有他德者与之汇,以深浅、酝酿之。凡其性情与声容气体者,皆经杂糅以转致诸其胤。盖种姓之说,由来旧矣。

顾竺乾之说,与此微有不同者,则吾人谓父母子孙,代为相传,如前所指,而彼则谓人有后身,不必孙子。声容气体,粗者固不必传,而性情德行,凡所前积者,则合揉剂和,成为一物,名曰喀尔摩,又曰羯磨,译云种业。种业者,不必专言罪恶,乃功罪之通名,善恶之公号。人惟入泥洹灭度者,可免轮回,永离苦趣。否则善恶虽殊,要皆由此无明,转成业识。造一切业,熏为种子,种必有果,果复生子,轮转生死,无有穷期,而苦趣亦与俱永。生之与苦,固不可离而二也。盖彼欲明生类舒惨之所以不齐,而现前之因果,又不足以尽其所由然,用是不得已而有轮回之说。然轮回矣,使甲转为乙,而甲自为甲,乙自为乙,无一物焉以相受其间,则又不足以伸因果之说也。于是而羯磨种业之说生焉。

所谓业种自然,如恶义聚者,即此义也。曰恶义聚者,与前合揉剂和之语同意。盖羯磨世以微殊,因夫过去矣。而现在所为,又可使之进退,此彼学所以重熏修之事也。熏修证果之说,竺乾以此为教宗,而其理则尚为近世天演家所聚讼。夫以受生不同,与修行之得失,其人性之美恶,将由此而有扩充消长之功,此诚不诬之说。顾云是必足以变化气质,则尚有难言者。世固有毕生刻厉,而育子不必贤于其亲;抑或终身惛淫,而生孙乃远胜于厥祖。身则善矣恶矣,而气质之本然,或未尝变也;熏修勤矣,而果则不必证也。

由是知竺乾之教,独谓熏修为必足证果者,盖使居养修行之事,期于变化气质,乃在或然或否之间,则不徒因果之说,将无所施,而吾生所恃以自性自度者,亦从此而尽废。而彼所谓超生死出轮回者,又乌从以致其力乎?故竺乾新旧二教,皆有熏修证果之言,而推其根源,则亦起于不得已也。

【复案】三世因果之说,起于印度,而希腊论性诸家,惟柏拉图与之最为相似。柏拉图之言曰:"人之本初,与天同体,所见皆理而无气质之私。"以有违误,谪谴人间,既被形气,遂迷本来。然以堕落方新,故有触便悟,易于迷复,此有凤根人所以参理易契也。使其因悟加功,幸而明心见性,洞识本来,则一世之后,可复初位,仍享极乐。使其因迷增迷,则由贤转愚,去天滋远,人道既尽,乃入下生,下生之中,亦有差等,大抵善则上升,恶则下降,去初弥远,复天愈难矣。其说如此。复意:希、印两土相近,柏氏当有沿袭而来。如宋代诸儒言性,其所云明善复初诸说,多根佛书。顾欧洲学者,辄谓柏氏所言,为标己见,与竺乾诸教,绝不相谋。二者均无确证,姑存其说,以俟贤达取材焉。

～～ 论八 冥 往 ～～

考竺乾初法,与挽近斐洛苏非①(译言爱智)所明,不相悬异。其言物理

---

① 斐洛苏非:philosophy,今通译"哲学"。

也,皆有其不变者为之根,谓之曰真、曰净。真、净云者,精湛常然,不随物转者也。净不可以色、声、味、触接。可以色、声、味、触接者,附净发现,谓之曰应、曰名。应、名云者,诸有为法,变动不居,不主故常者也。

宇宙有大净曰婆罗门,而即为旧教之号。其分赋人人之净曰阿德门,二者本为同物。特在人者,每为气禀所拘,官骸为圈,而嗜欲哀乐之感,又丛而为其一生之幻妄,于是乎本然之体,乃有不可复识者矣。幻妄既指以为真,故阿德门缠缚沉沦,回转生死,而未由自拔。明哲悟其然也,曰身世既皆幻妄,而凡困苦、僇辱之事,又皆生于自为之私,则何如断绝由缘,破其初地之为得乎?于是则绝圣弃智,惩忿窒欲,求所谓超生死而出轮回者,此其道无他,自吾党观之,直不游于天演之中,不从事于物竞之纷纶已耳。

夫羯摩种业,既藉熏修锄治而进退之矣,凡粗浊贪欲之事,又可由是而渐消,则所谓自营为己之深私,与夫恶死蕲生之大惑,胥可由此道焉而脱其梏也。然则世之幻影,将有时而销;生之梦泡,将有时而破。既破既销之后,吾阿德门之本体见,而与明通公溥之婆罗门合而为一。此旧教之上旨,而佛法未出之前,前识之士,所用以自度之术也。

顾其为术也,坚苦刻厉,肥遁陆沈。及其道之既成,则冥然罔觉,顽尔无知。自不知者观之,则与无明失心者无以异也。虽然,其道则自智以生,又必赖智焉以运之。譬诸炉火之家,不独于黄白铅汞之性,深知晓然;又必具审度之能,化合之巧,而后有以期于成而不败也。且其事一主于人,而于天焉无所与。运如是智,施如是力,证如是果,其权其效,皆熏修者所独操,天无所任其功过,此正后人所谓自性自度者也。

由今观昔,乃知彼之冥心孤往,刻意修行,诚以谓生世无所逃忧患,且苦海舟流,匪知所届。然则冯生保世,徒为弱丧而不知归,而捐生蕲死,其惑未必不滋甚也。幸今者大患虽缘于有身,而是境胥由于心造,于是有刳心之术焉。凡吾所系恋于一世,而为是心之纠缠者,若田宅、若亲爱、若礼法、若人群,将悉取而捐之。甚至生事之必需,亦裁制抑啬,使之仅足以存而后已。破坏穷乞,佯狂冥痴,夫如是乃超凡离群,与天为徒也。婆罗门之道,如是而已。

〰 论九 真 幻 〰

迨乔答摩肇兴天竺,(乔答摩或作骄昙弥,或作俱谭,或作瞿昙,一音之转,乃佛姓也。《西域记》本星名,从星立称,代为贵姓,后乃改为释迦。)誓拯群生。其宗旨所存,与旧教初不甚远。独至缮性反宗,所谓修阿德门以入婆罗门者,乃若与之迥别。旧教以婆罗门为究竟,其无形体,无方相,冥灭灰槁,可谓至矣。而自乔答摩观之,则以为伪道魔宗,人人其中,如投罗网。盖婆罗门虽为元同止境,然但使有物尚存,便可堕入轮转。举一切人天苦趣,将又炽然而兴。必当并此无之,方不授权于物。此释迦氏所为迥绝恒蹊,都忘言议者也。

往者希腊智者,与挽近西儒之言性也,曰:一切世法,无真非幻,幻还有真。何言乎无真非幻也?山河大地,及一切形气思虑中物,不能自有,赖觉知而后有,见尽色绝,闻塞声亡。且既赖觉而存,则将缘官为变,目劳则看朱成碧,耳病则蚁斗疑牛。相固在我,非著物也,此所谓无真非幻也。何谓幻还有真?今夫与我接者,虽起灭无常,然必有其不变者以为之根,乃得所附而著,特舍相求实,舍名求净,则又不得见耳。然有实因,乃生相果。故无论粗为形体,精为心神,皆有其真且实者,不变长存,而为是幻且虚者之所主。是知造化必有真宰,字曰上帝;吾人必有真性,称曰灵魂,此所谓幻还有真也。

前哲之说,可谓精矣!然须知人为形气中物,以官接象,即意成知,所了然者,无法非幻已耳。至于幻还有真与否,则断断乎不可得而明也。前人已云:舍相求实,不可得见矣。可知所谓真实,所谓不变长存之主,若舍其接时生心者以为言,则亦无从以指实。夫谓迹者,履之所出,不当以迹为履固也,而如履之卒不可见何?所云见果知因者,以他日尝见是因,从以是果故也。今使从元始以来,徒见有果,未尝见因,则因之存亡,又乌从察？且即谓事止于果，未尝有因，如挽近比圭黎所主之说者，又何所据以排其说乎？

名学家穆勒氏喻之曰：今有一物于此，视之泽然而黄，臭之郁然而香，抚之挛然而圆，食之滋然而甘者，吾知其为橘也。设今去其泽然黄者，而无施以他色；夺其郁然香者，而无界以他臭；毁其挛然圆者，而无赋以他形；绝其滋然甘者，而无予以他味，举凡可以根尘接者，皆褫之而无被以其他，则是橘所余留为何物耶？名相固皆妄矣，而去妄以求其真，其真又不可见，则安用此茫昧不可见者，独宝贵之以为性真为哉？

故曰幻之有真与否，断断乎不可知也。虽然，人之生也，形气限之，物之无对待而不可以根尘接者，本为思议所不可及。是故物之本体，既不敢言其有，亦不得遽言其无。故前者之说，未尝固也。悬揣微议，而默于所不可知。独至释迦，乃高唱大呼，不独三界四生，人天魔龙，有识无识，凡法轮之所转，皆取而名之曰幻。其究也，至法尚应舍，何况非法，此自有说理以来，了尽空无，未有如佛者也。

【复案】此篇及前篇所诠观物之理，最为精微。初学于名理未熟，每苦难于猝喻，顾其论所关甚巨。自希腊倡说以来，至有明嘉靖、隆、万之间，其说始定。定而后新学兴，此西学绝大关键也。鄙人谫陋，才不副识，恐前后所翻，不足达作者深旨，转贻理障之讥。然兹事体大，所愿好学深思之士，反复勤求，期于必明而后措，则继今观理，将有庖丁解牛之乐，不敢惮烦，谨为更敷其旨。

法人特嘉尔者，生于一千五百九十六年。少羸弱，而绝颖悟，从耶稣会神父学，声入心通，长老惊异，每设疑问，其师辄穷置对。目睹世道晦盲，民智僿野，而束教圜习之士，动以古义相劫特，不察事理之真实。于是倡尊疑之学，著《道术新论》，以剗击旧教。曰："吾所自任者无他，不妄语而已。理之未明，虽刑威当前，不能讳疑而言信也。学如建大屋然，务先立不可撼之基，客土浮虚，不可任也。掘之穿之，必求实地。有实地乎？事基于此；无实地乎？亦期瞭然。今者吾生百观，随在皆妄，古训成说，弥多失真，虽证据纷纶，滋偏蔽耳。藉思求理，而诐谬之累，即起于思；即识寻真，而迷罔之端，乃由于识。事迹固显然也，而观相乃互乖；耳目固最切也，而所告或非实。梦妄也，方其未觉，即同真觉；真矣，安知非梦妄名觉？举毕生所涉之涂，一若有大魅焉，常以荧惑人为快者。然则吾生之中，果何事焉，必无可疑，而可据为实乎？原始要终，是实非幻者，惟'意'而已。何言乎惟'意'为实乎？盖'意'有是非，而无真妄。疑'意'为妄者，疑复是'意'，若曰无'意'，则亦无疑，故曰惟'意'无幻，无幻故常住。吾生终始，一'意'境耳。积'意'成我，'意'自在，故我自在，非我可妄，我不可妄，此所谓真我者也。"特嘉尔之说如此。

后二百余年，赫胥黎讲其义曰："世间两物，曰我非我。非我名物，我者此心，心物之接，由官觉相，而所觉相，是'意'非物。'意'物之际，常隔一尘，物因'意'果，不得迳同，故此一生，纯为意境。"特氏此语，既非奇创，亦非艰深。人倘凝思，随在自见。设有圆赤石子一枚于此，持示众人，皆云见其赤色，与其员形，其质甚坚，其数只一。赤、员、坚、一，合成此物，备具四德，不可暂离。假如今云，此四德者，在汝意中，初不关物，众当大怪，以为妄言。虽然，试思此赤色者，从何而觉？乃由太阳，于最清气名伊脱①者，照成光浪，速率不同，射及石子，余浪皆入，独一浪者不入反射而入眼中，如水晶盂，摄取射浪，导向眼帘，眼帘之中，脑络所会，受此激荡，如电报机，引达入脑，脑中感变，而知赤色。假使于今石子不变，而是诸缘，如光浪速率，目晶眼帘，有一异者，斯人所见，不成为赤，将见他色。（人有生而病眼，谓之色盲，不能辨色。人谓红者，彼皆谓绿。又用乾酒调盐燃之暗室，则一切红物皆成灰色，常人之面，皆若死灰。）每有一物当前，一人谓红，一人谓碧。红碧二色，不能同时而出一物，以是而知色从觉变，谓属物者，无有是处。所谓员形，亦不属物，乃人所见，名为如是。何以知之？假使人眼外晶，变其珠形，而为员柱，则诸员物，皆当变形。至于坚脆之差，乃由筋

---

① 伊脱：ether，今通译"以太"。

力。假使人身筋力,增一百倍,今所谓坚,将皆成脆,而此石子,无异馒首。可知坚性,亦在所觉。赤、员与坚,是三德者,皆由我起。所谓一数,似当属物,乃细审之,则亦由觉。何以言之?是名一者,起于二事,一由目见,一由触知,见触会同,定其为一。今手石子,努力作对眼观之,则在触为一,在见成二。又以常法观之,而将中指交于食指,置石交指之间,则又在见为独,在触成双。今若以官接物,见触同重,前后互殊,孰为当信?可知此名一者,纯意所为,于物无与。即至物质,能隔阂者,久推属物,非凭人意。然隔阂之知,亦由见触,既由见触,亦本人心。由是总之,则石子本体,必不可知。吾所知者,不逾意识,断断然矣。惟'意'可知,故惟'意'非幻。此特嘉尔积'意'成我之说,所由生也。非不知必有外因,始生内果,然因同果否,必不可知,所见之影,即与本物相似可也。抑因果互异,犹鼓声之与击鼓人,亦无不可。是以人之知识,止于意验相符。如是所为,已足生事。(复案:此庄子所以云心止于符也。)更骛高远,真无当也。夫只此意验之符,则形气之学贵矣。此所以自特嘉尔以来,格物致知之事兴,而古所云心性之学微也。"(然今人自有心性之学,特与古人异耳。)

∽≈≈ 论 十　佛　法 ≈≈∽

夫云一切世间,人天地狱,所有神魔人畜,皆在法轮中转,生死起灭,无有穷期,此固婆罗门之旧说。自乔答摩出,而后取群实而皆虚之。一切有为,胥由心造,譬如逝水,或回旋成齐,或跳荡为汩,倏忽变现,因尽果销。人生一世间,循业发现,正如絷犬于株,围绕踯躅,不离本处。总而言之,无论为形为神,一切无实无常,不特存一己之见,为缠著可悲,而即身以外,所可把玩者,果何物耶?

今试问方是之时,前所谓业种羯摩,则又何若?应之曰:羯摩固无羔也。盖羯摩可方慈气,其始在慈石也,俄而可移之入钢,由钢又可移之入锅,辗转相过,而皆有吸铁之用。当其寓于一物之时,其气力之醇醨厚薄,得以术而增损聚散之,亦各视其所遭逢,以为所受浅深已耳。是以羯摩果业,随境自修,彼是转移,绵延无已。

顾世尊一大事因缘,正为超出生死,所谓廓然空寂,无有圣人,而后为幻梦之大觉。大觉非他,涅槃是已。然涅槃究义云何?学者至今,莫为定论,不可思议,而后成不二门也。若取其粗者诠之,则以无欲无为,无识无相,湛然寂静,而又能仁为归。必入无余涅槃而灭度之,而后羯摩不受轮转,而爱河苦海,永息迷波,此释道究竟也。此与婆罗门所证圣果,初若相似,而实则夐乎不同。

至于熏修自度之方,则旧教以刻厉为真修,以嗜欲为粮莠。佛则又不谓然,目为揠苗助长,非徒无益,抑且害之。彼以为为道务澄其源,苟不揣其本,而惟末之齐,即断毁支体,摩顶放踵,为益几何?故欲绝恶根,须培善本;善本既立,恶根自除。道在悲智兼大,以利济群生,名相两忘,而净修三业。质而言之,要不外塞物竞之流,绝自营之私,而明通公溥,物我一体而已矣。自营未尝不争,争则物竞兴,而轮回无以自免矣。婆罗门之道为我,而佛反之以兼爱。此佛道径涂,与旧教虽同,其坚苦卓厉,而用意又迥不相侔者也。

此其一人作则而万类从风,越三千岁而长存,通九重译而弥远,自生民神道设教以来,其流传广远,莫如佛者,有由然矣。恒河沙界,惟我独尊,则不知造物之有宰;本性圆融,周遍法界,则不信人身之有魂;超度四流,大患永灭,则长生久视之蕲,不仅大愚,且为罪业。祷颂无所用也,祭祀匪所歆也,舍自性自度而外,无它术焉。无所服从,无所争竞,无所求助于道外众生,寂旷虚寥,冥然孤往。其教之行也,合五洲之民计之,望风承流,居其少半,虽今日源远流杂,渐失清净本来,然较而论之,尚为地球中最大教会也。呜呼!斯已奇尔。

【复案】"不可思议"四字,乃佛书最为精微之语。中经稗贩妄人,滥用率称,为日已久,致渐失本意,斯可痛也。夫"不可思议"之云,与云"不可名言""不可言喻"者迥别,亦与云"不能思议"者大异。假如人言见奇境怪物,此谓不可名言;又如深喜极悲,如当身所觉,如得心应手之巧,此谓不可言喻;又如居热地人生未见冰,忽闻水上可行;如不知通吸力理人,初闻地员对足底之说,茫然而疑,翻谓世间无此理实,告者妄言,此谓"不能思议"。至于"不可思议"之物,则如云世间有圆形之方,有无生而死,有不质之力,一物同时能在两地诸语,方为"不可思议"。此在日用常语中,与所谓谬妄违反者,殆无别也。

然而谈理见极时,乃必至"不可思议"之一境,既不可谓谬,而理又难知,此则真佛书所谓"不可思议"。而"不可思议"一言,专为此设者也。佛所称涅槃,即其不可思议之一。他如理学中不可思议之理,亦多有之。如天地元始,造化真宰,万物本体是已。至于物理之不可思议,则如宇如宙。宇者太虚也;(庄子谓之有实而无夫处,处,界域也,谓其有物而无界域,有内而无外者也。)宙者时也。(庄子谓之有长而无本剽,剽,末也,谓其有物而无起讫也,二皆甚精界说。)他如万物质点,动静真殊,力之本始,神思起讫之伦,虽在圣智,皆不能言,此皆真实不可思议者。

今欲敷其旨,则过于奥博冗长,姑举其凡,为涅槃起例而已。涅槃者,盖佛以谓三界诸有为相,无论自创创他,皆暂时近合成观,终于消亡。而人身之有,则以想爱同结,聚幻成身。世界如空华,羯摩如空果,世世生生,相续不绝。人天地狱,各随所修,是以贪欲一捐,诸幻都灭,无生既证,则与生俱生者,随之而尽,此涅槃最浅义谛也。

然自世尊宣扬正教以来,其中圣贤,于泥洹皆不著文字言说,以为不二法门,超诸理解,岂曰无辨? 辨所不能言也。然而津逮之功,非言不显,苟不得已而有云,则其体用固可得以微指也。一是涅槃为物,无形体,无方相,无一切有为法,举其大意言之,固与寂灭真无者无以异也。二是涅槃寂不真寂,灭不真灭,假其真无,则无上、正偏知之名乌从起乎? 此释迦牟尼所以译为空寂而兼能仁也。三是涅槃湛然妙明,永脱苦趣,福慧两足,万累都捐,断非未证斯果者所及知、所得喻,正如方劳苦人,终无由悉息肩时情况。故世人不知,以谓佛道若究竟灭绝空无，则亦有何足慕！而智者则知，由无常以入长存，由烦恼而归极乐，所得至为不可言喻。故如渴马奔泉，久客思返，真人之慕，诚非凡夫所与知也。涅槃可指之义如此。

第其所以称"不可思议"者，非必谓其理之幽渺难知也。其不可思议，即在"寂不真寂，灭不真灭"二语。世界何物，乃为非有、非非有耶？譬之有人，真死矣，而不可谓死，此非天下之违反，而至难著思者耶？故曰"不可思议"也。

此不徒佛道为然，理见极时，莫不如是。盖天下事理，如木之分条，水之分派，求解则追溯本源。故理之可解者，在通众异为一同，更进则此所谓同，又成为异，而与他异通于大同。当其可通，皆为可解，如是渐进，至于诸理会归最上之一理，孤立为对，既无不冒，自无与通。无与通则不可解，不可解者，不可思议也。此所以毗耶一会，文殊师利菩萨，唱不二法门之旨。一时三十二说皆非，独净名居士不答一言，斯为真喻。何以故？不二法门与思议解说，二义相灭，不可同称也，其为"不可思议"真实理解，而浅者乃视为幽夐迷罔之词，去之远矣。

〰〰 论十一　学　派 〰〰

今若舍印度而渐迤以西，则有希腊、犹大、义大利诸国，当姬汉之际，迭为声明文物之邦。说者谓彼都学术，与亚南诸教，判然各行，不相祖述；或则谓西海所传，尽属东来旧法，引绪分支。二者皆一偏之论，而未尝深考其实者也。为之平情而论，乃在折中二说之间。盖欧洲学术之兴，亦如其民之种族，其始皆自伊兰旧壤而来。迨源远支交，新知踵出，则冰寒于水，自然度越前知。今观天演学一端，即可思而得其理矣。

希腊文教，最为昌明。其密理图学者，皆识斯义，而伊匪苏之额拉吉来图为之魁。额拉生年,与身毒释迦之时,实为相接。潭思著论,精旨微言,号为难读。晚近学者,乃取其残缺,熟考而精思之,乃悟今兹所言,虽诚益密益精,然大体所存,固已为古人所先获。即如此论首篇,所引濯足长流诸喻,皆额拉氏之绪言。但其学苞六合,阐造化,为数千年格致先声,不龂龂于民生日用之间,修己治人之事。洎夫数传之后,理学虑涂,辐辏雅典,一时明哲,咸殚思于人道治理之中,而以额拉氏为穷高骛远矣。此虽若近思切问,有鞭辟向里之功,而额拉氏之体大思精,所谓检押大宇,橐括万类者,亦随之而不可见矣。

盖中古理家苏格拉第与柏拉图师弟二人,最为超特。顾彼于额拉氏之绪论遗文,知之转不若吾后人之亲切者。学术之门庭各异,则虽年代相接,未必能相知也。苏格氏之大旨,以为天地六合之大,事极广远,理复繁赜,决非生人智虑之所能周。即使穷神竭精,事亦何裨于日用?所以存而不论,反以求诸人事交际之间,用以期其学之翔实。独不悟理无间于小大,苟有伦脊对待,则皆为学问所可资。方其可言,不必天难而人易也。至于无对,虽在近习,而亦有难窥者矣。是以格致实功,恒在名理气数之间,而绝口不言神化。彼苏格氏之学,未尝讳神化也,而转病有伦脊可推之物理为高远而置之。名为崇实黜虚,实则舍全而事偏,求近而遗远。此所以不能引额拉氏未竟之绪,而大有所明也。夫薄格致气质之学,以为无关人事,而专以修己治人之业,为切要之图者,苏格氏之宗旨也。

此其道,后之什匿克宗用之。厌恶世风,刻苦励行,有安得臣、知阿真尼为眉目。再传之后,有雅里大德勒崛起马基顿之南,察其神识之所周,与其解悟之所入,殆所谓超凡入圣,凌铄古今者矣。然尚不知物化迁流、宇宙悠久之论,为前识所已言。故额拉氏为天演学宗,其滴髓真传,前不属于苏格拉第,后不属之雅里大德勒。二者虽皆当代硕师,而皆无与于此学,传衣所托,乃在德谟吉利图也。顾其时民智尚未宏开,阿伯智拉所倡高言,未为众心之止。

直至斯多噶之徒出,乃大阐径涂,上接额拉氏之学,天演之说,诚当以此为中兴,条理始终,厘然具备矣。独是学经传授,无论见知、私淑,皆能渐失本来。缘学者各奋其私，移传失实，不独夺其所本有，而且羼以所本无，如斯多噶所持造物真宰之说，则其尤彰明较著者也。原夫额拉之论，彼以火化为宇宙万物根本，皆出于火；皆入于火，由火生成，由火毁灭。递劫盈虚，周而复始，又常有定理大法焉以运行之。故世界起灭，成败循还，初不必有物焉，以纲维张弛之也。自斯多噶之徒兴，于是宇宙冥顽，乃有真宰，其德力无穷，其悲智兼大，无所不在，无所不能。不仁而至仁，无为而体物，孕太极而无对，窅然居万化之先，而永为之主。此则额拉氏所未言，而纯为后起之说也。

【复案】密理图旧地，在安息（今名小亚细亚）西界。当春秋昭、定之世，希腊全盛之时，跨有二洲。其地为一大都会，商贾辐辏，文教休明，中为波斯所侵，至战国时，罗马渐盛，希腊稍微，而其地亦废，在今斯没尔拿地南。

伊匪苏旧壤，亦在安息之西。商辛、周文之时，希腊建邑于此，有祠宇祀先农神知安那最著号。周显王十三年，马基顿名王亚烈山大生日，伊匪苏灾，四方布施，云集山积，随复建造，壮丽过前，为南怀仁所称宇内七大工之一。后属罗马，耶稣之徒波罗，宣景教于此。曹魏景元、咸熙间，先农之祠又毁。自兹厥后，其地寝废。突厥兴，尚取其材以营君士但丁焉。

额拉吉来图，生于周景五十年，为欧洲格物初祖。其所持论，前人不知重也。今乃愈明，而为之表章者日众。按额拉氏以常变言化，故谓万物皆在已与将之间，而无可指之今。以火化为天地秘机，与神同体，其说与化学家合。又谓人生而神死，人死而神生，则与漆园彼是方生之言若符节矣。

苏格拉第，希腊之雅典人。生周末元、定之交，为柏拉图师。其学以事天、修己、忠国、爱人为务，精辟肫挚，感人至深，有欧洲圣人之目。以不信旧教，独守真学，于威烈王二十二年，为雅典王坐以非圣无法杀之，天下以为冤。其教人无类，无著作。死之后，柏拉图为之追述言论，纪事迹也。

柏拉图一名雅里大各,希腊雅典人。生于周考五十四年,寿八十岁,仪形魁硕。希腊旧俗,庠序间极重武事,如超距搏跃之属,而雅里大各称最能,故其师字之曰柏拉图。柏拉图,汉言骈胁也。折节为学,善歌诗,一见苏格拉第,闻其言,尽弃旧学,从之十年。苏以非罪死,柏拉图为讼其冤,党人雠之,乃弃乡里,往游埃及,求师访道十三年。走义大利,尽交罗马贤豪长者。论议触其王讳,为所卖为奴,主者心知柏拉图大儒,释之。归雅典,讲学于亚克特美园,学者裹粮挟贽,走数千里,从之问道。今泰西太学,称亚克特美,自柏拉图始。其著作多称师说,杂出己意。其文体皆主客设难,至今人讲诵弗衰。精深微妙,善天人之际。为人制行纯懿,不愧其师,故西国言古学者,称苏、柏。

什匿克者,希腊学派名,以所居射圃而著号。倡其学者,乃苏格拉第弟子名安得臣者。什匿克宗旨,以绝欲遗世,克己励行为归。盖类中土之关学,而质确之余,杂以任达,故其流极,乃贫贱骄人,穷丐狂保,谿刻自处,礼法荡然。相传安得臣常以一木器自随,坐卧居起,皆在其中。又好对人露秽,白昼持烛,遍走雅典,人询其故,曰:"吾觅遍此城,不能得一男子也。"

斯多噶者,亦希腊学派名,昉于周末考、显间。而芝诺称祭酒,以市楼为讲学处。雅典人呼城闉为斯多亚,遂以是名其学。始于希腊,成于罗马,而大盛于西汉时。罗马著名豪杰,皆出此派,流风广远,至今弗衰。欧洲风尚之成,此学其星宿海也,以格致为修身之本。其教人也,尚任果,重犯难,设然诺,贵守义相死,有不苟荣不幸生之风。西人称节烈不屈男子曰"斯多噶",盖所从来旧矣。

雅里大德勒(此名多与雅里大各相混,雅里大各乃其师名耳。)者,柏拉图高足弟子,而马基顿名王亚烈山大师也。生周安王十八年,寿六十二岁。其学自天算格物,以至心性、政理、文学之事,靡所不赅。虽导源师说,而有出蓝之美。其言理也,分四大部:曰理,曰性,曰气,而最后曰命,推此以言天人之故。盖自西人言理以来,其立论树义,与中土儒者所明,最为相近者,雅里氏一家而已。元明以前,新学未出,泰西言物性、人事、天道者,皆折中于雅里氏。其为学者崇奉笃信,殆与中国孔子侔矣。洎有明中叶,柏庚起英,特嘉尔起法,倡为实测内籀之学,而奈端、加理列倭、哈尔维诸子,踵用其术。因之大有所明,而古学之失日著。譏者引绳排根,矫枉过直,而雅里氏二千年之焰,几乎熄矣。百年以来,物理益明,平陂往复。学者乃澄识平虑,取雅里旧籍考而论之。别其芜颣,载其菁英,其真乃出,而雅里氏之精旨微言,卒以不废。嗟乎!居今思古,如雅里大德勒者,不可谓非聪颖特达,命世之才也。

德谟吉利图者,希腊之亚伯地拉人,生春秋鲁衰间。德谟善笑,而额拉吉来图好哭,故西人号额拉为哭智者,而德谟为笑智者,犹中土之阮嗣宗、陆士龙也。家雄于财,波斯名王绰克西斯至亚伯地拉时,其家款王及从者甚隆谨。绰克西斯去,留其傅马支(古神巫号)教主人子,即德谟也。德谟幼颖敏,尽得其学。复从之游埃及、安息、犹大诸大邦,所见闻广。及归,大为国人所尊信,号"前知",野史稗官,多言德谟神异,难信。其学以觉意无妄,而见尘非真为旨,盖已为特嘉尔嚆矢矣。又黜四大之说,以莫破质点言物,此则质学种子,近人达尔敦演之,而为化学始基云。

∽ 论十二　天　难 ∽

自来学术相承,每有发端甚微,而经历数传,事效遂巨者,如斯多噶创为上帝宰物之言是已。夫茫茫天壤,既有一至仁极义,无所不知、无所不能、无所不往、无所不在之真宰,以弥纶施设于其间,则谓宇宙有真恶,业已不可,谓世界有不可弥之缺陷,愈不可也。然而吾人内审诸身心之中,外察诸物我之际,觉覆载徒宽,乃无所往而可离苦趣。今必谓世界皆妄非

真,则苦乐固同为幻相。假世间尚存真物,则忧患而外,何者为真? 大地
抟抟,不徒恶业炽然,而且缺陷分明,弥缝无术,孰居无事,而推行是? 质
而叩之,有无可解免者矣。虽然,彼斯多噶之徒不谓尔也。吉里须布曰:
"一教既行,无论其宗风谓何,苟自其功分趣数而观之,皆可言之成理。"故
斯多噶之为天讼直也,一则曰天行无过;二则曰祸福倚伏,患难玉成;三则
曰威怒虽甚,归于好生。此三说也,不独深信于当年,实且张皇于后叶,胪
诸简策,布在风谣,振古如兹,垂为教要。

　　往者朴伯(英国诗人)以韵语赋《人道篇》数万言,其警句云:"元宰有秘
机,斯人特未悟。世事岂偶然,彼苍审措注。乍疑乐律乖,庸知各得所?
虽有偏沴灾,终则其利溥。寄语傲慢徒,慎勿轻毁诅。一理今分明,造化
原无过。"如前数公言,则从来无不是上帝是已。上帝固超乎是不是而外,
即庸有是不是之可论,亦必非人类所能知。但即朴伯之言而核之,觉前六
语诚为精理名言,而后六语则考之理实。反之吾心,有謇謇乎不相比附
者。虽用此得罪天下,吾诚不能已于言也。

　　盖谓恶根常含善果,福地乃伏祸胎,而人常生于忧患,死于安乐,夫宁
不然。但忧患之所以生,为能动心、忍性、增益不能故也;为操危虑深者,
能获德慧、术知故也。而吾所不解者,世间有人非人,无数下生,虽空乏其
身,拂乱所为,其能事决无由增;虽极茹苦困殆,而安危利菑,智慧亦无
从以进。而高高在上者,必取而空乏、拂乱、茹苦、困殆之者,则又何也?
若谓此下愚虫豸,本彼苍所不爱惜云者,则又如前者至仁之说何? 且上帝
既无不能矣,则创世成物之时,何不取一无灾、无害、无恶业、无缺陷之世
界而为之,乃必取一忧患纵横、水深火烈如此者,而又造一切有知觉、能别
苦乐之生类,使之备尝险阻于其间,是何为者?

　　嗟嗟! 是苍苍然穹尔而高者,果不可问耶? 不然,使致憾者明目张
胆,而询其所以然,吾恐芝诺、朴柏之论,自号为天讼直者,亦将穷于置对
也。事自有其实,理自有其平,若徒以贵位尊势,钳制人言,虽帝天之尊,
未足以厌其意也。且径谓造物无过,其为语病尤深。盖既名造物,则两间
所有,何一非造物之所为? 今使世界已诚美备,无可复加,则安事斯人,毕

生胏眠,举世勤劬,以求更进之一境? 计惟有式饮庶几,式食庶几,芸芸以生,泯泯以死。今日之世事,已无足与治;明日之世事,又莫可谁何? 是故用斯多噶、朴柏之道,势必愿望都灰,修为尽绝,使一世溃然萎然,成一伊壁鸠鲁之豕圈而后可。生于其心,害于其政,势有必至,理有固然者也。

【复案】伊壁鸠鲁,亦额里思人,柏拉图死七年,而伊生于阿底加。其学以惩忿窒欲,遂生行乐为宗,而仁智为之辅。所讲名理治化诸学,多所发明,补前人所未逮。后人谓其学专主乐生,病其恣肆,因而有豕圈之诮。犹中土之讥杨、墨,以为无父无君,等诸禽兽。门户相非,非其实也。实则其教清净节适,安遇乐天,故能为古学一大宗,而其说至今不坠也。

∾ 论十三 论 性 ∾

吾尝取斯多噶之教与乔答摩之教,较而论之,则乔答摩悲天闵人,不见世间之真美;而斯多噶乐天任运,不睹人世之足悲。二教虽均有所偏,而使二者必取一焉,则斯多噶似为差乐。但不幸生人之事,欲忘世间之真美易,欲不睹人世之足悲难。祸患之叩吾阖,与娱乐之踵吾门,二者之声孰厉? 削艰虞之陈迹,与去欢忻之旧影,二者之事孰难? 黠者纵善自宽,而至剥肤之伤,断不能破涕以为笑。徒矜作达,何补真忧? 斯多噶以此为第一美备世界。美备则诚美备矣,而无如居者之甚不便何也。又为斯多噶之学者曰:"率性以为生。"斯言也,意若谓人道以天行为极则,宜以人学天也。此其言据地甚高,后之用其说者,遂有偶然不顾一切之概。然其道又未必能无弊也。前者吾为导言十余篇,于此尝反复而颇缕之矣。诚如斯多噶之徒言,则人道固当扶强而抑弱,重少而轻老,且使五洲殊种之民,至今犹巢居鲜食而后可。何则? 天行者,固无在而不与人治相反者也。

然而以斯多噶之言为妄,则又不可也。言各有攸当,而斯多噶设为斯言之本旨,恐又非后世用之者所尽知也。夫性之为言,义训非一,约而言之,凡自然者谓之性,与生俱生者谓之性。故有曰万物之性,火炎、水流、鸢飞、鱼跃是已。有曰生人之性,心知、血气、嗜欲、情感是已。然而生人之性,有其粗且贱者,如饮食男女,所与含生之伦同具者也;有其精且贵者,如哀乐羞恶,所与禽兽异然者也。(按哀乐羞恶,禽兽亦有之,特始见端,而微眇难见耳。)而是精且贵者,其赋诸人人,尚有等差之殊,其用之也,亦常有当否之别。是故果敢、辩慧贵矣,而小人或以济其奸;喜怒哀乐精矣,而常人或以伤其德。然则吾人性分之中,贵之中尚有贵者,精之中尚有精者。有物浑成,字曰清净之理。人惟具有是性,而后有以超万有而独尊,而一切治功教化之事以出。有道之士,能以志帅气矣,又能以理定志,而一切云为动作,胥于此听命焉,此则斯多噶所率为生之性也。

自人有是性,乃能与物为与,与民为胞,相养相生,以有天下一家之量。然则是性也,不独生之所恃以为灵,实则群之所恃以为合,教化风俗,视其民率是性之力不力以为分。故斯多噶又名此性曰群性。盖惟一群之中,人人以损己益群,为性分中最要之一事,夫而后其群有以合而不散,而日以强大也。

【复案】此篇之说,与宋儒之言性同。宋儒言天,常分理气为两物。程子有所谓气质之性。气质之性,即告子所谓生之谓性,荀子所谓恶之性也。大抵儒先言性,专指气而言则恶之,专指理而言则善之,合理气而言者则相近之,善恶混之,三品之,其不同如此。然惟天降衷有恒矣,而亦生民有欲,二者皆天之所为。古"性"之义通"生",三家之说,均非无所明之论也。朱子主理居气先之说,然无气又何从见理?赫胥黎氏以理属人治,以气属天行,此亦自显诸用者言之。若自本体而言,亦不能外天而言理也,与宋儒言性诸说参观可耳。

〜〜 论十四 矫 性 〜〜

天演之学,发端于额拉吉来图,而中兴于斯多噶。然而其立教也,则未尝以天演为之基。自古言天之家,不出二途:或曰是有始焉,如景教《旧约》所载创世之言是已;有曰是常如是,而未尝有始终也。二者虽斯多噶言理者所弗言,而代以天演之说,独至立教,则与前二家未尝异焉。盖天本难言,况当日格物学浅,斯多噶之徒,意谓天者,人道之标准,所贵乎称天者,将体之以为道德之极隆,如前篇所谓率性为生者。至于天体之实,二仪之所以位,混沌之所由开,虽好事者所乐知,然亦何关人事乎?故极其委心任运之意,其蔽也,乃徒见化工之美备,而不睹天运之疾威,且不悟天行人治之常相反。

今夫天行之与人治异趋,触目皆然,虽欲美言粉饰无益也。自吾所身受者观之,则天行之用,固常假手于粗且贱之人心,而未尝诱衷于精且贵之明德,常使微者愈微,危者愈危。故彼教至人,亦知欲证贤关,其功行存乎矫拂,必绝情塞私,直至形若槁木,心若死灰而后可。当斯之时,情固存也,而必不可以摇其性。云为动作,必以理为之依。如是绵绵若存,至于解脱形气之一日,吾之灵明,乃与太虚明通公溥之神,合而为一。

是故自其后而观之,则天竺、希腊两教宗,乃若不谋而合。特精而审之,则斯多噶与旧教之婆罗门为近,而亦微有不同者:婆罗门以苦行穷乞,为自度梯阶,而斯多噶未尝以是为不可少之功行。然则是二土之教,其始本同,其继乃异,而风俗人心之变,即出于中,要之其终,又未尝不合。

读印度四韦陀①之诗,与希腊鄂谟尔之什,皆豪壮轻侠,目险巇为夷涂,视战斗为乐境。故其诗曰:"风雷晴美日,欣受一例看。"当其气之方盛

---

① 韦陀:*Veda*,今通译《吠陀》,婆罗门教经典。

壮也,势若与鬼神天地争一旦之命也者。不数百年后,文治既兴,粗豪渐泯,藐彼后贤,乃忽然尽丧其故。跳脱飞扬之气,转以为忧深虑远之风。悲来悼往之意多,而乐生自喜之情减。其沉毅用壮,百折不回之操,或有加乎前,而群知趋营前猛之可悼。于是敛就新懦,谓天下非胜物之为难,其难胜者,即在于一己。精锐英雄,回向折节,寤寐诚求,专归大道。提婆、殑伽两水之旁,先觉之畴,如出一辙,咸晓然于天行之太劲,非脱屣世务,抖擞精修,将历劫沉沦,莫知所届也。悲夫!

【复案】此篇所论,虽专言印度、希腊古初风教之同异,而其理则与国种盛衰强弱之所以然,相为表里。盖生民之事,其始皆敦庞僿野,如土番猺獠,名为野蛮。洎治教粗开,则武健侠烈敢斗轻死之风竞。如是而至变质尚文,化深俗易,则良懦俭啬计深虑远之民多。然而前之民也,内虽不足于治,而种常以强。其后之民,则卷娄濡需,黠诈惰窳,易于驯伏矣。然而无耻尚利,贪生守雌,不幸而遇外衅,驱而縻之,犹羊豕耳。

不观之《诗》乎?有《小戎》《驷驖》之风,而秦卒以并天下。《蟋蟀》《葛屦》《伐檀》《硕鼠》之诗作,则唐、魏卒底于亡。周、秦以降,与戎狄角者,西汉为最,唐之盛时次之,南宋最下。论古之士,察其时风俗政教之何如,可以得其所以然之故矣。至于今日,若仅以教化而论,则欧洲中国优劣尚未易言。然彼其民,设然诺,贵信果,重少轻老,喜壮健无所屈服之风。即东海之倭,亦轻生尚勇,死党好名,与震旦之民大有异。呜呼! 隐忧之大,可胜言哉!

论十五 演 恶

意者四千余年之人心不相远乎?学术如废河然。方其废也,介然两崖之间,浩浩平沙,莽莽黄芦而止耳。迨一日河复故道,则依然曲折委蛇,以达于海。天演之学犹是也。不知者以为新学，究切言之，则大抵引前人所已废也。

今夫明天人之际，而标为教宗者，古有两家焉，一曰闷世之教，婆罗门、乔答摩①、什匿克三者是已。如是者彼皆以国土为危脆，以身世为梦泡；道在苦行真修，以期自度于尘劫。虽今之时，不乏如此人也。国家禁令严，而人重于违俗，不然，则桑门坏色之衣，比邱乞食之钵，什匿克之蓬累带索，木器自随，其忍为此态者，独无徒哉！又其一曰乐天之教，如斯多噶是已。彼则以世界为天园，以造物为慈母；种物皆日蒸于无疆，人道终有时而极乐。虎狼可化为羊也，烦恼究观皆福也。道在率性而行，听民自由，而不加以夭阏。虽今之时，愈不乏如此人也。前去四十余年，主此说以言治者最众，今则稍稍衰矣。

合前二家之论而折中之，则世固未尝皆足闷，而天又未必皆可乐也。夫生人所历之程，哀乐亦相半耳！彼毕生不遇可忻之境，与由来不识何事为可悲者，皆居生人至少之数，不足据以为程者也。

【复案】赫胥黎氏此语最蹈谈理肤泽之弊，不类智学家言。而于前二氏之学去之远矣。试思所谓哀乐相半诸语，二氏岂有不知，而终不尔云者，以道眼观一切法，自与俗见不同。赫氏此语，取媚浅学人，非极挚之论也。

善夫先民之言曰：天分虽诚有限，而人事亦足有功。善固可以日增，而恶亦可以代减。天既予人以自辅之权能，则练心缮性，不徒可以自致于最宜，且右挈左提，嘉与宇内共跻美善之途，使天行之威日杀，而人人有以乐业安生者，固斯民最急之事也。格物致知之业，无论气质名物、修齐治平，凡为此而后有事耳。

至于天演之理，凡属两间之物，固无往而弗存，不得谓其显于彼而微于此。是故近世治群学者，知造化之功，出于一本，学无大小，术不互殊，

---

① 乔答摩：即"乔达摩"。

本之降衷固有之演,演之致治雍和之极,根荄华实,厘然备具,又皆有条理之可寻,诚犁然有当于人心,不可以旦莫之言废也。虽然,民有秉彝矣,而亦天生有欲。以天演言之,则善固演也,恶亦未尝非演。若本天而言,则尧、桀、夷、跖,虽义利悬殊,固同为率性而行、任天而动也,亦其所以致此者异耳。

用天演之说,明殃庆之各有由,使制治者知操何道焉,而民日趋善,动何机焉,而民日竞恶,则有之矣。必谓随其自至,则民群之内,恶必自然而消,善必自然而长,吾窃未之敢信也。且苟自心学之公例言之,则人心之分别见,用于好丑者为先,而用于善恶者为后。好丑者,其善恶之萌乎?善恶者,其好丑之演乎?是故好善、恶恶,容有未实,而好好色、恶恶臭之意,则未尝不诚也。学者先明吾心忻好、厌丑之所以然,而后言任自然之道,而民群善恶之机,孰消孰长可耳。

【复案】通观前后论十七篇,此为最下。盖意求胜斯宾塞,遂未尝深考斯宾氏之所据耳。夫斯宾塞所谓民群任天演之自然,则必日进善,不日趋恶,而郅治必有时而臻者,其竖义至坚,殆难破也。何以言之?一则自生理而推群理。群者,生之聚也,今者合地体、植物、动物三学观之,天演之事,皆使生品日进,动物自孑孓蠓蠓,至成人身,皆有绳迹可以追溯,此非一二人之言也。学之始起,不及百年,达尔文论出,众虽翕然,攻者亦至众也。顾乃每经一攻,其说弥固,其理弥明。后人考索日繁,其证佐亦日实。至今外天演而言前三学者,殆无人也。

夫群者,生之聚也,合生以为群,犹合阿弥巴(极小虫,生水藻中,与血中白轮同物,为生之起点。)而成体。斯宾塞氏得之,故用生学之理以谈群学,造端比事,粲若列眉矣。然于物竞天择二义之外,最重体合。体合者,物自致于宜也。彼以为生既以天演而进,则群亦当以天演而进无疑。而所谓物竞、天择、体合三者,其在群亦与在生无以异。故曰任天演自然,则郅治自至也。

虽然,曰任自然者,非无所事事之谓也。道在无扰而持公道。其为公之界说曰："各得自由，而以他人之自由为域。"其立保种三大例，曰：一、民未成丁，功食为反比例率；二、民已成丁，功食为正比例率；三、群己并重，则舍己为群。用三例者，群昌；反三例者，群灭。今赫胥氏但以随其自至当之，可谓语焉不详者矣。至谓善恶皆由演成，斯宾塞固亦谓尔。然民既成群之后，苟能无扰而公，行其三例，则恶将无从而演，恶无从演，善自日臻。此亦犹庄生去害马以善群，释氏以除翳为明目之喻已。

又斯宾氏之立群学也，其开宗明义，曰："吾之群学如几何，以人民为线面，以刑政为方圆，所取者皆有法之形。其不整无法者，无由论也。"今天下人民国是，尚多无法之品，故以吾说例之，往往若不甚合者。然论道之言，不资诸有法固不可，（按此指其废君臣、均土田之类而言。）学者别白观之，幸勿讶也云云。而赫氏亦每略其起例而攻之，读者不可不察也。

论十六　群　治

本天演言治者，知人心之有善种，而忘其有恶根，如前论矣，然其蔽不止此。请更论之。晚近天演之学，倡于达尔文，其《物种由来》一作，理解新创，而精确详审，为格致家不可不读之书。顾专以明世间生类之所以繁殖，与动植之所以盛灭，曰物竞，曰天择。据理施术，树畜之事，日以有功。言治者遂谓牧民进种之道，固亦如是，然而其蔽甚矣。所谓择种留良，前导言中已反复矣。今所谓蔽，盖其术虽无所窒，用者亦未能即得所期也。盖宜之为事，本无定程，物之强弱善恶，各有所宜，亦视所遭之境以为断耳。人处今日之时与境，以如是身，入如是群，是固有其最宜者，此今日之最宜，所以为今日之最善也。

然情随事迁，浸假而今之所善，又未必他日之所宜也。请即动植之事明之,假今北半球温带之地,转而为积寒之虚,则今之梗、楠、豫章皆不宜,而宜者乃蒿蓬耳,乃苔藓耳。更进则不毛穷发,童然无有能生者可也。又设数千万年后,此为赤道极热之区,则最宜者深箐长藤,巨蜂元蚁,兽蹄鸟迹,交于中国而已,抑岂吾人今日所祈向之最善者哉!故曰宜者不必善,事无定程,各视所遭以为断。彼言治者,以他日之最宜,为即今日之最善,夫宁非蔽欤!

人既相聚以为群,虽有伦纪法制行夫其中,然终无所逃于天行之虐。盖人理虽异于禽兽,而孳乳浸多,则同。生之事无涯,而奉生之事有涯,其未至于争者,特早晚耳。争则天行司令,而人治衰,或亡或存,而存者必其强大,此其所谓最宜者也。当是之时,凡脆弱而不善变者,不能自致于最宜,而日为天行所耘,以日少日灭。故善保群者,常利于存;不善保群者,常邻于灭,此真无可如何之势也。治化愈浅,则天行之威愈烈。惟治化进,而后天行之威损。理平之极,治功独用,而天行无权。当此之时,其宜而存者,不在宜于天行之强大与众也。德贤仁义,其生最优,故在彼则万物相攻相感而不相得,在此则黎民于变而时雍;在彼则役物广己者强,在此则黜私存爱者附。排挤蹂躏之风,化而为立达保持之隐。斯时之存,不仅最宜者已也。

凡人力之所能保而存者,将皆为致所宜,而使之各存焉。故天行任物之竞,以致其所为择,治道则以争为逆节,而以平争济众为极功。前圣人既竭耳目之力,胼手胝足,合群制治,使之相养相生,而不被天行之虐矣。则凡游其宇而蒙被庥嘉,当思屈己为人,以为酬恩报德之具。凡所云为动作,其有隳交际,干名义,而可以乱群害治者,皆以为不义而禁之。设刑宪,广教条,大抵皆沮任性之行,而劝以人职之所当守。盖以谓群治既兴,人人享乐业安生之福,夫既有所取之以为利,斯必有所与之以为偿,不得仍初民旧贯,使群道坠地,而溃然复返于狉榛也。

【复案】自营一言,古今所讳,诚哉其足讳也!虽然,世变不同,自营亦异。大抵东西古人之说,皆以功利为与道谊相反,若薰莸之必不可同器。而今人则谓生学之理,舍自营无以为存。但民智既开之后,则知非明道,则无以计功,非正谊则无以谋利。功利何足病,问所以致之之道何如耳,故西人谓此为开明自营。开明自营,于道义必不背也。复所以谓理财计学,为近世最有功生民之学者,以其明两利为利,独利必不利故耳。

【又案】前篇皆以尚力为天行,尚德为人治。争且乱则天胜,安且治则人胜。此其说与唐刘、柳诸家天论之言合,而与宋以来儒者以理属天,以欲属人者,致相反矣。大抵中外古今,言理者不出二家,一出于教,一出于学。教则以公理属天,私欲属人;学则以尚力为天行,尚德为人治。言学者期于征实,故其言天不能舍形气;言教者期于维世,故其言理不能外化神。赫胥黎尝云:"天有理而无善。"此与周子所谓"诚无为",陆子所称"性无善无恶"同意。荀子"性恶而善伪"之语,诚为过当,不知其善,安知其恶耶?至以善为伪,彼非真伪之伪,盖谓人为以别于性者而已。后儒攻之,失荀旨矣。

〜〜 论十七 进 化 〜〜

今夫以公义断私恩者,古今之通法也。民赋其力以供国者,帝王制治之同符也。犯一群之常典者,群之人得共诛之,此又有众者之公约也。乃今以天演言治者,一一疑之。谓天行无过,任物竞天择之事,则世将自至于太平。其道在人人自由,而无强以损己为群之公职,立为应有权利之说,以饰其自营为己之深私。又谓民上之所宜为,在持刑宪以督天下之平,过斯以往,皆当听民自为,而无劳为大匠斫。唱者其言如纶,和者其言如綍。此其蔽无他,坐不知人治、天行二者之绝非同物而已。前论反复,不惮冗烦。假吾言有可信者存,则此任天之治为何等治乎?

嗟乎!今者欲治道之有功,非与天争胜焉,固不可也。法天行者非也,而避天行者亦非。夫曰与天争胜云者,非谓逆天拂性,而为不祥不顺者也。道在尽物之性,而知所以转害而为功。夫自不知者言之,则以藐尔之人,乃欲与造物争胜,欲取两间之所有,驯扰驾御之以为吾利,其不自量力,而可闵叹,孰逾此者?然溯太古以迄今兹,人治进程,皆以此所胜之多寡为殿最。百年来欧洲所以富强称最者,其故非他,其所胜天行,而控制万物,前民用者,方之五洲,与夫前古各国,最多故耳。以已事测将来,吾胜天为治之说,殆无以易也。是故善观化者,见大块之内,人力皆有可通之方,通之愈宏,吾治愈进,而人类乃愈亨。彼佛以国土为危脆,以身世为浮沤,此诚不自欺之说也。然法士巴斯噶尔不云乎:"吾诚弱草,妙能通灵,通灵非他,能思而已。"以蕞尔之一茎,蕴无穷之神力,其为物也,与无声无臭,明通公溥之精为类。故能取天所行,而弥纶燮理之。犹佛所谓居一芥子,转大法轮也。

凡一部落、一国邑之为聚也,将必皆有法制礼俗系夫其中,以约束其任性而行之暴慢,必有罔罟、牧畜、耕稼、陶渔之事,取天地之所有,被以人巧焉,以为养生送死之资。其治弥深,其术之所加弥广。直至今日,所牢笼弹压,驯伏驱除,若执古人而讯之,彼将谓是鬼神所为,非人力也。此无他,亦格致思索之功胜耳。此二百年中之讨索,可谓辟四千年未有之奇。然自其大而言之,尚不外日之初生,泉之始达,来者方多,有愿力者任自为之,吾又乌测其所至耶?是故居今而言学,则名、数、质、力为最精,纲举目张,可以操顺溯逆推之左券,而身心、性命、道德、治平之业,尚不过略窥大意,而未足以拨云雾睹青天也。然而格致程途,始模略而后精深,疑似参差,皆学中应历之境,以前之多所抵牾,遂谓无贯通融会之一日者,则又不然之论也。迨此数学者明,则人事庶有大中至正之准矣,然此必非笃古贱今之士之所能也。

天演之学,将为言治者不祧之宗。达尔文真伟人哉!然须知万化周流,有其隆升,则亦有其污降。宇宙一大年也,自京垓亿载以还,世运方趋上行之轨,日中则昃,终当造其极而下迤。然则言化者,谓世运必日亨,人道必止至善,亦有不必尽然者矣。自其切近者言之,则当前世局,夫岂偶然。经数百万年火烈水深之物竞,洪钧范物,陶炼砻磨,成其如是。彼以理气互推。此乃善恶参半,其来也既深且远如此。

乃今者欲以数百年区区之人治,将有以大易乎其初,立达绥动之功虽神,而气质终不能如是之速化,此其为难偿虚愿,不待智者而后明也。然而人道必以是自沮焉,又不可也。不见夫叩气而吠之狗乎?其始,狼也。虽卧氍毹之上,必数四回旋转踏,而后即安者,沿其鼻祖山中跆藉之习,而犹有存也。然而积其驯伏,乃可使牧羊,可使救溺,可使守藏,矫然为义兽之尤。民之从教而善变也,易于狗。诚使继今以往,用其智力,奋其志愿,由于真实之途,行以和同之力,不数千年,虽臻郅治可也。况彼后人,其所以自谋者,将出于今人万万也哉。居今之日,藉真学实理之日优,而思有以施于济世之业者,亦惟去畏难苟安之心,而勿以宴安偷乐为的者,乃能得耳。

欧洲世变,约而论之,可分三际为言:其始如侠少年,跳荡粗豪,于生人安危苦乐之殊,不甚了了。继则欲制天行之虐而不能,侘傺灰心,转而求出世之法。此无异填然鼓之之后,而弃甲曳兵者也。吾辈生当今日,固不当如鄂谟所歌侠少之轻剽,亦不当如瞿昙黄面,哀生悼世,脱屣人寰,徒用示弱,而无益来叶也。固将沉毅用壮,见大丈夫之锋颖,强立不反,可争可取而不可降。所遇善,固将宝而维之;所遇不善,亦无懂焉。早夜孜孜,合同志之力,谋所以转祸为福,因害为利而已矣。丁尼孙之诗曰:"挂帆沧海,风波茫茫。或沦无底,或达仙乡。二者何择?将然未然,时乎时乎?吾奋吾力。不竦不戁,丈夫之必。"吾愿与普天下有心人,共矢斯志也!

《原富》译著选编^①

1 译事例言

计学,西名叶科诺密^②,本希腊语。叶科此言家,诺密为聂摩之转,此言治、言计,则其义始于治家。引而申之,为凡料量经纪撙节出纳之事;扩而充之,为邦国天下生食为用之经。盖其训之所苞至众,故日本译之以经济,中国译之以理财。顾必求吻合,则经济既嫌太廓,而理财又为过陋。自我作故,乃以计学当之。虽计之为义,不止于地官之所掌,平准之所书,然考往籍,会计、计相、计偕诸语,与常俗国计、家计之称,似与希腊之聂摩较属有合,故《原富》者,计学之书也。

然则何不径称计学,而名《原富》? 曰从斯密氏之所自名也。且其书体例,亦与后人所撰计学,稍有不同。达用多于明体,一也;匡谬急于讲学,二也。其中所论如部丙之篇二篇三,部戊之篇五,皆旁罗之言,于计学所涉者寡,尤不得以科学家言例之。云《原富》者,所以察究财利之性情,

---

① 选编自:汪征鲁,方宝川,马勇. 严复全集(卷二). 福州:福建教育出版社,2014.
② 叶科诺密:economics,今译"经济学"。

贫富之因果,著国财所由出云尔。故《原富》者,计学之书,而非讲计学者之正法也。

谓计学创于斯密,此阿好者之言也。夫财赋不为专学,其散见于各家之著述者无论已。中国自三古以还,若《大学》,若《周官》,若《管子》《孟子》,若《史记》之《平准书》《货殖列传》,《汉书》之《食货志》,桓宽之《盐铁论》,降至唐之杜佑,宋之王安石,虽未立本干,循条发叶,不得谓于理财之义无所发明。至于泰西,则希腊罗马,代有专家,而斯密氏所亲承之师友,若庚智仑、若特嘉尔、若图华尼、若休蒙大辟、若哈哲孙、若洛克、若孟德斯鸠、若麦庚斯、若柏柢,其言论謦咳,皆散见于本书。而所标重农之旨,大抵法国自然学会之所演者。凡此皆大彰著者也。独其择焉而精,语焉而详,事必有征,理无臆设。而文章之妙,喻均智顽,则自有此书,而后世知食货为专科之学。此所以见推宗匠,而为新学之开山也。

计学于科学为内籀之属。内籀者,观化察变,见其会通,立为公例者也。如斯密、理嘉图、穆勒父子之所论著,皆属此类。然至近世如耶方斯、马夏律诸书,则渐入外籀,为微积曲线之可推,而其理乃益密。此二百年来,计学之大进步也。故计学欲窥全豹,于斯密《原富》而外,若穆勒、倭克尔、马夏律三家之作,皆宜移译,乃有以尽此学之源流,而无后时之叹,此则不佞所有志未逮者。后生可畏,知必有庚续而成之者矣。

计学以近代为精密。乃不佞独有取于是书,而以为先事者,盖温故知新之义,一也;其中所指斥当轴之迷谬,多吾国言财政者之所同然,所谓从其后而鞭之,二也;其书于欧亚二洲始通之情势,英法诸国旧日所用之典章,多所纂引,足资考镜,三也;标一公理,则必有事实为之证喻,不若他书,勃窣理窟,洁净精微,不便浅学,四也。

理在目前,而未及其时,虽贤哲有所不见。今如以金属财,二百年以往,泰西几无人不然。自斯密出,始知其物为百货之一,如博进之筹,取前民用,无可独珍。此自今日观之,若无甚高之论,难明之理者,然使吾辈生于往日,未必不随俗作见,并属一谈也。试观中国道咸间,计臣之所论议施行,与今日朝士之言通商可以悟矣。是故一理既明之后,若揭日月而行,而当长夜漫漫,习非胜是之日,则必知几之神,旷世之识而后与之。此不独理财之一事然也。

由于以金属财,故论通商,则必争进出差之正负。既断断于进出差之正负,则商约随地皆荆棘矣,极力以求抵制之术,甚者或以兴戎,而不悟国之贫富不关在此。此亦亚东言富强者所人人皆坠之云雾,而斯密能独醒于二百年以往,此其所以为难能也。

争进出差之正负,斯保商之政,慢内抑外之术,如云而起。夫保商之力,昔有过于英国者乎?有外输之奖,有挈还之税,有海运之条例,凡此皆为抵制设也,而卒之英不以是而加富,且延缘而失美洲。自斯密论出,乃商贾亦知此类之政,名曰保之,实则困之。虽有一时一家之获,而一国长久之利,所失滋多。于是翕然反之,而主客交利。今夫理之诚妄,不可以口舌争也,其证存乎事实。歌白尼、奈端之言天运,其说所不可复摇者,以可坐致数千万年过去未来之躔度而无杪忽之差也。斯密计学之例所以无可致疑者,亦以与之冥同则利,与之舛驰则害故耳。

保商专利诸政,既非大公至正之规,而又足沮遏国中商业之发达,是以言计者群然非之,非之诚是也。然既行之后,欲与更张,则其事又不可以不谨。盖人心浮动,而身被之者,常有不可逭之灾故也。已置母本,不可复收,一也;事已成习,不可猝改,二也。故变法之际,无论旧法之何等非计,新政之如何利民,皆其令朝颁,民夕狼顾,其目前之耗失,有万万无可解免者。此变法之所以难,而维新之所以多流血也。悲夫!

言之缘物而发者,非其至也,是以知言者慎之。斯密此书,论及商贾辄有疾首蹙额之思,后人释私平意观之,每觉所言之过。然亦知斯密时之商贾,为何等商贾乎?税关屯栈者,公司之利也,彼以谋而沮其成,阴嗾七年之战。战费既重,而印度公司,所待以楮柱其业者又不訾,事转相因,于是乎有北美之战,此其害于外者也。选议员则购推举,议权税则赂当轴,大坏英国之法度,此其害于内者也。此曹顾利否耳?何尝恤国家乎?又何怪斯密言之之痛也。虽然,此缘物之论也。缘物之论,所持之理恒非大公。世异情迁,则其言常过,学者守而不化,害亦从之。故缘物之论,为一时之奏剳可。为一时之报章可,而以为科学所明之理必不可。科学所明者公例,公例必无时而不诚。

斯密于同时国事,所最为剟击而不遗余力者,无过印度之英公司。此自今日观之,若无所过人者,顾当其时,则英公司之燀赫极矣,其事为开辟以来所未曾有。以数十百处污逐利之商旅,际蒙兀之积弱,印民之内讧,克来福一竖子耳,不数年间,取数百万里之版图,大与中国并者,据而有之。此亚烈山大所不能为,罗马安敦所不能致,而成吉思汗所图之而无以善后者也。其惊骇震耀各国之观听者,为何如乎?顾自斯密视之,其驴非驴,马非马,上焉既不能临民以为政,下之又不足懋迁而化居。以言其政令,则鱼肉身毒之民;以言其垄断,则侵欺本国之众,徒为大盗,何裨人伦!惟其道存,故无所屈。贤哲之言论,夫岂耸于一时功利之见而为依阿也哉!呜呼!贤已。

然而,犹有以斯密氏此书,为纯于功利之说者,以谓如计学家言,则人道计赢虑亏,将无往而不出于喻利,驯致其效,天理将亡。此其为言厉矣。独不知科学之事,主于所明之诚妄而已,其合于仁义与否,非所容心也。且其所言者计也,固将非计不言,抑非曰人道止于为计乃已足也。从而尤之,此何异读兵谋之书,而訾其伐国,睹针砭之论,而怪其伤人乎?且吾闻斯密氏少日之言矣,曰:今夫群之所以成群,未必皆善者机也。饮食男女,凡斯人之大欲,即群道之四维,缺一不行,群道乃废。礼乐之所以兴,生养之所以遂,始于耕凿,终于懋迁;出于为人者寡,出于自为者多;积私以为公,世之所以盛也。此其言,藉令襃衣大袑者闻之,不尤掩耳而疾走乎?则无怪斯密他日之悔其前论,戒学者以其意之已迁,而欲毁其讲义也。

《原富》本文,排本已多,此译所用,乃鄂斯福国学颁行新本,罗哲斯所校阅者。罗亦计学家,著《英伦麦价考》,号翔瞻,多发前人所未发者。其于是书,多所注释匡订,今录其善者附译之,以为后案。不佞间亦杂取他家之说,参合己见,以相发明。温故知新,取与好学深思者,备扬榷讨论之资云尔。

是译与《天演论》不同,下笔之顷,虽于全节文理,不能不融会贯通为之,然于辞义之间,无所颠倒附益。独于首部篇十一《释租》之后,原书旁论四百年以来银市腾跌,文多繁赘,而无关宏旨,则概括要义译之。其他如部丁篇三首段之末,专言荷京版克①,以与今制不同,而所言多当时琐节,则删置之。又部甲后,有斯密及罗哲斯所附一千二百二年至一千八百二十九年之伦敦麦价表,亦从删削。又此译所附中西编年,及地名、人名、物义诸表,则张菊生比部、郑稚辛孝廉于编订之余列为数种,以便学者考订者也。

夫计学者,切而言之,则关于中国之贫富;远而论之,则系乎黄种之盛衰。故不佞每见斯密之言于时事有关合者,或于己意有所枨触,辄为案论。丁宁反复,不自觉其言之长,而辞之激也。嗟乎! 物竞天择之用,未尝一息亡于人间;大地之轮廓,百昌之登成,止于有数。智佼者既多取之而丰,愚懦者自少分焉而啬。丰啬之际,盛衰系之矣。且人莫病于言非也而相以为是,行祸也而相以为福,祸福是非之际,微乎其微,明者犹或荧之,而况其下者乎! 殆其及之而后知,履之而后艰,其所以失亡者,已无艺矣! 此予智者罥获陷阱之所以多也。欲违其灾,舍穷理尽性之学,其道无由。而学矣,非循西人格物科学之律令,亦无益也。自秦愚黔首,二千岁于兹矣。以天之道,舟车大通,通则虽欲自安于愚,无进于明,其势不可。数十百年以往,吾知黄人之子孙,将必有太息痛恨于其高曾祖父之所为者。呜呼! 可不惧哉。

光绪二十七年,岁次辛丑八月既望,严复书于辅自然斋。

---

① 版克:bank,即"银行"。

2 部 甲

篇一 论分功之效

天下之常言曰:民生在勤。然则力作者,将斯人所定于天之分而无可逃者欤? 虽然,均力作矣,其得效则此多而彼少,其致力则此益疾益巧,而彼常拙常迟,其故果安在也? 曰:其事首判于功之分不分。

功以分而收效益多,此民生日用之中,所在在可见者也。顾其效于小工作易见,于大制造难知。小工作所居之地狭,所用之人寡,所作之事不繁,可一览而尽也。至于大制造则不然,其所仰给者非一廛之肆能所办也。往往取轮于甲,求舆于乙,衡轸盖橑,各异其地,捃而聚之,而后成车,其功之分,难以见也。故欲明分功①之有益力作,则莫若明以小工作之业。

【案】斯密氏成书于乾隆四十年,去今百余岁矣,故其所言多与西国今日之情形异。今日大制造,多萃于一厂一肆之中。盖铁轨既通,会合綦易,而一以省中侩②之费,二以交相保险,而收利不畸重轻,此虽大制造所以不散处也。

不见夫业针者乎? 使不习者一人而为之,穷日之力,幸成一针。欲为二十针焉,必不得也。今试分针之功,而使工各专其一事,拉者、截者、挫者、锐者,或磋其芒,或钻其鼻,或淬之使之犀,或药之使有耀,或选纯焉,或匣纳焉。凡为针之事十七八,或以手,或以机,皆析而为之,而未尝有兼

---

① 分功:division of labor,即"分工"。

② 中侩:即"中介"或"经纪人"。

者,则计一日之功,可得八万六千针,而或且过此数,此见诸实事者也。使以十八人为此,是人日四千八百针也。往者不分其功,则一人之力,虽至勤极敏,日不能二十针。今也分其功而为之,则四千针而裕如。然则以分功之故,而益人力二百倍有余也。治针如是,他制造可类推矣。吾故曰:益力之事,首在分功。

分功之为事,大抵分之愈简,则其益力愈多,而民生日优,则分功之事日细,盖二皆有相资之用焉。今夫野蛮之国,其一民之业,在文明之国,皆数人分治而不足者也。彼之耕稼陶渔,弓矢鞴幕,不异人而任之;而此则一寻常服食器用之微,其分功之多,有不可胜数者。夫如是,则即分功之繁简,又可以觇人国治化之浅深矣。虽然,事有殊形,不能皆分之至极简易如治针也。譬如田功,则分之不能若工贾之细矣。盖田功因时,春耕夏耘,秋收冬积,不能一时勤而三时逸也。其功之不可分以此,而农术之进不若他业之多者亦以此。富国与贫国较,其农与工固皆胜也,而胜之于农者,终不若胜之于工者之无穷。民力优,母财足,其播获也以时,其得稼也恒有以尽其地力,计其所胜,如是而已。然而其所出之粮,与其所费之财与力,常为比例,不能远过也。是故富国与贫国之粟,美恶同则价相若,富者之粟不能比贫者廉也。波兰之与法国,其贫富相悬远矣。法之与英,则又异也,其田畴之荒治则殊,而三国之谷价相若。此不仅谷之一事然也,地之所产皆如此矣。此所谓生货者也。波兰所出太半生货,至于熟货[①],则舍粗陋常物之外,往往中绝,欲与英法比隆,夐乎远矣。

功分则人力之收效益多,收效益多,则生财之能事愈大。此其所以然之故有三:事简而人习,一也;业专而玩愒不生,二也;用意精而机巧出,三也。

所由于事简而人习者,此最易见也。盖用志不纷,虽事有至难,及其久之,皆若行其所无事。故欲事之习,必功之分,分之益简,习之益至。又尝观铁匠之为钉矣,其非专业者,穷日之力仅二三百枚,而多不纯善,苟其

---

① 生货:raw material,即"原材料"。熟货:manufactured goods,即"制成品"。

专为，则日能八九百枚而善。吾见日成二千三百枚，而枚枚皆善者，问之，则童而习此，未尝他骛者也。专之为效，不其见欤！虽然，人为全钉，尚非极简之业也。鼓炉聚炭冶铁奋锤，皆一人之事。而一钉之中，絷其头，蚕其尾，其用器致功皆不同也。故仅若此，使由是而益分之若治针之为者，则人之成钉，不啻倍蓰此数又可知也。

所由于业专而玩愒不生者，民之能勤，在无弃时而已。弃时无异于弃财也。业不专而屡易，其弃时必多。民之治一业也，饬其材，庀其器，而后从事焉。使不易业，无待更求也。易之，必饬他材，必庀他器，而前饬前庀者，皆无用矣。此其弃时一也。常之人情，于易事之顷，不能无趑趄。当其始为之时，心未能即专也，力未能即奋也，必有顷焉，乃臻服习，已服习而心专力奋矣。又使之转治他业，彼必辽缓徘徊，以为休息之顷，使如是日数易焉，何怪其功之盬而所需时日之多乎？此其弃时二也。此于一业固不觉也，使合一国通数十年计之，则为之不疾而财之所以不生，皆坐此矣。且民既以业专而习，亦以业纷而惰也。乡僻之佣工所操之业，食顷辄易，每易之际，必延仡容与而后即功，初为之时，其于事亦多不精审。如是习之既久，遂成潦倒惰佣，盖比比也。

所以于用意精而机巧出者，西国益事省力之机，半由分功而出，盖用意既精，巧捷之术恍若来告。吾观于工厂而遇极巧之机，叩其所由。多由工佣前以手足专司此事，后得巧法，创成此机。如汽机初创时，凡百运转皆机自为，独汽鞲之囱①，开阖须由人力。以其事轻，司以童子。后此童子思欲趁闲游戏，因接杆系绳，使其随机开阖。此乃汽机中第一妙制，然其作者由于专业之童。举此一端，则机由习创，非虚语也。

夫以机代工，则为之者疾，夫人而知之矣。然机之所以成，不必由执其工者。制造之师，以造机为专业，一机成，家以之富，故竭其耳目心力为之。格致家者，不奋手足之烈，专以仰观俯察学问思索为功，故于物力阴阳，独具先觉之智。文明之国，格致之学与百工同，人专一途而易事通功，

---

① 汽鞲之囱：value，今译"阀门"。

有相得之用。故民智愈高,学之分功愈细,业亦益精,此专家之学所以众也。方其聚精会神,人守一学,若甚暌孤也者,逮合以成之,则一群之民智大进。此其有益人国,不仅富之一言所可尽也,而富为尤著。盖功分而为之者疾,为之者疾而百工之生物蕃。一人之所出,皆任佰其所自需,人人有余,而交易之事起矣。农以粟易械器,陶冶以械器易布帛,转相为易,至于各养其欲、各给其求而后止。然此犹是为未有圜法泉币者言也,泉币兴则其为易益神而财益进。故分功之国,民勤而生物蕃,生物蕃而交易起,交易起而财用足。

民有相资之用,邦乃大和。今夫生于文明之国,而身为赁工之佣,亦贫且贱矣。顾观其一身一室之所有,为计其所仰给之人,则百千万亿犹未尽也。闻者疑吾言乎?则先即其一屦而论之。出毛布者首羊,羊有牧者,毛有剪者,既剪而涑、而梳、而染、而纺、而织、而碾、而缝,而后成屦。是独指至切者言之,其所待者固已众矣,然所待者又有所待也。羊之毛,不必其地之所有也,于是乎有转运之事,以舟以车。舟必有造舟者,车必有造车者,编其帆、绚其索、均其轮、字其马,至于桨柂辔衔之细,皆必有工,缺焉则其事不举。剪,铁器也,于是乎有戼人①,有炉匠,有陶,有冶,有樵,有立宫室者,有鼓炉鞲者,有奋锤者,磨者耆者,少焉则此剪与凡铁之事皆不生。转而计之,岂有尽哉!然则是佣一身一室之所有,其至粗极陋固也,顾其床榻卧具,刀几鼎铛,与夫饮食饼酒之事,其所待之人功,虽巧历不能计也。是知人之在群,虽至贫贱,皆必有无穷之人与为通功易事之事而后济,微论富贵者矣。虽然,惟文明之国乃有是也。非洲野蛮之王,其坏地万里,亿兆之众,杀生随心,求如吾佣一日之奉,必不能也。吾故曰:无化之王,不若有化之佣。

【案】斯密氏之论分功也,可谓辨晰矣。虽然,自后之计学家观之,犹有未尽者。斯密之所言者,通功易事也,异事而相资也。然其事必自通力合作始。通力合作者,同事而相助也。十手而牵一罍,十

---

① 戼人:指"采矿工"。

足而举一碓,使不如是,事之不举者众矣,乌致有余而为易乎?且斯密所指分功之益,亦未赅也。所指之外,尚有四焉。一曰:不异人而事办。今驰传之人,其持一缄,与持百缄千缄,劳力均也;牧者之饲一牛,与饲十牛,为事相若也,功分则无赘人。二曰:不异事而效收。事固有饬材庀工之后,惟恐求者之不多。印书其一事也,功之未分,则人而钞书也,功分则无赘事。三曰:人得各审其才之所当。夫人各有能有不能,使不分功,则或强于其才所不当,而力糜事苦,惟分功而后各出其所长也。四曰:地得各出其产之所宜。夫粤镈宋削,产各有宜,不分功则迁地而不能良,既分功则地各收其所美。四者既合,人之能事益宏,而财乃大出也。

〰 篇四　论泉币之始 〰

分功局定,民之生事取足于己者日以少,待给于人者日以多。专营一业,自享有余,以与其群为易,懋迁有无,民皆待易而后足,如是之群,命曰商群①。

为易之始,必有所室。甲居一货而余,乙于此货有不足,则甲愿以易,乙愿易而得之。然使乙之所以易,非甲之所欲有,则易之事穷。屠者鼓刀而宰,全牛之肉非一身一家之所能尽也。饼师酿者,皆乐分之。饼师之易必以饼,酿者之易必以酒,设屠既有饼酒而不欲多,则易之事又穷。如是屠者苦于余,饼酿苦于不足,卒不能相为用焉,此大不便也。有智者起,别储一物,使随时随地出以为易,人皆乐之而不吾拒,则生事得常给矣。

如是之物,名曰易中②。方古之时,易中亦多物矣。有以马牛羊者,凡

---

①　商群:commecial society,商业社会。

②　易中:medium of exchange,交易中介。

贸易之事,皆以马牛羊也。由今观之,甚拙可笑,然古之时,资产物价以马牛羊计者,载之传志不知凡几。鄂谟①之诗,谓谛阿默德之甲直九牛,而格鲁古之甲直百牛矣(《考工记》云:"牛戴牛")。亚伯斯尼亚之易以盐,印度以象贝,纽方兰以干鱼,威占尼亚②以烟叶,支那以鹿皮、以布、以缣,卫藏③以茶砖,而苏格兰之民尚有携钉以入酒肆者,皆易中也。

治化渐开,易中必合他品而用诸金者,必至之势也。诸金之为物也,不独经久不蠹,为万物尤,且析为至微,于值无损,而由散为合又易易也。夫可析易合者,易中最要之能事也,而他品不能。如宝石、如珠,大以豪厘,值相倍蓰,不得以轻重为比例也,既析不能复合,合之不能复原值也,此其为易中不便明矣。如牛、如羊,未食则不可析也,已析则不可合也。今有以羊易盐豉者,凡易必以全羊。不可少也。苟欲多,则必倍之、必三之,此其为易中不便又明矣。至用诸金,则可析可合,而多少轻重皆可相准,此其独有之德也,故以为易中最宜。

【案】汉贡禹于元帝时欲罢铸钱诸官,而用布帛及谷,议者亦谓交易待钱,布帛不可尺寸分裂,而禹议以寝。

古今所用为易中者,贵贱诸金皆有之。希腊之斯巴丹以铁,罗马以铜,印度以银,今欧洲各国则金银并用。

【案】中国古者皮币,诸侯以聘享。金有三等,黄金为上,白金为中,赤金为下,是三品并用,与今英法诸国同也。至秦并天下,币二等。黄金以溢为名,上币;铜钱文曰半两,重如其文,下币。而珠玉、龟贝、银锡之属,为器饰宝藏不为币,是金铜并用也。汉兴,以秦钱重难用,乃更铸荚钱,降而为五铢。后代所用,大抵损益五铢汉钱,号为圜法。而齐布秦刀诸品微矣,黄白二金,亦无范以为圜法者。

---

① 鄂谟:Homer,今译"荷马",古希腊大诗人。
② 威占尼亚:Virginia,即美国"弗吉尼亚"。
③ 卫藏:即"西藏"。

古用金为币，无圜法也。罗马之有圜法，自司尔威始。初以铜版资交易，其不便甚众。出入必衡，一也；惧其杂无以验，二也。贱金可忽，贵金铢黍之差，为值甚巨，非审权微验不可，则废时失事之道也。小民挟零金易常物，必皆有事于衡，既已烦矣，而别其杂伪尤难。权金之器，验金之药，固不能以时具也，则相率为奸欺。奸欺日众，其群乃疑，而利用厚生之道，浸微浸灭。故欲富其国而圜法不谨，犹欲肥之人而日饮瘠药也。知计之主，于一钱之入市，重几何，精几分，皆为著文明白，范而熔之，是曰制币。此实与置监市司价之官同意，皆主杜绝奸欺，使民相任而已。

验精杂难于审重轻，而所系亦重，故制币先有官印。官印者，课其精几分也。印其一方，不漫全幕。犹今英国银器有师子头印，西班牙金铤有库印，取以杜伪杂而已。古之用金，以重计不以枚计。传载亚伯拉罕买麦克非拉田于伊佛狼，以白金四百希格为价，此犹支那之用银两矣。英国当撒逊种人为王时，收赋于民，任土作贡，不以泉币，至威廉灭国造邦，乃以币赋。然是时主藏所课入者，仍言重不言枚也。久之，乃定制重几何、精几分为制币一。币之面背，像王面、纪年月、通印之，时或为边纹极致，以绝杂伪摩铅者。夫而后国币齐一，价以枚称，衡验之烦，举无事焉。

泉币之等，其始皆即重以为名也。罗马之币名亚斯，亦曰滂图。滂图者，磅也，重如其名，盖精铜一磅也。英国之币名镑，镑即磅也。当义都活第一①时，重如其名，得白金一台磅，至显理第八②之十八载。始定制造币用杜雷磅。杜雷者，法国邑名。当时欧洲懋迁，法国最盛，而杜雷为诸市辐凑处，故其权量各国通行之。法国之币名利佛，利佛亦磅也。当察理第一时，重如其名，得白金一杜雷磅。苏格兰与英吉利分治之世，自亚烈山大第一至鲁勃德布鲁斯，镑制与英同。英法苏三国，皆有便士，始亦权名也，二十便士为一翁斯③。故一便士者，二百四十分磅之一也。镑、便士之

---

① 义都活第一：Edward I，即"爱德华一世"。
② 显理第八：Henry VIII，即"亨利八世"。
③ 翁斯：ounce，今译"盎司"。

间有先令,亦权名,然其重时升时降,无定程,不若镑、便士之可准。法古所谓鈇,即先令,易五便士,有时十二,或二十,或四十,不齐如此。英当撒逊时,每先令作五便士,然亦时变,与法互市,不能不随法迁移矣。法自察理第一以来,英自威廉第一以来,镑、先令、便士三币相受之率,无大变改者,变者独其值耳。吾尝谓各国君王贪无信,务欺其民,故制币以重名,而其重日削。所可考者,罗马末年,亚斯之重,不过二十四初制之一,虽名滂图,半翁斯耳。法国最甚,后之方前,仅六十六之一。苏格兰次之,三十六之一。英最善,今镑方古,犹余三之一焉。盖其君操制币之权,则用仍名变实之术,以与其国人相遁,此其所以为聚敛之事也。顾一时所造之轻币,其君不能独用也,将必与其民共之,民亦操是以转相绐,偿逋纳赋莫不以此,其负弥多,赢得弥厚,至使编户齐民,贫富易位。虽国经干戈水火之祸变,不如是之甚也。皆居上无厌阶之厉已。

【案】合观斯密氏之论,则泉币之为用可知已。泉币之为用二:一曰懋迁易中①,二曰物值通量②。此不必定金品也,而金品之泉币有四德焉:一曰易挟,二曰不腐,三曰可析,四曰值不骤变。然自通商日广,而天下之矿产日多,此第四德亦难言矣。国家制币之要道二:一曰铢两数均,二曰精杂齐等。由是而生三善:一曰便事,二曰止奸,三曰美俗。夫泉币所以名财而非真财也,使其所名与所与易者亡,则彼三品者,无异土苴而已。

〰〰 篇五　论物有真值与市价③异 〰〰

言物之贵,有二义焉:有以利用言者,有以交易言者。物每有利用甚

---

① 懋迁易中:指货币作为交易的媒介。
② 物值通量:指货币作为衡量价值的标准。
③ 真值:real price,即"真实价格"。市价:nominal price,即"名义价格"。

宏,生事所不可无,而不可以相易,空气水土是已。亦有易权甚大,而利用盖微,珠玑宝石是已。夫欲明交易,先辨三理:一、物以何者为真值? 真值以何者为差率? 二、凡物之值,不仅一事之所为也,必有数事焉丛而为之。三、物自为言,则有真值,以之入市,则有定价(物与物相易为值,与泉币相易为价,后仿此),价时高时下,非无故而然也。明其故而后物价之情可得见矣。以下三篇,即言三理。其理既赜,其词自繁,理赜则有待于读者之专精,词繁则有待于读者之无厌。能专而不厌,而后斯理得共明也,在不佞亦勉为其难而已。请先论物之真值。

【案】空气水土三者,有时亦可相易,正文云云,特言其大凡而已,又物值无自言之理,斯密此说颇为后人所攻。

民之生也,皆有其所需利诉悦者,而贫富之等,即以享此之权力为差。故化进而分功繁,民之所享待于人者日益繁多,产于己者日益专一,其贫其富,一视其驭功致物多寡之率而已矣。己之物甲,出以功力①者也,以易他人之物乙,则彼出乙之功力,宜与我出甲者相当,是名为值。然则功力者,物相为易之真值也,而百产之值,皆可以功力第高下矣。

人情狃于习,则昧其本然,故独视金银铜三品为财,而万物皆以此计贵贱。一若非泉币莫可贵者,不知始也百产之登非力不办,其不由三品以市诸富媪明矣。即至今日一室之中,粗者械器,珍者珠玉,溯其元始,非力曷来? 始也以力致物,今也积力于物。及其未毁,斥以与人,或易物焉,或得钱焉,自我观之,其所得者,必雠于是力者也。然则今之所为,不过假前积之力,以节吾今用之力已耳。何则? 假使无物可斥,而吾欲有其钱物,其必奋吾今有之力,劳而后能得之,无疑也。

郝伯斯曰:财者乃权。虽然,权亦多物矣。有使众之权,相之坐庙堂以进退百执事是已;有威众之权②,将之主兵柄以战胜攻取是已。斯之为

---

① 功力:labor,今译"劳动力"或"劳动"。
② 使众之权:civil power,公民权力。威众之权:military power,军权,兵权。

权,不必有财者之所能得也。然则有财者之权为何如权乎? 曰:能致物①而已。其致物云何? 曰:致他人之功力与其功力之所成就而已。入五都之市,其列肆而待沽者,皆功力之积也。故其致物弥广者,其称财弥雄;其积力弥多者,其为货弥贵。

夫物既有真值矣,人市之顷,何不准此以相易,乃更云与市价异者,何也? 曰:论物值之所由起,固当言功力,而人未尝用此定市价者,则较物所积之功力难也。今使执功力以为准,则将以劳力之人数定乎? 抑以用力之久暂殊乎? 而无如二者可以较同事之人功,而不可以齐异曲之能事也。有劳逸焉,有巧拙焉,事固有一人之为难,瘁于十人之为易。又有一举手奋舌之技,待十年数十年勤苦服习而后能者。是之差率,又乌从而课乎? 是故物之相易也,其值其价皆取定于两家当市之评。甲仰而乙俯之,乙出而甲入之,商榷抑扬②,至于各得分愿而后止。夫如是者谓之市价,市价必不皆真值也,而交易常法必待是而后行。

> 【案】斯密氏以产物之功力,为物之真值。值之高下,视功力之难易多少为差。其言虽近理,然智者千虑之一失也。盖物无定值,而纯视供求二者相剂之间。供少求多,难得则贵;供多求少,易有则贱。方其难得,不必功力多;方其易有,不必功力少也。一亩之地,处僻邑边鄙,价数金而莫售,及在都会之中,虽万金而争买,此岂有功力之异耶? 一树之果,向阳者以甘大而得善价,背日者以小酢而人弃之,此岂又有功力之异耶? 故值者直也,两相当之名而对待之数也。以功力言,则物物所独具,而无随时高下之殊矣。此所以后之计学家,皆不由斯密氏物有真值之说也。

且交易之事,以物易物者多,以物易力者少。多则习而易喻,少则微而难知。物,实物也;力,悬意③也。故计物之值,以功力多寡言,不若以异

---

① 致物:即"购物"。

② 商榷抑扬:指讨价还价。

③ 悬意:abstract notion,即"抽象概念"。

物之多寡言。何则？取便常智，顺而明也。

然此犹是圜法未立，泉币未行时也。至圜法既立，泉币既行，则凡物入市，皆以易钱，罕以易物。屠者欲得饼酒，不复持其肉以与饼师、酿者为易也。彼方售其肉以得钱，更持其钱以求饼酒。夫如是，则其所出以为易之肉，与其所易之饼与酒，皆习以钱计而便之。其名值也，曰吾肉每磅值三便士、四便士，不曰若干枚饼，亦不曰若干斤酒也。是故泉币既行，则凡物皆名钱，是为物价。不仅不以产物之功力言，且不以所当之他物言也。

夫天下既皆以钱名物矣，吾论物值，不以钱而以力，何也？盖惟己不变者，乃可以较物，钱之为物，不能不变也。钱必以金银铜三品为之，是三品者，其值之变化与他物同，有时易得，有时难求，故有时而贵，有时而贱。总天下而课其盈虚，视其时矿产之多寡肥硗而已。往者美洲新通，金银二矿所在多有，采运致之，不甚费功力，故其时金银之值，参昔之一。物产之费力少者，共驭力亦少，其驭力少者，其易物自不多。而俗不曰钱之贱，乃曰物之贵，此所谓圜习者也。三品之变如此，因而为泉币之变又如此，设用之为物值之程，何异古者以肘量长短以撮量多寡哉？随体为异，其不足整齐万物较差等，明矣。至于功力则不然，功力几何，无论何地何时，自劳力以产物致货者言之，一耳。精力肢体如平时，工巧便给相若，一功之程，其所服之劳苦，与其所不得自由之情，一也。其庸[1]固时有高下之差，然此其庸变，非其所施之功力变也。大校而言，费力多者其物贵，费力少者其物廉，惟功力有恒，可以为物值之准。以功力言者，物之真值也；以三品泉币言者，号为价者也。号为价者，市价也，市价不足定贵贱之实也。产一物，致一货，使其功力从同，则劳力者视之如一，是固然矣。然自雇役者视之，则有时而多与值，有时而少与值。故力役与百货等，亦若暂贵暂贱无定程者。不知此乃所与以为值者之变，而非力役之能变也。是故以常法论，则力役亦有真值市价之分。真值云何？一日之工，而一日之饮食与凡生事所必不可少者是已。市价云何？一日所得之钱是已。劳力者之优绌

---

① 庸：wages，即"工资"。

贫富,与真值有比例,与市价无比例也。

夫言物力设为真值市价之分者,非虚为精审,无益事实也。盖其异不可不知,知者于人事有大裨。譬如有人买田,而约岁收租若干石,使其约纳禾稼地产,虽历千载无大差,使其约折色为金银,数十年可以绝异。何则?禾稼地产,与力役有比例,而三品泉币,其贵贱可年月不同也。故约租税以泉币折色交纳者,有二弊焉:圜法常变,名同而实异,一也;三品之饶俭有时,轻重虽等,而易物之权大殊,二也。

何言乎圜法常变,名同实异也?制币者国家之权,使为民上者,意谓吾存其名而制之轻,可以邀一切之利,则币日窳,而民又不能视轻币与重者同也。斯折扣之矣,故虽租常如约,而岁入递微。何言乎三品饶俭有时,而易权大殊也?前者美洲得矿多,而欧洲之金值减。地不爱宝,其减方长,然则租之以金论者,又日削矣。前者以枚言而少,后者以重言而亦少。

故租税贡赋之事,制折色者便一时,而任土物者可久远。往者,英后额理查白①十八年著令云:国中学校田业,其三之二为若干金,其三之一纳禾稼地库,或随时准照最近市廛时价,折色完纳。据柏来斯敦言,此三之一者之所折纳,已倍其三之二之金数矣。然则今之金较古之金,为值不过四分得一而已。且此固由金值递减,易权世微,而非由圜法之敝。何则?英国制币,自马理亚至今,尚无有变,如镑如先令,其精其重,皆仍旧也。假其金之本值日贱,而国家制币又复世轻,则折色之受损,愈不可计矣。苏格兰国币递轻,方英为甚,而法则更甚于苏。故法国折色之租②,在古为重,在今几与无租同焉。

物值之不变者,莫如功力,谷次之,金银为下。民待食而后能出力役,故以若干谷易若干力,以廪课功,年代虽远,其率略同。虽然,谷特较他货为有恒而已,遽谓其值不变,又未可也。大抵民食丰约,视治理之进退隆

---

① 英后额理查白:Queen Elizabeth,即"伊丽莎白女王"。

② 折色之租:money rent,即"货币租"。

污。进者优于中立,中立优于退者。故曰以廪课功,不能无变,功之廪食变,则谷之为值,又乌能无变乎?顾其事以数理言之,则二者相待为变之率,有双单之异。谷值之变也,视其与功力相待之率,此单率之比例也。他货物之值之变也,必先视其与谷相待之率,而后及其与功力相待之率,此双率之比例也。单者变简,双者变繁,故租之舍谷而以他货物言者,其变大也。

不折色之租,固较折色者为可久,然必自其既久而观之,乃可见耳。大抵米麦之值,期与期较(百年为期),其变常少,年与年较,其异转多。而力役庸钱①,常法不随当年粮食之贵贱为高下,而与通数年数十年谷食之平价②为差。而谷之平价,视金银铜三品之易权。三品之易权,视其物在市之盈不足。其物在市之盈不足,又视矿业之耗羡与运致之难易。此犹是以所费功力之多寡差之矣。夫三品之易权,期与期较,为变常大,年与年较,为变盖微。有经数十百年无甚相绝者,故其时谷食之平价,历久相若,而力役庸钱,亦历久相若。而其国之有大变故者,非所论也。至于上下数稔之间,客岁斗五十而今兹斗百者,则恒有之。当其斗百,不折色者之所收,自倍于斗五十者,而力役之庸,则不必因之而为变。

吾之所求,在得一物焉以衡量万物之真值,以审其贵贱之差。由前观之,物之最公独真,不以地殊,不以时异,可以为诸值之程准③者,独人力明矣。三品之不可用者,以其期而异也。五谷之不可用者,以其稔而殊也。不以稔殊,不以期异,或久或暂,程焉皆可得其真者,惟人力耳。舍人力而欲衡量最物值,则定百年以外之物值,金不如谷,饩同者其驭力同也。较数年以内之物值,谷不如金,价均者其食功均也。三品者以世事为盈不足,五谷者以岁时为饥穰,二者均有所不通,故功力者,物值之程准也。

畴物贵贱,而设为真值市价之分,与夫以金以粟以力评之之互异,言

---

① 力役庸钱:即"劳动力的货币价格"。

② 平价:average price,平均价格。

③ 程准:指"衡量标准"。

计学者必穷其源,不得已耳。然知其义者,于国家任土作贡则坏成赋之道,或有补焉,至于民生日用治产积居,固无事此也。同地同时,物之市价必与其真值相为比例也。物之不劳而出者,其价必廉,物之索价高者,其真值自大。通一廛之货,其真值上下之差,视其价而第之,可也。虽然,此必同地同时而后可。或地异,或时异,或地与时俱异,徒以价畴万物之贵贱者,未有不失其情者也。

地异则徒价固不足畴物之贵贱,然而通商行货之家,其操奇计赢,所谨稽出入者,又常在市价之间,真值非所论也。今假有商焉,通货于伦敦广州之间,在广之银半翁斯,其易物与驭力之权①,或大于在伦之一翁斯。夫如是以真价言之,则广人之有半翁斯者,实富有伦人之有一翁斯者,而物之在伦价一翁斯者,实贱于在广之价半翁斯者。然而彼通货之商,固不如是以畴物论盈绌也。彼但知货之能以半翁斯得于广,而继以一翁斯售于伦,则彼于此一入一出之间,夫已业百赢百,一若伦与广二地之银易权相等也者。赢与折之分,纯视乎市价之多寡,曷尝计真值哉!是故懋迁之巧拙,恒以市价之高低为断,而常人之治生,自旦明而至向晦,所言与闻,又无时焉不在物之市价。习之既久,视为固然,斯天下攘攘熙熙,无一人焉能语物之真值者矣。

今所欲讲而明者,既在富财之原,则物求真值,事不可废。顾真值必以人力言,而力役之庸,古及今贵贱之不齐,传记不少概见,末由考得其真。独五谷之价,虽不尽载,间犹有一二存者。故欲定一物以为群值之程准,又不得不降求其次,舍功力而取五谷矣。此亦属其稍近真者,非曰其物果不变也。是书畴物真值,多取其时谷价而言,职此故也。

易事通功,交利俱赡矣。而独用一品之泉币,必不便也,则造为多品相权行之。夷考各国所用,大抵金银铜三品:大者以黄金,次者以银,又次以铜。若下品如铁、如锡、如链,顾虽殊品并行。民常专立其一,以为余品之程,名曰本位法钱。本位法钱立,余品之币之贵贱重轻,皆权本位而用

---

① 驭力之权:power of command labor,支配劳动力的能力。

之,此不必最贵最重者也,惟其群所前用者。是故圜法之事,改本位法钱难,往往利用之情既迁,而民犹乐守其旧也。

【案】欧美本位,先皆用银。至近数十年,始改用金,而英吉利独早。至于中国,则至今犹用铜也。

当布匿战事之先(考罗马布匿之战,前后二役。前役起耶稣生前二百六十四年,是时罗马民主正盛,与非洲北部之加达几争昔昔利岛也),罗马用铜钱而无金银之币。先耶稣生二百五十九年,始造银币,名塞西特尔希(此即《史记·大宛传》所谓"以银为钱,钱如王面"者也),而铜者尚沿守以为本位法钱,赀产货物皆以铜论,名亚斯。其银币塞西,枚以二亚斯有半为率,故罗马以多铜称富。其负债者,曰家藏他人之铜。

罗马解纽,欧洲北部代兴,考诸传记,皆原本用银,而黄赤二金圜法乃晚出之制(欧洲北部日耳曼、峨特诸种,皆由安息绝黑海溯达牛河而入普、法、瑞典、不列颠诸境。意者,亚洲西域古行银币,其民虽散之欧洲,而犹沿守旧制也)。英国自撒逊种人为王时,已行银币,而金币自义都活第三始,铜币自雅各第一始。国中赀产货物,皆以银计,其占赀称若干镑,不曰若干几尼。盖几尼金币,造于义都活朝,而镑者犹罗马之滂图,本银货之名。今之金钱当二十先令者,自本位法钱由银而金时乃有者也。余国以银计赀者,所由来同此。

欧洲诸邦,其泉币多品者,其交易、贷贷、纳赋、偿负,必以本位为计,如是者谓之法偿①。法偿云者,如是之偿乃应法也。英古法偿皆银币,后义都活第三以黄金造几尼矣,然不得用为法偿者盖久。金银相受之率,且暮有异,官不为定价也,盈缩折纳,当市者自为之。民偿逋②以金不以银,主者勿受,可也;评价相准而受焉,可也。铜币虽通行,独取与贵币子母相权③,了畸零之数,从未用为法偿也。故本位法钱立,而殊品之用异。三品

---

① 法偿:legal tender,法定货币。
② 偿逋:指"偿还拖欠的债务"。
③ 子母相权:指"贵币与贱币相互平衡"。

之别,不仅区区名字间也。

【案】以他书考之,斯密氏此言颇失实矣。英始造金币在宋理宗宝祐五年,自此时已令民用为法偿,而与银折兑之率,则国主时时颁令定之,直至康熙三年犹用此法。则其云不得用作法偿久,而官不强定价者,误矣。当时所造金币,皆几尼,无名镑者。康熙五十六年,始定几尼枚当二十一先令,与先令并用为法偿。然每几尼真值,不足二十一先令之银。故民间纳赋偿负,其款大者皆趋用金,而先令则朝发夕毁,或输外国,其获留国中以资流转者,皆年久磨漫,铢两不及者耳。迨乾隆三十九年,即斯密氏《原富》成书之前一岁,议院著令,凡民间纳赋偿负,欲计枚论还者,不得逾五百先令,即二十五镑之数,其过此款目,即当以重论还。而定五先令二便士为银一翁斯,数多则以重论不以枚论,用磨漫者无所利,盖欲救前弊也。嘉庆二十一年,令制币官造银币先令时,于前之每镑造六十二枚者,今造六十六枚以轻之,而二十一当一几尼如故。即以所余之四先令,充匠器范冶之费,而国赋亦阴行其中,盖值百而征六五矣。此令既行,而金银二品,仍均法偿。则民用之,其势必反前弊,匿金用银,而金币将无由立。于是著令纳赋偿负,款逾四十先令者,银币不为法偿,其为无限法偿者,独金而已。又令官造先令不得逾若干数,以救过多趋贱之弊。至铜货二品,便士可为法偿者,不得过十二,当一先令之数。法丁不得过二十四,当半先令之数。盖自是而英之本位法钱立,而圜法之美,遂为诸国最也。其私造私销之弊所以绝者,非其摘奸行法独严也。英律凡官铸金币,由铤而枚,毫不增损,而炉炭一切之费,皆取之先令便士之中。又为精其范冶,边幕藻刻齐一巧密,使奸民私造者,非大举则不能,大举则旋败露。窃谓中国泉货之制,颓弊已甚,苟图富强,则五均三府当其所首事者。故详著于篇,俾览者有镜焉。

独至历时既久,泉货之制,百姓习知,而相受之率,不虞瞆乱,乃为立其定程,小大相准。如英往者,定每几尼金直二十一先令银,同作法偿,相权行用是已。夫如是则二品法钱,同称本位,异名同实,多寡攸殊,民之用之,匪所择也。

本位之关系,独见于二品相受之率有更张时。试为论之:今设前指几尼、先令二币,其相受之率,有时降为二十,有时升为二十有二者,而国中一切会计,民之张簿契彻,皆以银币言之,则凡交易往来逋负相偿之际,需银几许无异平时,独至以金计之,则二者绝异。于后率则几尼数少,于前率则几尼数多,如是则常觉银值无变而金值时低时昂,是之谓以银为准。以银为准者,赀产货物皆以银称,而金虽经为币,实则等诸百货之一而已。又设金为本位,譬如某甲家藏钞商楮币,上载存几尼金币五十,则无论何时可取几尼,同于此数,独至持易先令,则二率大异,于前率为千,于后率为一千一百也。如是则若金有定程,而银无常值,是之谓以金为准。以金为准者,一切会计,皆以金称,而银虽经为币,实则等诸百货之一而已。故或为本位或不为本位,名实两殊,民之用之,有所择也。

多品泉货行,相受之率定,则诸品之值,常制于最贵者。今如铜币,英之圜法,便士十二枚重半磅。当未为币,此半磅铜值十二分先令之七而已,及其为币,则此半磅者当一先令,持此入市,随时可易。且钱之摩损,上币本较下币为轻,故圜法未修之前,几尼之重大致相若。而先令则摩损轻薄者大半,使徒以重言,则实不副名远矣。而此轻薄先令每二十一枚易一几尼,尚如其朔,持此人市,随时可易。近者圜法既修,严镌镵取镕之禁,且约征收巨款,以重为程,故几尼金币民愈珍袭,而漫者用希,独银币先令,则摩损如故,取易金币,与新出于冶者同科。然则圜法之修,于金币无所出入,而银铜二品则所当者皆过真值矣。

【案】斯密氏谓多品货行,相受率定,则诸品之值视最贵者,此说未然。往者计学家马格乐常驳之,云国之诸金,以事势不同,各自为值。金不能制银之贵贱,犹银不能制金之贵贱也,此在未成币者固然,在既成币者亦然。而暗夫浅人,不悟此理,常欲以法贵贱之,此圜法之所以乱而民生之所以被其毒也。考各国法偿,其用金用银皆出于必然之势,自其国先者之著令,有以致之。盖当金银二币并用之初，大抵皆为法偿，匪所畸重，自相受之率以令定之，斯二者时美时耗，几不能一曙而恒，于是用是币者，亦时利时不利。及真率与所定之率所差綦多，则纳赋偿负之家，必用其过实之币，而不及实者，则或聚而熔之，或掮而输之外国，虽用峻典，未由禁也。今夫用金为准，英国独先，终受其益。顾考其始，非在上者豫虑而为然也。此因康熙五十六年所定二十一先令作一几尼之率，当时金币，缘此以银为计名过实者，每几尼约四便士有奇，如是凡用金者，值百赢一分六厘三毫强，更遇雍乾之间，欧洲金饶银俭，赢者愈多。二品既均为法偿，交易之事遂无往而不用金矣，而后之人从而定之为本位。因势乘便，顺民所欲者也。至法、德、奥、义诸邦之用银，其势正与英相反。法国于乾隆五十年其金币名卢夷者，值银币名利佛者二十四枚，而每卢夷真值乃二十五利佛又十稣，如是则纳赋偿负，用金者遇每卢夷折一利佛十稣，交易之事遂无往而不用银矣，既为通行，斯为本位，又立制者所无可如何者也。至于近世，始易银为金。故一国财赋之事，惟其理有固然，斯其势有必至，决非在上者所得强物从我，倒行逆施也。

英国制币官定制，每磅法金(英制造币法，金约十二分之中精者十一，而其一为铜。若他品其不用纯金者，以金纯则柔，摩损愈易，故合纯取杂)，造金币名几尼者四十四枚有半，枚值二十一先令，而二十先令为币一磅，是每磅法金，造币四十六镑十四先令六便士也。英权析一磅为十二翁斯，则金币合重一翁斯者，当三镑十七先令十便士半也。造金币者，无炉鞴冶炭一切费，民持金铤抵局，受成币与原金等，权色无抑减者，故号三镑十七先令十便士半为每翁斯法金之局价。法金法银者，谓精杂应圜法者也。

圜法未修前，每翁斯法金，或铤或块，市价常过三镑十八先令，间至三镑十九先令或四镑者，然以旧币多摩损，总其重或不及一翁斯。圜法既改，每翁斯法金，市价常不及三镑十七先令七便士。前则常浮于局价，后则常减于局价，以金易以银易皆如是。故圜法改而金币所范之金，过于前时，由是而与金币子母相权之先令，亦与之俱贵。及他货物价同前者所易实金，亦缘此而多。第货物市价之低昂，所由来者多且远，其差数微而难见耳。

又制币官定制，每磅法银，造银币名先令者六十二枚，枚值铜币十二便士，故每翁斯五先令二便士为局价。圜法未修前，法银市价，时低时昂，自五先令四便士至五先令八便士不等，而五先令七便士为常率。圜法既改，其价不逾五先令五便士，贱或至五先令三便士。盖圜法改而银铤价跌，然未尝如局价之微也。

观国币三品相受之率，知铜币所当，远逾本值，而银币所当，则较本值为不足。欧洲中原，如法如荷兰之国，大较金银相受，其率十四，而英则十五之，则以银为计，金之在此，贵于中原也。顾英之铜币，所当虽过，而铜之市价，不因以贵。银币所当，虽逊本值，而银之市价，不因以廉。银铤之易金，铜块之易银，皆守其通行常价也。

考威廉第三朝修改银币圜法，而市中银价，仍较局价为昂。名理家洛克以谓此缘国家徒禁银币外输，而不禁银铤外输之故。国中银铤少而银币不乏，此市价所以昂于局价也。然洛说亦有不尽然者。盖民之日用，银币自较银铤为急，法宜使既成币之银贵，而未成币之银廉。且今日之律，亦许金铤出口而禁金币外流矣，市之金价，不闻坐此而贵，大率皆在局价之下，何耶？银成币后，其所当之值，以金计之，实在本值以下，而三品之值，又皆取衡于金。前之修改银币圜法，既不能使银价因之而跌，与局价平，则知金银市价，皆非法之所能轩轾者矣。

【案】银成币后，所当之值，以金计之，在本值下，特当斯密时如此，今大相反矣。又英自嘉广二十四年，金银币出国之禁皆弛。

夫银币所名，既劣本值，设英制币官收回摩损之银币，而悉易以足重新造者，将见一几尼所易之二十一先令，是中所有之银，方之在市所买之银铤为优。民之趋利，犹水就下。则将收聚先令，镕凝成铤，由铤易金，由金更易先令，数番之后，获利孔多，虽严禁防，奸必不止。是故欲救厥弊，非于二币相受之率，详审更张，必不可也。

详审更张奈何？曰莫若更造银币，为之制轻。制轻云者，谓以金计之。先令所名,浮于实值,而定币银法偿,不得过二十一先令当一几尼之数,以杜民之取巧用轻。譬如今之铜币便士,所名大过其实,而奸巧不滋者,亦以法偿立限,不得过十二枚故也。诚如是,则币银虽轻而民不病①,有子母相权之便,而无趋利不平之忧。制之精详,莫如此者。计以此为不便者,独民间钞店而已。彼之为业,造钞售财,贷财取息,最患挟钞者持据猬集,立索见钱,则常用巧术以展宕时刻,阴资转输。其术常以最小银币名半先令者,徐徐给支。前令诚行,则为法偿所限,须支几尼,转注无时势必多储金币,则所贷以取子钱者隘矣,故不便之也。然而主计者安能以一业之私不便,而废一国之公便乎。

【案】今英与各国用金本位者,皆用此议。先令法偿,以四十为限,不仅二十一也。

一翁斯法金,易三镑十七先令十便士半者,局价也。当圜法修明,精权画一,则在铤在币,铢两齐均,五雀六燕②,匪所弃择③矣。虽然,金既成币,方未成者便给为多,且转铤为币,即无角尖之费。而民之持金抵局,须数七日始得领币,当官局工股,则阅数月者有之。停金在冶,子钱不收,此之延宕,不殊抽赋,故金之在币贵于在铤也。前议欲救镕毁外输之弊,法宜银币制轻而立偿限。乃今观之,不必制轻,但使一如本值,则一时银铤市价,自比局价宜低,而前弊已绝。况今市中行用旧造先令银币,强半摩漫削薄,而相易之时,与新出于冶者,乃无别择耶。

进而论之,设造金银二币时,益以制币之费④,则在币之金,弥贵于未成币者。此如范金为器,价逾其坯。不徒销毁奸绝,国币亦不至外流,即有时阑出边关,转眩之间,势必自返。盖其制虽精,异国用之,计重估色,与未成币者等。故其易权常逊,而赍以返者,常有所赢也。往日法国造

---

① 病:损害。
② 五雀六燕:喻两者轻重相等。
③ 弃择:"取舍"之意。
④ 制币之费:seigniorage,即"铸币税"。

币,官铸之费,值百取八,其外流者皆自归也。

黄金之价,有低有昂,与百货无以异也。其所低昂之理,亦与百货无以异也。海陆之所湛没,涂饰缘绣之所消糜,在币在器之所摩损,散之难以见,聚之则甚多。是故国不产金,岁必有输入者以弥所耗,而金商之运筹逐时,与他商又无以异,大抵计求为供而已矣。彼竭其智虑而为之,而有时过不及者,供与求之间,相剂不易故也。假一时所供者过于所求,彼不能运以复去也,于是宁减于经价①而售之;又假一时所供者不及所求,则彼将翘之过于经价,用以获利,此不遁之验也。故设国中金银市价,连岁相若,或较局价常盈,或较局价常不足,则知此盈不足而恒之故,必在其国制币之中。其名之所当,有常强常弱于其实者,而后有此效。凡事之理,因恒而后果恒。

泉币者,百货之权度也,必泉币审而后百货之贵贱可论,犹尺寸定而后万物之长短可差。如英四十四几尼有半之币,常当一磅之法金,如是则此金币无论何地何时,皆可为物价之权度。设经摩取镕,抑日久薄削,不惟成轻,且所轻不一,则难为权度。而操奇计赢之众,其计利也,常不以名而以实,故常视所与贾之国泉币精杂良楛之何如,以制为其价,主者徒标其名而阴蚀其实,固奚益哉!如在义都活第一之世,其六先令八便士与今之一磅等,名异而实同也。是书所言物价,皆以实不以名。

【案】前篇因论真值市价之殊,而及泉币之制,其于世轻世重之由,与夫推行尽利之效,可谓详晰矣。顾其中多举英制,又与其国今日圜法,微有异同,散见错出,读者或病其纷,故今臊括于此,以便讲斯学者之考论焉。今案英法二国泉币,古皆用银,而以一磅为单位。此犹古黄金之称斤,今纹银之称两,皆以重行也,未尝以一磅为造币者。造币初制,乃取银一磅,析之造二百四十枚,号便士,而总十二便士名先令,由是而二十先令为一磅。曰先令,曰磅,皆总便士之数,以重为名,无专币也。洎元大德四年,义都活第一析一磅为二百四十三

---

① 经价:natural price,自然价格。

便士,以征其民,自兹以降,代有所增。至额理查白当有明嘉隆间,析为七百四十四枚,仍名便士,则愈无艺①矣。盖以一磅之银,作三磅二先令用也。循是而计之,故每翁斯银得五先令二便士,此所谓法银局价者也。而二百四十便士,犹号为磅,实则七百四十四分磅之二百四十而已,弱于三分之一也。镑与磅之分自此始。有明之季,察理第二为王,当时其民往非洲西部开垦者日众,多挟金归,乃造几尼金币。几尼者,以得金之地名名其币也。几尼初制,以当二十先令,犹今之金镑,然名不及实,如篇中指。而格物硕士奈端②适主鼓铸,建言几尼真值,过所名者八便士强,于是议院定其率为二十一先令,而三镑十七先令十便士半者,为法金之局价,局价之定自此始。然金银相受,时朓时朒,不可强定也。既定二十一先令为一几尼矣,而二品同为法偿,不立程限,又其时银贵,以是率计,每几尼金币,过其真值者四便士有奇。故其民争用金币以纳赋偿负,其银币先令,多经藏弃,或输外国。此一时之事势,而其流极至使通国用金。此英用金为准独先诸国所由然也。然法偿定制,至一千八百一十六年始立,盖采斯密是书所言,与名理硕士③洛克国币不二准④之议,其资群策历久成宪乃如此。至于纯杂之分,则后之金镑,枚重一百二十三黍又六百二十三分黍之一百七十一(四百八十黍为一翁斯),其中含精金一百一十三黍又六百二十三分黍之一,其十黍又六百二十三分之一百七十则铜也。粗而言之,十二分之十一为净金耳,此所谓法金者也。民间行用,摩损至不及一百二十二黍又四分黍之三者,不得为法偿,宜受者拒之勿受可也。至于银币先令,则以一磅造六十六枚,如前所指。此与铜币便士皆取便小费,以与镑先令子母相权,故所名故过其实。今者银值大贱,与金相衡,道咸间率十五,今乃三十有六,则其过实愈

---

① 艺:指"准则,法度"。
② 格物硕士:great scientist,即"大科学家"。奈端:Newton,即"牛顿"。
③ 名理硕士:philosopher,即"哲学家"。
④ 国币不二准:指"单本位制"。

远。而国家取此为造币一切之费,而赋税亦阴行其中,然其制民便之
而遵用不废者,则以有偿限故耳。

〜〜 篇六 论物价之析分 〜〜

民始合群,无占田亦无积聚①,交易之事,舍功力则差率无由见。譬诸
游猎之部,其杀一鼷鼠,方之杀一鹿者,其难倍之,则一鼷鼠应易两鹿;事
之资二日作苦而后成者,其值倍于一日作苦之所成者,自然之势也。又设
彼事之作苦,其费精力过于此事,当其为易,以是费力,是以可贵。故有一
时之功,可以当他人之两时者,又自然之势也。又设彼事之成,所资巧习
过于此事,以是巧习,相易以多。盖巧习非人而能也,或以天分之犹优,或
以学久而后至,则其相易之所多,适以偿其前劳而已。故事以巧力兼至而
交易优者,又自然之势也。群治既进,事之以巧力至而交易优者,于其廪
饩庸钱②而见之,此文明之世然。而草昧之世,分巧虽简,势亦不得不
然也。

盖生民之始,百产登成,皆资人力,是以酬庸享实,皆归肆力之家。物
既以功力之多寡第其贵贱矣,则其相易之率,亦以功力为差,舍此而外,无
可论有。浸假③乃有积聚矣,而生民之业,自耕稼陶渔以往,皆力作居先,
食报居后,二者不能同时。方其力作,非先有以赡其口体,固不可也,则必
仰于积聚者之家。积聚者斥其财实,以饬材庀工,是之谓母财④。力作者
被其巧力于材,以成器而为天下利,转而售之,所得溢于前费者,是之谓赢
利。方其斥以相易也,或以泉货焉,或以材物焉,或以力役焉,蔑不可也。

---

① 占田:指土地拥有。积聚:指资本积累。
② 廪饩庸钱:即"工资报酬"。
③ 浸假:"假令,假如"之意。
④ 母财:capital stock,即"资本"。

顾一转之余,其所收者必有以当原材之值,与夫力作者之饩廪。二者既得,又必有赢焉,乃为前斥母财者之息利①四,夫而后积聚之家,利其业而劝为之也。是故天生品物,得人力以成熟货,由生转熟,其值乃赢。其所赢者,当分为二,一资力庸②,一为本息。而原材之值,与夫力役之庸,皆斥积聚者所前给者矣。故使发贮③兴业之家,为其事而无赢利,则工贾之业皆不行。使所赢与前斥者之多寡无比例,彼将常为其少而不为其多。

驳者曰:发贮治生者之赢利,非赢利也,特庸之异其名而已。盖其人权责交重而顾虑者多,有督阅之勤④焉,有指麾之略然,故其得利也,惟其功力,功力所得,则固庸也。谓之赢利,异名而已。应之曰:不然。赢之与庸,其物绝异,制其消长,不关人力。夫督阅之勤惰,指麾之巧拙,固有攸殊,而制赢利之消长者,则别有物,不关二者。夫赢利者,视母财为高下者也。今设有市,其中常赢岁百得十,治生之众,以此为期。甲乙二厂,甲产粗功,乙造细货,厂各雇工二十人,其庸率岁十五镑,如是则年各出庸钱三百镑也。又甲之粗货,出者年值七百镑,乙之细货,年值七千,故甲厂岁需母财一千,而乙需者七千三百。以什一赢率计之,甲之所赢,岁可望百,而乙则七百三十。二厂赢利不齐如此,而问其所为督阅指麾之事,甲与乙不相悬也。此与运筹之烦,往往任之以一司计而已足。夫司计者之食则固庸耳,彼固以督阅指麾会计之勤而得之,即主人不仅酬其功力,以付托之重,或别有加,然是所加者,从未尝视所斥母财之多寡而与为高下也。且斥财为母者,既与人以庸矣,其所期之赢利,固计母以责子⑤。是故物价之中有一分然,当为母财之赢利。母财之赢利,非庸而异名。而赢利之所待为消长,与庸所待为消长者,亦绝非同物也。

是故篇首所云交易以功力为差率者,必如合群之初,无占田亦无积聚

---

① 息利:interest,即"利息"。

② 力庸:即"工资"。

③ 发贮:"囤积"意。

④ 督阅之勤:inspection,即"监督"之意。

⑤ 计母以责子:"要求资本有一定回报率"之意。

之世。洎乎合群稍久，物产登成，非劳力者所得全而有之。彼既藉积聚之家以受材受庸矣，则施功成货，肆今享实，必有起而与之分利者焉，否则发贮食功之事莫之肯为。发贮食功之事莫之肯为，则物产之登微而隘矣。故于此而课物之值，不得独以功力为差，谓酬是则已足也，其中必有一分焉，为出母财者之所应得。施力成货者之所应得，是谓庸钱；出母财者之所应得，是谓息利。

【案】赢利可以兼庸而言，息利不能兼庸而言也。

然而未已也。合群之先，地无所专属也，草昧建侯，分民分土，而天下之地皆私财矣。如是者谓之地主，地主不必用地也，而常分用地者所收之实。山麓之材木，牧场之刍茭，薮泽原隰之动植，凡其地之所自生者，当其未私，其有待于劳力者，不外采之撷之畋之渔之而已。及其既私，则采撷畋渔者，不得劳其力而全有之也，将必有一分焉献之私是地者，而后可采可撷可畋可渔也，如是者谓之租赋①。万物皆出于地，故物价亦常有一分焉，析之则租赋也。租赋者因地之私而有，犹庸钱之因于功力，息利之起于母财。

今夫计学之于物价，犹化学之于物质也，必析之至尽而后其物之情可知，而公例可以立。租庸息者，物价之原行也，即一物之价而论之，将见或此或彼，或仅一焉，或兼三焉，而皆统于是三物者。方民群之初合，物价一有所甚，一有所亡。至质散文滋，则物产或兼三而成价，其大较也。顾租庸息虽不同物，而其始则皆功力之所出，故皆可以功力为权度。

合三成价，观于谷价最明。其中必有田亩之租赋，必有长年佃者之庸钱，与牛马田畜之所食，凡皆庸也。二者之余，则有农人所斥母财之息利。总是三者，而后谷价成焉。或将谓，牛马田器积岁用之，必稍稍耗，不有以弥，势不可久，当其评价，是在其中，则三者之外尚有物也，三乌足以尽之乎？不知此牛马田器之价，亦乃合三而成。如畜养之场，必有场租，攻牧

---

① 租赋：即"地租"。

之夫,必资饔食,而农家先斥其财以赡是二,岁终会计,亦望赢息。是则谷价之内,虽有小分以为买生备器之需,顾确而言之,仍归三物,于吾前说,何能撼耶?

麦转为面,则价增乎前,以磨者之庸与坊主之息利故。面转为饵,则价增乎前,以饼师之庸与号主之息利故。且麦不能自行也,由庾而坊,由坊而号,皆必有转运者之庸,与夫畜是转运者之利息,故前二之外,又且有增焉而后可也。食既如此,衣亦有然。麻之为物,合三成价,与麦等也。而麻布之价,则必增沤者涑者纺者织者之庸,与夫各养其工者之利息。是故其货弥熟,其积功弥多,以积功之多也,故其价之中,庸与息累焉而常居其大分,所谓租者,相形渺矣。且方其积制造之功也,不仅斥本求息之家众也,后之所息,必巨于其前。何以知其然也?盖息之微巨视母,后母大于前母故也。譬诸麻业,畜织者之母财,必大于畜纺者之母财,畜织者之斥本也,必有以酬畜纺者之本息矣,又有以食其业之织工,夫而后能取其既纺之麻而织之,故曰其母财大也。母大者子亦大,故曰后之所息,巨乎前也。

【案】前说必分功既细,其理乃明。假如群治未恢,分功不细,则斯密氏所指以磨工饼师与夫沤涑纺织之业,皆一家事耳。母子层累递增之微,虽其事具存,难以见矣。

前谓质散文滋,则价兼三物固然。即在文物极优之国,必有价焉不能兼三,或得二而无租,或去二而得庸,此质国文国之所同也。譬诸海鱼,其价之中,独函二物。盖渔者之庸,与夫庀船网养渔者之息利,海无租也。至于梁溪污池,水常有主,则赋税兴焉,如欧洲各国渔鲂之业是已。苏格兰小民,于潮落时,争循海堨拾怪石,其石有文章,任刻镂,美而难觏者,往往得善价,此则独以庸言矣。

【案】今日海亦有有租者。

虽然,是不足以黜吾合三成价之说也。恒业之民,斥所产者以与人为易,私其土者则得租,生者为者转者则得庸,二者既偿,必有人焉得其余为赢利。分而论之,凡物之值,终归是三;合而言之,通一国之所产,亦舍是三者无余物。裒其国财,最其岁入①,而区其民之所分,或得一焉,或兼二三焉,不异乎此,此其所以为养也。是租庸息三者,国富之源也,民生之本也,而凡邦用财赂莫不资者也。

民之能以三物自养者,谓之自立之民,国之桢干②也。奋手足耳目心思之烈,食其报者,贵贱异而皆庸也。其次则发贮鬻财,以殖其货,则赢利矣。治生者徒财不足以为赢也,将必有其经营之勤,与夫得失不齐之虑。赢利之中,所以报其勤虑者为庸,所以报其废居者乃为息耳。民之独以息利自养者,则子钱家③是已。借财于人谓之贳,以财借人谓之贷。贷者拥赍而不自殖其货,贳者受之以为殖货之资,而酬贷者以息。故息者,所以市用财之权者也。而业之成败利钝,贳者当之,于贷者无与也。独以租自养者,古有采地之君,与今之以田宅僦人者是已。南亩之民,田不己属,所得赢利,兼息与庸。其受田也,犹贾者之贳财,而报之以租。租者,所以市用地之权者也,而岁之丰歉,受田者当之,于名田者无与也。凡国之俸禄饩廪饷糈,自君公将相,以至抱关之隶,执戟之士,贵贱有异等。所受于国,于吾计学,皆名庸钱。小民固劳其肢体,而圣人亦竭其心思,以功力食于其群,一而已矣。是故一国之度支,所以为俸禄饩廪饷糈,以至振贫之粟,养老之粮,工程之所费,国债之息财,或远或近,亦皆于前三物者是取,外是无所于取也。

> 【案】国之分三物以赋于其民者,唐之租庸调是已。汉舟车之算,则豫征于赢利者。而杨可告缗,则兼三物而取之。他如孔仅之盐铁,桑羊之均输,则以天子为工商。如王莽所称周官之赊贷,宋王安石之青苗,又以天子为子钱家,非食租衣税之事矣。

三物各有专属,则显而易别,三物同归一业,则微而难分,故其所称往

---

① 裒、最:都有"聚集"之意。
② 桢干:比喻"骨干"。
③ 子钱家:高利贷者。

往相乱。今如新占地亩,自垦自耕,如是而收,廪食之余,皆其所有,此租与赢合也,而人悉曰赢利,忘其中之有租。北美古巴垦荒之人,斥母财,庀田器,饲其僮奴马牛,以耕已所分地,于其岁入,皆计赢而止。常农之于田事也,督耕矣,而扶犁播籽耘获之事,皆与庸者共力作,如是而收,纳租雇佃之余,息与庸合,而彼悉曰息利,忘其中之挟庸。故前事租与赢混,后事庸与息混。此之相乱,不独农也,虽工亦有之。斥其母财,以具其业之材与器,方其力作,资前储之财以供日食,如是成货,置于市以售之,其所得者息与庸合,而俗通曰赢利,是息与庸无辨也。种果者治隙地以艺树焉,一人之身,为园丁,为艺者,为果主人,是其产兼三物也,然其得利,通谓之曰吾之庸钱,是三者混也。

治化既进,则物价全出于功力者少,而兼之以租与息利者多。故通国之所岁登,较之原用之功力,所赢倍蓰。继乃更以所赢,食工役,垦荒地,转滞财,交相资以殖其货,则岁岁之出皆进乎前,数稔之间,法宜大富,而民生大舒。然而不能者,则害富之事众也。国有无名之费,而积畜者不尽为母财,有呰惰游手之民,而食积畜者不尽有所出,而奇邪虚耗,一切无所赢之为作,又无论已。此天下之所以富国少而贫国多也。大抵勤惰愚智之民相待之比例率,国财之盈不足与物产之廉贵恒视之。

篇七　论经价时价①之不同

都市民业不齐,而各业之中,功力之庸,与母财之息利,皆有常率。此其多寡饶俭之殊,由其群之有贫有富,其治之有进境有中立有退行,与其所治生业情形之互异。庸息如此,惟租亦然,系于民群之贫富与治化之进退矣。而其地势之远近夷险,与地方之丰瘠又主之。是故一时一地,庸租息常率者,生于理势之自然,非人意所能轻重者也。设有货物,其名价也,

---

①　时价:market price,即"市场价格"。

计本量委,以与是三者之常率相准。如是之价,谓之经价,亦曰平价。

【案】古之均输平准常平诸法,所欲求而一之者,皆此所谓平价者也。如《汉书·食货志》,载莽令诸司市,常以四时中月实定所掌,为物上中下之贾,各自用为其市平,毋拘它所。众民卖买物周民用而不雠者,均官有以考捡其实,以本贾取之,毋令折钱;物昂贵过平一钱,以平贾卖与民,氏贱减平,听自相市,以防贵庚者。其求平价之术,不知通三月之市价而取其平乎,抑会三物常率而为之也。惟其所谓本贾,则合三而成者耳。

物以经价交易,则售者之所得,适如其货之真价。真价非他,所以致是货入市之全费也。惟是市中常法,售货称及本者,多不赅售者之赢利而言。然使货售仅得本价,无常率通行之赢利,则其人固已折钱,所得者非经价矣。设彼移此业之母财以贷人,则必有应得之息利也。且此赢利,若人所有为而治生者,当其治办一货之时,诸工之饩廪,冗作之铺食,驼马之豆刍,不斥畜藏,无以事事,即其身家奉养之丰俭,亦逆计所应入之常利以为差,使货出祇如所谓本价者售之,是种种费,乌从出乎?故其交易为折钱,而不可以俗之所谓及本者为经价也。

故经价者,货物可售最廉之价。夫当市所售,劣于经价者有之。顾其事可暂为而不可久处,使其久处,则必有所牵率不得去者,否则不崇朝其业徒矣。故曰经价者,货物可售最廉之价也。

当市所售者曰时价。时价与经价异,或等或过或不及。视供与求相剂之间。物求售者谓之供,人欲得者谓之求。虽然,欲得虚愿,不可谓求也。褴褛之夫,每怀狐白,贫寒之丐,亦望肥甘,此曰虚愿,不足致物。不足致物,则于物价无验。故有验之求①,必愿力相副,能具经价,以分酬货之租庸若息利者,夫而后与供者之物有相剂之效。计学之事,不计无验之求也。

---

① 有验之求:即"有效需求"。

使供之数不及乎求之数，则将有力胜者，宁出过经之价，不使愿虚。供少求多，则求者竞，竞而时价优于经价矣。价如是者，谓之腾，腾之数，视供者所少之几何，与竞者愿力之大小。愿力等矣，则视其情之缓急。围城之内，饥馑之年，生事所资，仟佰往日，以供者有限而求者至多故也。

使供之数过乎求之数，以经价求者无多，而急售者众，求少供多，则供者竞，竞而时价劣于经价矣。价如是者，谓之跌，跌之数，视供者所过之几何，与竞者渴财之甚否，所储之坚脆，易腐败否，易失时否。设其兼之，跌尤无算，逐利折阅，或至破产荡然，大抵坐供过所求已耳。

使供之数适如乎求之数，则时价与经价平。求者以货之足供，无待过经之价而后能得；供者以销之甚易，亦无待于劣经之价而后可售。盖有供之竞，则势不能腾；有求之竞，则势不至跌，此懋迁之最为平善者也。然其境为都市所绝无，近似则有之矣，无少出入者，未尝见也。

【案】《汉书·食货志》，国师公刘歆言，周有泉府之官，收不雠，与欲得。所谓不雠，即供过求者；所谓欲得，即供不及求者。赞曰："《易》称袞多益寡，称物平施。《书》云懋迁有无。周有泉府之官，而孟子亦非狗彘食人之食不知敛，野有饿莩而弗知发。故管氏之轻重，李悝之平籴，宏羊均输，寿昌常平，亦有从徕"云云，皆供求相剂之事。古人所为，皆欲使二竞相平而已。顾其事出于自然，设官幹之，强物情就己意，执不平以为平，则大乱之道也。用此知理财正辞，为礼家一大事。观古所设，则知其学所素讲者，汉氏以后，俗儒以其言利，动色相戒，不复知其为何学矣。

曰供求相剂者，谓任物自已，则二者常趋于平也。夫供求相等，有实事所绝无，而势之所趋，又常以相等为的。今夫供者之家，或以其地，或以其力，或以其财，而致资生之一物，利在使供之数常勿过求。求者之家，所利反此。今使供之数过求，则时价劣经价，而向者三物之中，必有一焉受其敝者矣。受其敝云者，其所得不能如其时其地通可得之常率也。使其在租，则有地者将改而他艺；使其在庸，则力作者将徙而他治；使其在息利,则斥母者将变而他事。是故时价劣经,而三物之一受敝,受敝则迁,迁则供者绌,供者绌而后与求者之不及相剂。供求相剂,则时价与经价趋平,自然之势也。又设反此,使供之数不及求,则时价优经价,而向者三物之中,必有一焉享其休者矣。享其休云者,其所得不止如其时其地通可得之常率也。使其在租,则地将更辟;使其在庸,则工将更集;使其在息利,则财将更出。是故时价优经,而三物之一享休,享休则徕,徕则供者众,供者众而后与求者之过相剂。供求相剂,则时价与经价趋平,又自然之势也。是故通而论之,物价如悬摆然,而经价者摆之中点。摆之摇也,时前时却,而地心之吸力,常使之终趋于中点而成静。物价之腾跌也,时低时昂,而供求之相剂,常使之终趋于经价以为平。观于悬摆,而物价之情可见矣。故曰任物自己,则供求自趋于平也。

惟供求之相剂,故力作懋迁之事,常准求以为供。通数岁而估之,视所销之多寡,以逆定一年之所出,毋使过求,致病其业。此发贮运筹者之常道也,物产之登成也。有事恒而所登之物产亦恒者,有事恒而所登之多寡至无恒者。譬诸农功,一国之中,数稔之际,扶犁把镰缘亩之手指相若,而禾稼酒浆油蒸果蓏之所出岁殊。织纴之业则不然,苟手鏫足机之民数不变,将麻枲丝纩之绩,准去岁而可知。故农民之酌求为供也,最数岁之所出,稽平数而为之,顾当岁所收之实,往往有甚过不及者。故其供之于求也,亦或过焉,或不及焉,此时价之所为常变也。织者之业,事同则效同,其率求剂供易也,故其时价有微歧而无径庭,此夫人而知者矣。盖织业之变,视求者之数,而农业之变,视求者之数,又视天时之不齐。

时价之于经价,或优或劣,则成价三物,将必有享休受敝之家,此必至之验也。然而有轻重焉。以常法论,则在庸在息者常重,而在租者则轻也。使所纳之租,不任土物而为泉币,则任产物时价之腾跌何如,于彼无所出入也。独至任土作贡,则物之入市转售,自亦随时价为贵贱。故田主以田授农,其名租也,必最数稔十数稔之所出,稽其平数而为之,未尝以当岁之时价而名之也。

价有低昂,其损益于庸与息者,甚于租矣。而二者之中,又时有所畸重,有时而专在息,有时而专在庸。供求不齐,在货者则归息,在工者则归庸,此易见者也。今如忽逢国恤,而黑呢大昂(西俗以缁元为丧服),黑呢常法在市者少,贾之前偫①此货多者,得息自厚,而于织呢之工则无与也。市所欲得者,已成之货,非成货之工也。而缝纫之工,其庸乃贵,制为丧服,求之过供,又在工也。杂采缣缯,价皆大跌,业此之贾,坐以耗亏,供过乎求,此又在货。丧期六月,或至一年,织染诸工,庸以之薄,工之与货,皆不雠也。此以见价之低昂,变在庸息,或此或彼,视供求之不齐在工抑在货也。

前谓任物自已,则供求二者自剂于平,而物价常趋于经价,此犹水之归海,曲折赴此而后为平。公例大法,固如是也。然有时以人事偶尔之不齐,地势自然之有异,抑或政令约束之所为,每能使一时物价大过乎经,历数十百年而不变者,此又不可不知也。吾得次第言之。

货物入市,使有力而欲得者日多,则时价或大逾经价,彼斥财而殖此货者,必谨秘之。盖使举国而知其然,则措本与角逐者将众,始则供与求平而赢利薄,继且供过乎求而价减经矣,此所以必秘其情也。使其市场距出货之乡甚远,则其情历年不泄者有之,用长享其厚实。然而往往甚难,而所得之厚实,亦不易久享也。

上之所言,商之秘也。商之秘,不若工之秘。工之秘,方之商之秘为难泄而易私。假有染工,得一新诀,设色佳而用料廉,因享厚利,使其谨之,则其利可资其终身,且可传之后叶。此其利而优者,乃其庸也,然以其斥本饬材,而后术有所附施也,则往往谓之赢利矣。前之二事,皆起于人事之偶然,然方其用事,则物价不得趋平,有至于数年十数年之久者。

地有其土壤之性,其方所之居,而最宜于一产者。一国之地,情势与垺者无多,则供常劣于求,其利为所独擅。盖求之者竞,则其产之价过经,而地偏产狭,专之可数百年而未已。第其因既起于地,故此过经之利,其果必归于租。此如法兰西之葡萄田,往往一乡一邑之中,肥硗正同,荒辟亦等,其租乃大异焉。而作治之庸钱,母财之息利,又与其地之常率,无大

---

① 偫:指"储备"。

异也。此其物价过经之故,则起于地利之自然。使其因不变,则其果与之俱不变矣。

【案】自斯密成书以来,法国葡萄田地价大腾跃,每阔克①至千磅以上矣。

国家许工商以辜榷②之权,其效与商秘市情,工私方诀等。盖辜榷之家所以得利,在常使供不副求,供不副求,价乃逾经,而其业之庸息并进。故辜榷专市,其效与任物之竞③者正反。任物之竞,是谓自由生业,生业自由,则供求相剂,物价不期自平,而定于最廉之经价。辜榷壅其所产,极于至昂之价而后售。自由生业,能竭供者之廉;辜榷懋迁,必尽求者之力。过前则供者不继,过后则求者莫来。

他如工商各业之业联徒限④,与凡立章程使相竞之家,有数而不得逾者,其事验皆与辜榷相若。盖皆欲业者无多,塞平均为竞之门,然后视求为供,常无使过,则价之逾经,历时可久,而其中之出力得庸,斥财得息者,皆可较常率而优也。是皆缘政令约束之不均,故其得利亦与政令约束之行废为终始也。

【案】供求相剂之理,非必古人所不知,其发之精凿如此,则斯密氏所独到,此所谓旷古之虑也。盖当时格物之学,如夜方旦,斯密氏以所得于水学者通之理财,知物价趋经,犹水趋平,道在任其自已而已。顾任物为竞,则如纵众流以归大墟,非得其平不止。而辜榷之事,如水方在山,立之隄郭,暂而得止,即以为平,去真远矣。考字书,辜者,郭也;榷者,独木之梁。故壅利独享者,谓之辜榷,而孟子则壁之垄断,大抵皆沮抑不通义也。又斯密氏谓辜榷之事,能使求货者出

---

① 阔克:acre,今译“英亩”。
② 辜榷:monopoly,今译“垄断,专场权”。
③ 任物之竞:即“自由竞争”。
④ 业联:exclusive privileges of corporation,即“公司专利,排他特权”。徒限:statutes of apprenticeship,即“规定学徒年限的章程”。

最贵不可复加之价，而自由相竞，则物价最廉。以常法论之，其大例自不可易，然慽迁理赜，其效亦有不尽然者。今如荷兰之香业，则以辜榷而价逾经。中国之官盐，亦以辜榷而贵数倍。然如邮政一事，则欧洲诸国，转赖辜榷而邮费大廉，国家岁赋，此为巨款。假使用民间信局，有必不能者矣。即自由为竞，物价转不能廉者，亦有之。如其业需母甚巨，则所贵逾多。英人最憎辜榷，故国中铁轨，亦听分行，然行者之载，未闻因此而约。伦敦都市，候雇之马车几百万辆，然以车众而雇分，雇分而载重，此又尽人之所知也。故近世计学家察图翼，设为市场内外竞之分。外竞者，争得市场也；内竞者，同场而竞也。谓外竞可，内竞不可。姑举之以备异闻，非定论也。

时价之于经价，时过时不及。然过经者，其势可久；不及经者，其势不可久也。盖亏折之事，人所不能。方其价不及经，三物之中必有受敝之家，受敝折阅势必迁业。迁之多寡，亦与所不及之数有比例，必待求足劝供，其迁始止。而求足劝供，则时价必过经价明矣。

逐利之工贾，常欲供不副求，以擅其利，则为之业联徒限焉。业联云者，不使同业而贾者过定数也。徒限云者，不使同业而工者多新进也。此其利皆成于一时之私，故不能无后害。当其业之盛旺，勤力者固以此而多得庸，及其既衰，力得者亦坐是而大失利。盖其术既行，业皆有约，始也己不受人，终也人不己纳，因衰徙业，乃成至难，则作法自敝而已矣。虽然，利之事可久，害之事不可久，故受业联徒限之益而价常过经者，可数十数百年，至于其敝极之，不过尽业者之余年而已，其子孙固可改也。改则各适时势，视求为供，以择其业矣。夫至子孙而犹受其业之敝者，必其国之政俗，如埃及如印度之非理而苟而后尔。二国之俗，凡民之业，皆世守之，无论学业居位，辟土殖谷，作巧成器，通财鬻货之所为，皆子循父，不得睹异物而迁，迁则为犯教律之大者。夫如是虽世异时殊，数世被其毒焉可也。

【案】斯密氏所识埃印二国之事，正中国所称三代之美俗。今中国以时会不同,幸而自变。彼高丽以区区国犹用之,然而其效可睹矣。夫因循守旧之风,固有其善,而自昧者用之,则治化坐以日偷,不徒不进而已。斯密氏之所发明,犹其小小者也。

此篇所论者,物有经价,而入市随时价之或低或昂,或久或暂,皆有可指之由。供求相剂,其大较也。顾经之价成,本于三物,故经之价变,又视三者而为差。而三者之差,则如篇首所云,视其群之有贫有富,其治化之有进境有中立有退行。故继此四篇,皆就吾思力之所及,以推明诸变相待之理。一辨力役之庸钱,视何因为消长?而此因之视本群贫富,与治化之进境中立退行者,其理何如?二辨母财之赢利,视何因为消长?而此因之视本群贫富,与治化之进境中立退行者,其理何如?三用力不同则受庸异,用母不同则赢利异。然而合全群之庸与赢而计之,则二者对观,常有一定之比例。而此比例之率,既视用财用力者情事之不同,又视其群制法行政之善否。独于前所为本群贫富,治化之进境中立退行,则若无所相待为变者。故吾又取此比例率所待为变之事,究切而言之。四辨租税所待以为变,与地产真值所待以为高下者,其事维何。

3　部　丁

～～ 篇一　论商宗计学之失 ～～

自泉币之用有二端,既为交易之易中,又为贵贱之程准。于是人狃于所习,而非泉币不足名败,非金银不足名富之意起矣,自其为贸易之中也。故以金钱易物,其便倍徙于物之自相易。虑无财耳,有财斯有物矣,自其为贵贱之准也。故凡物易量之大小,皆以金钱称,富者以其金多,贫者为其钱少。人纤啬求富者谓之重钱,慷慨好施异者谓于钱轻。富也,多货也,雄于财也。自常语云之,皆指金银钱钞之多而已,初未尝有别异也。

其言国之贫富也,与称家之贫富同。国何以富?多金之谓也。其所谓富国之策者,谋所以充实府库,舍积银累金而外,无他道矣。往者美洲始通,西班牙人至一新岸则必问其地及邻金银多寡。其所以殷殷探此者,意谓假使二者无多,即非乐土,无足顾睐,必黄白饶衍,乃可占居或攻取耳。吾闻蒙古成吉思可汗至欧东日,神甫喀比诺为法兰西王使其军,军中人辄问法国牛羊几许。此其问旨,与西班牙所问正同,大抵以贫富定攻否耳。蒙古不知泉币,而以牛羊为易中,故问牛羊;西班牙用泉币,故问金银也。假必以所问者定国贫富,则成吉思之言差近真也。

英之洛克者,理家巨擘也。顾其论泉币,则云食货为物,销耗随时,故其富不可以久赖,国而仅仅饶此,则虽无出口外流之事,今兹至足,来许可以綦贫。至于泉币,其为物贯时不渝,但有周流而无耗蚀,假令以术驭之,令无出国,虽永远利赖可也。如洛克言,则金银乃一国食货中最为悠久坚固者,彼谓计学之书,理财之政,皆当以厚积金银为第一义者,宜已。

或又谓,国所以务积金银者,以有与通之故。今假一国独立世间而无邻敌,抑虽有邻敌不相往来,则泉币多寡无关强弱。盖泉币之用在于为价,通货多则名多,寡则名寡,而于富厚贫劣之实,视国中衣食之丰俭者固无间也。独至有所与通,邻敌相望,兵争之端随时而起,陆军海旅长行远征,则无金银军兴乃乏。是以,如是之国当其间暇,必以多积金银为主谋,庶外衅之起有以待之,不至困殆。其论如此。

自时俗之论如此,理家之言如彼,于是欧洲诸国主政柄者,群然以使国多金为要图,虽得效盖寡,要皆尽心力穷国势而为之,西班牙波陀噶尔奄宇内极腴之矿,而欧洲金银之窟穴也,乃设重刑以严阑出之禁,征厚税以塞外输之门,于是尤而效之,靡国蔑尔。若英、若法,先皆行之,甚至若吾苏之贫国,而考其议院宪令,亦悬辇金出国之条,其出人意表如此。苏而如是,则余国可类推已。

【案】英国金银出口之禁至察理第一而除。

继而各国通商日宏,而金银出口之禁遂为商民之大梗。盖商法三,而国中之贸易无论已,至于中外贸易,或境外贸易,皆以见钱交易于彼此最为利便轻简者,自禁令设,则必出于以货易货之一涂,而亏损滋甚,于是各国经商之民始群起而与此禁为难矣。其议曰,夫国家所以禁金银出口者,恐国宝之日以见少故也,顾今用金银而以置货通商于外,则转移之顷将不见少而见多,何名而禁之乎?盖但使国中之于外货无或加销,则此货势必复出,货复出矣,母财复而赢利增,国中之见财不因是而加多乎?蒙氏①曰,通商之出钱,犹耕者之播种也。携一囊之嘉谷,不宝之仓庚之中,而弃之泥涂之上,使但见其为此,而不从其后观之,则方春之农皆不惠而丧心者矣。设国家缘此而悬播弃谷食之禁,山野之民皆将笑之。而吾未见禁金银出国者之贤于前令也。又议曰,国家欲金银之不出口,禁无益也。夫金银为物,值巨而易挟。值巨,则利重而民轻犯禁;易挟,则漏多而奸难以察。欲塞金银之出国者,道在审进出之差。进出差者,总进出口之货,相抵之余数也。使出口货多而进口货少,则进出差为正而在我,收价于外而后平,而我之金银增矣。反是,则进出差为负而在人,出价以偿而后平,而我之金银减矣。进出差既为负而在人,虽欲勿偿不可得也。当是而适有金银出国之禁,势不足以止金银之勿行,徒以令故,使其事之弥危,而所偿之益费耳。盖禁设而金银之出口难,难故兑者之保险加,保险加故兑价起,金银之在内者贱,在外者贵。兑价既起,差数转滋,是禁其出国,而出国之金银乃转多也。今设英与荷兰通,而进出差为负而在彼,银由英兑荷者逢百加五,英市百五翁斯之银,以之入荷仅作百翁斯计,是在英百五者在荷作百,得货如之,而在荷百者在英作百五,得货亦如之。如此,则英货入荷降贱者百五,而荷货入英翔贵者亦百五,各如其兑价之差。故二国兑银,由荷入英之所减,将适若由英入荷者之所增,而进出之差既为负而在人,我之所偿负者亦百五加多,而见财之外出者愈益巨。

当是时,群议以禁金银出国为不然者如此。自我观之,则其论之笃谬

---

① 蒙氏:Thomas Mun,今译"托玛斯·孟"(1571—1641),英国重商主义经济学家。

亦参半也。如其谓出金银以通商,国宝不必见少,且将加多,此笃论也。又其谓使金银出国而利从之,则虽有禁不止,亦笃论也。独其谓欲塞金银出国之流,在当国者审出进之差而为之所,此谬说也。盖金银者百货之一端,百货之盈虚,当国者未尝加意也,任交易之自然,则常各足,何独至金银而不然乎?即其谓兑价外长,将使出进之负差益巨,而金银之外出者弥多,亦谬说耳。夫谓兑价外长,则商之偿逋负于彼者,数溢于未长之前,是固然也。顾其所溢,为之兑者受之,即以犯禁私为之故,其费以滋,而其费实用于本国,不必比之未禁未长之前多所阑出,明矣。贿嘱之行私,偷漏之冒险,其所费者皆未出国而散之,至于出关,则未有角尖之微溢于原数者矣。且兑价既外长矣,商者惜费,将自剂其出进之数,使之差均。而兑价外长,其理如加征,则外来之物价必比例而翔贵,价贵则销狭。凡此皆所以减进出之负差,而金银之出国者自少,何缘而云益巨乎?

其说之不能无颇谬如此,顾时人则深韪而从之矣。盖当时,议者诸商,而听我裁择之者则议院也,枢府也,爵绅世家也。议者自谓洞悉商情者也,听其议者自谓于商业无所知者也。夫通商之可以富国,视已成事,夫人而喻之,独所以富之理,虽商者不必深喻。商之所知者,在务富其家。至于富国,彼实未尝措意也。法令有所梗,则群议上言请变置,亦时取通商之便利言之,明旧法之所以抑遏利源,致生理不得发舒之故。如前谓通商可致金银,其不得宏长畅流者,坐禁出之令之为梗,一倡万和,前令卒废。当是时,英法二邦禁不得阑出者,止于造成之制币,其在铤未范之金银与外国之泉币,则不禁也。至于荷兰,虽制币亦纵出入,而国家所斤斤致谨者,从此乃在进出之差。然而禁金银出国无益矣,即谨进出之差者,犹之无益也,而其事愈烦,其效愈渺。有蒙氏者著书,号《英国富源》[1],多言通商之利。其中持说坚义,不独英之政府放而行之,即欧洲诸邦言商政者,实皆取法于此。其书重外商而不主国中之贸易,独不知国中贸易乃商

---

[1] 《英国富源》:*England's Treasures in Foreign Trade*,今译书名为《英国得自国际贸易的财富》,1664年伦敦出版。

法之最要者。盖用母同而利尽国中,所鼓之民功最众故也。而其书乃轻视之,以为次于中外贸易者。彼以为,国中贸易于封内金银之数即无所损,亦无所增,故无关于国之贫富,但使其业之衰盛不至牵率国外通商之局者,虽置之不论不议可耳。

> 【案】国中贸易利国过于内外贸易,其理已于前篇发之。法国计学家先明此义,斯密氏言此,夫有所受之矣。

国无矿,不自出金银,抑虽出而不足于用,则必待外至无疑也。此如国中无葡萄田,不自作酒,则饮者必他国之所供,事正等耳。顾未闻以国之不产葡萄,主计者必竞竞于酒醴之出入,而后民足于酤,则何为以国之无矿,主计者必致谨于进出之差,而后黄白乃足用乎?此亦说之不可通者矣。国有致酒之资,欲饮者酒自至,国有致金银之产,需金银者金银自来也。凡物非己产者,皆见价而后来,为百货之价者,固金银也,而为金银之价者,则百货也。任供求之自己,不烦主计者之神虑,而吾国之酒醴自足用,则吾亦将任供求之目己,不烦主计者之神虑,而知吾国之金银必足用也。夫金银不至其国者亦有之矣,不能具百货之价以为易,与其物已饶衍,更至乃无所用,如是者乃真不至。夫如是而不至者,虽主计者日握算持筹,岂能使必至哉!

国中诸食货,大抵皆视求以为供。一物之至其市也,总其产与输之费,合租庸息三者以为价。求者之力足以及之,虽在绝远,集其市矣,此供求相剂之理也。且供求之相剂,物莫易于金银。盖其物值巨而易挟,货之最便转输者也。由甲之贱趋乙之贵,由丙之多趋丁之寡,风驰水注不啻也。今设吾英欲得黄金,而力足以致,则由力斯彭抑他产金所以至伦敦,运五十吨之金,以造五百万几尼者,一舟之载足矣。又使所求者为谷麦,其值同前,谷价吨五几尼,则资百万吨之吨载,或千吨之船千艘,而后集事,此用今日全英之船(英之船数至光绪六年七百万吨有余)数而犹不足也。转输难易之判如此,而供求相剂难易之判亦如此矣。

使国中金银之积已为过求之供,则虽峻法严刑,不能禁其物之无出国。西班牙、波陀噶尔已用之矣,而金银之外流自若。秘鲁、巴西船日月至,充牣都市,二品之价贱于邻封,此如水然。高下既殊,欲其不趋于平不得也。由是亦知使国之金银求过于供,而二品之价日贵于邻国,则其物之至,亦无待法令为之招也。且令禁其勿来,势亦不可得耳。试观希腊旧史,言斯巴丹饶食,栗沙谷斯当国,禁金银入境,而四远麇至,令卒不行,可以证矣。至于近世,英、荷皆有大东公司,荷公司所运茶叶比英公司所运者微差廉,而议院禁荷茶勿入口不得。今若每磅茶价为最贵之十六先令,则以银论,茶之占位,过银百倍;以金论,其占位过者二千倍有余,其偷漏阑入难易,比例可见。今茶尚以微利而漏之,况金银乎?彼以禁令为可恃者,特不思耳。

而金银之价,其升降常舒,无骤腾骤跌之弊者,实亦赖易挟利转之故。百货占位太半多庞大轮囷,流转不易,则市邑盈虚之难剂如之,其奇贵甚贱之事为金银之所无。金银之腾跌也,常缓、常渐、常均。人谓欧洲近二百年来,以西印度诸矿之开,金银之价常跌而不起,此其实然与否难以决知,所可知者,金银贵贱之差,至使百货之价高下显殊,则必如新得美洲时而后有此耳。

【案】近十余年间,东亚金银贵贱之变,实为亘古所未有。以金为准,则银之降贱殆倍于十稔以前,而铜之贵则古二而今三。此其故粗而言之,银矿所出日多,一也;东西诸邦悉弃银而用金准,二也。中国立于其中,无力改作,遂为天下之下流,国中物价今昔绝异。此其世变,岂异美洲新得时耶?

夫然自知计者观之,任商业之自然,其国中之金银必不至于不足,就令不足,而食货既饶之后,其事亦不必遂病国也。盖使物材不足,则施巧成器者无以为致力之资,而工始病矣;使嘉谷膮膳不足,则养生者俭,而民阻饥矣。独至金银泉币之不足,民尚交易之可为。虽甚不便,犹未若前害之烈也。且犹有质剂契约之代行,而楮币果善为之,其便或逾三品。故举轻重缓急之情而统筹之,彼为国家者以金银之多寡为一大事,恻恻然惟恐其积之不增者,其用心真无当也。

夫一国金银泉币之不患寡如此,而闾阎之颠蹙,井里之咨嗟,其恶声常至于吾耳者,莫若钱少之众,何也?曰,此非钱少也,求钱而力中求者少也。夫钱如酒然,沽之既无赀,贳之莫能得,则长渴饮而已矣。使有赀足以沽,其信可以贳,求则得之,未尝欲饮而叹良醖之难遇也。钱之为物,何以异此?或又曰,患钱少者,常不止于一二人之嗟不节者已也,有时遍一市一乡而皆云尔者,则又何居?曰,此废著治生而过其力之通弊也。豪奢之子不量岁入而为出,逐利之夫数倍母财以置货,则终之其赀不足以易钱,其信不足以举贷,弊亦等耳。为贵庚以规厚利,期未至而积财荡然,其然诺亦不为国人所任信,则遍走国中以求称贷,而人皆告以无财。虽然,此不足以云国之泉币少也。泉币之多寡自若,彼欲之者无术焉易而得之。盖商之通塞有时,方其通而赢率优也,则自驵商至于行贾皆犯过实之愆,以邀一时之利。彼非斥真财以治之也,大抵署诺执契为之,笼甚多之货以致之远方,冀幸期之未熟,而数倍之利已坐得矣。事反所期,而责逋者总至,索见财则已亡,欲举贷则无以为质,其财之少也,其得之难也。故吾人游一哄之市,而闻财涸钱乏之云,遂指为国中金银之不足于用者,其违事实远矣。

必曲譬巧辨夫金银泉币之非财,而在金银泉币之所易而得者以有所易,其用乃珍。虽其理固然,而必为时俗之所笑。夫泉币固财也,国之积聚必有金银,顾其物必居其少分,而为其不生不息之一端,此在前部固已深明其难矣。国之财产,有货有泉,贸易之家常若泉之转货易,而货之转泉难者,非必泉之为财切于货也,是有故焉。泉者交易之通器,随时可转,遇物能售,故以货得泉者由拘而通,由泉成货者由通而拘,其故一也。货常易毁,泉则不腐,故藏货者多耗亏而积泉者少阙损,其故二也。货之未售也,索逋多则无以应,既转为泉,肆应有余,不受迫促,其故三也。规利之始,则出泉以置货,必复转泉,乃见赢利。故以泉转货势常缓,以货转泉情恒殷,其故四也。统此四者,由是先泉后货之见日深,常以货为涂术,以泉为归宿,得货所以求泉,而非多泉不足称富者,人同此情矣。虽然,计一国之利者与言一家之财异。故商贾屯货虽多,而转不以时,则其业可以竟,而国不患是也。商贾之财,必庀货而后为母,货必转泉而后余利,而一国之货不必皆转为泉也。其岁殖出以外售者常少,留以内销者常多,且外售者必出其所有余,而所易者又常为外货,取给民用,不必皆转为金银泉币,逐利资也。故国之岁殖虽货不转泉,未尝病国,至通财轮谷,坐以见少而不便事者,则有之矣。然尚有他物焉,可以承其乏而周于用也。民每岁用循环之母财等者,则其岁殖亦等,有岁殖斯有金银矣。且由暂而言,则泉之转货,易于货之转泉也:以久道言,则货不转泉,其用自存,泉不转货,其用斯废。故泉常求货,而货不必常求泉也。民之得货,将以用享者,不必复售也:而其得泉也,其终必以求货。泉得货,可以为终事,货转泉,不可以为终事也。民之求泉,志不在泉,得泉而货从之,则志在货也。

时俗之言曰,衣食百货,年月辄毁,去而不留之物也。金银者,物产之精,贯时无变。使国无漏卮而常积累,数世之后,国之富厚岂可量哉! 故出不变之宝易易毁之物,国之失计,莫过此者。此其所以贵金银而贱百货者,以其物之耐久故也。而吾所不解者,则英出铁器以易法之酒醴,而若人又不以为失,何耶? 铁之耐久,亚于金银,何不云使其物常无出国,则累世之积,鼎铛之富,岂可量哉? 假使吾为此言,彼将曰国之需鼎铛也,其数有限,徒富其物,过于国中烹饪之所资者,是谓大愚,硁硁者何足宝乎! 果一旦饮食之事加多,鼎铛之用将不期而自足,不至羹胹繁而釜鬵寡也。当其有用,辍其实以具其器者有之矣,廪其工以治其业者有之矣,何虞其乏于用哉! 此其言是也。顾奈何以铁言则明,以金言则惑乎? 国之需金银,其数亦有限也。铁所以为鼎铛,而金银所以为圜法,若杯棬弧饰之限。圜法之限,限于国货之待转;杯棬弧饰之限,限于有力而好丽者之家。使国货之待者多,则货以易金而圜法自给;使有力而好丽之民数进,则黄白虽在荒远将梯航而自臻也,亦何虞其乏于用乎? 吾未见积无用之金银、泉币、杯棬、弧饰者,其智优于聚无用之鼎铛也。且无用之物,非能徒积也。积鼎铛而无用者,必损饮食之费,则积金银而无用者,亦必损国民之衣食燕乐之奉而为之。泉币、杯棬、弧饰者,犹之器也,与鼎铛之为用盖无殊。

方其有用,则其数自增,方其无用而强多之,则其用亡而其数且转减。其为物之易挟如此,而停积之亏损甚巨,故不视用为积,而使之过多者,雕右峻法厉禁,不能止其勿出国也。即如国有邻敌,师旅远行,亦不必积有金银,而后军兴不乏也。盖养海军陆旅者,粮食而非金银。使其国农工商三业既隆,有以与远方之食货为易,则虽无金银可以伐国。吾尝求之,国有远征之师,所以饷其军者有三道焉:致其国所前积之金银,一也;致其国工业所成之熟货,二也;转其国农功所登之生货,三也。而国中所积之金银,亦可区为三物:其泉币通宝,一也;其民之盘盂器皿,二也;其国君府库之所积储,三也。

然欲于一国泉币之中求其有余以为远饷,则其势常难。盖泉币之流,视国中待转货资之多寡。待转者富,则泉币多,待转者微,则泉币寡,常有其限,无大余也。有所不足,则其物自增,有所过多,则自然外溢,有莫之为而自剂者焉。至于国有兵事,而师旅远行,国之见财挟与俱去。然而远行者众,居者减则转者亦微,其国币之数亦可以降寡。且兵事既起,楮币常兴,若吾英之司农钞、海军钞①、英伦版克钞大抵皆起于此时,以代真财之用,而真财之外徙者益多。虽然,此非无尽不竭之源也。使其费甚奢,则涸可翘足而待也。

至于销镕私家金银器皿以益军国之需,则其势尤有限。挽近法国用兵(此系七年之战,始于乾隆二十一年。英法争北美刚那达地②,普与英合,奥与法合,兵连七年,法失北美而得鹿林新叶加),当国者尝用此术以筹饷,其所得至微,而案儿萧然,国呈陋象,论者谓其得不价失也。更有国王私库之储,其在古时,常为巨款,至于近世,王者私积之风渐衰,闻者独普鲁士国王而已。英国本稘中,所有疆外之兵事,军兴之费,较之前史所载,实觉其奢。然其饷军之金银,既不出于国中之泉币,不出于私家之重器,亦不出于王

① 司农钞:exchequer notes,即“国库券”。海军钞:navy bills in England,指英格兰银行所发的纸券。
② 刚那达地:即“加拿大”。

府之积储。英法之战,计费英用金钱九千万镑,其中新举国债已七千五百万矣,而又有所加什一之田赋,及移缓就急所借用之沈债帑项(沈债帑项①乃国债还利之盈余,积之所以渐远其旧债者。其法立于英相威里布勒。说见部戊)。统此之费,其三之二皆用于外邦者,若日耳曼,若波陀噶尔,若美利坚,若地中海旁近国,若东西印度,皆销耗此财地也。英之国主不积私货。而销镕私家杂器,吾国亦所未闻。当是时,英国通宝盖不过一千八百万镑。自重修圜法,复铸金钱以来,或以谓远过其数,其诞者乃云三千万云(英国币当一千八百五十六年总计七千五百万镑)。此其数之实否不具论,第由此言之,假本秪战事之费,资于吾英之见财,则不出六七年之中,所用之金银必再出再反而后可,则知金银为物,去而自复,人且不知。而吾谓,主计者之于泉币,一切持满戒漏之政为无补之劳心,理益明白,不待更辨矣。何则? 前者数千万之金钱再出再入,而吾民固未尝觉也。且当此六七年中,军兴之费繁浩如彼,都市间亦未闻有言制币特乏者,具货转泉,其得之之易,一如平日。独是战事殷,而懋迁之利资暂厚,由此而竞于商业者多,不列颠各口嚣财废著之家,往往过于其力之所堪任,而钱少难得之叹乃随地闻矣。无见货以为易,然诺不见任于人,貣者既艰于借贷,贷者常难于索逋,遂群然以谓金银之见少。岂真金银之少哉? 其具实力以与金银为易之人少也。

总之,近者七年之战,其为费之不赀如此。其由英而辇致外国者。决非全用金银泉币之见财,而必多运国中所产之货物。战部之致金于远方也,大抵发商领兑,商则受金出毗勒,远人以毗勒取金于其地之某商。而商与商之相接也,或前有交易货物之事,或兑金之后而以货作抵。故其真由英而至远所者,皆货而非金银也。就令英产之货非彼所之所营销,亦不过为事较纡,以其货先行于他国,由他国易利销之货以致战所,则多一毗勒而已,又不必致见取财也。盖致利销之货,则一转移而赢利从之,徒运金银,有致寇之危,而失经商之利,智民所不为也。且出见财以求货远方

---

① 　沈债帑项:sinking fund,今译"减债基金"。

者,其利之生,不生于购货之时,而生于售货之后。若运金银以偿前兑之所负,既鲜回货,利乌从生?故商者之代官领兑也,必逆知有可转之货而后为之。而当战事殷起之时,往往货出无所回者,盖其价于兑金时先受久矣,时人且不知而讶之也。

前谓国中所积金银,区为三物,然三物之外,尚有周流于各商国之中而为之公币者,则在铤之金银是已。其为物也,通于诸商国之中,犹制币之通于一国。制币之多寡流趋,视封内百货之情以为转,二铤之多寡流趋,视各国地产之情以为转,二者皆以便懋迁。币用于民与民,而铤用于国与国。故铤者,各国之公币也。本积之战事,其用铤也必多。当群雄并争之时,用铤之情,其多寡流趋,与安平之日固有异,而转而趋于战地者必多,其为刍粟衣粮之资所散而易者,在当冲之国矣。顾吾英每岁之所饷军者,无间于铤之多寡,必以英之岁殖易而得之。故极而求之,英之所以能转战累年而不为战所困者,终在国中之岁殖,其地力人功之登成者矣。师兴岁费至为浩繁,国之岁殖能济此而不匮者,必至盛胜而后能。试举一千七百六十一年之一稔计之,是年军费糜者盖一千九百万镑,此决非私积区区者所能济也,即令国有最腴之金矿,其势亦将不堪。西班牙、波陀噶尔二国由美运进之金银,当至盛之年,不逾六百万镑之数,此军中四阅月之费也,他可知矣。

当战之顷,货之便于行远易以饷军者,莫如精致之熟货,以其物值多易挟而运费轻也。国产是货多者,则其从事远略也轻。每有兵事不解,历时甚长,为费甚广,而国之见财不以见少。顾其货常出而无所复,有者独诸商之货,非以资军者也。国之饷军多由商兑,而商则以货偿所兑者,故其时工业最旺,其勤奋亦倍平时。盖治货行远以偿军需,一也;治货为易,乃致他产销于国中,如平时相通之为,二也。故每有兵战,其劳师空国已极,而工业事勤利厚或过平时,兵事既解,反嗟衰歇。其利若与国异道,国病而业休,国休而业病。观于七年之战,英国工业衰盛之情,将于吾言晓然,不待多所取证也。

【案】观此可知近世兵事与古殊矣。中国战事常在九有之中,衰乱荐臻,残民毁物,而军兴之费加赋乃给。故有壮者尽于军旅,老弱困于转轮之言,盖生民之灾未有大于兵燹者也。至近世各国战争,往往起于国外,以他人之国为战场,若印度、若土耳其、若西班牙、若南非洲,尽如此矣。而军旅之费又赊贷应之,故兵事方殷而国民不知所苦,且岂徒不知所苦而已,市广利优,猝致雄富者,所在有之。如往者南北美之战,工商诸业振振阗阗,故其时人以谓国虽残而民则利。推原其故,盖师徒云集,所需食货必倍平时,求者既多,供者自富,而邱山之费仓卒求给,皆举国债为之,战在境外,自无累民之事。究之兵费必有所出,而出者终富在民,是以祸难既平,师徒分散,不独都市萧寥,而赋税常亦加重,此国病业休,国休业病之象所由来也。假使师征之费,当桴鼓方鸣之日即出于闾阎加赋之中,则农工商无一时之利,其休病之势与国乃同,而必无国残民利之谬论矣。

用兵远外,而徒恃国之生货以饷军者,其势必不可以久支。非曰生货之无所易也,果其运致,固亦可以济兵食,继军需,特生货多轮囷,而运费烦浩耳。生货者农之所产,每岁之殖常视民数之多寡为之,而其物又不可以骤扩,使致于远者忽然而多,则止以赡其民者必忽然而不足。惟工成熟货可以免此。民之所取给者常周,其辇而出者皆其业之所有余也。吾友休蒙大辟之论史事也,尝言之矣。曰,英先王经营远方,所不能久暴师于外而常中止者,其军需兵食之所出皆作于农产,与夫工业之劣粗者。农产国中所必资,不能多分以远致也,而工业之劣粗者,其运费甚奢,而所以及军者俭。故武功之不扬,而远略之不竟者,其故不坐于无财,坐工业精者未兴故耳。当彼之时,圜法已立,其以泉币为易如今,而其泉币之多少,必与国中懋迁之繁简为比例者,与今日之情无以异也。且其比例之率,必于今为巨者,以楮币未行也。夫国之通商无闻,而工制蹇浅者,遇有大事,其君欲敛巨赀于民,其势必不可以猝办也。故如是之国,其君莫不有聚敛之行,不如此无以备非常济大役也。矧治之未隆,贪主多而廉君少欤。据土分民之世,国主之仰财也。所以为一己之奉者寡,而所以为群贱之养者多。然而养群贱者,量入以为出,其势常处于有余。奉一己者,私欲无涯,其势常邻于不足。曷尝观于鞑靼之酋长大人乎？百十为曹，莫不有藏窌毡车之私畜。乌库连戈刹克种人之长，曰麻哲巴者，瑞典名王察第十二之同盟也(麻哲巴者，戈刹克旧族孤儿，顺治元年生于波兰之卜多利亚，长入波兰王官为侍卫，与王妃通，事觉，缚麻哲巴于野马之背将礫之，而马逸，负麻哲巴入乌库连山林中，遇种人脱其繄，立之为酋。康熙二十六年，俄皇大彼得立之为乌库连贝子，绝爱重之。顾麻哲巴欲自立，不附大彼得，则阴与波兰之思但尼斯拉，泊瑞典王察理为联约拒俄。俄人围麻哲巴于巴图林，败走瑞典，从察理与俄战于布鲁图哇，复走瑞典之宾特尔。康熙四十八年，发愤仰药死)，其私府之积号甲东欧。仰而溯之，则法之墨露文种①王(唐天宝以前王法)，英之撒逊种王，泊诺曼种王之前数代，大抵皆当积聚。当是时，无间篡窃与传继，其嗣王皆以奄有前人府库为立业克固之始基。自工商业昌，文明肇启，而邦君乃不以敛富为要义。盖即有大事，取财于民无难，而其事可废也。且挽近世主，其求财之用意又与古殊。民生优乐，古者朴僿之风降微，官府之费日益华奢，其势不惟为积之不能，且日形其不足，辍设险治兵之资以从事于苑囿居养之乐者有之矣。曩者，德师栗达游波斯归而著论曰，吾见其国之丽都，而不见其强果也；吾见其民之多奴隶，而罕间其胜兵也。此以云今欧洲数国之形，殆近之矣。

【案】所言当以货之精粗为判，不当以农工之产为分也。在作者之意固亦言其大凡，然有漏义。农之所产，固有贵重之物，而矿产金银又无论已。道咸间英人犯华，鸦片乃饷军之大宗，不可谓鸦片非农产类也。英国当元明间羊毛为出口重货，义都活第三恃之以与法构。他若美之棉花烟叶，乃所用抵军兴国债者。而吾国之茶丝羊毛，在国家皆为要货，他日所以清偿国债者，此其大物也。而主持度支大臣，与外省之疆吏，茶听其杂，蚕听其疫，毫末不加人力，一任于天事之自为，此则重可叹惋者矣。

故国有通商而徒以敛进金银者，则通商之利亦隘矣。夫曰通商以敛

---

① 墨露文种：Merovingiaro，今译"墨洛温王朝"或"梅罗文加王朝"，是法兰克王国第一个王朝的名称。

进金银为利者,其说已非,曰通商专为敛进金银而起者,其说尤悖。然则二国通商,其利果安在乎?曰,大利有二:一曰出有余,一曰济不足。夫一国地力民功之所产而至于有余者,物虽供而莫之求也,故有余则无利。通商者,致有余之产于方求之国,而鬻其最贵也。物有其不足者,有求而莫之供也,故不足则生郁,而事或不周。通商者,致他所易供之货,以济吾土所不足,而买其最廉也。是故一交易之间而利并起。通商之行于国与国,犹市易之行于民与民,其理岂二致哉!昔者,以销场之隘而分功之局,虽有而未周也。自通商行而分功之微至精专,各臻其极,而为之乃愈疾矣。且有余者皆有所销,而货不至于抵滞,生者得此之劝功而愈众,由是而岁殖增,亦由是而国财广。浚其源而畅其流,而财之生乃以无量,通商之实利如此。此凡通国之所公享者,而大利则在经商者之所居。何则?此出有余济不足之事,彼之神虑用于本国者深,而施于异国者浅故也。至于敛进金银之为,使其国无矿,通商之兴固足以致之,然其利乃所旁收而非正业,方之前二,至不足道。使通商专为金银而设,一稘百稌之中,所载者虽不满一舶可也。

人皆知亚美利加通,而欧罗巴富矣。然美所以富欧者,非金银也。美诚多金银之矿而特肥,顾其矿之多且肥者,其大效不过使吾洲二金之日贱。设以谷为之程,则握粟以易盘盂,今之所费者仅得十五稘中所费者参之一已耳。吾欧民终岁之勤动如初,其所得之金银乃三倍于古昔。夫一货之价,使其降贱也参前之一,则不独有力者之取是,将三倍于其初,而力足中求之家亦将缘其贱而益众,则其数虽十倍二十倍于前可也。故令通商之事从同,欧洲金银器皿之多,以美矿故,亦二十倍三十倍于无矿之日。然则美矿之便于欧民诚无疑,然其便至于如是而止。而亦有不便生其中焉。何则?以金银之降贱,于易中之德有损故也。所购之物均,而所携之金加重,往之一古洛①而可者,乃今一先令而后得之。此之不便与前之便者皆微,而进退略相抵,故金银二者出矿之少多,于欧洲之民生不能有大

① 古洛:groat,昔日英国的 4 便士银币,意即少许的金钱。

变异也。虽然,谓美洲之矿产无关于欧洲之世变可,谓美洲之开通无关于欧洲之世变不可。盖美之新通,为欧产开无穷之销市,由是而分功宏,亦由是而民力奋,收益疾益巧之效于不自知。向使美洲不通,则欧市广狭长此终古,而有余之货无所销施,生业如故而民气不新,其效不仅民之不富已也。惟巧疾并臻,故各国之物产皆进,斯其民实富,各力裕而气舒。当是之时,不独欧货之于美民为所新见也,即美产之入欧市,亦皆创获也。开亘古未通之商局,其事固当为彼此交益之新机,不幸贪人败类,吾欧民之履其地者,恣其强暴拚夺之凶威,而美之种人始告病已。

自亚美利加之通,而欧洲之商场广,而自得非洲好望角,海舶东绕以抵印度。而欧洲之商场尤广。(欧人航海寻通新地,莫盛于前明成化、宏治之间,而大抵皆波陀噶尔、西班牙二国之民,而波陀噶尔为尤著,其由欧洲航海通中国者,亦波陀噶尔最先。此中国人所以独称其国为大西洋,而澳门为最旧之租界也。盖其时波、西与义大里诸国,天算独精,善揆测经纬,而海国之民又擅驾舟之技故也。如美之通则始于科仑波①。科本稔奴亚②民,仕于波陀噶尔者,常谓欲通印度不必绕非洲南极,地既圆体,但西向长驶自能终达。以其策干英法政府,求其资助,皆不应。久之,西班牙后伊萨白信其术,脱簪珥重宝,资以三舶。于宏治五年立秋前六日西驶,其年寒露后三日抵墨西哥湾之海梯岛,则自以为已达东球,此西印度之名所由昉也。又,印度通歌之海道,则始于波陀噶尔海将名花思戈③者。先是波陀噶尔人已得好望角,至宏治十年,花思戈驾舶东绕,阅十数月而抵印度西偏之噶里谷,盖其事方之科仑波为尤难。至正德三年,阿布葛咙为彼驻印大臣,而马刺甲为所并。阿布葛咙为其王所遣者刺死舟中,继其位者本其遗策而求通中国及日本,嘉靖、隆庆间,波陀噶尔入粤之澳门云。)盖美多草昧之国,其治化略有可言者,独墨西哥、秘鲁二国而已,自西班牙人至,而二者皆残而不可复。而若痕都斯坦,若支那,若日本,若支那以南各国,大抵皆数千年建国,虽其中无肥矿若秘鲁、墨西哥者,而其民之富乐,其野之辟治,制作工商之业,皆非二国所可几。自古化国通商,

---

① 科仑波:Columbus(1451—1506),今译"哥伦布"。
② 稔奴亚:Genoa,今译"热那亚"。
③ 花思戈:Vasco Da Gama(1460—1524),今译"达迦马",葡萄牙航海家。

其相易之物必多,其所收之利必大过于浅化者。顾自海通以还,吾欧所收远东之利益若转不逮所收于亚美利加者,则其利有或遏之者矣。波陀噶尔人垄断印度商利者殆百余年,余国之货之去来,大抵皆波陀噶尔人为之中侩。前秪初载,荷兰诸商欲分其利,则创为大东公司①以统之,继而英、法、瑞典、丹马诸国皆有公司之立。利出一门,而非大通之交易。而美洲商业则尽人可为,不受公司之辜榷,收利微巨,此其由矣。夫大东诸公司所独享之利权,其独蒙外国王官之保护,由此而致不赀之财,实为未沾其利者之所深嫉。以其岁轮远东之银无算,遂佥言其业有害于国家乞禁止,于是公司应之曰,公司之致货东方,诚非以银不可,银之注于东方者实多。然自通商公司之立,每岁各国收利皆优于初,然则公司所为或有损于欧洲之全局,而于各公司本国皆固莫大之利源也。其语之通如此。盖请禁之家与公司之人皆狃于时俗之见,以银多为利国。银日流于东方,统其效之见于欧洲者,盘盂或以稍贵,而制币之用不至过轻,前为微害,后为小利。要之,二者于国计皆不足道也。自远东既通,百货畅流,欧洲各国之富固宜大加,而其利不过如今日之所收者,则国家沮劝之政非也。

夫民生言语之间,以财与钱为同物久矣。名同而其物实不同,此诐辞之所由生,世俗之所由锢。且习之既久,欲区以别,其势诚难。或深知俗说之非矣,而言论争辨之顷有不自知而谬迷者。言计之士皆以务聚敛、谨漏卮二者为不易之财政。国无金银之矿,则必务聚敛,必谨漏卮,必审于进出之差;使邻货之来,必劣于己货之出而后已,则为之政令焉,塞外国之进货,奖本国之外输,以斯二者为理财之大经。盖商宗计学之家,能违之者寡矣。

其塞外国进货之政二:一,凡外国之货来销国中而与本国之货争销者,不问何国皆沮抑之,使勿畅流。二,凡与其国通商而进出差为负者,不问何货皆沮抑之,使渐相抵。而其所以沮抑之为,又不出于二术:征以重

---

① 大东公司:East India Company,今译"东印度公司"。

税,一也;闭关勿纳,二也。

其奖本国外输之政四:还税,一也;予奖①,二也;立专约②,三也;开藩属,四也。其为还税者二。本国之货征抽已纳,至于出口,则挈其所已征者之全若半,以还商者。又,外国之货方入国而征之,及其更出,则挈其所已征之全若半,以还商者。其为予奖亦二。熟货之制造方始,利入不宏,而主计者以为利国,则奖之。又,他旧业之所登,必外输多而后国利者,则亦奖之。其立专约者,则所通之国为专条,利过于余国所沾享者,若弛关,若减榷,皆此类矣。其开藩属③者,远方步口为一国所特开,若航海所寻得,或兵力所侵取,则其国之民,凡货与商皆享辜榷之专利,抑使其利优于余国之商。

此其所以塞外国进货之政二,而所以奖本国外输之政四。统此六术,皆以谨漏卮,而使进出之差常为正而在己之道也。盖以谓进出之差正,则漏卮塞,漏卮塞,则国之金银不可胜用,国之金银不可胜用,则富国之道尽矣。此其策之为长为短,为巧为拙,余将各以一篇言之。姑不言其聚致金银之多寡,但计其效于一国岁殖之何若。盖国之富贫,民之苦乐,必视岁殖之盈歉。使岁殖降多,而国不富民不乐者,盖未之有。岁殖世减,则虽广积重资,吾未见其物之可长保也。

---

① 予奖:bounties,指"给奖金"。
② 立专约:treaties of commerce,今译"议订商约"。
③ 开藩属:establishment of colonies,今译"设立殖民地"。

第二编

法律与社会学

《法意》译著选编①

1 孟德斯鸠列传

孟德斯鸠,法国南部几奄郡人也,姓斯恭达,名察理,世为右族,家承两邑之封,凡二百余年,曰布来德,曰孟德斯鸠,世即以其一封称之,曰孟德斯鸠男爵云。生一千六百八十九年,当名王路易第十四之世。当是时,法战胜攻取,声明文物冠诸欧。然值政教学术乐新厌古,人心物论穷极将变时,于是,论治道者,英有郝伯思②、洛克,义有墨迦伏勒③,而法有孟德斯鸠,则导福禄特尔④、卢梭辈先路者也。家于西土仅中赀,以善治生,未尝窭乏。地望势力,高不足以长骄,卑常足以自厉。然约情束欲,安命观化,幼而好学,至老弗衰。常语人曰:"吾读书可用蠲忿释悁,虽值拂逆,得开卷时许,如回温泉以销冰雪,扇清风而解热烦也。"其姿之近道如此。年二十五,入博尔都郡议院为议员。法旧制,诸郡议院,法家所聚,民有讼

---

① 选编自:汪征鲁,方宝川,马勇. 严复全集(卷四). 福州:福建教育出版社,2014.
② 郝伯思:Thomas Hobbes,今译"霍布士",英国哲学家。
③ 墨迦伏勒:Machiavelli,今译"马基雅维利"。
④ 福禄特尔:Voltaire,今译"伏尔泰"。

狱，则公享之。先是，其季父入赀，为其院主席，父子冠假髳，衣黑衣，时以为宠。逾二载而季父捐馆舍，遗令以其位传犹子孟德斯鸠。俸优政简，时事国论，多所与闻，然而非其好也。视事十稔，年几四九，又以其位让人，退归林墅。盖自兹以往，至于没齿，都三十年，舍探讨著述之事无以劳其神虑，而舍历史政治又无以为其探讨著述。若孟德斯鸠者，殆天生以为思想学问者欤？其著书甚蚤，年方廿龄，有《神学论》。又尝考罗马宗教所与治术关系者。然不甚求知于人，世亦不知重也。年三十二，成《波斯文录》，借彼土之文辞，讽本邦之政教，移情刿目，通国为欢，而教会深衔之。方其罢博尔都议院主席也，适巴黎国学有博士阙待补，孟德斯鸠甚欲得之，而翊教伏烈理使谓其长曰："《波斯文录》于国教多微辞，今国学顾容纳其作者，王将谓何？"其长惧而不敢。孟德斯鸠乃以书抵之曰："足下辱我已甚！吾计惟出奔他国，庶几栖息余生，自食其力。所不能得诸同种者，犹冀遇诸他人耳。"伏烈理不得已罢攻，而孟德斯鸠补博士。已而游奥之维也纳，更匈牙利，尽交其贤豪。逾岭度威匿思，入罗马，谒教王。教王礼遇有加，不以《波斯文录》为意。北旋登瑞士诸山，溯来因之水，北出荷兰，渡海抵大不列颠。居伦敦者且二稔，于英之法度尤加意，慨然曰："惟英之民可谓自由矣。"入其格致王会，被举为会员。最后乃归法，徜徉布来德、巴黎间。一千七百三十四年，成《罗马衰盛原因论》。论者称其裁勘精究，断论切当，于古得未尝有者。顾所发愤，乃在《法意》一书，当此时，属稿者已六七年矣，前论特其嚆矢而已。精锐绵修，穷昼夜矻矻，凡十有四年，而《法意》行于世。遐搜远引，钩湛瞩幽，凡古今人事得失之林，经纬百为，始终条理，于五洲礼俗政教，莫不籀其前因，指其后果。既脱稿，先以示同时名硕海罗怀纩。海罗怀纩叹曰："作者宇宙大名从此立矣！"印板既布，各国移翻，一载间版重者二十二次。风声所树，暨可知矣。福禄特尔尝称曰："人类身券，失之久矣，得此而后光复。"拿破仑于兵间携书八种自随，而《法意》为之一。后其国更张法典，勒成专编，近世法家，仰为绝作，而《法意》则其星宿海也。年六十有六，卒于家。方其弥留也，以宗教有忏悔之礼，神甫辈以孟生平于其法多所诽毁，颇欲闻其临终悔罪之言，然卒不可得,但叩之曰:"孟德斯鸠,若知帝力之大乎?"对曰:"唯,其为大也,如吾力之为微!"

译史氏曰:吾读《法意》,见孟德斯鸠粗分政制大抵为三:曰民主,曰君主,曰专制。其说盖原于雅理斯多德。吾土缙绅之士以为异闻,虑叛古不欲道。虽然,司马迁《殷本纪》言伊尹从汤言"九主之事",注家引刘向《别录》言:"九主者,有法君、专君、授君、劳君、等君、寄君、破君、国君、三岁社君,凡九品。"是何别异之众耶?向称博极群书,其言不宜无本,而三制九主,若显然可比附者,然则孟之说非创闻也,特古有之,而后失其传云尔。

2 第一卷 法律通论

第一章 一切法与物之关系

法,自其最大之义而言之,出于万物自然之理。盖自天生万物,有伦有脊,既为伦脊,法自弥纶,不待施设。宇宙无无法之物,物立而法形焉。天有天理,形气有形气之理。形而上者固有其理,形而下者亦有其理。乃至禽兽草木,莫不皆然,而于人尤著。有理斯有法矣。(自注:希腊古德布鲁达奇①云:法者,一切人、天之主宰也。)

【复案】儒所谓理,佛所谓法,法理初非二物。

有为气运之说者曰:"宇宙一切,成于无心。凡吾所见者,皆盲然而形,偶然而合,因于无心,结此诸果。"不知此谬说也。夫谓含灵有知之果,

---

① 布鲁达奇:Plutarch,今译"普卢塔克"。

乃以块然无所知之气运为之因，天下之谬，有过此乎？

是故有至道焉，为万物主，而所谓理所谓法者，即此与万物对待之伦脊，与夫物物对待之伦脊也。

是故宇宙有主宰，字曰上帝。上帝之于万物，创造之者也，亦维持之者也。其创造之也以此理，其维持之也亦以此理。天生烝民，有物有则，其循此则也，以其知之之故。其知此则也，以其作之之故。其作此则也，以即此为其知能故。

静观万化，其力、质二者之交推乎？顾以二者为有灵，必不可也。以不灵之力、质，而为长久之天地，其变动不居，非法为之弥纶张主，必不行也。虽有世界，异于吾人之所居，顾其中不能无法。无法之世界，必毁而不存。

造化若无所待者，然一言造，则理从之。彼操气运之说者曰："无主宰。"虽无主宰，有前定者。天理物则，亦前定者也。若曰造化御物，乃无法则，立成谬论。何以故？无法则，必不存。法则何？一定不易者也。力、质交推，成兹变化。顾物之动也，或骤或迟，或行或止，其力其质，时时有相待之率，可以推知。然则其参差者，其一定也；其变化者，其不易也。

有灵物焉，能自为其法度。虽然，法度之立，必有其莫之立而立者。盖物无论灵否，必先有其所以存。有所以存，斯有其所以存之法。是故必有所以存之理立于其先，而后法从焉。此不易之序也。使有谓必法立而后有是非者，此无异言辐有长短，得轮而后相等也。

【复案】孟氏意谓，一切法皆成于自然，独人道有自为之法，然法之立也，必以理为之原。先有是非，而后有法，非法立而后以离合见是非也。既名为辐，其度必等，非得周而后等。得周而后等，则其物之非辐可知。其所言如此。盖在中文，物有是非谓之理，国有禁令谓之法，而西文则通谓之法，故人意遂若理法同物，而人事本无所谓是非，专以法之所许所禁为是非者，此理想之累于文字者也。中国理想之累于文字者最多，独此则较西文有一节之长。西文"法"字，于中文有理、礼、法、制四者之异译，学者审之。

所不可不明者,公理实先于法典。法典者,缘公理而后立者也。民生有群,既入其群,则守其法,此公理也。以一有知之物,受他有知之物之惠养,理不可以不怀感也。以有知之神明,造有知之人类,则人类之于神明,理不可以畔援,明矣。终之以有知之类,而加害于有知,则其雠可以复。凡此皆先法典而立之公理矣。

有心灵之世界,有形气之世界。心灵之守法,远不逮形气之专。心灵虽有法,且实不可易,顾其循之也,不若形气之不可离也。此其所以然有二:天之生人也,其灵明为有限而非无穷,故常至于谬误,一也。又以其具灵之故,云为动作,天常俾以自由,二也。以是二之故,其奉生常不能无离道。道也者,太始之法也。且不仅离道而已,即其所自为之法制,亦往往自作而自叛之。

禽兽下生之叫鸣飞走,果有大法行其间乎?抑为他动力之所驱者?此不可得而知者也。虽然,有可知者。其为物不灵,无异无生之金石,无觉之草木也。虽有觉感,其为用微。舍所以接距外物者,无可言矣。

其自存也以逐欲,其存种也以逐欲。有感觉,无心知,其类之相与也,有天设之大法,无自立之成法。直于天设之大法,亦不尽合而无离。尽合而无离,其惟草木乎,草木无心知,亦无感觉者也。

禽兽下生,无吾人之所贵者。然亦有其长,而为吾人之所短。人有希望,禽兽无之,而禽兽无烦恼,无恐怖。禽兽有死,其生也,不知其有死也。其求自存,过于人类,顾其从欲发忿,无若人道之已甚者。

人之为物也,自其形气而言之,犹万物然,有必信之法,不可以贰;自其心灵而言之,则常违天之所诫矣,且变化其所自为者矣。其奉生也,必自为其趋避。以其为有尽之物也,故拘墟笃时而愚谬著。其智慧非完全者也,乃即此有时而忘,常为其嗜欲戾气所驱使而不自知。夫如是之物,宜常忘其本来矣,故宗教之说起,而教法著焉。教法者,天之所以警人者也。又常忘其一己,而不知其生之可贵也,故哲学之说起,而道法著焉。道法者,先觉之所以警人者也。人群,虫也,又常忘其同类,而或出于害欺,故治制之事兴,而国法著焉。国法者,经世法度之家所以设之堤防,使无至于相害也。

～～ 第二章　形气自然之法 ～～

虽然,有先于前三者焉,则形气自然之法是已。所以谓之形气者,盖其物以吾之有生与形而遂见也。将欲明是法之本原,必观人道于未成群之始。惟未成群,而后形气自然之用可以见也。

法之禀于自然,而关于人道最重者,莫若知天人之交。然而重矣,以云首立,斯大谬矣。太始之人,具其能知之才,未有所知之事。其心所有之观念,必非以虑而得之。所急者在保生,而其生之所由来,不暇计也。如是之人,彼所自见者,至弱极儳而己,故其怖畏之情,亦过吾人远。此观于山林野人可以证也:一树之摇,为之战栗,一影之见,乃必狂奔。(自注:当英王若耳治第一①之代,有于德之韩诺华②山泽间得毛民者,其为状正如此。后致之英。)

夫如是之人类,无平等之思也,而恒视己为不及人。自居于弱,常相畏而无相攻,则隤然相安而已矣。故相安者,第一见之自然法也。

往者,英人郝伯思谓,人道喜相侵陵,根于天性。此不根之说也。夫临驭之制,一统之规,乃人心极繁之观念,且必待他观念之兴而后有,其不能为人类最初之思想甚明。既不能为最初之思想,则非先见之自然法矣。

郝伯思曰:"人道之不相得而相攻,使非秉于自然之性,则蛮夷之出必挟兵,居则固其扃谲,是何为者?"不知如是以云,乃以已入群之民德,推之未入群太古之民也。盖民必既群,而后攻与守之事骚然起耳。次于知弱,则莫先于知所乏,故相率求食以自养,又自然之法也。

---

① 若耳治第一:George I,今译"乔治一世"。
② 韩诺华:Hanover,今译"汉诺威"。

夫惟知弱,故多恐怖,恐怖故相避。虽然,初民之恐怖,所同有也。同有,故乐于相救,而合群之事以兴。且人之与人,固同类也。同类,则相附之爱力终胜于相避之抵力,故其为合也易。况乎男女之爱,离群则思。然则天然和合,乃根于形气之第三法也。

耳目视听之感觉,饮食男女之嗜欲,所与禽兽同有者也。而人有异焉,以能积智。智之积也,宜于通而不宜于孤,此又其乐群之因也。是故知识之合,则根于自然之第四法也。

【复案】孟氏所标之自然公例四:一曰求安,二曰自养,三曰相助,四曰愈愚。其求安由于恐怖,其自养由于空乏。相助者,形气之合,所与禽兽同焉者也。愈愚者,性灵之合,所与禽兽异焉者也。而四者之验效则成于合群。此其在当时可谓精辨矣。顾以比近世群学法典诸家之所得,则真大辂之椎轮,璇宫之采椽也已。

～～ 第三章　人为之法典① ～～

自人群既合,则向者自知僝弱之怖畏以亡。群合而有强弱众寡之殊,其平等之形亦泯。怖畏意亡,平等形泯,而人类之竞争兴矣。

【复案】孟氏于人类所以为群之德,可谓见之真,而能言其所以然之故者矣。其谓争之与群,乃同时并见之二物,此人道之最足闵叹者也。郝伯思有见于此,故以专制为太平之治。卢梭亦有见于此,故谓初民有平等之极观。而其实,则法典之事即起于争,使其无争,又安事法! 国之与国,人之与人,皆待法而后有一日之安者也。

于是国与国自负其强固而邦国之战兴,人与人自恃其权势而私斗之

---

① 人为之法典:Of positive laws,今译"成法"。

争呴,凡皆自营意深,欲据人间之美利而独享之耳。

以人群有如是之二境,而一切法生焉。夫大地为行星之一,立其上者不一国也。将欲使之为交通而无冲突,于是乎有国际之公法。国不一民,州居萃处,而或立之君。将欲明天泽事使之义,而可以久安,于是乎有君民对待之国法。民之与民,各有畛畔。将欲奠其所居,以无相侵夺也,于是乎有国人相与之民法。三者其大经矣。

【复案】西人所谓法制,殆尽于是三。国际公法,其源盖古,然自虎哥觉罗狭①始有专论之书,自边沁始为之专名曰《列国交通律》也。至其余二法之分,由来亦旧,而大备于罗马。盖泰西希腊为哲学文章最盛之世,而罗马则法学极修之时代也。此书所谓国法,即《社会通诠》所言之公律。所谓民法,则私律也(见《论刑法权分》)。西人法律,公私为分如此。吾国刑宪,向无此分,公私二律,混为一谈。西人所谓法者,实兼中国之礼典。中国有礼、刑之分,以谓礼防未然,刑惩已失。而西人则谓凡著在方策,而以令一国之必从者,通谓法典。至于不率典之刑罚,乃其法典之一部分,谓之平涅尔可德,而非法典之全体。故如吾国《周礼》《通典》及《大清会典》《皇朝通典》诸书,正西人所谓劳士。若但取秋官所有律例当之,不相侔矣。皇帝诏书,自秦称制。故中国上谕,与西国议院所议定颁行令申正同,所谓中央政府所立法也。

所谓国际公法者,义本人心固有之良,以谓国与国之为交也,当其和睦,宜尽所能为,俾人类福祉之繁植,即不幸而至于战,亦宜尽所能为,使祸害轻减,不致过烈,所期无损战家利益而已。

然而国而与人战,其所祈者,己国之荣华也。以祈荣华,故不可以不胜敌。敌不可以不胜,以不如是,国且不足以自存也。执此义以与上节之所云云者台,则一切国际公法由之立矣。

---

① 虎哥觉罗侠:Hugo Grotius,今译"格劳秀斯",荷兰法学家,国际法之始祖。

凡国,虽在蛮夷,莫不有其所以为交际者。野若伊鲁夸,战而食其所房者,可谓凶残矣,然亦有交通之信使,而和战之义务权利,彼亦未尝不知也。所病者,彼虽有军宾之礼典,而其义或不可通行耳。

合诸国之相通,则有交际之公法。就一国之君若民而言之,则有其相治与其所以为交者。夫一群之民,固不可以无君。君者何?所以治此民,出政之原是也。故孤拉威讷(意大利之文章法学家)有云:"惟小己之合力,成国群之治体。"此可谓言近旨远者矣。

主一国权力,以一人可也,以不止一人可也。或曰:"家有严君,天然之制。"由此观之,则国权以一人颛制者,其理固最顺也。虽然,此不坚易破之说也。夫谓以家之有严君,故治国当由元后,不知此特一传之事耳。使其父死,兄弟固平等也,至于再传,群从兄弟又平等也,积人而成家,积家而成国,其力既以众积而后成矣,则主此力者,由于有众,未见其理之不顺也。

总之,政府者,求善民生而立者也。知此,则建国创制之事,惟以最合其民情、最宜其民德者为归。此其顺理,过前说远矣。

欲合一国之民力者,必先联一国之民志。孤拉威讷又曰:"众建之国家者,联一国之民志为之。"至当之说也。国有法制,所以齐民者也。广而言之,人心之理也。为国法,为民法,皆人心之理见于专端者耳。

国法民法,为民而作,宜有以相得,不可以相暌。故甲国之法而合于乙国之用者,至不常之事也。

国有治制(如君主民主),国法者,所以成此治制者也;民法者,所以翼此治制者也。故其立法也,不可以不察其治制之形质精神而为之(形质精神之分见后两卷)。

国有风气之寒燠,有土壤之肥硗,有幅员之广狭,有所宅之形势。至于其民,有居业之殊异。耕乎猎乎牧乎,其自由之程度,缘其治制而不同;其是非所折衷,从其宗教而异准。此外若民之好恶,若国之财力,若户口,若懋迁,若礼文,若风俗,凡若此者,皆作则垂宪者,所从以为损益之端也。且国、民二法,又有相资之用焉。自夫二者之所由兴,与制作者当时之用意,至所约束整齐之秩序,是皆宜博考周咨,而后能通其意也。

今不佞此书,所欲讲明,即在此数者,必一一焉各审其指归,而得其相维相剂之理。此则不佞所谓法意者矣。故不佞所论者,法意也,而非法也。论法意而不及法,故无取于析国民之法而言之。盖法意为物,存乎制与所制者之对待,而非一二其法之所由立,遂可得其微旨也,是故法非不佞之所论也。

惟治制之形质精神,与所立之法,有绝大之关系,故欲明法意,必先即二者而深穷之。苟于此而有明,其于一切法也,不啻恃源而往矣。故此书所论,先言法之不同。由治制形神不同之故,次乃及其他端。法所由以为异者,此吾言不可紊之秩序也。

3 第三卷 治制之精神

～ 第一章 形质精神之异 ～

前卷所论之法典,皆由于治制之形质而生,乃今所论,将及其由于精神而立者。

治制有形质,有精神。所谓形质,乃其物之所由立;所谓精神,乃其物之所由行。形质以言其体,精神以著其用,体立而后制度形,用明而后人情著。(自注:形质、精神乃极要之区分。得此而后可及其余。法之以此为关键者,不可殚述。)

一法之立也,不徒于治制之形质,有其相系者也,于其精神,不可不合,故不佞此卷,于治制精神之法,将特详焉。

第二章　三制精神

吾于前卷不既云乎，民主之制，国之主权散于国民之全体，或其中之数家；君主之制，其主权必执于一人。其有法典，为行政所必循者，谓之宪政；其无法典，行政惟一人之所欲者，谓之专制。凡此皆治制之形质也。由治制之形质，而吾以理势之必至，推言三者之精神，请先言庶建之民主。

第三章　庶建民主之精神

君主之治，无论为宪政，为专制，其所恃以立者，不必有至德要道之可称也。宪政之君主，其道齐而莫定之也以法；专制之君主，其詟服而弹压之也以威。威伸法行，足以治矣。独至民主之国，非有一物为之大命则不行，道德是已。

凡不佞所前言，皆征之历史而可见者也，盖物理所必然者。君主之制，其治民也，虽以法度，顾高高在上，自以为超于法度者也。惟民主之制不然，民主之吏之行法也，非自律于法度不可，此民主之所以不可无道德也。

【复案】拉哈布曰："甚矣，世俗读书之不审也！俗尝谓必民生而后有道德，犹之必君主而后有尊荣。此言出于孟德斯鸠，乃相与訾议其不审，不知孟氏原书具在，彼固未尝为此言也。使孟氏而为此言，是亦谬悠之辞而已。孟氏岂其然哉！"

尚有易明者，使独治之人君，怏于邪臣之说，或以一己之倦勤，而不知责法,则丛脞从之。然欲改为,非难事也。彼则谋于其良,抑去其当躬之怠,足矣。乃民主不然,民主法之不行,必国民之朋兴作慝而后尔。朋兴作慝,是其国乱而将亡也,乌从救乎!

观英国之已事,又可见已。当前期之中叶,英之欲为民主者屡矣,顾终以民德不厚而无成。方是之时,执国柄者,非有德之人也,徒以轻剽敢为之故(此指克伦谟尔①等而言),起辄有功,其民观之,从以益奋。虽然,一国之内,民气未和,分崩离析,政府筑室道旁,民徒苦于政法之纷,处板荡之朝,而不知舟流之所届,公产合众之制,虽建之不坚也。终之其国所经之震荡,为前古所未有,而去危就安不能,已乃其复所深恶痛绝之旧制。

方古罗马之失其自由也,锡拉尝欲为之光复矣,而孰知如是之幸福,北无禄之众所克膺也。风俗陵夷,虽有凯撒、泰比流、觉罗纣、宜禄②、多密甸之数君者为之震撼,其民不克自拔于坎窞也,而其国之拘囚益至。盖亦有为其锋起霆击者矣,顾所仆者特民贼耳,而贼民之法制,则无有能革之者。

古之富于自治者,其惟希腊之民乎!为民主之制,以自厚其生,知其所恃为长城者,民德而已。顾今日其国之众又何如?有制造,有通商,有国帑,有富厚,有豪奢,其所相尚者,如是而止。

盖道德既为所屏除,斯其国贤者竞于上人而已,而通国之众则相率为贪婪。其祈向之鹄已迁。往者之所尚,乃今以为不足贵。向者以奉法守典为自由,今也以乱法干纪为自由。民恶其上,若奴虏之逃其主人。理之正者,乃以为苛矣。行之所必由者,乃以为拘阂矣。意之所必恮者,乃以为怯懦矣。勤俭以为生,非渴财也,而或则笑之为好利矣。向也合通国小己之资以为公产之藏富,今也各私其所有而以取财相雄。秉国之众,以朘削而致愤争,其所谓国力者,特一二之颛权与众人之放恣僭奢已耳。

① 克伦谟尔:Cromwell,今译"克伦威尔",英国共和政治首领。
② 泰比流:Tiberius。觉罗纣:Caius Claudius,今译"格老狄乌斯",罗马王。宜禄:Nero,今译"尼禄",罗马王。

方雅典之衰,而见役于敌也,其所具之国力,与雅典全盛而役人之时,为量差相若也。其始也,尝以二万户之齐民,拒波斯之侵暴,与斯巴达狎齐盟,而蹂躏昔昔里矣。及其衰也,法勒卢为数奴头于市中,其为数亦二万。方腓立白南驰而叩雅典之关也,希腊之后于斯巴达者,特时而已。顾吾辈居今,读德摩沁尼之辞檄,知疲苶之民,虽与之大声疾呼,无益也。盖彼所畏于腓立白者,非自由民权之见夺也,虑将夺其恒舞酺歌,沮其为乐之方而已。夫雅典非名都欤?往者军旅虽经数败,城市虽经数墟,常能起于灰烬之中,而或愈于其故。乃自芝伦尼一蹶之后,中兴之望遂绝于斯。虽腓立白释其所系虏者而归之,而无如其归者之非男子也,于希腊又何裨乎!盖雅典嗣兹以降,其以力之易为胜,犹往者以德之难为降也。读史者可勿思其故欤(案:是时雅典议院著令,有欲以戏圃之资移为兵事之用者,其罪至死。然则孟虑夺歌舞之娱云云,非过论也。)

则更观古之加达支。夫与罗马逐欧南之鹿,而争地中海之权者,非加达支欤?方韩尼伯之举为布理陀(译言都尉)也,当官行权,欲惩守令之贪墨,而奸民转赴愬之于罗马。嗟乎!不肖无俚之民,且不惜自毁其巢,以为天地之穷鸟,意可挟其所有,以焜耀于灭种之仇雠。然而罗马俄乃索上户之三百人以为质矣,浸假又令加达支献其军储与船舰矣,终之乃宣战焉。噫!当彼之时,加达支以孤立无援之围城,而守者犹饮血登陴,虽断脰陷胸不顾,然则使用完全之力,而辅之以德,亦何功不可就也哉!

第四章　贤政民主之精神

民主非德不立,是固然矣。即贤政之制,亦以仁义为之基,特其在贤政也,不若民主相需之殷耳。

其齐民之于群贵,有天泽之分焉。齐民之治,治于群贵之法也。治于群贵之法,而非所自为之法,故其需德也,未若民主之殷也。虽然,是群贵者将约束之以何物乎？等贵而比肩，使法必行于其侪偶，则无异以法自律者矣。故贤政之立，必执政者果贤而后可，不然，败矣！何则？其制使之然也。

贤政之为治，有蕴力焉，为民主所无有者。贵者相引以为曹，有必伸之权，有相保之利，故其防民也必周。但有法焉，使贵者得行其权足矣。

贤政之治民也易，而群贵之相治也难。其为制也，若置其众于法中，而又免其身于法外也者，盖其制之形质诚有然。（自注：往往治公罪而不问其私。公罪，群贵之所共疾者也。私罪，群贵之所共护者也。故曰，其相治难。）

是故贤政之群贵其所以自束者，有二途焉：其至优之德，视其身与齐民为平等，贤政也若可为其民主，此一道也；其次，则德虽未优，而可与其曹为平等，政府之中，不相龃龉，此亦一道也。下斯以往，欲其制之有立，难矣。是故礼让为国者，贤政治制之精魂也。且吾所谓礼让者，必基于生人之德心。出于蒠琐苟偷者，不足济也。

～～ 第五章　道德非君主之精神 ～～

君主之治制，其了大事也常以术，术则无取于道德矣。若至精之机器然，以制造者之巧也，齿轮悬耀，释括弹簧皆归于简。

国之立于天地也，以民宝爱其国土故，以渴慕种族之尊荣故，以人人能舍己以为群故，以能捐至重之私利以利国故。君主国家，其为立也，举无待此。凡前古豪杰所为之至行，吾人所慨慕而流连者，存诸口耳之间而已。

德之所以亡者，法之所以用也。夫德非真亡也，以法之既行，无所事德也。法，治其所可见者也。德，行其所自将者也。是故法行，而行之成于独知者，无果效之可言也。

民之罪恶,未有不涉于公者,虽然,罪固有公私之可言。私罪,害及小己者。公罪,害及国群者。

民主之国,民之私罪皆公,以其害于公制过于其害私人也。君主之国,民之公罪皆私,以其害于私人过于其害公制也。

不佞非好诋諆也,所言皆可证之于历史。嗟乎!君主之治,求有德之人君固已少矣,而有德之民愈益寥寥。居独治君主之下,民欲保其常德,诚至难。此不佞所欲为天下后世动色正告者也。(自注云:所言者公德。公德非他,以私德为其公益者耳。但今不暇言私德,至于宗教之道德则尤所不遑。此事于后第五卷之第二章当更明之,庶不佞之意有以共喻。)

今若取各国前古之史书,而考朝宁宫闱之轶事,更即私家纪载,草野风谣,观各国之民所以道其君臣者何若,则知吾兹所论,非虚揣悬构之淫辞,乃耳目闻见之事实。所证以古今人不幸可悲之阅历,而莫不同者。

好上人而志惰,中卑陋而气矜;富贵则争人先,劳险则居人后;所不喜者,直谅也,真理也;所乐受者,便辟也,谄谀也;约言则爽食之矣,礼法则轻蔑之矣;所患畏者,其主之有德而严正也,所愿望者,其君之无知而愚暗也。且总此而更有进者焉,则遇守正之士,必加之以戏侮窘谪之词,而己之苟贱诡随,且相矜为得计。此无论所居之何世,所仕之何邦,其环于人主之身,而为其左右之亲贵者,夫非以前之所云云,为其常德也耶?亲贵者,固居民上而为其民所具瞻者也,世安有居其上者为小人,而责居其下者之为君子乎?亦安有居其上者长为欺人之奸,而望居其下者常为受欺之蠢蠢者乎?呜呼,必不然矣!

以天地之善气不绝于人间,而其下有守道好德之民焉,犹嘉禾之濯于粮莠。然而李协旒(以上座神甫为法路易十四之宰相)《政书》有言,如是之人,必抑之使不得以幸进矣。(自注:李云,草野之人,最难登进,盖不知朝廷自有体制,往往自用其愚,迁拘方鲠,难与趋变适时。用人者不可不慎也。)故吾云,君主之朝,治国精神不由道德者,即谓之不刊之论可也,非必其恶而绝之也,以其物于君主之朝无所可用故耳。

【复案】酷矣,孟德斯鸠之论君主也!使非生于狭隘酷烈之朝,而又值公理将伸之世,彼又乌能为此言哉!夫君主,以言其精神则如此,以言其形质又如彼。而吾中国自黄、炎以至于今,且以此为继天立极、惟一无二之治制,君臣之义,无所逃于天地之间。詈桀、纣,颂尧、舜,夫三代以前尚矣,不可考已,则古称先者,得凭臆以为之说。自秦以降,事迹分明,何治世之少而乱世之多也?且《春秋》所载二百余年,而《国策》所纪七国之事,稽其时代,皆去先王之泽未远也,顾其时之人心风俗,其为民生幸福又何如?夫已进之化之难与为狂棒,犹未辟之种之难与跂文明也。以春秋、战国人心风俗之程度而推之,向所谓三代,向所谓唐、虞,祇儒者百家其意界中之制造物而已,又乌足以为事实乎?思囿乎其所已习,而心常冀乎其所不可期,此不谓之吾国宗教之迷信,殆不可已!

〰〰 第六章　君主治制以何物承道德之乏 〰〰

虽然,不佞之言,可以止此已,不然,人将谓我有所憾于君主之治制,而为是发愤之谤书。虽然,此非不佞之旨也。盖君主之治制,虽诚有所阙,而亦不无其所长。所长惟何?彼之为治,以荣宠为之精神是已。名位爵禄,著其等差,而人心遂以是而相慕,而有以激发其自致之情焉。是故道德虽乏,而居上者亦有以用其鼓舞,成巍巍之功,建赫赫之业。所以然者,为荣宠耳。使人主者用之而得其术,则合之法制之修明,尝有以致治功之极盛,道德虽阙,未为病也。

【复案】儒者之治天下以礼。又曰:"惟名与器,不以假人。"盖亦知其所以然之故矣。

是故际乎君主治制之极盛也,其国可以为多良民,而不可以为多君子。君子小人,判于心术者也。君子之爱其国也,以利于国而致其爱者也。小人之爱其国也,以利于己而致其爱者也。(自注:所谓君子小人,皆自国民之公德而言。)

～～ 第七章　君主治制之精神 ～～

如前章言,则君主之制,所以为之要素者,名位爵禄与门第之崇卑而已。盖其民既以荣宠相矜矣,则未有不争求获上,以邀此一命之荣者,故曰其治制以此为精神也。

【复案】福禄特尔曰,旌表、封诰、章绶与一切君主国家所以优异人之名器,其在罗马民主之朝,其视之也直不啻后日王朝之视土苴也。制改之日,凡前朝之章服,如旗帜、仪品、节钺,其价值与妇人之巾帨相等云。虽然,此何足异。使名器而滥,即在当时,大将军告身,有不能博一醉者矣,矧乎其朝代制度之既易也!

躁进患得而贪权,此在民主,为害大矣!顾君主之世,使善驭之,则有良效。盖国家所以砺世摩钝,鼓舞群伦,正赖有此具耳。且有其利而无其害,可也。何则?予夺之权,操诸上也。

君主之治制,其法天运者耶,有离心之力焉,有毗心之力焉。执名器以奔走天下矣,而即以其物集天下之力于国家,总众私以为公,人人皆事国者也,而人人实皆恤其私。故自大道真理而言之,君主治制之所贵者,非良贵也,其所荣者,非真荣也。虽非良费,虽非真荣,而其有利国尊主之用也,犹良贵真荣之有以广大其身心。

今夫不威惕,不利疚,临大难而不苟免,履纷乱而不可惑者,夫非人事之至难,而德操之至不易立者欤?而其究也,曰,不过以邀一时之荣,数语之褒而已。此何异持豚蹄而祝满家,所责望于人伦者,无乃过欤?

第八章 荣宠非专制之精神

专制之朝,且无所谓荣宠者也,故不得以之为精神。人主而外,人人皆其奴隶而已。皆奴隶,皆平等,其势不足以相尊也,故曰无荣宠也。

且使荣宠而有鼓物之用也,则必为之法则焉,为之等衰焉。且既荣矣,则不可以复辱,既宠矣,则其人有自择之权。凡此者,皆非奴隶人之所克有也。是故荣宠而果荣宠也,必其国之有典常而议事以制者而后可。

【复案】此节所言,即《中庸》"九经"、贾谊《治安策》之微旨。盖孟所谓荣宠,即中国所谓礼,礼之权不仅操于上,而亦臣下所可据之以为进退者也。

专制不能与荣宠并居,其一以不惜死为至矣,而其一以致人之死为能事。荣宠不能受专制钤轭,其一有法者也,有其必伸自我者也,其一无法者也,伸而无不屈者也。

【复案】《孟子》曰:"赵孟之所贵,赵孟能贱之。"又古语曰:"美女不敝席,美男不敝舆。"信斯言也,则孟德斯鸠之言未为过已。

是故专制国家,其下无荣宠。甚且其国语亦无相合之名词。必言荣宠,其惟有法度之君主乎!荣宠者,君主治制之精神也,其为治之全体以此,其立法制以此,甚至征道德之有无亦以此。

【复案】所谓征道德之有无者,则如中国之生有号、死有谥是已。士生今日,虽有孔、墨之贤,但使姓字不升,号谥不加,亦与草木同尽而已,孟氏之言,岂不信哉!

【又案】荣宠之宠字,与宠爱义别。《汉书·司马迁传》"以为宗族交游光宠",又《萧望之传》"出入传呼甚宠"。所用宠字,义与此同。曩颇有西人言,中国无与翁那尔相当之字。顾其字本有歧义,有时可译节操,有时可译体面,有时可译勋业,有时可译贵显,有时可译名位,有时且可译权势,独与名誉无涉。名誉西语曰伏婴蒙,或曰荷理标得显①,非翁那尔②也。而东译既误于前,转译者又遂非于后,甚可怪也。

～ 第九章　专制君主之精神 ～

犹民主之不可无道德,君主之不可无荣宠,斯专制之君主不可以无刑威。夫既以专制为治矣,则无所用其道德,而使用荣宠以驭其下,又至危之道也。

专制之人主,有帝天之尊,有雷霆之威,顾其为国也,不能不择所亲信而界之以权也。假用荣宠为治,则其人能自为其声价,使其身见重于朝野,若是者皆足以生患也。故必资威刑行督责之术,使惴惴然救死之不给,夫而后其气伏而驯,无敢为非常之虑者矣。

【复案】三制精神,若其论出于吾人,则必云太上之民主以德,其次有道之君生以礼,其次无道之专制以刑。所谓荣宠,即礼也。所谓恐怖,即刑也。至此节能自为其身价云云,则荣宠之为礼,尤可见也。盖有道之君主,为人臣者尚得进退以礼故也。

第使君主矣,而不纯于专制,则有时虽弛其束湿之具,而行宽大之政,未必败也。盖有法令为之维持,而人心未去也。独至专制之朝,一旦人主威令不行,权臣在位,则去易姓受代之时为不远矣。何则?彼所以驭其下者,威力而已,而下所以报其上者,恐怖而已。威之不行,怖之无有,尚安能制众而保有其民也哉! 则此时之民,谓之无主可也。

————————————

① 荷理标得显:reputation,今译"声誉"。
② 翁那尔:honour,今译"荣耀,荣幸"。

【复案】尚武之贤政,亦往往有此,不仅君主也。

土耳其之喀迪思,谓土皇虽与人为盟誓要约,但使所言为限制其至尊无上之权力者,他日背之可也。盖其宗旨,亦谓专制之君,威不可屈耳。(自注:见李戈之《鄂图曼国史》)

考其国之制,谓刑律者,所以待小民者也,乃至贵近臣邻,其荣辱死生,宜纯出于人主之喜怒。是故议事以制,科罪以律,小民则然,而霸夏(霸夏犹言大人,回部之尊称也)不如此,然则小民之身命尚有以安全,而霸夏首领时时可以不保。法之穷奇,言之使人毛戴矣。近者波斯之索斐(索斐,波斯王也)为弥理威子马哈默所废,告人曰:"吾蚤知有今日之颠阼,以吾于人血过于吝惜故也。"(自注:神甫竺萨稣为《波斯史》,言其乱甚悉。)

多密甸之君罗马也,史言其所为至暴虐,然诸部节督,堕胆寒心矣,而民获苏醒。此犹一片郊原,其半则激湍怒流,怀山逼日,其半则草树茂密,垂颖铺菜,亦奇境已。(自注:多密甸以尚武立国,乃于专制之中自成特别者。)

第十章　两君主治制责下服从之异

专制之国家,其臣民舍奉令顺旨而外,无他义也。君上有所欲为,至于宣为诏令,则在所必行,则必责其事效。

无限域,无增损,无转接,无期时,无代易,无斥议,总之惟君所命,一出则莫与易而已。君上至尊无对者也,其所欲为,必行而无可议者也。其臣若民,天生以奉君上者也,故一切主于恰受而盲服。

天有过乎?曰:"有之。大水溢,火山流,民之丁之日,此吾运之蹇也。"君有过乎?曰:"有之。害生理,滋厉阶,民之逢之日,此吾辰之衰也。"之二者,皆命也。命故无可议,无可违,无可先事而豫计。惟民之分,若禽兽然,其遇,其从,其罚。

天性之不可移，人理之不可悖，父母之慕，妻子之恩，节义廉耻之所闲，罢病残疾之不可以勉，举不足以诉于君命既行之余。令如是矣，斯如是已。

波斯之法，凡王之所诛，勿得更称其名氏，亦不得为营救。王即醉，若瞀惑，诏书下，则必行，不行是戏语也，王者无戏语。自太始以来，其国之思想常如此。故当亚哈叙禄①之令尽杀犹太人也，涣汗之号，不可卒复，乃更令犹太人之抵御以自卫也。(案：此令逾时罢。德调宾云："非更令犹太人抵御自卫也，特纵令互杀而已。仇家可以杀犹太人勿论，犹太之杀仇宜亦勿论。已而犹太所杀伤者大过当，至今立纪念日相庆，所谓漂林节是已。")

然有一物焉，可用之以与其君命相抗，则宗教是已。以王之命，使之弃其亲可也，使之杀其亲可也，然且以为大义，独至使之饮酒，则以宗教之约而不行。盖宗教之约，天条也，虽王者为其所约束；而父子之亲，人伦也，王者非人也，故人伦之说，有所不必行。(自注：见沙丹约翰②史。)

【复案】于此可见，宗教当古昔盛时，其所以救政治之酷烈，为不少矣。

至于有道之君主，其临御之精神以荣宠，荣宠以名位，名位以礼。礼行，而君上之威有限域矣。彼之所持以畜其君者，非教约也，使其持之，且以为笑。故立宪之国，臣子所以畜其君者以礼，而即是以为其服从之限域。虽然，礼者因时而可以人意为损益者也，代有因革，故其御物也不若道德之有恒。

【复案】吾读此篇，然后恍然于老子道德、仁义、礼刑递降为治之说，而儒者以礼为经世之纲维，亦此意也。孔子曰："君使臣以礼。"又曰："礼让为国。"盖君主之制，极之由礼而止，蔑以加矣。而君主之国，其民所以无自由者，亦以此已。

————————

① 亚哈叙禄：Ahasuerus，波斯王。
② 沙丹约翰：Sir John Chardin，著有《波斯与东方航海记》。

虽然,是二制之君主,其下所为服从,即有本于礼刑之异,而出力之原则,一而已。若桥衡然,一为其君之所居,则此俯而彼仰,俯为仰主,重为轻君,其不得不服从者势也。然则其异又安在乎?曰,有道之君主,有为之保傅,其臣下多才,其于国政也达,以比专制之臣,过之远矣。

〜〜 第十一章　总论前篇 〜〜

所谓三制精神具如此。非曰民主之制必道德,君主之制必以礼,而专制之国必以刑也。虽然,真民主者必尚德,真君主者必崇礼,真专制者必重刑,脱不尽然,其治制为不纯,而非吾说之有失也。

【复案】孟氏此书于治制,所谓提絜之论是已。提絜之论,故其所指者,皆物之原行,而不及其杂质。虽然,世间之物,原行少而杂质多,历史五洲之治制,大抵皆其杂者,而所杂三制之多寡,则天时人事为之,不可执一以为论也。必指某之治为民主,某之治为专制,则未有不谬且误者。且制亦在所宜而已。若此书所言之专制,可谓治之至为狭隘酷烈者矣。顾使民风甚敝之时,而得亶聪明首出庶物者为之主,将见大为斯人之幸福,而为民生所必不可及者可也。是故其制之所以危者,亦以遇合之难,非其物之必不可用也。是二者皆学者之所宜明者也。

4 第四卷　论教育宜与治制之精神相表里

～～ 第一章　教育之制 ～～

吾人所受范于外物,最初者其惟教育乎!且教育者,教之育之,将以入群也,是故私家之所为,必受成于其国,国者积家而为之。

使其国有所谓精神者,则其散之私家,亦必有其精神也。是故教育之制,国以不同,随其治制。其在君主,将使之知求荣;其在民主,将使之知尚德;其在专制,将使之知畏威。

～～ 第二章　君主治制之教育 ～～

君主之民,其最重之教育,非行之于学校庠序者也,自其交于国人,而教育之事乃始。盖必交于国人,而后所谓荣宠者见。荣宠者,国民之导师也,随其人之所居,皆以是为之趋向。

有格言三,为国人所时时称道者,曰:"心德期于崇高也,行己为其真率也,接物有其礼文也。"然而,心德,其所教者,本于尊己之意多,而本于及人之意寡,非导之使亲于其群也,乃修之以自别于庸众。

其论德行也,不课其隐微,而贵其喧赫。不严其公私,而重其俊伟,常歆其奇瑰,而不道其中庸。

使吾有加人之尊行,而为国人所表彰也,则为理官之所见许者也,为辩士之所曲恕者也。

【复案】此节及下数节，原文皆有晦涩处，姑顺其文译之。

轻惰而嫖姚，男女燕私，与军旅好胜之容也，是故他俗讳之，而君主之国则不忌。求言行端谨如民主者，不可得已。

使所图者远，所全者大，虽由其谲道，用其险机，所不訾也。政党外交，阴谋秘计，时时有之，而其俗不以为罪也。

若夫诡渎，愈不禁已。然使所图者非其大利，而自居者在于下流，则亦所恶也。

夫君主国人之心德，所可论者既如此矣。乃若其民之言行，固尚其真率坦荡者也。顾真率坦荡必以诚，君主之教育，果以求诚乎？殆不然矣。彼之为诚也，特以谓开口见心，不隐情愫，有迈往之气，磊落之风而已。若是之民，其所重者恒存乎名实，而受之以何道，则未暇详也。

是故尚真率矣，而如彼之真率弥足贵，斯平民之真率弥足羞。平民者，真率而外，别无余物者也。

终之君主教育之所重，尤在乎接物之礼文。人，群虫也，必群而后能乐者也。使有人焉，取雍容之礼法而蔑之，则所与接者，必讶其粗鄙而薄其为人，虽欲有为，何可得乎！

虽然，自其大较而言之，则习为礼文者，其用心不如是之精白也。彼之习为礼文者，欲自见耳。折矩旋规，槃辟都雅，则观者曰："是出于钟鼎簪绂之家，而非生于蓬户席门者所可貌似也。"则沾沾然自喜之心著矣。彼所以使之好礼而善为容者，亦本于骄矜之一念也。

不宁惟是。今夫善趋跄美音制者，宫廷之产物也。高高在上者一人，斯其下皆虮虱已。惟其皆虮虱，是以相人偶。是故，礼容之事，不徒受者欣也，而施者亦以之自喜。其操之至熟，所以见其人之必近君，即不然，亦虽远而宜使近者耳。

朝人（人主之左右侍从通曰朝人）之风气，在视无实之巍巍如有实者（如天子虽愚，必称尧、舜，朝廷虽小，必曰帝天，乃至相谓必以尊称，卑官为之显号，皆此风之行也）。夫无实，非彼之所恶也，其喜之也过。有实者，貌为卑牧，而鄙夷之意得隐寓于其中。彼愈无实，此乃益骄，其骄矜之意，常与其去实之程度为乘除，而不自觉也。

陈设玩好衣食居处之事，宫廷之选择必精，其神味必轻倩而嫌浓拙。盖奉生行乐，饶衍餍饫，消为浓拙，则不可耐。其取精宏，其涉想纷，此其所以易倦厌也，倦厌故多弃择。

右之所言，皆陶铸贵人之教育也。贵人者何？性情德行与君主治制相须而宜者也。

总之，君主之国，其风俗之成，无往而非为荣宠。入于寤寐思想之微，凡以鼓舞其精神者，皆此一物而已。

夫其俗既以无实之荣宠为精神，故其论道德也，亦无定程，而但视其时之所尚，高下从心，制为法令，以使民从。其于民义也，或纵之，或谨之，所以为宗教，所以为治道，所以为德行，皆如是而已矣。

虽然，有一义焉，为君主所最重，而必渐摩其民于至深者，张皇之以法典可也，缘饰之以宗教可也，诱进之以爵位可也，皆使其民知尊君死长为唯一无二之义务而已。是故君主者，托于礼教名义以扶植其独伸之柄者也。第既以礼教名义率其下矣，则无礼不义之事必不可以求诸其下也。使其求之，是自坏其纲维，而下且无以事其上也。故往者吾法有古喜恩者，王使之刺公爵吉思，古喜恩不奉诏，而自请与约斗焉。（盖西俗以约斗相死为义，而行刺之行为不武。礼之所禁者，于荣宠为反对也。）又巴拓洛苗之变，法王察理第九①诏州郡尽杀许高奴②（誓反新教徒号），当是时，多尔特子爵持节督贝润纳部，上书曰："臣所部州民及陛下军，皆无能为陛下办此事者，以其民皆不欺而好义，其兵皆果敢而武威。臣今率所部兵民，合辞愿陛下收回成命。其有可行之事，臣与兵民断不敢为陛下惜死云云。"壮哉，多尔特，其灵魂高尚而慷慨，直以此苟贱不武之行为非人之所为也。

① 察理第九：Charles IX，今译"查理九世"。
② 许高奴：Huguenots，今译"胡格诺派"，法国的喀尔文教派或改革派。

国俗既以荣宠相高，则旧家门子常乐从戎，以此为事君之贵职，且以此为贵族专门之业者，无足讶也。盖军旅之事，功绩最高，其冒锋镝，犯死亡，胜固荣矣，即败有不可以为辱者，此真贵人豪士之通涂也。而究其所为，亦属荣宠而已矣。虽然，既为荣矣，则其人进退之际，不可以自污，脱有蹉跌，退焉可也。

然则君主之国，仕与隐必听其人之自由者，礼也。夫如是之自由，虽千驷万钟不可与易矣。

是故君主之国，有三箴焉，教育者之所重也。其一曰，知有富贵之价值，不知有性命之价值。

其次曰，视富贵之奉若固有之，慎勿妄自菲薄，而以为非所克堪。

其三曰，宁犯国律，毋伤荣宠。荣宠之所禁，虽国律之所不禁，相与厉其禁也愈严。（自注：所列三箴，祇载其所用，而非载其所当用者。夫荣宠非有物也，特人人之所心成者耳、宗教大行，或变其俗。）

【复案】所谓"宁犯国律，毋伤荣宠"，至今西俗尚有然者，试为举譬。假如甲乙两贵人为博，甲胜而乙负，乙虽弗偿，甲不得讼而索之也。博进，非国律之所问也，故曰荣宠之债。然乙之偿此，亟于可讼之债矣。又假甲乙违言，而约斗相死，立傧介，置期会，使及期而其一不来，法不之责也。岂惟不之责，实且禁其相死，而与于其事者为有刑。虽然，及期必至，无逃免者，何则？宁犯国法，不伤荣宠故也。

【又案】美矣！孟德斯鸠之论君主教育也。使学者于此而有悟，则于西俗之本原，无难知其故矣。盖尝论之，君主之为治，西之与东，同焉者也。顾其异者，东之君主以儒，西之君主以侠，以儒故秩序之等明，以侠故廉耻之风竞，而其终也，国俗之刚柔判矣。孟原文造意至深，往往猝读不知何语，必反复玩味而后得之。即不佞斯译，亦不敢谓尽知其意也，乃观近人所译，如《万法精理》等编，大抵不知而作，羼以己意，误己误人，于斯为极。原文具在，来者难诬，即令译者他日反观，而不面赤汗下者，未之有也。

第三章　专制君主之教育

君主之教育，犹足进人心于高明也，乃若专制，则相与趋于卑陋而已。盖其为教也，勖人人以屈伏。屈伏，不仅其下然也，即上者亦以是为心德，未有专制之君而非奴隶者矣。

至顺者，其愚昧之征乎！不独奉令承教者然也，其发号施令者亦如此耳，无所拟议，无所疑殆，无所寻绎，曰吾欲云云足已。（德调宾曰："孟德斯鸠所谓至顺者，犹盲从也。"）

专制之民，家自为政而不相谋者也。顾教育之道，则基于合群，专制无群，故专制无教育也。即有之，不过使民知畏而已，余则使诵宗教戒律之寥寥为服膺而已。盖学术本其上之所毒也，而为学不能无竞争，竞争又危道也。若夫德育之事，则雅理斯多德尝言之矣，奴隶无所谓德也。（或问此何谓耶？曰："有德必先有志。志，自主之心能也。奴无志，故无德。"）由此言之，专制之治，虽有教育，亦至隘已。

是故，专制之民，本无所事于教育也，将成其一德，则尽其一切德而褫之，彼将使之为奴才也，必先使之终于为愚民。

且专制何取于敝精伤财而被其民以教育乎？将欲使之为疏通知远者乎，是觉悟之，使蠚然痛其所居之桎梏也。将欲使之知爱国乎，则彼之所图，将莫亟于求去其君之压力也。使民为是而不得，然则其身亡也。使民为是而得，然则其身其国与其君皆将措诸至危之地也。专制诚何所利而教其民乎！

【复案】吾译是书，至于此章，未尝不流涕也。呜呼，孟氏之言，岂不痛哉！夫一国之制，其公且善，不可以为一人之功，故其恶且虐也，亦不可以为一人之罪，虽有桀纣，彼亦承其制之末流，以行其暴，顾与其国上下同游天演之中，所不克以自拔者则一而已矣。贤者睹其危亡，思有以变之，则彼为上者之难，与在下者之难，又不能以寸也，必有至圣之德,辅之以高世之才,因缘际会,幸乃有成。不然,且无所为而可矣。吾观孟氏此书,不独可以警专制之君也,亦有以戒霸朝之民。呜呼! 法固不可以不变,而变法岂易言哉! 岂易言哉!

第四章　古今教育之异效

古人之所居,大抵皆尚德之政府,方其盛也,人民所为,皆今日所不概见者,而今人以识量之卑狭,往往遂诧以为奇。

且古之教育,尚有胜于今者焉,则一受其陶成,终其身无有与相反者,使之化其故以从其新也。额巴米囊达之将死也,其视听言动之则,与在胜衣就傅之年,匪有异也。

乃今之教育,又何如乎? 言吾人一身之所受,大抵有三变焉,而皆若不相谋者:所受于亲者也,所受于师者也,所受于国人者也。使其新者是,则其旧者非矣。使其后者庸,则其前者废矣。而其中之抵牾,所由于宗教之旨与身世之阅历者为多,而古人无此事也。

【复案】此章之言,与斯宾塞《群学肄言·学诐篇》可资相发。而达冷白曰:"孟之意,盖谓景教禁仇暴而奖仁慈矣,而各国之所实施,又若欲从其教而不可者,此其多所抵牾者也。虽然,景之道未尝使雄者雌而勇者怯也。每见信教最笃之人,其于国也常最忠,于战陈也常最勇,是可以知其教之精神矣。"

第五章　民主治制之教育

然则有事于教育,而待教育最亟者,其惟民主乎。何则? 专制以怖畏为精神者也。怖畏之生,取之以刑威焉足矣。君主以荣宠为精神者也,荣宠,好胜而贪者之所尚也,好胜而贪,固不俟学。独至民主,其精神为道德,道德,克己之业也,克己之业,常劳苦而困难,使非教育,畴能至之。

【复案】此仁义杯棬之说也。率天下而祸道德者,必孟德斯鸠之言欤!故往者达冷白尝驳其说矣。其言曰:"孟氏所谓民主之道德者,质而言之,爱国而已。爱国固有事于克己,然而是克己者,非必于己有所失也。方其一国之气,蒸为太和,起视所居,有泰山之安,其民有熙皞之乐,有以自奋则神怡,无所屈伏则气王,学术日富则乐方愈多,商旅棣通则珍奇日至,身为自由最贵之民,故其身与子孙常若有无穷之希望焉。他若宗教之清真,美术之微眇,其乐尤非不自由之民所能梦见者矣。是惟人人爱国而后有此,此曷尝劳苦而困难也哉!虽然,言各有攸当耳,彼孟氏之言,亦自有其不可废者。"

夫民主之道德非他,守法而已,爱国而已。守法而爱国者,不以己之私利,先其国之公益也。不以私害公,道德之真,正如此耳。

乐守法而爱国家,如是之情,民主之民之所独也。盖惟民主之民,而后法为其所自为,而国家为其所公有也。夫必宝爱其物,而后其物可长有者,国家岂异于他物也哉!

有君主之帝王而不爱其朝廷者乎?有专制之人主而恶其莫予违之权势者乎?

是故,众治之国必使其民知爱国者,爱国万事之原也。动之以爱国之诚者,教育之本务也。然而其所以教育其子弟者,有必验之术焉,则为父母者,必以身作则焉而已矣。

吾有意想,而达之于吾子弟,人所大抵能也。吾有感情,而通之于吾子弟,人所尤能者也。

设有不能,其故无他,彼之所受于家者,为外物所移夺故耳。

然则无曰风俗之陵迟。后进之不肖也,必长者之先腐败,而后其少年从之。未有典型尚存,而小子先从于恶也。

〜〜 第六章　希腊学制 〜〜

古者希腊之民，知欲用公治之制，民必不可以无德也，则为一切之法，以渐摩浸渍之，使民有以持其制于不堕。自后人观之，有甚可异者，夫亦各适其治而已。来格谷士①者，希腊赖思第猛立法之人也(按：斯巴达古名赖思第猛)，乃今读其传记，虽所载者一皆事实，然以诡异之故，一若读《舍华浪卑》之历史。(按：《舍华浪卑》，法人达赖②所著，寓言乘槎遍历异化者。)盖斯巴达古制，即因革雷特之所用而损盖之，而他日柏拉图又修明之，以为《主客论》之《公治篇》也。

虽然，吾党勿独异之而已。则试思彼立法持世之人，必具何等之才识，始能如彼之远瞩高瞻，独运陶钧之上，捐除旧染，正谲并施，于以成一国之规，使千秋万世，咸震于其所为如此也。盖来格谷士之法，能使民虽为盗贼而不可以为无良，虽日劳于胥靡之刑而不可以为劫制，极刚戾忍诟之情矣而又有礼让优柔之实，此其所以奠国基而保弹丸之国者也。方来格谷士之行法也，若取民所爱恋者，一切而弃之。若技巧之可欣，若贸易之致富，既禁绝矣。甚而至于三品之圜法，亦以为海盗滋奸而不用。百雉之坚城，亦以为示弱不武而堕之。国之人民未尝无歆羡之情也，然不以是而萦情于富厚；未尝无骨肉亲亲之爱也，而父子兄弟夫妇乃尽绝其牵恋之私。所尤可异者，其法之于女子也，既取其掩抑葳蕤谨严羞恶之意，凡所谓妇容女德者而尽去之矣，而又不可以为非贞洁而遂即于淫也。凡来格谷士所以使斯巴达强立张皇者具如此。彼意有所祈，则为之制礼焉，为之立法焉。洎乎礼用法行，斯所祈者无不至，且其入于民心也至深，虽越数百年，有国焉能以兵力胜斯巴达矣！独不能取其法而变之，则虽胜犹未胜

---

① 　来格谷士：Lycurgus，斯巴达立法家。
② 　达赖：D'Allas。

耳。(自注:斐洛皮芒所以必变斯巴达教育子弟之法者,亦知不变则无以去其豪迈侠烈之风气也。事见布鲁达齐《古豪言行录》。)

【复案】来格谷士生周、秦间,殆与吾国之申、商、韩、李同一期人也。为斯巴达王弟,让国于遗腹兄子,南奔革雷特,见其礼俗法制,意大善之。未即归,已而游安息之爱阿尼,察其治俗。道埃及,得其兵制。以来格谷士之贤也,王与国民争迎归之,使为国相。至则大变旧法,生聚教训,一主于强兵。略言所为,则立二十八人之沁涅特,以生国议也;平分一国土田,使一夫所受,不得过七十石也;以财为启争之媒,则收三品之币,而用铁钱也;以奇技淫巧为耗民之力,则禁之而罢通也;制公晡之礼,使一国男子必相呼会食也。而尤重者,则在教育。其一国之子弟,使必任执兵以捍国土。欲为之必得其效,故谨之于有生之初,而男女嫁娶之礼,乃著令矣。岁以时为令节,令及笄未嫁者,相聚广场,裸而舞歌,其所歌,大抵称扬男子临阵之勇烈者,而揶揄其败怯者。王与国之长年,临相其礼。令男子纵观之,至于择对,则必取其壮伟。生子则必验其强弱,强者举之,弱者不举也。男子八岁以上,率之以差长之少年,群趋演场,以兵为戏,教以服从之义,金鼓之容。又欲其习智计也,故使必窃而后得食。乃至樵苏,莫不如此。穷而不善,被发觉者,虽大创之无怨也。其女子亦习劳苦,以致壮强。女虽有夫,见健男则求与卧,曰为国乞种;男遇顾妇,则请诸其夫,曰为种择田,两无忤也。盖来格谷士常曰:"人于犬马,尚知求善种而畜之,独至于身不然,是不谓之贵畜贱人,得乎?"一国之民皆兵也,其次则有农工。惟商贾求财,斯为污处,名曰贱业。其平居,习质确劳苦。独至于战,法得美衣丰食,厌饫优游,故其民以战为晡,相与乐之。虽然,其法诚屡侵人国,曰:"恐所侵者将从此而习战事也。"又禁其民出游外国,交通外人,曰:"恐忘国习,而归乱法也。"来格谷士之法既行,知其国之不可败也,则告其王与民曰:"吾将祷于德尔毗之明神亚波乐,必若为吾誓,方吾未归,勿乱吾法而后可。"王与其众交为誓。来格谷士既祷于德尔毗,乃不食死。遗命焚其尸,扬之于海也。

论曰:此越勾践之故智,而蠡、种二大夫之所已行者欤。夫以蕞尔国介于异种群雄之间,其势莫亟于求存,故其所为,往往而合。秦用商君,卒并天下,六合之内,莫与争存,其所亟者,世守私权而已,故务弱其民,男秉义程,女守洁清,而寄豭逃嫁皆大罪矣。呜呼!立法者方相时之宜为操纵,而或以是为地维天柱之不可以摇,何见之囿也!欧亚百年之间,法家并出,随其所遇,为术不同。天之生才,若相应者,斯已奇尔!

革雷特与拉恭尼皆以来格谷士之法为宪法者。试观马基顿①鞭笞四邻,而斯巴达之折入最后;罗马荐食亚欧,而革雷特为降国之殿。(自注:革雷特以弹丸小岛,被兵三年,能守国宪不堕,称自主。李费史谓,其民之拒罗马,虽大国名王输其勇也。)闪匿提用来格谷士法以教其民,终之罗马虽强,经二十四胜而后克服之。强立之效,可以睹矣。

自兹以降,至于近古,文胜质微,无足道已。然而希腊奇正相参之法制,其流风遗俗,犹可见于秕糠尘腐之中。近今百年,欧美之间,有贤人起,章志贞教,亦以法造独异之国民,其俗之知方,无殊斯巴达民之有勇,则彭维廉氏其人也。即谓今之彭维廉,无异于古之来格谷士,蔑不可已。彭所以开一世之太平,来所以图一国之强立,是诚有异,顾皆以制扰民,使矫然立于自治人民之上,破除旧染,而咸与维新,屈抑情私,而急图公益,则二贤之能事,吾不知其孰甲乙者矣。

【复案】彭维廉者,英之白尔克思②人也,生于千六百四十四年。父为海军提督。早岁受学于鄂斯福③,为宗教战栗党人。是时国人方创同仁会,维廉身为领袖,宣道宗法,与政府忤,乃适美洲,建费拉府。与墨人立条约,主客二种,遂相安也。

历史中以法导民,前二事而外,则见于巴拉奎者,又可言也。(巴拉奎,南美洲民族,居巴支之南,阿占逢之北,于千五百三十六年为斯巴尼亚人所得。已而

---

① 马基顿:Macedonians,今译"马其顿"。
② 白尔克思:Berks,今译"伯克郡"。
③ 鄂斯福:Oxford,今译"牛津"。

耶稣会教士主其地也。)叶殊奕①教会人治其地,为立法布宪,乃世人为娼嫉之言曰:"彼教中人,所最娱者,身为民上,而总一切之权。"虽然,此非平心之论也。夫为政而心乎民,知一切礼刑,所以求下民之福祉者,皆大人不朽之业矣。其为术也,将使下国之民,知宣教行仁,不为两事,是则教会之所为而已。往者斯巴尼亚之蹂躏是邦,可谓绝于人理矣,乃教会抚循而噢咻之,弃寇雠而得石交,此无异取前人所淫夷之瘢瘠而敷之以膏衃也,所造固不大耶!

当此之时,巴拉奎视叶殊奕教会人亦至微谑耳,而叶殊奕会人亦自有其所必争之勋绩。争勋绩,笃宗教,此两者合,故自任以事业之重如彼,而其为之也,亦卒有其成功。夫取猱獠于森林深箐之中,使免于阻饥,而有以蔽其袒裸,是其功亦足载已。向使由是而益进焉,为人类更广所居之业,千秋嘉誉,非幸而致也。

继自今,其有人焉用若前之法制者乎,则所以体国道民者,必若柏拉图所著于《公治篇》②者而后可。盖其民必具服教畏神之意也;必屏异俗,以无使其德之或漓也;必广其懋迁,然必公为之,而不可以私服也;可以畀其民以巧,而勿畀其民以淫,可以修其所可愿,而必勿张其嗜欲。

又必若古之人然,禁泉币之为用也。盖泉币之果,徒使封殖日深,过于天设之分限,日积而多,于国无用,徒使民嗜欲日滋。夫天之所以予人者,本至俭质也,民之为性,本宁静而淡泊,乃今必化之以为文奢,则无怪嗜欲之炎,而人类始相贼矣。

【复案】孟氏此言,置之《老》《庄》中,殆不可辨。然则孟氏主社会主义者耶?抑亦知其难行,姑为行古之制者,言其必如是耶?是不可得而知矣。

古之额比但奴(今名杜拉咀,在土耳其之欧部中)民,觉与蛮夷居,则其德日益下,乃设之有司。使判质剂为贸易,以代民与相接焉。由此言之,则

---

① 叶殊奕:Jesuits,耶稣。
② 《公治篇》:*The Republic*,今译《理想国》。

通商固不必害于政体,而政府亦不必取通商而禁之矣。

【复案】或曰:"虽然,如孟之言,则无所竞。无所竞,无通商矣。"

〜〜 第七章　若前之制度,以何国家而后可用 〜〜

若前章来格谷士等所布立之制度,必在民主而后须之,盖民主固以道德为精神者也。若夫君主以荣宠驭其下民,专制以刑威劫其愚贱,则无取于为是之烦扰也。

其次,其法必国小者而后可行。盖国小而后耳目可以周,有以责溥通之教育,上之教询其民,无异一家之子弟。

若古之迈讷斯①(革雷特立法之王,相传其死为下界冥王)、来格谷士、柏拉图,其所立法制,使其果行,必一国之民,视人事若己事,而互相稽察而后可。若遇广土众民,机繁而绪众,虽欲如是,不可得尔。

夫前不云乎,行如是之法者,泉币之用,在所必废。顾使所治者为上国大群,以其民之繁,其事之广,其机之逼迫,其效果之重繁也,皆非无财所可取具,又况交易之棣通,物产之相较,皆有待于公量。(案:孟氏所谓公量,即计家所谓易中。)为上者,将欲植立推广其权力,又必具所以代表权力之资,其物为人类所同认者,不然,不可用也。

---

① 　迈讷斯:Minos,今译"米诺斯"。

第八章　古人以乐辅治之说

波里彪①者(此言多生,希腊史家。西汉时人,见俘于罗马),古之信史也,尝谓欲进雅开田(波里彪所产部)之民于礼让雍容,而去其骜陵之气者,不可不资乐。雅开田之于希腊,固寒惨之区也。又谓凯聂特(亦希腊之一部)以不用乐导民之故,遂使其俗为全希之最犷者。其豪侈淫纵,为国中他邑之所无。柏拉图之论公治也,且曰:"国未有其乐已更而政不变者。"至其传衣弟子雅理斯多德之著《治制论》②也,于其师说,十八九皆不合,独至言乐之为用,足以移风易俗,则二人若合符节焉。他若德倭化斯拓③(雅理斯多德高足弟子,生于汉初,著《本草九书》)、布鲁达奇诸哲,精思熟议,所论皆同,亦谓乐者治道所必资,著之令甲,见诸施行者也。

【复案】中国谓三代、唐、虞之治,必远过秦以来。此其说诚有不可尽信者。顾以一二事之确证,知古人之说,不可诬也。则有如吾古人之重乐,试取《乐记》诸书读之,其造论之精深,科学之高邃,不独非未化者之所能窥,而其学识方术,亦实非秦以后人之所能跂。此章言乐,吾见往古二洲圣人之合辙也。

夫古人言乐之重如此,其立法之不谋而合又如此,此其故必有可言者矣。不佞则以调,希腊古以市府合邦,凡牟利营财之术业,皆以为非自由之民之所尚而禁之,其以武节立国者,此风尤甚也,故芝诺芬之言曰:"百工之业,能使执之者筋缓而体弩。夏则必息于阴,冬则必煴于火,昼夜汲汲,无一顷之间,亲故之私觌,军国之公会,皆所未暇。"是故以自由之民而

---

① 波里彪:Polybius,今译"波利比乌斯",希腊史学家。
② 《治制论》:*Politics*,今译《政治论》。
③ 德倭化斯拓:Theophrastus,今译"泰奥弗腊斯塔斯"。

沦于匠作者,古皆见于民主衰坏之时,不然,无此事也。雅理斯多德《治制论》曰:"凡民主之市府,使其中政教修明,则执技售业之氓,必不得与自由之齐民齿也。"(《治制论》又曰:"狄阿芳特法,凡雅典之工师,皆国民之奴隶。")

【复案】持此以与《社会通诠》所言宗法社会之制对观,则东西二治之发源,其大略可以见。民主之市府,以百工为之奴隶;宗法之社会,以百工为在官。由此而演,故后世虽民生之总统,亦为公仆,而泰东之官吏,犹曰臣工也。

乃至耕农之业,亦奴隶之所操也,往往以其所战胜俘虏之民为之,此如赖思第猛之有希洛氏,革雷特之有辟里鲜,德沙利之有比尼斯特,大抵皆民主之军之所系累者矣。(自注:柏拉图、雅理斯多德论法,皆立田奴之制。夫田固不必皆奴耕,且雅理斯多德亦谓,齐民自耕,为公治之最善。然希腊古无此制,以皆贤政贵族之治。必其治既散,降为民主,乃成齐民自耕之俗也。)

总之,一切卑污货殖之事,皆希民之所羞。彼谓执此,则必伺候于豪家之奴隶与夫羁旅、异族之人。此意与希民所谓自由之义,若不并立者。故柏拉图之法曰:"有自降于贾人之污处者,国之人得共罚之。"

由此则希腊公治之执政,有其难为者矣。农工商三者之业,既皆以为污辱而害治,不许其国民亲执之矣,然又责其民之习劳,而不得自暇逸,夫如是,其所得为,必尽于练身习战二者,而其余则皆法之所不许者也。是以希腊者,撇斗欧飞之社会也。今夫乐斗争者其气必鹜,习击刺者其志必惨,是非有以柔其气而善其志焉不可也。(自注:雅理斯多德《治制论》言:"斯巴达民以幼稚习武之故,常粗犷暴慢而难驯。")由音声之道,欲以驯伏其心,此乐之所以有取耳。盖武健之习,为之而过则暴,文思之业,治之而笃则偷,斟酌二者之间,而有以通其邮者,其惟乐乎。顾或曰:"乐之感人深,有进德之效。"此吾所不知。特用以救武治文胜之末流,使心神之间,有以得教育之和节,则诚非外乐而可求也。

今设有民,其俗好猎,而以是为唯一之业焉。斯其风气悍劲,殆无可就。然又使蔼然有好乐之风,则其俗必殊于初,又可决也。故希腊习其民以武事,其所得于民者,尽于一类之感情,曰猛毅凶虐而已。乃至于乐,非无发扬蹈厉之感情也,而悱恻慈良与之俱至。君等疑乐之神乎? 则试观今日言德育者,其论俳优戏剧之害于人心,可谓切至。此德育之反也。然善推理者,就所言而观之,则知乐之移人至矣。

然使社会之所谓乐者,不逾笳鼓之嗷噪,则彼所以为移风易俗之具者,将无较既精之乐,六音调八音奏者,滋为难乎? 是知古人求柔民之效,有不尽假于乐者,又有以也。

或曰:"物之悦心而移情者,不仅一乐也,何吾子唯乐之为称?"曰:"凡悦心而移情者,必假道于官窍。假其官窍,常恐伤其神明。夫悦心移情,假官窍而无伤其神明者,惟乐能之,故足尚也。且子不闻布鲁达奇之言乎,羝卑之国,欲其民之柔良也,求他术不得,则著于法令,使民得恣用其一情,而不知其所用之一情,乃他国之所禁,而吾党至今读布鲁氏之书,所犹为面赤者也。"

5　第二十三卷　论法律之关于户口生聚者

～　第一章　蕃衍种族,人与禽兽同率其性　～

德来登之诗有曰:合欢喜神罗马母,天人共仰无等差(中略)。春风骀荡扇郊野,新境呈露纷无涯。西飙搜搅起懒岁(亚洲以东风司令为春,欧则以西为春风,盖皆自海来),万绿悦豫争萌芽。欢迎淑气叫百鸟,歌唱不异娇女姹。川原麋鹿起决骤,捐弃食饮求其麚。爱力所弥遍四大,洪者龙象纤鱼虾。生气在体忽如醉,阴驱潜率非君耶? 邱林岑蔚海浩晶,空山乱石陌上花。噢咻涵煦谁汝似？现刻皆使蒸成霞。信哉喜神母万类，生物不测功无涯。孳乳浸多者如是，一粒可化恒河沙。

虽然，人与禽兽有不同者。禽兽孳生，顺其天性，而不自为制限者也。人道不然，其思想，其情性，其忿欲，其习惯，其悲喜好恶之无端，其惮老驻颜之意，其诞生抚字之勤劬，其教诲饮食之不易，凡此皆所以沮其蕃生者矣。

【复案】自以人鬼为宗教，而不血食为莫大之罚，于是吾人以婚嫁为天职，而中国过庶之患兴焉。虽然庶矣，而富教不施，则其庶也，正其所以为苦也。欧洲之民，其视子姓固不若吾人之重，而忧世之士，计学之家，方殷然以嫁娶无节为戒，故今日如法、意、英、德诸邦，其户口之数已不甚进，盖教养愈谨，必量力以为生故也。中国之蕃衍也，劳动社会无恒产之小民，进率独优。夫众不教劣种之民于竞争之世，其不能为优胜明矣。

故不佞以此为吾国最难解免之问题也。

〜〜 第二章　嫁娶之律 〜〜

嫁娶之律，所以重匹合之有别者，非以遂男子之妒情也。缘所生而起义，为父者，教养之责无旁贷焉。何则？素定故也。不然，将如墨拉所言，父子之属，所据者但有形似。但据形似，是亦不可必之数矣。

教化愈进，婚礼愈严，为父之天职，礼与律明著之。惟群之兴，必自教养其民始。向使人父不为是，而使其群代之，势且不平不公，抑亦力有不逮者矣。故教养之事，莫若责诸其父便。

禽兽之教养所生也，以母不以父。至于人，其为教养繁矣，非男子莫能任也。儿之性灵，不能猝启，必渐摩循诱，而后成德。是故徒养不足，必在教之，至于长大，而复能自治以养生也。

故俗苟合无别,于国之民种最病。夫世界本无此儿也,乃今有之。其造因者谁欤?父与母也。由苟合而为父者违,教养此儿之事皆废,其母虽爱而欲为之,所不克为者众矣,羞恶悔恨之乱其中,形迹法律之困其外,又况无财力者又什八九耶?

且身属妇人,而人尽可夫,其所以教育此子女者,其资格先亡。虽欲为之,势有不可。况国之法律,于此类人常贱恶之,而不与之以应得之保护。其身且不自保,又安能保所生乎?

是故,事有若相反而实相须者,则男女有别,而后国民蕃盛是已。夫无别之极,虽为庶不能,无论富且教之矣!

第三章　所生之贵贱

自匹合制立,而后生儿有贵贱之可言。何则?可以从其父也。此自然之势也。方此制之未立,人生贵贱,常从其母。(自注云:国之有妾婢者,其子贵贱往往从母云。)

第四章　门　第

以妇从夫,往之女家,几为通制。然亦有入赘者,以男子而适女家,如和谟萨之俗。此俗虽反前制,然未形或不便也。

然必前法行,而后门第立。门第者,以男统相继续者也,且由此而生齿之繁殖益易。门第犹产业然,初民男女,固无殊爱,以门第故,乃重生男。男子者,所以持门第于弗坠者也。

门第立而后族姓重。名者,人没世而欲其不朽者也,亦以此而愿门第之相引而弥长。世有因立荣名而门第高焉者，亦有因立荣名而小己显焉者。徒为小己之荣，以较门第之尊，轻重判矣。

∽∽ 第五章　应法之妻，凡有数等 ∽∽

以各国宗教法律之不同，其所以胖合之礼各异。回部之国，一男子有数等之妻，故其于子姓也，亦为之殊别。有以婚娶而家生者，有以姜婢而生者。姜婢所生，庶孽也，庶孽必由其父之特认。

生而有贵贱，非公理也。至一父之子，以其父之所施殊，而所生之贵贱异，尤非公理也。故子之继父业也，使无他故，宜凡所生皆从同。惟日本之俗异此，臣之得妇，恒由君赐，必君赐之所生，乃可以袭其产。其立法之意，殆恐产之屡析而过分，而食采之家，于国则有必膺之义务，此无异吾欧古者之口分田业矣。

【复案】生无贵贱，此平等之极说也。虽然，种固有贵贱之殊，而智愚贤不肖，生质从以大异。今取士族之子百人，与徒隶之妻百人，分而教之，则前说之证见矣。是故言其大较，种固有贵贱之可言也。

一男子可以数妻，而异其等焉曰姜。虽然姜矣，而所生则无贵贱也，盖其法之立，以为姜虽生子，特代妻耳，其实皆嫡之子也。此中国今行之法也。子职之供，斩衰之服，不施于本生之母也，而必施诸应法之嫡母。

惟其礼俗如是，故支那国中，无所谓天生子者。使如吾欧，则奔姜姘妻者之所出，皆必有专律焉，始得与应法之子比肩。此极牵强之事也。吾国天生子固不少矣。顾在东方，未闻有律以别野合所生之子女。盖其俗所以防女子者本至严，深闺重壶，穷裤葳蕤，保傅之夹持，阉椓之为使，令为男子，若无患其内之不贞也者。故其法律，以别异奸生之条为赘。即果有之，彼所以待母与子者，祇有死耳，安用加别而存之乎？

【复案】孟氏此书,其及吾俗也,固较同时他书为精审,以其识足以择言故也。虽然,犹有疏者,而多见于其意所推度者。如上之所言,其有合于吾国情事与否,读者当能自察也。

第六章　各国待庶孽之不同

总之,多妻法行,则无天生之子。必国律用匹合者,乃有天生子之别异耳。匹合之俗禁外妇,欲民守法,故并区其所出以为污,而不法之苟合,庶几可以少。

民主庶建之国,其别天生子也,较君主专制之国为尤严。民主之于道德,固独重也。

若夫罗马旧律,其所以防此者,乃太酷矣。其古法,国民不容无室,而夫妇反目,欲为离析无难,人人自便,故其势可以无外遇,必鲜耻不自爱之尤者,而后有外遇也。

庶建之制,合众民以为君,故于民品独重。重民品故严庶孽,非必贱其人也,亦非甚恶其亲之无别也,制不得不如是也。然庶孽法不得齿国民矣,而有时纳之,则以欲齐民之多,以与贵族为旅距也(见雅里斯多德《政治论》第六卷)。雅典之盛,以民主而受贡献于埃及,欲人数少而分贿多,则又群摈庶孽,使不得与齐民齿。闻雅里斯多德言,每有市府以齐民籍稀,乃议纳诸孽,使享同己之权利;至于民数既稠,则庶孽之生,往往见摈。

第七章　娶妻必承父命

娶妻必告,以待父命者,非以父为产业主人,一家之权有专属也,亦以父慈爱最深故,以父识虑最优故。少年阅世日浅,其智虑既微,情欲始盛,往往耽于近慕,议不反顾,其鉴衡常不足任也。

古之小民主,其胖合常由令尹,而不独任父权。其意盖谓,爱国之义最重,而门户之计次之。故柏拉图言治道,亦以民间男女之合属之令尹。此法赖思第猛之民主尝实施之。

【复案】孟氏言,舜娶妻,不待瞽瞍之命,然则为之主者盖尧。夫尧固本其爱国之义,而后有二女之厘降者,非今世主自由结婚者所得以借口也。西人言自由结婚固矣,而男女之缔合者,年必甚长,常法男逾三十,女逾二十,各已长成,知自为计。其未及二十有一者,则在父权之下,即令失怙,亦有保父,代任其职,无所谓自由者也。其谨且重于婚嫁如此,然而尚有占脱辐之父,而夫妇道苦者。今中国沿早婚之敝俗,当其为合,不特男不识所以为夫与父,女不知所以为妇与母也,甚且舍祖父余荫食税衣租而外,毫无能事足以自存,如此而曰自由结婚,不待父母之命,庸有当乎? 庸有当乎?

虽然,以父主婚,古之常制,盖其亲切而知子女性格者,非他人所能及也。人莫不欲其子女之更有子女,己之年力就衰,理无久视,若惟此己之种嗣,乃可托于无穷。凡此皆寻常人之意也。然世有政法不善,徒逞在上者之贪残,尽夺为人父者之权利,观于嘉芝妥玛所记,斯巴尼亚人在西印度之所为,可以知虐民者之无所不至也。

其言曰:"以其地之为头会也,凡人家男女既长,可婚嫁而犹未者,则按口加其赋。至男有室而女有家矣,则令分立门户而自纳税焉。以政府之急聚敛,男女年十五者,皆为及格丁口,应有室家。至茵陈种,其所定之年格尤早,大抵男十四而女十三。彼谓此种人,能人道,具智慧,兴恶心,筋力充盈,任趋作,其于他种皆独早,故虽行前法不为苛。甚至年仅十二三,官即为强合,是盖据教约十四、十五之年而加甚之矣。"

嘉芝妥玛盖亲见之,故言之确凿如此。且曰:"此其所为,真无道之尤而可耻者。"夫婚嫁,人道之最宜自由者也,顾茵陈奴隶之虐,乃于此而特甚焉。

❧ 第八章 续申前说 ❧

英国婚嫁之自由独著,女子自择所爱,而不告父母者为多。夫其俗如此,而英人若不以为忤者,盖自宗教革命以来,女子法不得为尼,不为尼,彼女子之所以自处者,有嫁而已,此其势不能复靳者也。法国则不然,其女子之无偶者常可尼也,故律责女子适人,必俟父命,不以为苛。顾由此言之,则意大利与斯巴尼亚之俗为无谓矣。何则? 以其国之多尼,而女子奔者仍不俟父母之命也。

❧ 第九章 处女之情 ❧

其身为女子,苟欲乐生而自由,舍适人无他道也。方其为处女也,虽有理想,不敢自用思也,虽有感觉,不敢自用情也,有目若不敢视,有耳若不敢听,是故块然如愚,而所任者琐屑家人之事耳,所闻者教诫无已之声耳。夫如是,故其乐有家也固宜。若夫男子,则不必有所逼,而使乐有室也。

【复案】十数载以还,西人之说,渐行于神州,年少者乐其去束缚而得自主也,遂往往荡决藩篱,自放于一往而不可收拾之域。揣其所为,但凡与古忤驰而自出己意者,皆号为西法。然考之事实,西之人因无此,特汝曹自为法耳。观于此章之所言,则西之处子,其礼防自持何如? 自由云乎哉! 吾闻欧之常言曰,女必贞,男必勇。必守此二者,而后自由庶有豸乎。

第十章　嫁娶何由而盛

使世间有隙地焉,男女得以安居,则未有不相人偶者也。盖生理使然,其不为此者,生事之不赡为沮力耳。

故群之方聚而成国也,其嫁娶独勤,而生齿大进。盖怨旷之苦,既所不堪,而子女之多,其累生又寡。然则,彼何惮而不为合乎?至独成国称庶之后,富教乃先,则其情与前反。

【复案】此在吾国,固不尽然。人即无资以给朝夕,乃娶妻生子之事,虽赤贫犹为之。告贷于亲友,名正而言顺也。助人为嫁娶,仁至而义尽也。问以事畜之所恃,则曰,天不生无禄人,儿孙自有儿孙福也。夫其信天遂性如此,又奚怪教养之难为。而中国之民,仅足为五洲当苦力乎!

第十一章　政府暴虐,其影响于民数何如

乞者不名一钱,而能独富于子女者,以其国方为生聚之事故也。如是者,蕃育子姓,若无待财,方其孩提,固从其亲而学操乞儿之业矣。其地有余饶,其俗以无后为大戚,或宗教迷信,生子者,名为国添丁,于社会无所负担也,而常为社会之负担。此其所以殖也。独至成国之后,其民之贫,由于政府之腐败而暴虐,虽有土地山泽,非以养民也,而转以累民。如是者,其蕃育必稀。盖民方救死不赡,又乌得其余以分食其子孙乎?老弱疾病,其饔飧药饵且不自供,又奚暇顾恤稚子?呱呱者,自堕地以来,固无日不在疾病之中也。

或曰,民愈贫则其蕃育愈盛,赋愈重则民之自奋愈勤。此真谬悠而不察事实之论也！是二者之诐辞,君主国家为其所毁久矣,顾吾恐此后国为所毁者犹未渠央也。

是故国家为暴,至于其极,可使民两情相灭而有余。其所有者,人情也,其所以灭此情者,又人情也。今且无言其他,问向使美利加之为奴主人者,不如彼之凶虐,其中女子恶孕坠胎,有如今日之众者乎？

～∽ 第十二章　各国男女丁口畸多畸寡 ∽～

吾于前书,已云欧洲生男,多于生女矣。而客有自日本归者,则云彼土所生,女多于男。取二土一切事而较之,将见日本妇人,孕育之能,胜欧之女子,然则日本之庶,当过于吾欧矣。

或曰,班丹之丁口,以十女当一男。夫不齐如是。将其地户籍之数较他所,犹一之于五半焉。此其相暌甚矣。然在彼之户,其人口宜众于在此,而以食指之繁,民之任养此家者,其数又必寡也。

～∽ 第十三章　傍海城邑之户口 ∽～

所居并海,民习风波而乐远出,其男子所蹈死机众矣,则其地之多女子固宜。然其生育,又常较他所广也。其故无他,以其家生事极易了耳。或曰,近海民多食鱼,鱼脂强阴道,利孕育。东方之国,若支那,若日本,其民舍鱼几不他食,故户口特繁。果尔,其说为有征矣。虽然,吾独怪欧洲教寺法律,常令诸妖僧侣食鱼。是其所为,非适与立法者用意背耶？

∾∾∾ 第十四章　地之所生，其养人之量多寡有异 ∾∾∾

大抵畜牧之乡，常地多而人少，以所须手指，不待多也。耕稼之国，佣作缘亩，需人本多。若为蒲桃坪，其所须力作之民尤无限矣。

英人谓，畜牧场增，则户口降寡(毕协白尔涅言，变政之日，主地之家常利畜牧，以毛革之利过种麦也。然民以此失业，众大恨之，因起为乱，求分地为耕种云)。法人则谓，治蒲桃坪众者，常使户口骤增也。

国有煤矿，大利也，盖得石炭以为薪，森林之场可斩刈启辟之为耕地耳。

种稻之国，其民必多。稻喜湿，挽水之劳，需众力也。且稻所收获多，较种他谷者用地常少，故他处所用以豰牲者，彼即用之以养人，有间接直接之异。又他处以畜治田者，彼则资以人功，故稼穑之需人，其多不减制造也。

∾∾∾ 第十五章　工业进，其效果见于户口者 ∾∾∾

口分制立，而民各有田，虽国无工业，其户口可几于至庶，盖民尽缘亩，生事有资，一国之民，所仰哺者，皆其土之所出也。此其效见于古之民主国矣。

今日世局，民之分地，本至不均，多者跨乡连县，少者至无立锥，故一家之所耕，其产者供一家之所仰食而常有余，故使工业不讲，而国徒尚农，其国无由庶也。或自耕，或倩人耕，岁食之余，皆有陈粟，本无取于益多，虽来岁不复为田可也。彼无田不耕，而欲得食，非有以交易不能，故地产非惰者之所得食也。己无所出，又何以与人为易乎？则于是有执工者焉，成器以为易,虽不耕亦可以食矣。而千仓万箱者,亦不以有余,而沦于红朽。且民既足食,则求备物,求备物,非有工者,莫之克供也。

夫使民劳力寡而所得多,非机也耶?机可谓有用者矣。然亦有时而无用。今使成器工省而价本廉,作者之沽,用者之购,固相得也。于此之时,乃有人焉,用其机心,造为机事,使成器益疾,而用手指益微,非徒无益,抑且有害。今夫磨之所用,人畜之力也,乃浸假而水机之磨兴焉,坐此人畜之无所用者甚众,溪渠有所垄断,人之用水,不若古之易也,而田之得溉者亦微,此可见之害也。虽然,水机之磨,遍地有之,惟其遍地有之,故论者睹其利而不知其害也。

【复案】当孟德斯鸠时,其论机器固如此。至于后世,其为说与此悬殊。虽然,两家之说,均有当也,亦视其所处之时而已。使时机未至,非但不可立也,亦且不得立。何则?无所利而害故也。至于其时,虽禁犹或为之,然则禁不行也。使禁而行,将使工受其损,而无以为竞争,然则禁乃害也。不行与害,皆知治者所不为。方铁道之始行也,人人以为夺车马逆旅之食矣,乃铁道通而车马日多,逆旅日众以大,此计学之公例,所以无所容其成见与褊心也。

第十六章　立法家于户口之蕃滋

国有为户口之多寡稠稀立法者,随所遇而异者也。户口者,天时地利之所为也,立法者无所事于其间。夫使天时实利蕃育,将不久而户口自稠,为政者无所用其勖民生聚之政也。有天时利蕃育,而地利独否者矣,则其户口速进,而饥馑旱潦芟之,此支那之事然也。故为父者尝鬻其女子,而道路多弃婴。交趾亦然,其果同者,其因合也。利诺铎论大食之俗,谓信轮回之说乃然。道在迩而求诸远,利诺铎之谓矣。

和谟萨①之宗教,禁妇人年三十五以前不得生子。有娠,则巫为之踏胎使堕。防过庶,而宗教为之资。此又一异闻也。

【复案】计学家户口之论,十九稘间以马尔达所论为最辟,继而天演家物竞说行,于是欧洲各国,人人自危,而殖民政策,世界主义,大用于时。约而言之,皆为过庶之民谋耕地耳,为溢富之财谋业场耳。若夫生聚之计,西之罗马,东之日本,中国之古越,皆尝一用之。方其为此,其立法牖民,有极可笑者。而女无贞行,子无常亲,其于当日之生聚为益至微,而为后世风俗之患至巨。盖苟合无别之民,其于生理,常逊于贞静有常者。且纵欲之种,又多劣弱故也。是故,生聚之术,后世莫有行者,而所行常在其反。欧洲有教之民,方其为学不娶,方其执兵不娶,学成业立矣;非岁入逾二百镑者不娶,既娶之后,使家非至饶,则所生不愿逾二子女,后且以术止之,盖恐所生或多,则其力不足办教育也。惟中国之事不然。使其家饶资,婚嫁常不出十七八。人人以多子孙为莫大之幸福,而无子为天罚。虽然,子生之后,未尝为之办教育、计深远也,慈者不过多与财耳。而以不教之子,受易得之财,往往挥霍纷纭,为当身之大患。窃尝怪西国有数百千年之贵族,而中国自宋、元以降,则几于无世家,身为将相守宰,数世之后,降在皂隶者,盖比比也。是可以思而得其故矣。

〰 第十七章　古希腊之于户口 〰

泰东之户口,所不至于过多者,天为之也。希腊之户口,所不至于过多者,政为之也。夫希腊非羼国也,其国合无数之市府而成之,市府各有政府,各有法律,不必尽同。希腊固事并兼,然其为此,必无甚费,而非重

---

① 　和谟萨:Formosa,即"台湾",乃葡语,有美丽之意。

劳。言其雄心,犹未若今世之瑞士、荷兰与日耳曼之诸部也。其制治大都用民主,执政之所留神者,其民处必享家庭之幸福,出必扬种族之威灵。市府之间,相为竞爽,是故国小而民极乐。虽然乐矣,而如是之民,转瞬必忧其过庶。殆其决也,幸民擅航海,每有新地,即以殖民。此其幅员所由日广,夫非必战胜攻取,若后世之所为矣。今瑞士之防过庶也,术在多使其民为兵,而所为战者,不必由本国。夫民庶而富教不周,古今道国者之通患也。凡可以免此者,其从事必不遗余力矣。

故所立宪法,有甚异者焉。凡得国,则所胜之民,必养胜者之市府。如赖思第猛则养于希洛氏,革雷特则养于伯里西亚,德沙利则养于彭尼斯特,皆此志也。故市府自由之齐民,其数不可以太过,太过则养之者力不胜也。其在今世,常语有之,国之额兵,不可以无限制也。而古赖思第猛之民,真无异以额兵而为田奴之所养耳。以养者之有穷,故所养者不可以无限。向使无术焉以杜其过庶,将自由齐民眩焉而过其数,所享权利亦从而衰。不衰,虽有奴隶之供,力弗任矣。

故古希腊之为政也,以户口之酌盈剂虚为最急。柏拉图于《民主主客论》①定市府平民之数,法五千四十人,不进则进之,过则退之。导之以荣辱,晓之以教诫,期其民之必从。其定婚嫁之率也,有大经焉,曰有以弥缝其阙,而无或至于益多。

雅里斯多德曰,使一国之法禁弃儿,则其生产也宜有节。法定民数若干,每岁收新生儿若干,假令过之,虽使女子堕胎可也。

【复案】此非政也。设必行之,市府或可,其在邦国,必不逮矣。吾党读此,姑无论其法之良苦,特由此可见古之人视过庶之累为何如耳!

雅里氏又于他处言革雷特民所以救子女过多之术,然其术秽,吾不欲述之矣。

---

① 《民主主客论》:*The Republic*,又译《主客论》,今译《理想国》。

雅里氏又言希腊市府有进羁为主之法,或认庶孽为平民,或因其母为希女而容纳之,然此皆见于户口凋减之时。使户口而足,则不复进若前之民也。此有如今世之坎纳达土人,常法与他族战,焚其俘虏;独至野有旷宅,则容受之为国民也。

英奈德柏狄维廉言,一英国男子,见卖于阿勒支,值英金约六十镑。虽然,亦惟英国男子有此价耳。其在他国,有不值一文者矣;有所值在负数,而不止无价者矣。

第十八章　罗马以前之国民

方罗马之未兴也,若义大利,若昔昔里,若安息、高庐、日耳曼,其国势制度大抵同希腊,散为小邦,而户口甚密,固无取于复讲生聚之政也。

第十九章　后世户口之流亡

自前之诸小民主为罗马所鲸吞,其户口之流亡日众。闻者疑吾言乎?请观义大利、希腊之间,其户口在战之前后何若。此罗马战胜之效,纪诸历史者也。

李费曰:"人谓,和勒西战而累败如此,其伤亡众矣,所以补此伤亡者,乌从来哉?可知古之市府,其户口必至稠,而复有以供兵役如此。顾至于今,观其故墟,无异漠野,所可见者,少数军人与罗马僮奴已耳。"

布鲁达奇曰:"神坛书法,久无有存,不独神不降也,其坛宇亦圮废。盖至其时,于希腊求胜兵者,殆不及三千人也。"

斯托拉保曰:"如伊壁鲁及其左近之城邑,吾不必言,盖其地荒废久矣,民之流亡,至今未已。罗马军人来,则取其所弃之第宅而居之。"

上三引书,皆史家语,其言罗马用兵之效如此。必求其事,更观于波里彪氏所言而可知。波载伊密烈入伊壁鲁,所焚城邑市府七十余,而所系虏者凡十五万人也。

第二十章　罗马所不得已而造为生聚人民之法典

夫罗马以常胜之家,而灭国墟社如此。虽然,灭人者,亦不能无自灭也。率丁壮之民,以争土地无已,甲胄虮虱,苦战长征,犹之刀剑然,其斩坚摧强固也,然而不折必缺。

则于是极意劳神,求所以补其伤亡之卒伍,不得已则进其奴隶为平民。然此不具论,论其所施之法典。夫罗马深于阅世之民也,有所祈向,知其政之宜何如,故今取其法而细论之,庶几于学者不无裨也。

第二十一章　罗马生聚法典

古者,罗马以国中户口凋疏,惟恐其民之不嫁娶,则以法为鼓舞催驱焉。沁涅特与民会二者,数数为之律令章程,此见于氏阿国史,如所载沃古斯达诰文是已。

罗马开国二百七十七年,法比义一族为韦恩特所戕杀者三百五人,法比义一族男子几尽,所子遗者,仅一子耳。然其事史家氏阿尼修不肯信也,以谓罗马古法典,所以责民及年格必婚嫁,与所以督民教育所生者,犹存未废故也。

法如是矣,顾法典而外,尚有申苏尔之官,以察民嫁娶,为奉职之一事。民主方以生聚为要图,有不合者,耻之可也,罪之可也。

然至风俗淫媟无礼,国民以有室为苦者有之,盖人固有天性不好色,而以男女居室为至秽者。故努密狄古为申苏尔时,其诰国人有曰:"假使身为国民,而势可以不娶妇,是其人终身可免于恶趣,此岂非极可愿之事哉? 特自人性言,有妻者固不能乐,而国法又人人不可以无妻,无已,且以存宗之事为要图,而后一时之偷乐可耳。"

罗马之所以有申苏尔者,主察风俗民行者也。自风俗坏,民行衰,而申苏尔之官守亦废,盖值举国皆醉皆狂,虽有申苏尔,无所用其权力也。

罗马户口之流亡,非国外之战伐为之也。内讧之梦,三君之相为贼,刑辟重而民不聊生,之数者之残民,过于争战之杀伤远矣。故凯撒于内乱之余,料其民口,存者仅十五万家,而不家者大半。于是凯撒与沃古斯达二主重立申稣尔之官,而欲以己当其职。民家育子而多,凯撒以其能为国添丁也,设厚赏焉。女子年在四十五以下,犹任生育,设其人无夫又无子,则禁不得施簪珥环璎,出门不得具笋舆,以辱之。此其法意甚美,盖法轻而攻其所必救故也。至沃古斯达,其立法尤逼人,凡不合而独居者有罚,嫁娶生儿者有锡赉。挞实图以此为《尤利安法》。虽然,其法实不自尤利安始,盖古之沁涅特、民会及申苏尔三者之所共定也。

沃古斯达之行法也,所遇之沮力至多,故法立三十四年,而罗马之君子(西称奈德,如越君子三千人是)力请废之。沃古斯达乃为二籍,以分署娶、未娶者之名,而未娶之名数大过,于是向之力请废法者乃自失。而沃古斯达俨然诰其众。

曰:"呜呼! 来,有众,无哗,予其诰汝。以天时之疾疫,战争之不时,吾国民之无禄者众,继自今不急婚娶,其将何以为国家? 国非屋居、阛阓、廛肆之所为,以有其居之者。古之寓言,抟土为人,汝无此神通,则朝野内外之事,谁为汝治之? 不婚不嫁,岂乐独居与茕处,食有人焉汝同牢,卧有人焉汝同寝,乐茕独者宁尔为! 故汝之不婚嫁,喜滥恶媾,劝为无法之乐耳。金星之祠,有贞女者,使汝以彼之所为借口,不贞称贞,邦有常刑,予不汝道。汝之所为,将为众人所法象乎? 抑为人所不闻不见者乎? 二者未可知也。而汝为不爱国之民,则均无以自解。予之所祈者非他,惟民主之绳绳继继无已时。乃今为法,于违命者将罚特重。而或有赏,则视生生者为群善之元。呜呼!今日之俗,赏或至轻,使千人者奋不顾身,有其为之;独今使汝有家有室,长养子孙,乃或不顺!"沃古斯达诰众之辞意具如此。其原文殊繁冗,不佞特删削之,存大经而已。

彼则为律,而命之以己之名,曰《尤利安》,曰《朴比亚》,则其年当国之总管也。夫不娶之为戾,其在私人,不大见也,乃至身为总管,而为民之所立矣,则以具瞻之地,其不法尤严明。据史氏氏阿言,是数人,皆不娶而无出者也。

沃古斯达既著为令矣,而罗马法令凡关于生聚者固自成为一宗,合《尤利安》、沃古斯达二者之所为,皆法之有力者也。此律之用甚广,而势力之所及者亦众,盖罗马民法最美之一部分者矣。

欲博而考之,其散见于他籍,可录者尤众,如乌利扁《残律》,如《巴庇安律》注,如诸史家之所征引,如《谛乌多舍》将废此令时之所称,如罗马公教之所指斥。盖宗教人所重者,交于鬼神死后之事,其于生前之人事,固不甚分明也。

其为法也,门类甚多,而至今可知者,总三十五。以今不暇旁及,则请举格辽思之所谓第七宗者,以见罗马所奖劝生聚者有可异焉。

溯罗马民之本始,初皆出于拉体诺市府,旧为赖思第猛之殖民地者也。故其法律,有一部分乃市府所前有者。必敬高年,同行则居先,同室则居奥,皆此类也。方民主之急生聚也,其尊待嫁娶之男女与其有子者,一如高年。有时但论其娶否,而有子无子所不计,如是者谓之丈夫之权利。有子则得奖,而生三子者,其得奖尤多。虽然,是三者不可混也。多子者之所得,少子者不得同也;而少子与既婚男子之所得者,彼多子者得均沾之。譬如观优,既娶者有特位,有子得以参之,乃若为父者之所居,非所生之数过彼,不能夺之也。

且其特别利益,方多而不止此。大抵身为丈夫而多子女,于荣宠优崇之事常先得之。同为总管,其多子者先受棘钺,而择所部亦先众人。沁涅特议员中,最多子者,策名在先,于廷议例得先发。其得职位也常先众人,每一子则蚤一年也。使其人生三子无恙,则劳役之事,例不之及。齐民女子生三儿,复奴婢生四儿,则得请自恣,离束拘。盖罗马古法,女子例不得自恣也。

然而有族矣,则亦有谪。不娶之男,无家之女,其受遗也,必从其所亲,于国人不得受也。设嫁娶矣而无子,所受者不得逾其遗之半。其所以为此谪者,吾闻之布鲁达奇云,罗马人娶妇,志在为人嗣而得遗产,非欲有嗣以传其遗产也。

【复案】观孟德斯鸠此章之所述,若甚异然者。则今支那人,真不知生聚为何等事矣。虽然,吾国伊古之日,必有以此事为甚急者。观于乡饮、燕毛、旅酬诸古礼,其中之所以尊高年,逮幼贱,礼之意盖不徒取明秩厅讲孝弟而已,亦所以使人乐有后之意,油然生于其间,而生聚合群之功,始沛然莫之能御。至今游乡野中,察其俗之重娶妻(吾族三十无室者,例不得入祠),庆有后,而人人以多子添丁为洪福,皆古之法典,而其效见于今者。此中国之所以称最庶,而于罗马之所为,不足深致讶也。

彼夫妇之相受其产业也,法亦为之限制。使有所出,则全受其遗产;使其无之,不过什一而已。又设有前妻前夫之子女,则每子增什一焉。

又丈夫不以民主公事而居外,弃其室者,妻虽有遗,不得受也。

鳏寡者,以丧之次年,例更嫁娶。其离异者,减半年为期。父之禁锢其子女,或女适人,而靳不与衾者,吏必强逼之。

聘定二年则必合,不合者有常刑。女子非足十二岁者,不可娶也,故非足十岁者不可聘也。大抵娶妻所以生子,故虽聘而未合,不得享有室者之利益也。

以六十之男,娶五十之女,法之所禁也,盖法所以与既婚男女以胜常之利益者,以其为国添丁故也。六十之男,五十之女,未有能生者也,故法禁之。迦尔维禅著令,女子逾五十者不得嫁,泰比流著令,男子逾六十者不得娶,凡以其于添丁之事为无益耳。虽然,觉罗纣乃去泰比流之律,以谓六十男子尚可生也。

罗马之律,亦合于其地云耳。设行诸北国,则为过矣。北国之男,虽六十而精力过人,犹能生育者,常时有之。即其地之妇人,年登五十者,其生机犹未艾也。

其于配偶等伦也,则未尝为之苛制。沃古斯达令齐民除沁涅特外,欲娶已复之奴婢者听之。《巴庇安法》亦禁沁涅特贵人,不得娶复奴婢及尝登台为优倡者。自乌利扁以来,平民不得娶无行检女子,如尝为优倡及对簿受谴罚者。考如此类律令,皆以沁涅特条教行之。当民主时,罗马未为此律者,盖其时申苏尔主风化权重,设有此事,早为禁止,或以法防于未然,故无由见也。

君士但丁著新令,更取巴庇安之律而上之。其所禁者,不止沁涅特,乃至国中高爵尊位之人,举不得为此。而于凡庶,则无所言。此当时实行法也。是故非偶之合,律所禁者,特法中所指之贵人耳。至札思直黏乃取一切婚娶之例而罢之。虽然,此之自由,于民乃大不利也。

其所以罚非偶之合者,要非严刑峻法也,不过待之如未娶者耳。娶妇而非偶,其人于法律无新增之权利,且使所娶者死,其妻之财则以充公帑焉。

沃古斯达法所最谨者,违律之民应承遗业否耳,故其为律也,所关于财政者多,而其关于合群生聚也少。夫民婚娶而不得自由,已觉其生之狭隘矣,又况其所主产业,常为言利者之所眈眈,是故泰比流为帝,于此律多所宽假,而宜禄诏告发者不必赏之,图拉扬罢犯婚律者产业充公之令,塞维烈于此亦多轻省。无他,禁令不合于人情,虽立,徒为舞文之资已耳。

于娶妻而生子者,罗马常与之以优等之利益。由是婚律之禁制益宽,有所罚则以赏之。然而公立之法不除,民终无所措其手足也。

不嫁娶而生子,法之所以困辱之者实多。惟金星祠之女祝与执兵征戍者不然,其一不可嫁,其一无由娶故也。法不及皇帝,故沃古斯达于传业受遗,不必依民之嫁娶律。顾其始则如是耳,历久之余,则向之所谓常者,乃今以为变矣。

于时有学士言哲理者,为其众之所慕,于是不事生业之流兴焉。然而民主之世,人不执兵,亦必有以食其力于社会者。故士之择术,于其人少利者也,然而以其人之睿智,先知先觉,而其群大重之。斯有一流焉,免于肢体之劳,又无家室之累,至基督教兴,以修身事天为义旨,其流品乃益尊。此虽谓哲学为宗教导其先路可耳。

基督教之影响,先见其端于国之刑狱,盖罗马帝国之于教宗,终古不可分析者也。《谛阿多禅法典》,凡罗马皇帝之谕敕诏令实皆收之。取而观之,则教宗之力大可见矣。

讯查留之颂君士丹丁也,其言曰:"皇帝立法,扫涤秽恶,整齐风纪。维古之法,纠绕巧抚,若无他旨,祗以罔民。皇帝之兴,除苛解娆,良愿受祉。"

盖君士丹丁之变法也,实起于方行之基督教,抑本于基督教尽美尽善之思想而为之。所以知其起于方行之基督教者,以其时法,予毕协主教权最重,此后世教会司法权之基局也。自其法行,而旧制家君之权乃杀,父之视子,同为天生人类,不得作己之产业观。盖欲新教之利行,子之从父,其所谓无违者,不可以不略变也。父常仍旧,而子乐更新,使父权独尊,新机尽矣。

【复案】君士丹丁生汉、魏间,东罗马之第一帝也。欧洲以景教为通行国教,自君士丹丁始。史言,君士丹丁出兵时,空中忽见十字,祥云绕之,且有文曰,以此胜敌。帝乃归依,受洗礼。凯旋,乃建都于君士丹丁讷波尔,即今土耳其都也。孟氏谓,景教裁抑父权,使年少者受新思想,此诚笃论。不独宗教有然,即至政俗哲理,莫不如是。而二者又有相因之致,不独父权轻而后新理进,亦新理进而父权不得不轻。此其现象,固今所在在可察者矣。

所以知其本于基督教尽美尽善之思想者,使非本此,将巴庇安之苛法末由得祛,盖至此而只偶有无子姓之民无所著别,而人民所享权利莫不同也。

一宗教史家言："彼为政府国家而著生聚之律者，意若曰，民之所以孳乳浸多者，特法令为之耳，而不知户口之凋庶，生齿之稀稠，一切皆天之所命也。"

【复案】使宗教而不任天，则一切之宗教可以废。彼之为此言宜耳。顾自学术之能事日蒸，今乃知民智国力之高下。即在此任天任人之多寡，法令之所能为众矣，岂仅户口多寡间哉！是故，弥纶造化，主宰诚不可谓无，而谓人功无取者，此亡国之民也。三百年来，宗教权力日衰于西，正由此故。而吾国之民，上者乐天任数，下者谄鬼祷祈，此其性质，实与宗教最合。而若格格不入者，种界之见太明，而多神之旧，难为一主之新故耳。不佞尝谓，吾国西教，二三十年以往，尚有极盛之时，然而势不可以甚久。凡此现象，皆即今渐著端倪者也。

夫宗教之旨，其关于生聚者，重且远矣。问犹大之民，何以国亡而种合？问回部之众、恒河左右之民与夫人满之支那，其长养蕃滋，何由致此？则皆所崇信之教义为之耳。然亦有使之不进者焉，罗马自皈依景教以来，斯其证也。

盖罗马公教，自详著威仪以来，常以贞忍不淫为功德之首，以其事为常众所难能，故有以著持戒之坚，而为盛德之据也。

旧法，罗马人有家室，而男女多者，受国之上赏。君士丹丁虽布新教，尚未尝废此令也。至谛阿多寿第二，乃并此除之。

凡《巴庇安律》所指为不法之婚嫁者，至札思直黏则皆以为合律。有时鳏寡者须再伴合，至札思直黏亦罢其令。

人人可以嫁娶生子，此率其天性，而斯民不可夺之权利也。故有时夫妻偏死，予遗产者，或令立誓，不得娶妇嫁夫，有时主人与复奴婢以田宅资财，亦令作誓，不得嫁娶，然《巴庇安律》公认其誓约为可背者，盖其事在律，同于无也。自景教风行，其义反此，不知其事之非古也。

故罗马之民俗，其始也以急于生聚之故，以伴合生子为有功，所邀之荣宠锡命，莫之襐夺。顾自用新教，乃又以贞洁为难能，而再醮重婚著为污行。教会权盛之日，民之触禁者，得彼为之居间，有时且可以免罚。然则，若前之旌赏，彼欲使之勿行，不更易易耶。

男女之独居，其始也，教会仅以为宜，其终也，且以为不可不如是。夫宗教之人，弃家室，乐清净，其义尚矣。使不佞于此，而有所讥讪，天将厌之。虽然，使彼之独居，乃适以为其放纵，则谁氏之口其能缄乎？夫男女，固生人之大欲，若而人者，不循天性之自然，以使之相辅，乃苟难饰伪，而得其两隳。呜呼，吾不知其何所取义也！

生人有公例焉，曰：使其群之嫁娶愈稀，则其群之男女弥无别，譬如国多盗贼，则编户之失亡者自然众耳。

～ 第二十二章　弃婴之俗 ～

罗马之政，其所以挽弃婴之俗者则甚良。史言，罗妙鲁法，凡属国民，生男必施教育，而女子则止其长者；假使所生之儿为不具，为怪胎，弃之无罪，惟须邻右五家为之见证。

罗马旧俗，家有严君，实操杀生之柄，故罗妙鲁止禁三岁以下婴孩父母不得擅杀，与其旧俗尚无冲突。

史又言，罗马开国二百七十七年，其见行律，国民及丁之年，必须嫁娶，凡有子女，均受教育无差。盖自律行，而罗妙鲁准其人民自第二女以下可弃掷者，不得用矣。

《十二章律》造于罗马开国三百一年，其于弃婴之俗，不识何如。特闻凯克禄于国会演说时，因论民立法廷，谓其制如《十二章律》之视怪胎，初入人间，即遭闭闷云云，由此观之，《十二章》之于常胎固不许杀，其于旧制，无所改易，明矣。

挞实图言："日耳曼无弃儿之俗。是知风俗之美，其使民兴行，过于法典之良甚远也。"夫罗马律禁弃儿者也,而其俗轻弃儿。考其新旧国律,固未闻有听民为此者。然而有此俗者,盖见于民主制衰之时,以俗之奢侈,民失自由,虑家财之因分而见少,为父者自私其财,视以财分儿,无殊见夺。往者以子姓为财产,乃令子姓财产离立不同,于是慈孝交衰,而家人之道苦矣。

【复案】人道而深于财,则虽骨肉之间,其用爱常不及禽兽。夫禽兽无自杀所生者也;有之,则其种早晚灭。顾以人而或为之者,无他计深于财故耳。吾乡三十年前,溺女之风最盛,则以乡里之俗,凡嫁女必为厚奁,否则行路笑之,以为至辱,妇人计及财贿,则不如方乳而除之矣。即其爱男子子也,亦常不本于天性之自然,而杂出于传受产业、食报暮年种种鄙吝之思想。呜呼!骨肉之爱,人道最高尚者也,及杂以私,则用情之诚不若禽兽,是不可以憬然耶!

第二十三章　罗马衰灭后之世风

生聚之法典,前后二罗马皆有之。顾法典同而效验异者,盖民主方盛之世,虽有失亡,其事皆起于自强爱国,尚节概,羞屈服,而后有之;至于后世不然,以奄奄无气之民主,置君且暮如奕棋,当权者威暴深害,惟知执兵柄以践踏国民,专制之主如鬼神,法度之密如蛛网,群下昏弱,忌讳万端,坐是而民之沟壑流亡者众,虽有生聚法典,乌足救之。故罗马中叶,其幅员可谓广矣,然其所以收四国者,非保之也,乃籍其境土,以益弱之,益弱而夷狄乘之,不可救矣。若峨特,若哲提(迭牛河北诸部),若沙兰生,若鞑靼,此四族者,更至迭来,而罗马霸图,扫地几尽。吾闻古之志怪,有谓天降大雨四十日为泽水,泽水既去,平地忽出执兵者千万亿人,以自屠戮,罗马衰灭后之世风,非如是欤?

第二十四章　欧洲户口世为盈虚

流亡转徙者至众,后之读史论世者,不图复有夏律芒之帝国。顾罗马解纽之后,欧洲散为小邦,称侯王者无数,所居或城市,或郊野,富贵尊强之号,均不足当,徒有一地之民,鳃鳃忧外侮之掩至,则相与扶持力作,为启荒辟秽之事云尔。当此之时,国自为政,无所统于一尊,而旧有之文物声明,一时略尽,外患内讧,岁岁有之。然而生齿蕃滋,有或过于今日者,是足异也。

吾今不暇取其原因而详论之,但举十字军之众,所募合于诸国以为之者,足以明矣。布芬陀甫欧史言,法国当察理第九之世,其男子不下二千万也。(自注:福禄特尔曰,此必误也,依一千七百五十一年国籍,法之称庶,无过此时,然无二千万之男子也。)

盖后代户口数降者,即由合一之故。方古之时,法兰西县县几皆为都,至今吾国所有,一都而已。国之各部,自成中点,而权力萃焉,至于今,则皆为一中央之所统摄,而是中央集权,固俨然自成一国家。

第二十五章　续申前论

挽近欧洲,航路大通,坐是各国户口常有进退。譬如荷兰民走海往东洲逐利者最众,其旋国者常三之二,其余或死风波道路间,或安新居长往矣。此通商海国莫不然,不仅荷兰也。

虽然,欧洲固不一国,航路既辟,迁徙无常,其户口或此绌而彼盈者有之。大抵一国物产蕃富,商业利通,则四方之民常辐辏,而户口骤增。然使总一洲之户口言,则以与他洲宗教相绝(与吾洲接壤者,大抵皆回部矣),环其周者,水海而陆漠,故远方之民罕有至者。然则,欧之诸国,其户口互计,或有盈虚,总计则常耗也。

【复案】自孟时至于今,欧各国户口,盖不止再倍于前而已,故最急者,莫如殖民之地,以资灌输。美洲先通,而澳大利加继之,二十以降,又大启非洲,是故约而言之,大地五洲,而其四皆白种之居而已。俗言膨胀,是直膨胀者矣。而问其所以致此,则最初之因,恒由于学术,其次,则民之果锐争自立为之。论世者宜有省也。

第二十六章　此时政策

由前事而观之,则知吾欧今日所宜急者,所以生聚之法律耳。往古希腊之民主,常以民日过庶,破其法制为忧,乃今日之事反此,将在为之法令,使各国之民日以加多云耳。

第二十七章　法国生聚之法律

路易十四之为吾王也,民生子十人者家有常禄,而所生过十二者得禄益多。此可见其求民庶矣。虽然,徒取事之不偶然者而赏之,无大效也。果为生聚之政,则宜若罗马然,为之法令,以鼓通国之精神,而赏罚皆为其普及者,则庶几于鸠聚孳乳之事有大效也。

第二十八章　所以救户口之凋落，其术云何

国家户口凋落，使由于天行之虐，抑人事所无可如何，若旱干、水溢、疫疬、战争，虽其甚酷，往往民力尚有存者。死者已矣，而生者犹足以更奋，且常以天命难谌，戒惕虔厉，其趋事劝功之勤益至，则一世之余，元气遂复，而俨为善国可也。独有其事起于民德之浇漓与夫政刑之昏滥，则自作之孽，欲其从衰转盛难已。盖俗敝政窳之余，民之死亡，由于其习而不自知。其生也若与困苦瘠弱而俱来，暴戾愤戕，率于其上之不仁，目睹流离，视为固然，而不察原因所由起。即今横揽亚欧间，凡其国上有专制之暴君，或宗教之徒权力太盛者，其现象每如此。是亦可取以为吾前言之显证者矣。

土旷人稀，若适丧国，当此之时，徒祝未生之儿及早诞临以为吾援，使其众为蔚然成群之一日，此真虚愿，不知何日酬者也。河清固何能待，而现存之众，又疲荼萎堕，无振迅之可期。虽满目荒芜，然非无土，苟尽地力，将以养大国之众而有余，乃今倮然，若以奉一家而不足。弥望榛荆，大抵皆不耕之田而已，即有越陌连阡，其民之贫，直与无立锥者等。君王、僧侣至于贵族之家，城邑之众，一国境土固尽为其所并兼，而无如井里散亡，终无人焉为执耒耜缘南亩耳。

国而如是，幸而不为邻敌之所乘，其所以自救者，舍师罗马焉无他术也，特罗马之为此也，为于一部分之间，而今所为，则宜用之全境，罗马为之于富饶之日，而吾且为之于急难之余，以言其术，则无异也。厥术维何？曰：封境内可耕之田，籍通国任耕之民而与之口分，且贷以田器、马、牛、子种焉，为至优之制以待之耳，无一民之不受田也，无一日之可以暇逸也。

第二十九章　疲癃残废孤独者有养

夫民之贫，非贫以无财也，贫以无事事。故其家虽无甔石储，但使有执业，其饱暖优游，将与岁获息金百王冠而闲居无事者等也。就令无立锥，但使有以售人，则其所以自赡者，与有地三十亩必耕焉而后得食者无以异也。弓冶之子，受学于其亲，是其不贫，实较亲有土田而分畀其儿者有过。何则？弓冶之子，其于业术也，各全而受之，而有地之家，其于土田也，必分而受之，全者口多而愈多，分者口多而愈少故也。

工商之国，民之自立者，大半以业术，而疲癃、残疾、孤独者之养，其国家亦有以待之。善治者能使之自食力，彼亦各有所能为也。就所能而教之，教之为业，又所以养人之事也。

见裸民于涂，而与之以衣，此非国家之惠也。夫国家固有养民之天职，饥而食，寒而衣，所居之屋，所行之路，必有以遂民之生而毋使病，不如是，又乌足以为国家？

奥连芝毕者，波斯之国主也。或问之曰："国无惠养院、给孤园何也？"曰："吾将大富国民，使无须此。"此其言夸已，不若曰："吾方为富民之事，既富乃克有此耳。"

国何以富？无惰民而实业奋也。虽然，实业即大兴，欲国无无告之民不可得也。即在手足勤劳之民，缓急有无，固亦时有之耳。

有遇此者，扶救匡翼之。国家之事也，盖不独以出民水火而已，亦自救其乱且亡也。是故惠养无告者，善国国而有之。

国之敝也，以公患而生私忧；而积私忧，愈以为公患。如是之国，虽举五洲之惠养院、给孤园以畀之，犹无补也。民得此而啙窳偷生益甚，然则贫者益贫，病者益病，仁政适以害之而已。

显理第八之治英也，其变法最先诸教寺，则以僧侣坐食，名修身事天，实仰檀施无事事。以此为教,国之惰民坐益多,不耻素食,名惠养穷孤,实使无数肢体完具之民,徒开口仰食,甚至上流世家,乐虚废业,毕世传食诸寺间。尔乃坠减寺众,制限园院,尽籍其滥者。民始相愕眙,欲为变,显理不为动也。自是英之实业始兴,通商始盛,盖民知自食其力之义矣。

罗马者,宗教之神京也,其中所以惠养穷孤残疾者号最盛。其制之敝,乃使人人饱食逸居,所不尔者,独劳力勤动之民,与夫有田之农,有业之工而已。

【复案】制惟其宜而已,无所谓仁也。用之不得其理,虽至仁者可以成至不仁,久行之余,蒸为风俗,其害历世,不可以祛。夫罗马之制,自义大利一统以来,废之久矣,顾至今行其国中,呼乞者犹满道,特较前此差耳。何则?耳目习常,不以为讶愧故也。吾国畿辅之民,岁岁有振,寒风司令,粥厂宏开,故北方之民最无盖藏,不以仰哺于人为耻,而田畴之废,亦较他省尤。夫政府衣税食租,徒取甲民之资,以畀于乙,见谓仁政惠泽,思之亦可愧汗者矣,况课其终效,且为有害民德之尤者耶?嗟乎!习非胜是,浸成风俗,吾国官场学界之间,所累世洗涤不可祛除者,固何止一二事乎?

总之,惠恤孤贫之政,于富国利行,于贫国则为危政,盖富国之民,其性质本勤,其智力本胜,而天行之祸酷,以人事之错迕,每出于不及防,故惠恤之者,有其利无其害也。虽然,其事亦不宜恒而宜暂,盖拯救之事,宜与灾害相资,灾固暂也,故其救之也亦宜暂,舍此以往,于蒙惠者无几微之益也。

【复案】论惠振之无益而有害,近世巨子,莫著于赫胥黎、斯宾塞尔诸公,其言殆无以易。不谓百数十年以往,于计学未大明之世,先有孟德斯鸠,见之真切,有如此也。因悟《鲁论》,孔子谓,博施济众,尧舜犹病,其旨非高,其行为不可及也,亦谓尧舜所不肯为耳,故其下曰,"己欲立而立人,己欲达而达人",昭然若揭矣。尝谓济人之道,莫贵于使之自立,舍此固必穷之术,于受者又无益也。夫人道之所最贵者,非其精神志气欤?顾世之讲施济者,往往养其躯体矣,而毁其志气,是以禽兽之道待其人也。夫至仁莫如天,天灾之行,若旱干水溢者,天之所以教其民,使之知趋避,而后此能为先事之防,善自救也。是故,由天之道,一害之后,其不害者可以无穷,而人类之能力益进。顾讲施济者不然,必取其事而盾之,使受害者有所恃而不为后计,此何异慈父折菱,而旁观者不知其用爱之笃,从而沮之,顾他日放荡逾检,是旁人者又不能从其后而时笵之也,岂非反祸之乎?嗟乎!人无智愚,特眼光短长有分别耳。

【又案】至于今日振务,号善士者,大抵皆为盗而不操矛弧者耳,一闻有灾,匍匐从事,既收仁声,己亦加富,大吏从以重其人,政府或亦奖其事,大利所在,固无怪今日善士之多也。

《群学肄言》译著选编①

1　译《群学肄言》序

群学何,用科学之律令,察民群之变端,以明既往,测方来也。肄言何,发专科之旨趣,究功用之所施,而示之以所以治之方也。故肄言科而有之。今夫士之为学,岂徒以弋利禄,钓声誉而已,固将于正德、利用、厚生三者之业有一合焉。群学者,将以明治乱盛衰之由。而于三生之事操其本耳。斯宾塞尔者,英之耆宿也。殚年力于天演之奥突,而大阐其理于民群,盖所著之《会通哲学》成,其年已七八十矣。以其书之深广,而学者之难得其津涯也,乃先为之肄言,以导厥先路。二十年以往,不佞尝得其书而读之,见其中所以饬戒学者以诚意,正心之不易,既已深切著明矣,而于操枋者一建白措注之间,辄为之穷事变,极末流,使功名之徒,失步变色,俯焉知格物致知之不容已。乃窃念近者吾国,以世变之殷,凡吾民前者所造因,皆将于此食其报。而浅谫剽疾之士,不悟其所从来如是之大且久也,辄攘臂疾走,谓以旦暮之更张,将可以起衰,而以与胜我抗也。不能

---

①　选编自:汪征鲁,方宝川,马勇.严复全集(卷三).福州:福建教育出版社,2014.

得,又搪撞号呼,欲率一世之人,与盲进以为破坏之事。顾破坏宜矣,而所建设者,又未必其果有合也。则何如稍审重,而先咨于学之为愈乎,诚不自知其力之不副,则积期月之勤,为移译之如左。其叙曰:

含灵秉气,群义大哉,强弱明暗,理有由来。哀此流俗,不知本始,在筌忘鱼,操刃伤指。译《砭愚》第一。

执果穷因,是惟科学,人事纷纶,莫之掎摧。虽无密合,宁鲜大同。籀此公例,彪彼童蒙。译《倡学》第二。

真宰神功,曰惟天演,物竞天择,所存者善。散曰么匿,聚曰拓都,知微之显,万法所郛。译《喻术》第三。

道巽两间,物奚翅万,人心虑道,各自为楦。永言时位,载占吉凶,所以东圣,低徊中庸。译《知难》第四。

难首在物,是惟心所,传闻异辞,相为旅距。见者支叶,孰察本根,以槿议椿,如虱处裈。译《物蔽》第五。

主观二义,曰理与情,执己量物,哀此心盲。简不逮繁,小不容大,滞碍僻坚,举为群害。译《智絯》第六。

忧喜恶欲,皆使衡差,以兹目眚,结彼空花。所严帝天,所畏魔蝎,以是言群,几何能达。译《情瞀》第七。

心习少成,由来学最,杨取为我,墨尚兼爱。偏至之德,所伤实多,曷建皇极,以救厥颇。译《学诐》第八。

民生有群,而傅以国,竺我忘人,爱或成贼。反是为卑,矫亦失中,惟诚无妄,其例乃公。译《国拘》第九。

演深治久,群有众流,以各争存,乃交相鰌。或怒诪张,或怨施夺,民德未隆,安往不刺。译《流梏》第十。

国于天地,基命黔首,云何胥匡,独责元后。朝有政党,乐相诋諆,元黄水火,鉴蔀衡移。译《政惑》第十一。

天人之际,宗教攸资,听神蔑民,群治以衰。举人代天,教又不可,释景犹回,皆有负荷。译《教辟》第十二。

夫惟知难,学乃殆庶,历于三科,曰玄闲著。玄以观法,闲乃穷因,习著知化,乃凝于神。译《缮性》第十三。

一神两化,大德曰生,咨此生理,群义以明。群实大生,而生之纤,欲观拓都,视此么匿。译《宪生》第十四。

我闻佛说,境胥心造,化万不同,肇于厥脑。主道齐者,民情是田,不洞幽漠,孰知陶甄。译《述神》第十五。

惟群有学,以因果故,去私戒偏,来导先路。盍勿孟晋,犹怀蘧庐,译此悬论,敢告象胥。译《成章》第十六。

2　译余赘语

《群学肄言》,非群学也,言所以治群学之涂术而已。此书枢纽,在《知难》一篇。其前三篇:第一《砭愚》,言治群之不可以无学;第二《倡学》,明此学之必可以成科;(凡学必其有因果公例,可以数往知来者,乃称科学。)第三《喻术》,则黑栝本科大义。凡此皆正面文字也。顾治斯学有甚难者,一曰在物之难,次曰在心之难,三曰心物对待之难。故第五《物蔽》,所以著在物之难也。而在心之难,又分两义:有见于理者,故第六称《智絯》;有见于情者,故第七曰《情瞀》。是二者之惑不祛,未见其人之可与论治化也。若夫心物对待之难,则意逐境移,一视其人之所薶菅。略而举之,则所承之学,所生之国,所业之流,所被之政,所受之教,斯其尤大荦荦者矣。盖作者之意,以谓道之不明,起于心物学交蔽,故为学之方,始于解惑。假其笃时拘虚,虽学未必不为害。又必知其难之所在,而后省察克治之功有所施。此前八篇意也。虽然知其难矣,使徒知之,于修己治人考道讲德之功,犹未济也,则亦不足以与于斯学,故《缮性》尚焉。今夫学有三科,而各有娇心之用,必于学之事无阙,而后于心之德无亏。乃至群学,则有其尤切者。自民质言之,则生理也;自民彝言之,则心灵也。故言《宪生》矣,而继之以

《述神》。君子由此，庶几为《成章》之达，而与言民生治道，可以弗畔矣夫。

苟卿曰："民生有群。"群也者，人道所不能外也。群有数等，社会者，有法之群也。社会，商工政学莫不有之，而最重之义，极于成国。尝考六书文义，而知古人之说与西学合。何以言之？西学社会之界说曰："民聚而有所部勒(东学称组织)，祈向者，曰社会。"而字书曰："邑，人聚会之称也，从口有区域也，从节有法度也。"西学国之界说曰："有土地之区域，而其民任战守者曰国。"而字书曰："国古文或，从一，地也，从口以戈守之。"观此可知中西字义之冥合矣。

东学以一民而对于社会者称个人，社会有社会之天职，个人有个人之天职。或谓"个人名义不经见，可知中国言治之偏于国家，而不恤人人之私利"。此其言似矣。然仆观太史公言"《小雅》讥小己之得失，其流及上"。所谓小己，即个人也。大抵万物莫不有总有分，总曰拓都，译言全体；分曰么匿，译言单位。笔拓都也，毫么匿也；饭拓都也，粒么匿也；国拓都也，民么匿也。社会之变象无穷，而一一基于小己之品质。是故群学谨于其分，所谓名之必可言也。

斯宾塞氏自言，此书为旁及之作，意取喻俗，故其精微洁净，远不逮《会通哲学》诸书。不佞读此在光绪七、八之交。辄叹得未曾有，生平好为独往偏至之论，及此始悟其非。窃以为其书实兼《大学》《中庸》精义。而出之以翔实，以格致诚正为治平根本矣。每持一义，又必使之无过不及之差，于近世新旧两家学者，尤为对病之药。虽引喻发挥，繁富吊诡，顾按脉寻流，其义未尝晦也。其《缮性》以下三篇，真西学正法眼藏，智育之业，舍此莫由。斯宾塞氏此书，正不仅为群学导先路也。

又是书出版当一千八百七十三年，去今盖一世矣。其中所有讥弹之时事，今日什九皆非其故。东方学者，闻见囿于一隅，于彼所言，将嫌渺不相涉。虽然寓言十九，皆筌蹄也。寓言交臂成故，所寓历古犹新，使学者有所住而生共心，则所论者虽取本国目前事实，犹无益耳。

不佞往者每翻脱稿，辄以示桐城吴先生，老眼无花，一读即窥深处，盖不徒斧落征引，受裨益于文字间也。故书成必求其读，读已必求其序。此译于戊戌之岁,为国闻报社成其前二篇,事会错迕,遂以中辍。辛丑乱后,赓读前译,尝以语先生,先生为立名群学奇觥,未达其义,不敢用也。壬寅中,此书凡三易稿,岁暮成书,以示廉惠卿农部。农部先生侄女婿也。方欲寄呈先生,乞加弁言,则闻于正月十二日,弃浊世归道山矣。呜呼,惠施去而庄周亡质,伯牙死而钟期绝弦,自今以往,世复有序吾书者乎?

3 砭愚第一

每岁田功告隙,三五佃佣,衔烟斗,扬酒卮,箕坐山村酒肆间,盛气高谈。言牛疫盛行,议院毫无补救之术,农头揎拳抵几,杯盏铿然。骂今岁屠牛,利入曾无往时之半,皆当官不恤民依之所致也。更论农商利病,辄云某事当兴,某令当废,极口无所疑难,气象大似护商律初罢时。当彼时乡民皆言,本国税重,使此令果除,将他国轻税之货,源源入市,与本国重赋者竞。事如此,有不知其妨民病国者,非妄则愚耳。

闻者曰,无惑乎其如此也。陇亩小民,未尝学问,谋生不越手口间,胡能虑远?乃试与观绩学都人士之持论。其言民生也,尝曰奢侈虽非,然利小民生计。民有告饥馑苦乏绝者乎?敛财振之,无余事矣。夫由前之说,是徒知业可养民,而所产者之利害损益,为漏卮否?有后利否?举不论矣。由后之说,是徒知财可振贫,而不知此之所赢,彼之所绌,此财未用为振之先,非无所用也。选材鸠工,待斯而办,货赖以殖,民赖以苏。今既哀之以养无业之游民,则待此而业者,其数必减。况振者弥多,待振弥众,振之之力有时而极,待振之困无时而轻。世固有以仁术得至不仁之效者,此类是已。今夫生与食二者之间,理至繁赜,纷纭委曲,殆难猝明。其人言易若此,何怪诐辞谬论,旋辟旋炽者乎!总之,常智论事,知近因而不知远因,见近果而不见远果。如是而言国计秉国成,国焉得以不病?

民智愈浅,则希望弥奢,其责上也亦弥重。谓兴利除弊,官自不为,果其为之,何莫不举?日者《太晤士报》,以商船之多沈碰,遂谓国家宜立监督海邮之官。不悟海军战舰,一岁沈者两艘,其三仅免,兼督商船,果遂济乎?又某报论民间筑室,漫无定制,国家应设总营造司,绘式颁图,俾其循用。不见官营坊表,所造官廨,形制劣恶,见讥行路?或又谓伦敦屋密人稠,气水浑浊,国家宜设卫生之官,为扫除之隶,庶免积溷,以生厉灾。不闻郎波拉疫,即由官浚地沟非法所致?或又言铁路公司,多相排轧,不能得利,宜改官办,一切整齐。则又不知国家庶政已繁,海部船厂军政刑狱邦交殖民,百司纷纭,方滋谬戾,报章私著,屡书特书,加以铁路,讵即称善。夫议院者,吾英最重之寺署也,而乃谋一疏气之方,费帑二十万镑,名师大匠经营期年,迄无成绩,他何论焉!彼责备执政之人,终网闻觉,今日则谓宜备轻息母本,俾民资生,明日又谓宜广婴堂,以收民孽。主事者愈不胜任,责事者日以益多,一若官固无所不能也者。法国公主闻人饿死,惊谓左右,救饥最易,何遽令死?闻者晒之,可晒者独法公主耶?

品物理简,民群理繁,世未有不精于格物,而长于治国者。经一人家,闻主若仆言,围炉鼓炭,但以铁杆横庋炉棵,则炭自炽,火之益烈,杆实为之。又言合席促坐,人数不可十三,犯者其一不利。夫人在浅近易明之端,于因果相及之致,妄诞不根如此,则国群之立,政教之行,微眇奥殚,仟万于此,冀其能明,真无望尔。发言轻易,责备不伦,亦其所也。又凡人有崇拜鬼神之意者,其于国家政府也,亦以崇拜鬼神之意行之。耶稣教徒,见异邦人禋祀像偶,戚然以为大愚,谓像者人所自造,雕范土木,横施丹青,几何能灵?乃从求福,此其愚之是也。独不悟国家之与像偶,大小相殊,等为人造。蛮夷以一部之货财力役,造为偶像,信其有无限之威灵;吾人亦出通国之赋税征徭,建一国家,信其有无穷之能力。君公大夫士,受俸食租,职司典常,以治人为业,笃而论之,与里社之鸠资选长,有以异乎?且既为一社公立之长矣,故其人亦以一社之智慧为智慧,以一社之权力为权力,使里社贫而无资,愚而无识,则其长之能事亦穷。此不必甚智之夫,而后能喻也。何独至于论政,则若政府无所不能,初无待赋税征徭而皆举。见一事当兴,则瞋目语难曰:"奈何不图是以福我?"及征调烦苛,官吏冗杂,又蹙頞类相告曰:"奈何竟为是以苦我?"彼直以国家为无事于民智与民力也。往者格物道浅,有欲为常动不息之机者,迄以无效;逮奈端、格里辽①诸公出,发明全力常住之理,乃知用力少成功多,为宇内绝无之事。汽机一顷不煤,则歇;人身一日不饭,则饥。今之责望国家者,皆欲造不息机者也。惟然,故谓国群盛衰,尽由法制。恃吾法制,弱民可使为强国,贫民可使为富国,愚民可使为智国,此何异梦食求饱者乎!

夫格致不明,无以与于治平之理,固矣。然而明格致者,亦未必遂与于治平也。每有格物之家,与论国群之事,及政教风俗所由然,与常智殊不相远。岂民群之理,果奥博精微不易见欤?抑人心眩于变故之繁,遂荧而不知其一体也?今夫变万不同,要皆相推以质力。质力二物,又皆常住,常住故不生灭,不生灭故不增减。不生灭、不增减,故不能自无而有,自有而无。是故用力少而成功多者,言乎其权藉也。设无权藉,则屈申相报,不爽毫厘。此不独天运为然,形气动植,乃至感情思理,莫不如是,何独于群而疑之?且群者合众万之生以为生,有官知神欲之大物也,故其消息盈虚之致,与一切生理可参伍焉。有一事之效实,必先有一事之储能,方其效实,储能以消,而是效实,又为储能,辗转相生,不可终究。其中果必承因,品数相倚,断可识也。格致之家,用此例于他所则无疑,论群则依违之。噫!使质力常住一语,可以依违,非最大公例矣。

达于理之谓学,明于权之谓方,理赜则学弥难,权微则方弥审。群治进,分功密,术业有专家,未有不治其学,不通其方,能然否是非于其际者。忒德者,英数家之眉目也,讲方维术②,(其师罕弥勒登所造。)以穷力理之艰深。亨蒙和志③者,德格物家之职志也,唱二量空间之说,谓外缘若异,几何形理有不信时。二者近世理数最深之说也。今使不精象数之人,闻忒、

---

① 格里辽:Galileo,今译"伽利略"。
② 方维术:the value of quaternion,数学中之四元法。
③ 亨蒙和志:Helmholtz,今译"赫尔姆霍兹",德国物理学家。

亨二子之言,妄参论议,则畴人笑之。顾与名数专家,论政教繁难之事,彼乃矢口论断,绝无疑难。意盖谓天下惟象数之理,乃有艰深,若政教固尽人能喻者。岂知二者难易之分,正与所言相反耶?夫象数之理,纵极幽玄,其所据之今有,(西名第佗,此言所与。)必先周知。其用事之物,亦有限域。独至国群,一事之本原流变,往往迎不见首,从不见尻,其今有既不周知,用事之物又常无限,其曼衍蓄变之情,皆象数所无有。由此言之,孰难孰易?然彼卒易之何也?曰:"惟其不知,故以为易。"

格物之学,无论天地人物动植身心,遇一回穴之题,疑似之理,必实测以求至确之证,明辨而运至精之思,比及会通,然后标为公例,不妄断也。此举一二事,可概其余。夫天学至今,可谓精审,而畴人聚讼,莫若日中之黑子。盖知黑子为何物,则日之体质,由此可推,故汲汲若此。论次诸家之说,以韦理森为最先,其说曰:"太阳外轮,为自发光气,犹地之风轮,再下则为云轮,以裹日体不发光不透光之凝质,与大地同。日面见黑子者,外轮光气震荡,如大地飓风,震荡故有襞积,襞积故有绽裂,黑子者,以绽裂而呈内质者也。全露则为深黑,半露则为暗虚,此璇玑远镜中所以见柳叶诸相也。"是说维廉侯失勒极主之。缘古人尝持星球世界之说,意日球可住,等诸地球。又测黑子,常有洼陷之形,行至日旁,每呈微缺,故谓韦说可通。维廉之子约翰,绍隆家学,精过其父。驳曰:"韦说虽足以解黑子之形,然据全力常住之理,曜灵光热二物,必当有所从来,韦说于此无所发明,是为巨谬。"今案太阳全体,乃极热流质,能自发光,而自元始来光热二度,不甚减者,由以摄力吸取本天散质,时时射入日体之故。其外轮纯为光气,布濩涣溢,乃诸金散气所成,用析光陆离图,(西名斯辟脱拉。)可以验也。是说也,与世界本始为涅菩星气之说合。然则黑子究何物乎?嗣德人克齐卡佛以析光陆离图,测太阳本质,所有原行,与地球无异,异者彼流此凝而已。黑子者外轮金气,抟结成云,由其质稠,故隔光景,至种种变相,则日轮自转甚驶致然。合而观之,似于韦说为进矣。顾黑子变相,实与云气不伦,克氏之言,犹未得实。于是法费宸进曰:"太阳外轮,诚能发光。内质则非凝非流,乃极热气,而无光彩。(案寻常灯主亦内黑外明,费氏之说,似系由此而推。)外轮震荡绽裂时,内气冲罅而出,遂见黑子,非他物也。"细测黑子,常有自内外冲之相,其言中暗外明,亦有或然之理。则费氏之说,不可尽非。然有不可通者,日面黑子,常现回旋之状,又极热气,虽不自发光,然不隔光景,使近处见罅,对径之远处犹明,理同观空,不应见黑。漏此二义,其说未圆。最后约翰侯失勒乃折衷群言,断以己见,论曰:"日体有决无疑义者:全体神热,非人间一切诸电诸火所可方拟,一也;金气腾上,化为光轮,苞举全体,煊赫照耀,二也;日球中衡左右,若地员之赤道温带,常有大力斡旋,成羊角飓母之属,三也;当回旋处,中心成虚,(理如海中龙挂。)压力外拶,质点内吸,以其轻虚,热度骤减,气质凝冱,遂能隔光,四也。以此四理,黑子情形,冰融雪解,而一切柳叶洼陷罔两暗虚诸相,皆有真因可言。"黑子之说,庶几论定。虽然犹有疑者,盖用约翰之说,凡有黑子,当尽旋形,而实测又不尽尔。岂为旋较,微远难测耶? 抑约翰之言,尚未尽耶? 然则日中黑子一物,至今尚有疑义也。其格物之精,审理之严,有如是者。始也历观物变,继乃即变为推,融会贯通,著为一说。稍有抵牾,即从弃捐。方其求解,非不先为悬拟,(西言海卜梯思,乃科哲诸学习用名义,此云覆置。)然必广求实证,有以尽其变异纷纭,其立一公例也。且用且验,未尝为固。苟历试不多,推较未广,则宁视之为悬词,不目之为定论,此格物内籀之大略也。至于实测试验,亦不敢以所接物尘为实。外缘之差,既已谨之增减,内因之异,亦必以之乘除。譬如测天揆景,其仪器测位地径蒙气诸差,此外缘也。此外,尚有人差。人差者,揆景纪时,目治手志之交,脑脉之行,所差秒息,迟疾之度,人各不同,(每秒三十迈达至九十迈达不等。)寒暑迭异。凡斯之类,皆必谨核。诚哉穷理之道,无所苟也。

至于谋国议政,则又何如? 国家立大政、布大令时,试讯前此格物之家,以此政此令之利弊,则沛然云如是当利,如彼当弊,绝回翔审顾之情者,常百人而九十九也。其同此政令,行于他群异族者,变象何如? 未尝一考也。其同此政令,行于本国前朝者,收效何若? 未尝一问也。设立是政,设布是令,与现行之政令果相得否? 与一国之情势,一群之民心,不抵牾否? 未能细也。不立是政,不布是令,而任民物之自然,使各趣其所宜,不更善否？又未为计得失也。乃至国之能力，止有此数。甲有所长，乙有所消，今兹称便，后或为梗，消者见于何许？梗者将为何形？期其郑重宿留，愈非从政者所能办矣。吾非谓彼于数者举瞆瞆然无所计及也，纵其及之，而未尝如格物之精审，固可决也。意其所考，将不过一时报抄之中，积年案牍之内，不通不赅，不精不详，合于其意者据之，异于所云者堙之。其有高识远睹之彦，为之甄综史志，要删国闻，以求其变灭之源委，则累世不一遇。又不幸前史体例，于国事常载其然，而不载其所由然，于帝王将相之举动，虽小而必书，于国民生计之所关，虽大有不录。故一群强弱治乱盛衰之故，至为难知。而积厨连椠之书，祇以纪淫侈爽德佞幸怀琐之秽迹，兵家战伐纷论，焚轰相斫，朝党祅师，阴谋秘计，侥得侥失，于治理何关焉？则置之无足道也。其尤可异者，向也揆日观象，必审人差，以不如是则目治者失其实也。虽然，人差在测验庶物者小，至于论世观人，则所系至巨。盖人之情感理想，必习躬行，种业不同，居养相异，发言制行，人自为差。而当局者每不自觉，此贤不肖之所同也。故不审人差，则事多失实。顾世人在格致则致严，在治平则反忽，可谓倒置者矣。

虽在格物之家，其用思号研练有法，然亦观物审而察群疏。近取数端，较而论之，可共证也。人目视物，若气若水，皆成中尘，光线入眼，受其波折，物之形位，从以失真。譬若夜观星象，皆较真位为高，弥近地平，折差弥大。临水叉鱼，若当影下叉，鱼不可得，盖其真位，常距视位尺许，弥深弥远。此格物者所共喻也。顾乃观人察事，则不知亦有中尘。论古则尽信古人，谈今则偏从时论。风气之动，固符力理，然使冲旋排荡，为变已繁，斯难调御。故至今造室调气，俾利居人，尚无定术。此又格物者所共喻也。顾乃国民谣俗，风会转移，所趋何方？为力几许？则视若弁髦，谓为易御。莫破质点，虽皆至简，而二质相遇，爱拒之理，微渺难知，往往近合成观，超人虑外。此又格物者所共喻也。顾以人为质点，变化尤多，性品不同，圣狂互有，风潮接构，运会遂成，则目为无奇，不资微验，物境对待，变化因生，往往人意所思，违真千里。故北球之民，意夏令炎燠，地必近日，冬寒远之，冯相实测，始讶不然。此又格物者所共喻也。顾乃民群对待，变境尤多。至于众力相推，敏者莫测所至，而乃人自为说，皆若前知，因然果然，何假实测？物质化例，少常多奇，故二冷相和，或成涫热，二清相杂，忽呈浊泥，烁金纯白，手挠不糜，水入磺强，凝于红铁。此又格物者所共喻也。顾乃人心殊致，合为群情，泊然相遭，都无异效。凡此比事为称，殆难悉数，其用思违反，在不学者何足深讶？讶者以出于格致之家。彼将谓人事为无奇乎？然而人事难测，日有其征，苟为宿留，随地可遇。夫行询谋佥同之政，其得效非始愿之所期，成古未曾有之功，其操术为庸人之所笑。凡斯祈报相反之事，岂必旷览一群，远观一代而后遇哉！夫优游暇豫之夫，宜其有所为作者也，然而徒有暇人，乃无暇晷，事功所就，转在日不遑给之人。少年从学久者宜淹通，士人记诵博者宜明察，然而通才多晚学之夫，明智非记丑之士。今试以处置病风狂痫之道，咨之众人，必曰："内检既失，外束宜严。"然而养风院中，用禁锢之旧法者烦扰，行宽弛之新术者便安。名医杜克巴特治狂独优，常言狂人逃思，与禁锢之力为正比例，禁锢尽去，逃思乃亡。古刑名家言，莫不曰禁民为非，须用重典。然吾英自鲁密里修律以还，民之怀刑自重者日多，作奸犯科者日少。此不独验之于英已也，马歌诺支验之于那弗岛，迪克森验之于西新金山，倭巴米尔验之于日耳曼，蒙德新奴验之于西班牙。数公皆言，处治罪人，倘第收其身，期毋害群而止，则化民之术最神，非常智所梦见。嗟夫！使常智可用，何取于群学乎？

盖民心入群之用，微眇难知，为治者恃其势力，武断主张，万无一当之理。前举数端，期于人人能喻，其因果之不测已若彼矣。此犹是言其同种并世者也，乃至异种殊世之人群，其因果尤未易测也。今但就吾人所知者以为揣，孰能知异邦种人，有为媚神之事，穿臂悬炉，抽矢臿肉，或割股冀以疗亲，或委身泥涂，辗转匍匐数十百里，号进香以还愿求福者乎？又本吾人之政俗以为推，孰能知东方之民，有代人断头，而得财与妻子者乎？则更观上古，往者英国神甫，创为洗业天阍必待忏悔之说，乃卒使英国土地之半，尽归教会。国家立永业不售之律，乃使都鄙之民，皆舍其田为坟墓。凡斯事效，夫岂造教立法者所前知哉？欧洲前古，王侯将相，大抵盗魁,横恣睢盱,殆无人理,而敦知如是之夫,其身与子孙,持兵徒步万里,不醉战伐苦辛,求复耶稣之墓?且耶稣生时立教,言求天国尊荣,不主人间权力,讵知教行之后,有教皇者,号彼得宗徒,为数百年欧洲之共主。夫十字架,行暴之器也,凶圩炮烙,乃后世以为地基形制,必如是始建神堂。是知人心之行,发为群业,其因果之间,必有不可思议者矣。故吾得约举之曰:"群之为物,无论观于何种,察于何时,大抵一政之为用,一教之所祈,原始要终,其所求之效,不必得。或暂得而辄废,而浸淫日久,恒遇其所不期者。此亦一公例也。"

群理难明,何待旷观而后喻?察近知远,即一人之身已可见矣。夫一饭之所陈列,麨麰成于俄罗斯之麦,羹脯资于苏格兰之牛,薯蓣种于爱尔兰之田,白锡制以摩理哈斯之蔗,胡椒致之雅墨加,蓉莉运诸身毒,酒醪酿于法兰西,干葡萄产于希腊,橘柚长于西班牙,鳞集麋萃,不可枚举。乃至清水一杯,吾兹所饮,可谓至常无奇。若穷其所自,由巩而川,由川而源,派交流别,千里为遥,更溯为云为雨之时,则一口清凉,乃函盖百千由旬海宇之物。苟于所饮所食,物物思所由来,将吾兹藐焉,乃无数原行,初遍大地,因缘际会,萃成是身。呜呼!岂不繁哉?

有形有神,前言形之事也,乃至于神。凡吾人之知识性情,所鳌成其如是者,其繁赜殆过之而无不及。晨起饮茶而腹疾,可以推支那人之好欺;夜分歠酒而瞑眩,又以见德意志人之售伪。以吾国领事与阿泊沁尼亚王违言启衅,致算缗有加,而汝之家用以乏;以北美富民不愿蠲复黑奴,议院喧阗,而汝与亲知,中成决绝。此远言之者也。更言本国,支那君臣,夜半受朝听政,南洋岛夷,日中闭关而寝,子夜乃起为市,吾英商贾交易,每日不逾八小时,谁为约束,而行之若素?三餐时刻,于吾病体不宜,顾人既为然,则吾不得不尔。交际酬酢,所以合欢也,而束缚虚拘,反成苦趣。凡汝之意识议论,若政若教,皆国俗所已具,而汝受之,虽心所深疑,不敢叛也。野鸟乳则汝出,野鸟蛰则汝入,伦敦议院开阖,为汝执业作辍之程。汝云自由,几何其能自由也?此近言之者也。更言既往,问欧民来复息业所由起,必上溯数千载而后知。且来复息业,摩西之旧约也,舍业而嬉,非摩西之旧禁也。然法、德、奥、义则循以为俗,英伦、苏格兰则斥以为非。苟考所异之由,必论世观风,远至数十百传而始见。义大利、希腊之村庄镇集,多处山巅,至今汲水负薪,民有撅撅登高之苦,叩其所以,乃古世之寇夺虏刘致然。支那嫁娶,男女无一面之谋。亲丧三年,凡挂名仕版者,即日罢去,如获罪然。考选贵近之臣,以能书为取舍之的。席地之旧俗虽去,而九拜投地之礼仍存。凡此皆沈缚牢固,虽极憎甚苦,莫可谁何!一俗之成,民违其性,咎始作俑,而作俑者不独任其咎也。多因成果,不其然乎?

群理至繁,物变难测,此岂徒谋国者所宜兢兢者耶?即在寻常一生计间,其难亦见。今试设一织厂主人,欲趁一时市价,增屯棉花,此诚世间所恒有事。顾使主人以折阅为忧,欲所为之有利,则其持筹握算,不可苟已。略言其事,厥有数端:一、须计本国诸厂成布,屯者若干?发者几许?二、须计依当时市价,零售各肆,是否争相积布?三、须计各国布市,为盈为虚?四、须计此时外国织厂造货,缓耶急耶?是四者计销路也。销路既得。五、须计同业收棉,用意何若?互相观望,冀价跌乎?抑策其必腾,已争购乎?六、须计积布名区,所屯多寡,其已议买而未入屯者几何?七、须计天下各埠,见货多少,布价腾跌。八、须计出棉处所,如南美、身毒、埃及、花年衰旺。夫使以上八端,皆所计及,此其为虑,可为周矣。然则可操必赢之券乎?曰否否,未尽也。盖棉价视其销路,而棉之销路,视布之销路,布之销路,又视杂采缣缯之销路也。往者南北美哄,棉不出口,而布大昂,人用绒枲,布价斗跌。当是时屯棉者皆大折阅。然则所不容不虑及者,此又其九也。闻者曰:"止止,至矣尽矣,蔑以加矣。"曰未已也。尚有大者二焉,倘主人于此而不审,其亏折之数又什八九也。一曰商情。从来贸易之家,计市价也,纵有硕才魁能,祇能得其近似,而拙者常有径庭之差。商情起伏如波澜,时而过实,时而不及实,如是日而有之,若夫轩然大波,峰起谷落,则年月间事,不数遇也。故其见于商情也,忽无端而争趋,忽无端而却步,如群羊然,其始也,瞻眺踯躅,各怀狐疑,一勇先登,诸懦竞进,往往而过,则亏折竟仆随之。是以善计之家,既审货物之真形,复睹商情之差率,不苟然逐物为转,此所以能为众胜之先,而又居众败之后也。其次曰泉市。(俗呼根银。)必将统一国之商利而核之,而后知泉市之舒促。盖废居居邑之业,必以版克,(俗名银号。)为之挹注,泉市而促,无买期帖息之交易,商业殆将废矣,尚何利之可图乎?是故前九后二,厂主人必统十一事而迭筹之,语精虑详,乃克操必赢之券。夫都市货物,朝暮腾跌,在分毫累黍之间,昧昧者目为无奇,而执知成是之因,其繁若此。

且此不过一物价之腾跌而已。夫物价者朝成暮更,幻若云烟,不留形迹者也。其坌集骈罗,已若是尔,则由是而推,事有常留人间,而悠久蓄变者,其往因来果又当何如?盖天演无在而不然,而物竞天择之用,政教实等诸动植,方其既立,皆能吸摄质点以为滋长,收罗养己者以为自存。故或孳乳而浸多,或滋大而坟植,其究也,强者兼弱,旧者蜕新,轮囷离奇,不可复识,非立政施教者之所虑及者矣。如西班牙之罗若拉,创为叶舒伊会,本以保教,后乃树党擅利,权倾国家,而终于屏逐。如英国印度公司,本为商业,乃不数百年,举全印而有之。祸福皆有基胎,变化难以逆睹,略举一二端,学者可触物而悟矣。

由此观之,喜事少年,动谓使我当权,则天下事不足治者,其言过矣。未尝肆力于学,故不自知其不足也。于是议者曰:"民生在群,日有应行之事,在朝则有当官行政之责,在野则有选举议事之权,诸务纷乘,皆取当机立决,若悉俟学优而后从政,则政之不举者,亦已多矣。"虽然,此似是实非之言也。彼所云日有应行之责者,未必果有此责也,意盖谓不可以无事事而已。不可以无事事,故不能自安于无为,为且令身与群交受其害。夫人生如此国,为如此民,见其中有弊政稗俗,心乎群者,莫不愿有以祛此政变此俗也。此其意甚可尚,惟不学无术,卤莽灭裂,以图其功,则于群岂惟无益而已。譬如庸奴老婢,见小儿趋而仆地,必急捽之,不知既仆矣,卧地无伤,而急捽者乃生害也。又如村妪,见邻里疾痛,必言某药有验,可以试服,就令未瘥,当亦无损。尝至一友家,见其仆取主人剩药,向口倾尽,怪而问之,则云此药既利主人,当亦益我,捐弃余沥,为可惜也。故惟民智进,医学精,而后知有病不服药为中医之至言。药之治病者少,而转生他恙者恒十七八也。昔者之医,其临诊也,必云如是病者,针乎灸乎汗乎?吐若下乎?用铅汞乎?而今世之医不然,既审病情,使其证可不用药,则但调理服食起居,节适水土气候,以期自愈。其操术弥精,其用方乃弥不易。呜呼!医国之事,岂异此哉?

大抵缨冠被发,用违其宜,而视天下事数著可了者,皆审事甚肤者也。知之益审,则措施益难,一政之敝,一俗之惰,由近因而及远因,由正果而推旁果,至三四层,其繁已不胜计。且衰世虽有更张,弊混于此者,必发于彼,害消于甲者,将长于乙,合通群而核之,弊政害端,常自若也。是故民质不良,祸害可以易端,而无由禁绝。昔者奥国尝患过庶,而小民嫁娶之不审也,则制男女之年格产业,神甫始为伴合,嫁娶固如律矣,而野合之子满街,虽设育婴之园,而弃儿益伙。吾英览屋宇之盐恶,制为法式,颁诸国中,且以法为之,使造小屋者不能得利,民不更造小屋矣。而下户举家老少,混于一室之中,俗益弊而疠疾兴。乃又制室居之人数,人数有限,贫者乃夜宿坊下,或卧牛矢马勃之中,以资冬暖。此皆已事,老人所亲见也。且极上之能事,使除一弊,而其弊果除,且不更见于他所,此可谓武健愉快者矣。乃自明者察之,不过化聚为散,转有形者为无形,何以言之?盖欲弊之绝,其诇察必严,其吏捕必众,此无他,广费之所为也。费之所出,仍取诸民,关権必繁,盼盼之生,日以狭隘。曩法国官吏大小至六十万人,不耕而食,农工商贾,出重赋而后给,执事之男,已疲而不休,相功之妇,育子有未暇,稚子恒饥,而租吏益恶,举国愁叹,戚戚无悰,革命之厄运,乃不可挽矣。凡此严诇察而众吏捕之所为也,弊窦尽塞,乱萌愈生,其于国也,究何补乎?吾故曰:"民质未进,祸患可以易端,而无由禁绝。"何则?势有不能,理有不可也。当此之时,虽有圣者为之,亦不过视所易之何端,等害相权,择其可忍,彼曰数著了者,安在其能了也?

难者复曰:"果如此则政乌乎行?向之为政也,亦仅就吾识力之所及,为相时而制宜焉,至于深追远溯穷流讨源,固未暇也。且治平之功,异乎格致,国群之大,不同名物,彼之实测易为功,此之求是难为力也。寿命易歇,民生多艰,万几当前,何暇问学?亦竭智殚谋,与时会相将迎而已。责之已甚,不其苛欤?"是言也,察其微旨,无亦谓群虽有学,必不能如格物之精审,而内外籀因果相求诸术,无所于施,群之变化至蕃,即加讨论,未易得实。总之以谓群非科学云耳。然耶否耶?则试于第二篇明之。

4　物蔽第五

自欧洲民智日开,皇古史乘,几成《齐谐》。又自格物日确,古人功罪,多所平反。盖后之学者,于古书之说尤兢兢然,以彼为物诚难信也。然则群学难治,首著于史事之不足征。且所谓不足征者,非必荒远难稽,如希史之阿墨宗[①],恢诡诞异,而古人特著录之,图像之,一若灼然可据也者。东海纽西兰岛民,耳目所可接也,或谓智勇而残虐,或谓愚懦而慈祥,其称之相反,若旦夜之不同,乃终莫定其孰信。嗟乎!自有文字来,世之所传者众矣,谛而核之,其所称大抵皆此类也。抵牾冲突,治之滋棼,则安得其必不诬者,以为群学之根柢乎?虽然,此皆远于时,抑远于地者也,曷尝观其时地之相接者?

客岁冬日,有榜于通衢,曰"轵首莺"者,(轵首莺,怪胎也。产于非洲,英人得之,教以歌曲,置水族院中,以使人纵观醵钱者也。此光绪五年间事,其时余尚在英也。)图其形,作两头出肩上,而视同向。他日吾闻客言,曾亲至水族院,聆其歌曲,见其形貌,与所图者不少爽,且以书写其所闻见,致远道亲知,言其事历历然。后此百年,设有人以谓事关生理之变,必考其实,勤搜博访,而得此时之所榜所像,又得旁观如客者之手书,将以谓所考之物,形貌确然,而征据之真,无过此者矣。而孰知大谬?是所谓轵首莺者,非以一女之体,而具两头也。乃二体厘然,而当背相傅,其视相侣,其肢体亦大较

[①]　阿墨宗:Amazons,今译"亚马孙人"。

完,独至脊尻,乃汇而合,其肠腑亦由此而通也。夫轵首莺之来伦敦日久,几人人所亲见,其事之易知易明如此,其无所取于淆其真又如此。如此而一时传闻,尚有如是之违反者,则世事之放纷泮散,察者隐约难明,传述者之耳目,以私利之重,成见之深,朋党之异,其聪明由之而蔽也。又可计乎?

故不佞之言物蔽也,多即所亲历者而征之,非不得已,不远引古昔也。使处今之世,以格物之日盛,民智之日开,而事实之得真,犹难如此。则况在往日,政教之争方殷,门户之见至重,听言之不审,析理之不精,载笔者喜浮夸粉饰之辞,过于今世万万者耶! 其为难信,滋无论已。

人之于世事也,往往以见之新及于其事,为事之新见于其时,以其心之变也,向所漠然不加察者,乃今殷然而察之。察而有所见,则愀然曰:"是世风之异古也,是俗之降而愈漓也。"而孰意不然,客之所见,自如是耳,于事实何关乎? 是故人新得塞疾,常忽讶跛者之多也。猝有脘鬲之疴,则曰:"当吾少时,病胃气者不如是众也。"常以其父之仆役,为愈己之仆役,顾不谓当狭斯丕尔时,奴之惰窳已若是尔。不然,其责奴之曲何歌焉? 有子而为谋生计也,辄曰:"近日谋生之艰,过于旧时远也。"

由是其论世变也,乃有不实者矣。不谓一己之乍见,而以其物为乍来,所谓为益坏,其实乃日瘥,所谓为弥增,其实乃日损。此可即数事而证之。当吾祖父之世,国多沉湎之民,人恒醉而寡醒,肴馔辛烈,渴饮者多。觯斝之制,侈上锐下,必一吸尽之,置几则倾矣。视锤櫼之多寡,第人伦之高下。物极则反,俗甚而更,于是中才以上之人,皆知纵酒为爽德,顾人情方知其事之为失,遂云其失之日滋,于是有节饮之会。已而加厉,有止酒之会。轰饮酢醉,其风日希,然而议者不以云日希也,而以为日甚,至于今乃大声疾呼,谓非议院立峻法禁之,必无济也。

惟教育之事亦然,溯吾英数百千年以往,尊爵贵人,例皆己不识字矣,且甚恶识字之人,目为贱业。稍降乃奖教宗之学,意谓舍此而外,无足学者。人不为教,亦无须学狭斯丕尔。之时,王公子弟,例不解书,而谓女子能文为可厌,男子著书为可鄙。直至近世,农民积畜致富者,尚以文字之事为大难。然皆降而渐差，文明世启，至于近今百年，则几绝景而驰，不可量矣。昔时识字之难得，犹今者不文之难遇也。一一千八百三十四年间，国中之民，几无不学，而其时人则曰："吾民大愚，国家必有常费，以为党庠乡塾之资。"顾学费始不过二万镑耳，逾三十年乃一百万镑，实五十倍于曩时，其进率可谓至速。然而议院之中，尚太息陈言，谓不亟为之所，则以民智之卑，国将不救。假有人于前代民智何若，一无所知，但闻若辈之论，岂不曰"蚩蚩之愚，于今为烈"？惟急合通国之力以为之，而后有以挽狂澜救胥溺耳。而孰知其与实正反也！

是故物论难凭者，以常人认心识之变，为物情之变也。其以今拟古，亦常坐此失而不自知，此考事实者所宜谨也，否则不为所蒙寡矣。每见人生长一城邑山水间，及壮他适，经十数年或数十年而归故乡，辄觉少日所心壮神竦者，乃今若不足道焉。不知向之所大者，非其物之果足大也，脑力幼稚，所更境稀，其感物之量至新，而方物（犹子贡方人之方。）之能未具，不独于景物然也，于人伦亦犹是耳。外物固未尝变也，而吾之主观变焉，其始巨而终微之者，由阅事既多，权衡日精，不若前者之易震也。其于世事，常若昔盛而今衰，而实无所衰也，实且昔衰而今盛。此如人言其种民，昔魁硕而今微矬，或言其国财昔富厚而今空虚，至考其实，于形则考之衣器骨蜕，于财则案之物价簿书，恒与所言者，正相反也。

故治群学而聚其事证，欲祛前弊，无间古书今说，于主观之变，皆宜谨为折除。至所折除之多寡，又当观其说之见于何世，出于何人，其所争者为何事也。

夫事实难明，以观物者之多蔽。虽然，前之为蔽，蔽于心习之所同也，乃更有蔽于心习之所异者，则各怀成见之为害也。如近世禁烟会，直谓烟之为害，可以致怔忡，发颠痫，偏枯痹痿，与夫形干之日以短小，其厉皆阶于烟。此其为溢实谬说，固闻者之所共知者也。大抵常人心立一说，自以为得理之真，则常致其爱护之私，虽大反事实而不悟。往者卫生之政之初举也，有人信之独深，则考英北堪白兰部，与英京伦敦，二地户口之死率，将以见二者之异，起于卫生之力不力。乃不知伦敦有三百万之居民，以呼吸炊燎于其间,空气为之混浊,北部固无是也。且野邑民业大异,邑业不出户而坐治,野业劳筋力而露处。又伦敦之民,劳心者众,劳心而过,非其种之所体合而任者也。堪白兰之民,大抵劳力,劳力虽过,固其种之所体合而任者也。置三者之殊于不问,而独指卫生之疏密,夫卫生固可使死率减少,特此人之所考列,则与实事悬矣。

他日又有友,出一帙以示予曰:"此伦敦城中某部与某部之死率比较表也。宣泄疏通之政行,则某部死率之少如彼;不行,则某部之多如此。"此以见政之大可恃,而其效为不诬也。不悟彼所谓死率甚少之某部,背郭向山,独据善地,而居其所者,又皆富厚之家,丰食美衣,生事甚备。又以其民品地之高也,无淫佚纵恣之戕贼,亦未尝过于作苦以害生。至所指死率甚大之某部,处伦敦湫隘之隅,以其湫隘,力能办徙者,相率徙去,惟赤贫穷乏,力不能择善地,舍此莫居,大抵皆冻馁不蠲,沈湎自弃者也。前部以其地之宜人,势有以召善生之家,其力本足自存而长寿,后部以其地之无赖,势有以徕不给之众,其力本不足自存而夭殇。然则死率之多寡,岂皆政为之欤? 吾不曰卫生之政,不足以寿世寿民也,特不宜忽其所固然,而以天之功为己力。

是故陈一事实,言者之知识,常为先成夫心者之所蒙,而其真不见。古及今世盛世衰,民之为虑,明暗不同,然皆有其共守之说,众信之谈,先入之以为其人心之主,此又治群学者考求事证之所以难也。

且淆乱事实,而黑白相贸者,尤莫重于人心自为之私。观其所争,大抵在名实耳。故吾党之询事考言也,宜知无论传者之为谁,其所称群理之曲直,国政之是非,什八九皆私之所奋,而事物之情,每不在此。至于商贾货殖之事,则自营之意尤多,此阅世稍深者所共见也。即如近世集股公司,开山造轨,此国民交利之事也。乃其始也,以通往来振抵滞而为之,俄而牟利之民,或以广其所操之业,或以运其所积之资,则歕耸怂恿,如云而起,其计值课息,常称倍蓰,转输人货,源源无穷。乍聆其言,真若可信,顾与事实,则常大歧。彼出财入股之家,虽履之后艰,然已破产亡家,身受其祸而无及矣。故群之商局大昌,其趋于奸利者亦日众。勒章程,具契约,常若至公,至于陈列事实,则有意瞀乱之,以欺俗为得计。往者英国南海保险诸公司,所众锡以浮沤之名者,明其易散也。其始也莫不欺以其方,而部署至为缜密,然其终常卒败。近以作奸者众,故国中为设特报,以暴此类之阴私。嗟乎! 人遇此等事,必勿信宁疑,庶几免耳。不然,岂有幸哉? 虽然,是之为欺也,乃心知其欺,而以此自售也。至于他端,尚有其欺不必出于本心,而以牟利之殷,遂神愁智昏,因自欺而欺人者,又比比也。

彼所为歆耸怂恿者,将以为一公司也,故其害在商政。而亦有造言动众,将以为一政法者,则其害在国群。而其求利己私则等。美国政治之家,自为一类,其守一主义者,为生计耳。吾国近亦有一类人,专持救灾振贫之说,其本旨亦出于利身,得其事则有俸费,理其财则有畸赢。凡此皆害群之鄙夫,幸吾国此曹差不众。年少教士,贫而觊一地之住持,则太息言其民之失教,奔走募乞,以建神堂。故其言民俗之漓,常过其实,不如是不足以动听也。士夫流涕以言一国之颠危,一方之昏垫,列条陈,言补救,考其终事,不过欲上行一新政,而以己为之纪纲,实至名归,而利亦己附。夫既言之而冀其事之必行,则不得不甚其词,间有事与言反者,必匿而饰之,又人情也。国家一善政之行,一善制之立,固莫不有其发之者,乃其始也,以其言之不见听为忧,其卒也,以其身之不见用为怨。吾闻其语,吾见其人矣。此其人之宜用与否,非不佞之所敢知。吾特谓处心如是者,求其始发之言,适如事物之量而止,殆无望已。故往者有人,平生三十年出入于私会社党之中,其所更之事甚众,已而著书,历言其中情事,曰:"今之所谓社会者,与古之教会同科,人必以其会之宗旨为便于己私,而后涉其足。至其论事也,则屈事以从己,有不可屈,而与其私利背驰者,堙之而已。凡吾所身与之社会至多,欲求一会一社之间,而无此欺者,未尝有也。"其言之绝痛如此。

由此观之,夫人之论事,使是非然否之际,有涉乎其私,虽有忠信之夫,其考列事证也,亦将于其所合者勤,于其所不合者怠。是故察一人一众之所为,由其所自言,与由其反对者之所言,皆不可不谨为之折除,庶几可以得其实。嗟乎! 古若今之事迹,其幸而有传于后者,皆有私忿好者之所为也,其过也,或怙焉,或眚焉,胥有不实不悉之憾,则治群学者,又乌从而得一群之真情?

　　使前数端之为梗者合,则事证之求实愈难,此可即近日议院所行而见之也。自医学之日精也,莫不知向所谓男女淫黩,发为疮疡者,其毒害今轻于古。日乃有人焉,于议院发言,谓非立甚严之法,以塞其流,则其害将至于不救。此正如向者禁酒会之所为,不悟酒失古盛今衰,而反以禁酤为不可缓。病方瘳而药日峻,为术何其僶欤?且吾所谓今轻于古者,非无征之言也。总大不列颠三岛,与中洲数十百名医、医报之所言,莫不同此。赫蔓孙者,于此疾为专门,当议院就询,赫云国民患此者,五千口之中,不过一人。嘉德者,又国医也,党连一百八医之名,上书议院,极言其不足忧,而医会与为反对者,仅二十九人而已。顾院中决议之日,卒以此为凶疾,不早为之所,国种将以日衰,民力至于不振,且使无辜之妇孺,受害无穷。乃立为查验卫生之苛法,夫裸验,不独侵小民之自由也,而其法又不能以无弊。何则?予督察者以权,而未尝立之权限。且其权限,固不易立耳。成见与私心合,将使无根之谈,反胜有征之说,虽有甚深之阅历,莫大之周防,一旦亦可以不顾。何以言之?吾英国律大义,凡杀伤人者,非有明证定谳,则刑不得以遽施,盖律不如是则弊生也。故亚漠士为律学专家,亦谓英律事制曲防,法至纤悉,所经累代之争而后定者,欲必使无罪之民,不至以执法者之意有所疑,遂被以杀人盗贼与他罪之恶名而无诉也。此非所谓甚深之阅历,莫大之周防欤?乃今日者,以一议员无端之耸听,遂使前代法意,与其所保之民权,因而俱失。今夫予人以权,而无其责,则其势常足以起奸,此各国历史之所验也。故权大无艺,则败亡从之。立宪者,所以防无责之权也。数百年欧洲君民之争,大都为此。一争定,一无责之权以收,自由民权,乃以愈固。庸讵知今日之法,乃以历验于往古者为无足凭,意若曰无责之权,不至起奸,故遂背经法而从权宜如是也。以就衰日损之一疢,其杀人也不敌时疫霍乱十五之一,其所致死于十年者,不敌下利之所死于一中,而以黩数千年所辛苦而立之法防也。呜呼!其亦不思也已。

自夫人师其成心,而牵于私利,故考核之际,宁置其有征,而取其无据,其远则布诸简策,其近或散于风谣,而吾学必得其真,而后有以会通而立公例者难矣。右之所述,皆并世之事也。其淆乱失实如此,又况求诸往古,时违事异,将其难又何如?夫庙朝之政令,乡国之讼狱,刑章教典,与民之形貌性情,德行智慧,以至天时地利,邻国之所互通,凡有一因,其于群也,莫不有果,而自传闻之失实,则治群学者,于何考信而立其不撼之基。

今夫考事实于一群,以私心之奋,至于混淆黑白,贷贸褒贬,抑以智昏,用意肤浅,遂使是非纷如者,是无责已。乃有精心搜讨,参听平观,此其用心,吾无闲矣。然而仍不得实,是又何也?盖其所适处之地势,有以使一曹之事证,常处于明而易知,其一曹之事证,常处于暗而难察故也。一千八百四十五年五月,吾英行圊田之政,林肯世爵言于议院曰:"吾知议院遇此等事,固亦选派查办之员,以求公允,然其侵小民权利,而使之失职者,常十事而九也。吾非谓其知而侵之也,彼实不知而侵之,(王介甫所云新法,坐不知此,遂为天下后世所诟病。)但议院不宜任查办之员,安于不知而致贫民遂见侵耳。彼民既贫,势不能来伦敦,询事例,具人证以讼其所被侵之直,议院务察此意而为政,庶几真公允耳!"

且夫求证据,咨事实,顾常得其一而遗其二者,非无因也,其所由然者众矣。国家将举一政,则集百尔而议之,每一说出,其俞咈常分两曹。事之左右,一己之利害视之,往往征某案则旧行之制可以废,而彼之所待以赡生者,因之而失矣。乃征他案,与前殊科,其效反是。又或持某议,则忤要人长官,而己之升迁,不可必得,独持他议,可以结欢。且即使其事于己无密切之利害矣,然以发难建言,为国中巨室绅豪所不悦,则治郡鄙者,往往重之。以是之故,其所征之证据事实,将皆佐一说,主一偏,而其反对之说,虽有证据事实,或有所讳而莫敢申,或无关痒痛而莫之举,则虽有甚公之讯,甚平之议,顾于事实之际,仍但见其一偏,遂而成之,其弊必有形于他日者矣。

望舒东睐,一碧无烟,独立湖塘,延赏水月,见自彼月之下至于目前,一道光芒,滉漾闪烁,谛而察之,皆细浪沦漪,受月光映发而为此也。徘徊数武,是光景者乃若随人。颇有明理士夫,谓此光景,为实有物,故能相随,且亦有时以此自诧。不悟是光景者,从人而有,使无见者,则亦无光,更无光景,与人相逐。盖全湖水面,受月映发,一切平等,特人目与水对待不同,明暗遂别,不得以所未见,遂指为无。是故虽所见者为一道光芒,他所不尔。又人目易位,前之暗者,乃今更明。然此种种,无非妄见,以言其实,则由人目与月作二线入水,成角等者,皆当见光,其不等者,则全成暗。惟人之察群事也亦然,往往以见所及者为有,以所不及者为无,执见否以定有无,则其思之所不赅者众矣。

如是妄见,常智皆然,不知地势不同,事有见否。大抵其所见者,或于彼为特别,或于彼为相需,或于彼为易察,然数者之外,事实方多,乃皆无足重轻,置之度外,可乎?以此妄见,合之向所指之成见偏私,则无惑乎物之得情寡矣!

使观物穷理之际,以谟知者为接知,则又失其实。盖名学之例,见甲知甲,谓之接知,见甲知乙,谓之谟知。此宜别不宜混者也。而常人多混之,谬误丛起,于群学其害尤著,所不可不谨也。

往有医士名斯克格者,尝取通国之丁口,分已婚未婚,已嫁未嫁,而较其死率,遂断配合者多寿,而觭只者多夭。其说初出,虽有指驳之者,然不以摇,后之人遂谓其例为已立矣。洎于近日某报,列其所考验者如下:"法国之丁口,自二十五至三十,其死率,既昏男子,千得六零二之数,未昏男子,千得十零二之数,而寡妇则千得二十一零八也。其在比京布拉索①,已嫁女子千得九,而寡妇千得十七。荷兰既昏男子,千得八零二,未昏者十一零七,鳏夫十六零九,已嫁女十二零八,寡女八零五,而寡妇十三零八。若统而约之,则自二十五至三十,昏男死者千中得四,未昏死者千得十零四,而寡妇最甚,其数至二十二也。由此可知昏嫁之利卫生,而其见于男者甚于女也。"云云。此其所推断者,于寡妇最谬,其理甚显,无待不佞更

---

① 布拉索:Brussels,今译"布鲁塞尔"。

赘一辞。若取其余所推者而论之,将见如其所列,虽若昏嫁一事,为寿夭专因,而其实则二者不相为因果。即令为然,而如某报之所考列者,必不能据以为证也。

夫民之牉合,必有其所以合之故,其不牉合,亦有其所以不合之由。使知其所以然,则死率之大小,非昏嫁所致然,大可见矣。今夫及其时则有牝牡之欲者,生类之大同也。男乐有室,而女乐有家,又人道之所大同也。然而有大同之情,而无大同之事者,其故何欤?自其最急者而言之,财力是已。吾非不知世固有无其力而漫举其事者。虽然,是非常道,其自量之趑趄,其父母之呵禁,其女子之愈疏,则无力者不娶,此文明之民之大凡也。故牉合之有无,视财力。视财力矣,其具此财力者,何如民乎?岂非壮佼荣誉,有其德慧术智者欤?然则有财力而嫁娶者之多数,必其康强耐劳,而非疲癃善病者也,必其多才多艺,而非愚戆暗事者也,必其能忍远虑,而非放僻任情者也。合是三者而观之,前三者寿乎?后三者寿乎?夫然是有力者既与寿合矣,其寿夭方本于自然,而论者以昏嫁为之因,不知昏嫁因于有力,犹寿考之因于有力,以一因并生之果,为之一果一因,是何可耶,此其谬一也。

且其因有更切于前者,大凡高等生类,其传种自续,必在己之生气与形既备且充之后。故生生之能事,常视自善其生者之所有余。往往于生理既备,形演至足之余,而后传育种胤之欲,发于天机之动而不自知,而牝牡之求与之俱至。盖生物天演之公例,首于自厚其生,自厚而有余,而后分为子姓,其种类乃孳乳而浸多也。是故约而言之,其耆欲之浅深,视所有余者之多寡,而有余之多者,必其生之甚厚,抑其形之甚充,生厚形充,毗于长存而久视。然则自事实而言之,彼形矼气实,溢而为耆欲情感,使有乐于牝牡之求,而得昏嫁之效者,即彼生厚形充,毗于长存久视者也。由此言之,昏嫁与寿考,又同为一因之果,乃一因而一果之,夫宁非蔽欤。

不宁惟是,今夫昏嫁,其离合非男子之所独为也,由于女子者恒大半。使他物势均,则女子之择对,必主于强有力。强有力者非他,形质魁硕也,性情敦厚也,术智优裕也。夫彼素号礼教之邦,而禁女子自拣所天者微论已,外是则女子自相攸,使女子而自相攸,彼不才之男子无幸矣。不才者何?形上与形下,一敝或俱敝也,颇丑残疾,狂恩暴戾,凡天演之不备者,皆不才也。是故使昏嫁之际,女子之有权如吾俗,则男子之壮佼才艺者必易于得妻,而阘愚怯弱者否。夫壮佼才艺者,得天厚而毗于寿者也,阘愚怯弱者,其得天薄而毗于夭者也。由此观之,又安得以久存为胖合之效乎?合前者之所论三,见人品之易以得寿者,亦易以得妻。盖如是之人,其情感嗜欲之酣至,出于自然,而其力又轻俯畜之事,为女子之所乐得以为述。然则前人所考而列之表数,必不足证昏嫁为善生之由,不过见二者之同出于一因,而常并著。

然不佞之举此者,非论昏嫁也,将以见论事者多以谟知为接知也。以谟知为接知,则其治群学也必棼,而群之理隐矣。夫彼所考而见者,特有室之民,其年寿多过于独处无妻者耳,此接知也。乃必谓其所以寿,征于有室,是以谟知为接知矣。顾由前而观,昏嫁寿考,虽常并著,而不得以为因果事效也。以为因果事效者,其所谟知者失也。此以见群变难明,所待者多,论者常得其似,而忘其实。得似而忘实,固无适而不谬。

吾辈之察于事实也,常得其表,而失其所为表。表者常轻而无关系,所为表者重,而所系恒多。生于其群,耳目睹记之端,或以新奇,或以切己,争乐得而传道之。至物变之大且深,为群生进退之所系,常忽不加察,抑隐而莫之知,此常智之家,阅世观物之恒态也。不知人群一事变之形,常有无数因缘,汇而成此。或所由来远,其推及者宏,或起于切近,至于纤悉。故论事变,使即事之所关甚巨,则显而易知,有其事虽无足重轻,以有致然之由,所系于群理者重,则微而难见。此可即一二事而喻吾说者也。

忆数月以前,《伦敦时报》刊布一访事者函,言羯罗崛阇①大学堂,考选新生,所发问及答,其中多可笑者。盖所试乃英文小说,斯考德②所著之一种,名《伊番和》者,有司杂取书中名物当时语发问,诸生对射离奇,其拼切

---

① 羯罗崛阇:Calcutta,今译"加乐各答"。
② 斯考德:Sir Walter Scott,今译"司各特"。

亦往往不中律令。在访事者之意,不过谓竺乾①学子,成业如此卑卑,于所问字义,多不通晓,将不足被选于大学堂也。顾使进而论之,将见函中所言,其为考生之病者浅,其为有司之病者乃至深也。夫聚百十少年,而试其可进大学与否,固无取钓奇求深者也。乃今试者用他国之语言,以观其材质之堪否,斯已奇矣,矧更取僻文奥义,数百年已废不用之名词。然则平心论之,此一试也,所可见者,非就试者之不足教也,实主试者不足与于教育之事耳。前者其所表者也,后者其所为表者也,所表者至不足道,所为表者,其关于群理深也。

顾此犹见于远方藩属者也。乃缘其事而反观吾国之教育,则一时风会所趋,学校所为,有更异于此者。盖自学部变法以来,所遣考官,其发策试人,什八九皆无当也。吾尝闻一律师言,尝见考试律学题纸,设以问彼,必将饮墨。又闻一古文专家言,国学前番试题,非已所能悉答。福劳特近世史家眉目也,于安得禄之会,对众自承,某校所发史学问题十二条,所能对者仅两条耳。又不佞亲闻路益斯言,文部词章诸题,已若就试,必曳白也。而路益斯为撰述老宿,乃国人所共知。则汇前事观之,吾有以知今之试士者,其发问之题,初未尝为就试者地,以试验其学之是否浅深也,将以自张其多闻,与所学者之广远已耳。年齿壮少,身为有司,无闻则将以求名,有闻则将以副誉,于是因缘试事,力求所以炫其学者,而就试者之年力,与国家以中道求才之旨,同为彼所不屑俯就者矣。

夫有司自鸣所学,不恤学者之年力,固为一时之风气,然试思此风之所以行,则关于教育之尤大者矣。何则?有司试学者者也,而试有司选有司者谁欤?此精于所学,而粗于试事者,谁实使之?苟循此而求之,则教育之非其道,灼然见矣。盖必有不知教育之人,而主教育之柄,斯其张弛纲维,有如是之悖谬!向使取主司而试之,且取是主教育之柄者而试之,而发策设问,叩以试人之道,当以何者为正术?身为有司,其不可不知者云何?教育之方,以何者为节奏?吾恐曳白饮墨汁者,不仅来试之诸生也。

---

① 竺乾:India,今译"印度"。

　　且其事尚有深者,夫昏昏者不能使人昭昭,非有长于己者,不能校人之所短。故教人必于所以为教者甚明,试人必于所以为试者甚裕,固也。特教育之方,将为之而使人受其益,斯其事不仅此耳。为师傅,为试官,非兼明心灵之学必不可。夫心灵之学广矣远矣,彼试官师傅,各治专门之业者,乌得而尽明之乎? 然彼之所期明者,非必心灵之全学也。明夫人心智慧之所由开,思力之所以进,与夫才德之所以成达,斯可矣。是故将为师道,之数者必先熟习而深明之,具观物之智,有内视之明,审于人心感觉往复会通之公例,敦为从著而入玄? 孰为由简而渐繁? 必层累曲折之致,了然于心,而后其施教也,不躐等,不逆节,而亦不后时。自非然者,其人虽明于所学,而不可以为教,亦不足以设问试人,于以验所学之成否,与教者之实能实不能也。且吾抑不解夫世俗之论教育也,何独以记丑闻博为成学者之多乎? 夫记丑闻博,非成学也。成学云者,学而可致于用之谓也。学而可致诸用者,以学广知,以知达材,近之则足以善生,而完其为人之量,远之则足以造乎道,而进于知天之功。前之事所以成己,后之事所以利群,教育所求,尽于此矣。今之言教育者,非不知泛滥无纪之博学多通,转不若专一之士,为一学而本末完具,可见于实功,收其实益者也。顾虽知之,虽言之,而见诸施行者无有。此所以吾国教育之政,虽经更张,而实则因循其故所守者,而化之不蒸,才之难得,举坐此矣。

　　由前之言,乃益知吾生所见闻,与夫已往之人所以饷我而视我者,虽若要言,多非宏旨。而吾党所贵,在置其毛傅,见其根源,知史书传记之言,什八九皆糟粕尘秽,而所乐于把玩详审之者,在从其所传之细且轻,而得其所不传之大且重耳。此又所以祛物蔽之一术也。

　　夫外物为蔽,使吾考之不得实,而因以生害也,又岂尽于右所言已哉! 不独观物者之多疏而不密也;不独以意为之,有所好乐,有所主持,有所私利,所论者遂失中也;又不独人心常混所谍知者以为接知也;不独用意之浅,往任得其外果之微,而略其内因之巨也。之数者之难固矣,而尚有难者,则以地与时为大梗。地也者彼此之不相接也,时也者今昔之不相属也。所言者,政治可也,风俗可也,宗教之异同,懋迁之争竞,亦可也。虽同处一群之间,其事常散而不集,常奇而不偶,又益之以吾身与物对待之不齐,则虽有至精之识,至练之心,其所思罕能与物情之繁,事理之赜,相酬者,将申吾说,请先即其因于地势者而观之。

观群而观其所居,若山川城郭,幅员疆索,属于有形,非幽渺难稽者也。顾欲得其真形,使于意中,全局悉现,则虽熟于舆地者不能。夫言舆地之图书众矣,为之经纬焉,为之界域焉,著其地质,表其气候,测绘之家,岁有所益,月有所增,志乘之所罗列,游纪之所缀闻,可谓至纤悉矣。然而治其学者,俯而读,仰而思,欲得大地真形,其林薮川泽,田畴城邑,与夫夷险之相错,坡陀之往复,水道之分潹,镇集之类聚,欲华离绣错之象,悉呈于胸不可能已。即得其区分,亦亡其大合。夫使于有形之事如此,则彼无形之风俗,不可象之教化,及乎民智浅深,商业衰盛,人间攘熙林总之不齐,其为物既不可以图,而记风土者,又耳食而肌造,甚者显乖其实,似者仅得其肤,则吾党欲求其真核,又乌从而得之?是故言一国一群之事变,虽为其至,皆存乎近似仿佛之间,而不足以依据。观夫议院之所争,日报之所述,与夫巷议街谈,几无一说焉不有其抵牾冲突者,则悠悠之不可为典要,岂待深论而后明哉!

今夫一国一群,数十百年间,不甚异之物也。乃人其境而为之纪述者,同时一地,若不胜异辞焉。然则其为殊不在物,而在观者明矣。尝闻一法人来游吾英,方三七日,即欲搦管著书,以论吾国。逾三月,乃觉其所见不足以尽此邦也。则又久之,至于三年,喟然而叹,谓己于英国,毫未有知也,而其书终不就。此虽寓言,顾实理也。人生一国间,行年四五十,辄觉前之所以谓其国,且自信为不可易者,乃今皆化,訾其说为不足存,以往例今,安知今之所云者,又皆中乎?人莫愚于未睹其物而悍然为之论断:于一乡未历也,心以为其俗当如是;于异己之业殊宗之教未考也,意以为其法宜如彼。乃至一卷之书、一科之学,莫不武断而论之,至于及之后知,则何止一言之不智?使其明此,则于吾群学因地而难之说,将有莫逆于心者矣。

绘画之学,必明视差,故同一物也,在近则大,在远则小,当前则晰,遥

望乃蒙。此人所日以目治而心正者也。为之既习,若不自知,故不以远近
贸物形,虽然,岂徒目之于物有视差哉? 惟心之于事也亦然。至于心之视
差,其能正之者寡矣。是以琐细之变,出诸乡邻,则为之惊心,虽有非常之
故,见于异国,则置若罔觉。夫拘虚囿习,所以为士之通病者,正以切近者
操先入之机,遂使心习暗成,后虽有广远之阅历,足以证所先入之甚非,然
已漠然无及已。

尚有难者,以科学常术,用之群学而不能也。科学之立公例而征实理
也,大都以参伍比较之术而得之。故生学之于动植,就一别而分治其独,
即独而一别之所同具者见焉;就一类而分治其别,即别而一类之所同然者
形焉。凡此皆参伍比较之功,从之以有类德别德者也。独群之为学不然,
参伍比较矣,而公例不可以必立。盖其为物,虽皆本于相养相生,而牵天
系地之情,实皆异而未有同者,类异察同之术,乃至此而不可行。任举一
群,欲指何者为其常德? 何者为其特德? 虽有圣者,不敢云也。

故治群学,虽所考得其至实,至推论会通,则常有三者为之梗:散见暌
孤,不可荟萃并观,一也;以远近泛切之殊,而人心以异,二也;至于汇不精
不备之事实,而欲为之会通矣,又以群变至繁,群情难一,所立公例虽真,
终不敢谓无变例之或见,盖虽至似之群无全似,故虽至信之例无全信,此
其难三也。凡此皆难之因地而见者也。

群学之难,因时而见者,彼以世运为天开,而风会为成于名世。又谓
天常生一代之才,以主一时之世局,得之者治,失之斯衰,问天下之治否,
观君相之所为。自彼言之,无所谓天演者矣。独其人于格物既明之后,生
学深造之余,知两间所呈,皆因果相生,无偶然忽至之一境,则知群者有生
之大物,其形体性情,官神消息,一切皆演于自然。常始于至微,终于至
巨。故考一时之政制风俗,必上溯千载,下观百世,而后能得其真。则知
时之于群,为义大矣。

论生理而不统其本末始终,考其渐及之致,其于生理也必蒙。愚母之
慈子也,常恣噢咻之爱,以求一顷之安,不知循是所为,后将驯致于不可
改。暗君愚相,于一国之治亦然。苟一日之无事,而不知百年之计,其行

政也,视目前利否耳,至远果所成,不暇察也。读史之人,观一制度之立,一政法之行,溯其滥觞,穷其末造,将大效之见,非数十百年未以云也。如吾英之贫算,盖自欧洲拂特制除,采地之耕夫,非公侯之世仆,编户各自为主,贫者无所依归,弱者行丐,强者掠夺。至理查第二,令劳力之民,若佣奴隶役,走卒乞儿,皆地著不得擅徙。顾贫丐日多,无所得食,则责其地之齐民惠养之。此无异复拂特旧制,使民地相资,民著于地,地养其民者矣。夫如是之政,在当时固以救一法之穷,而其意亦邻于仁济,断不谓既行二百年所之后,其流弊乃大见如今。若无以承其敝,直将使风俗财政举大坏而有余,游手既以日多,峻法无由禁止,于是令县县之民,出常算以养其地之贫丐。外立甚重之法,以杜流亡转徙之民。察立法之本旨,固以挽皆窳之风,而劝地著修本业也。顾数传之后,法禁弛严,而因缘它端,遂使向之所以禁游惰者,转以劝游惰。溯立法至今,仅仅二百三十余年而已,而振贫之算,岁增至七百万镑而未已,其为民生厉阶,风俗大诟,则考诸私家著说而可知也。如某氏曰:"愚民之意,直谓县官所以待彼者,有不尽之公储。其开口求食也,悍者殴辱吏胥,无耻者呈其野合之孩,以责哺乳。咸又袖扶肩,倚柱瞠目,以待所分之徐及。荡娃恶少,恃有食而嫁娶愈勤,鼠偷狗盗,倡妓穷子,再呼不得,从以恶声,若索逋然者。乡官挥霍公帑,以收民誉,有保护之责者,则援此以自便其私,遂使勤劬作苦之民,所出日重,自爱女子,日有冻饥之虞,而狂荡邻妪,转月受五先令六便士之俸,以养其莫知谁父之儿。仁政之效,乃如此乎?

当额里查白之议此政也,于鄙远之地,则令田主司其散给,然积久弊生,往往以振贫之粟,为其佣之雇值,则是使余民出费,而以耕有主之田也。以其事之不中,主佣之交,不由正道,耕耨卤葬,田野因而不辟。庐舍仓囷之主,以避贫算之重也,相戒勿为其新,或且取其旧者而坏之矣。村集之民,口多屋寡,湫隘聚居,等诸牢圈,气息殗殢而疾病生,民之形干,斯以日劣。族居无别,而羞恶亡,民之廉隅,又日划矣。虽有工艺之场、改过之所,本以策勤,适以奖惰。国为广厦,其所底者,佻男奔女,游手奸偷,且以谓各享其身应得之权利。总之此政之立,数世之后,可指之弊,累简难书。而其最为国民之害,势且有以使吾种之日衰者,则在养国莠民,而使良者受其损。贫算号为仁政,既立之余,理必世重,将使国之勤民日耗,惰民日蕃,课其终效,使人芒背。顾在当时,则出之甚易,苟以纾一日之难已耳,而孰知历时之后,势不可反,有如是耶!

是故一政行,欲知其利病,恒俟数世而后明。夫宏识远量者不多觏,常俗所致谨者,不出于目前。顾事效之成,必俟数百年,民质从之为变,夫而后政之善否乃彰彰耳。以其理之所关者巨,请更得而详论之。

方一群之演进也,如生物然,暗长潜滋,而节节蜕化,其为此非一因也,必合众因,以成此果。所谓因者何?诸力是已。力有本于天者,有本诸人者。本于天者,自然而然,本诸人者,其群之政若俗也。故一政既行,久之皆为用事之一力,其为状也,少简而多繁,不径而常纤,与他力者汇。于是一群之变,万有不齐,赜而莫可以究诘。然常有往复之致,消息之几,必循其起讫,缔首尾之全而观之,使但即一曙之迹而言,其变不可得见也。以无往之不复,故每有所施,则旋得其反。其反之情,有显而径,有隐而纤,所为反不同,而所反自若。浸假而反者,又得其所反焉。歧而弥纷,推之弥远,必递求而深观之,夫而后一力之行,其变动损益之真,可以微见。必求之异代累叶,而后识其势之所趋,此如数术之演曲线然,苟取弧甚短,则曲线之真形不可知。夫取任何五点,皆可贯之以一割锥者,微积之定理也。立五点于此,其贯之者为平员,为隋员,为抛物,为双别,为直线,为平行,蔑不可也。使位置稍疏,则其形可拟,脱有一二独远,或由此而成无尽之曲线。此可悟群之为变,其因至多,其为度至缓,而其中有小往复者,有大往复者,错综并起,若逝而回,使非自其久而观之,则其势之所趋,乌由得乎?是故论一律令礼俗,徒即数载抑数代之效以云者,其于世变之真,失之远矣。

夫宇宙万物,皆动以致变,独群之为动,与他物殊。必求其似,其人身之天演乎?一外力之用事也,效不独见于其近也,且将见于其远者,不独自为变也。且取他力之并行于其中者,而左右疾徐之,故国家著一令立一法,不独民之行事从而异焉,性情好恶从而殊焉,乃至积力之久,且相转而为种业。及乎种业之成,则民之愚智善恶,若根夫天性,而群之百为,与夫天时地利之端,凡民力之所裁成,皆从之而为异。是故其始也群受范于自然者也,其终也乃使自然受其群之所范。向所不见者,今可以形,前所不能者,后可以至,旁通交推,不可究诘。其量之大小,不可以数计,其情之向背,不可以识通。故一政令之施,制治者意皆有所祈,而终之事效可以大反。故曰:"时之于群,其义大也。"

将于群而得其消息盈虚之理者,不得求诸旦夕年岁之间,必远瞩高瞻,上观千载,下观千载,极天演之致,而后能得之。则试取各国制度礼俗之所同者而绎之,庶几其义可以见。

今夫古之所为,所最怪而难明者,其诸用人于社,与以人衅祭之事乎?顾此可验诸近世食人之野蛮。野蛮之豪酋渠帅,其食人恒最多,及其死也,祀之于庙,严以为神,而用人以祭。生则食其血肉,死则享其魂魄,盖自彼观之,魂魄之与形体,同为气质物也。闻者疑吾言乎?则与读墨西哥之旧史,其中言遇出战而无所获,其国之祭袄(从示不从天。)司祝,则告其王,以社鬼不血食之饥,王则赋人而祭之,而以其血衅偶,先歆而分其脤于群臣。吾由是知刍灵作俑之事,非始象人而用之也。文明之运渐开,不忍于用人之虐,无已则象形以易之,又降则易人而用牺牲。凡此皆节次之可以徐求者也。夫事鬼,古之人与今之野蛮,皆最严而致洁者,故所行之礼典,莫敢畔夫初。如刀石最古,铜次之,铁为下,至今数国祭神宰肉,与夫回部之剃毛割阴,其所用皆石刀也。《摩西旧约》前十二篇,言造埠斫石,禁用铁器。而罗马旧祠太岁[1],其祝宗剃首,犹用铜刀。夫钻燧取火之事,其废久矣,而天竺至今,凡祭所用,犹必以燧为之。他若冰台就日之为明火,大蜃向月之承明水,凡此皆彰彰可见者也。盖化之进也,率旧谋新,二者常互相为用,无其谋新,则化不进,无其率旧,则化不成。而斯民率旧最笃之事,莫严于致孝鬼神,而宗教之起灭,又常为人祸之最烈者,皆此理矣。

---

① 太岁:Jupiter。

惟各国之言语文字亦然，其在埃及，凡所严重之典册刻画，皆用古象形书，而常用则从今体。《犹太教经》，必用希百来文字，罗马则用拉体诺①文，此皆历久不渝者也。即至吾英，号通侻矣，顾新旧二约，其音训文义，皆古之所有，非今之所行也。他若堂寺传宣福音，其文字切合，亦从古法，非常谈所可用者。至若教宗书册，朱墨璘褊，率从古刻，故布齐(道光时英国教士，其言教道，独重威仪礼制。)与宗教礼家，皆主复古节文，使民重教之说，其余绘刻图像，凡在神道，亦皆以反古为宗。吾英教寺，首庚特巴里，近者新范二像，其一为山蒙纳长老，作服袿衣，仰卧樿弋上，膜手闭目，状若古墓中甲胄壮士，尸体左右平均，无稍偏侧，其为初民之制，一览可知。盖观于童子画人，及非洲土番所范诸偶，其为状莫不如是也。

人情之笃旧也，或知而为之，或不知而为之。顾知而为之者，其笃旧浅，不知而为之者，其笃旧深也。故谓神父牧师，有言斯信，此不独罗马旧宗为然，即誓反新宗尚如是也。故厄达讷宗之聚讼，必以古经典为据依，而教党内外之争，历兹未决，外者主于修明而更进，内者主于恪守而因循，此其大经已。

教既如此，政亦有然。夫一群法制之成也，其始多本于习俗，虽然，习俗常变不居者也，惟勒为法制，乃守而不渝。故必有律令典章，夫而后一群之势定，而久道化成之理以兴。然亦惟有法制，而其群之蜕故入新乃不易。故往往一群之习俗大变矣，而其中之君子，以法制所自出，则犹身守其故而躬行之。此如吾英格斗之俗，两家违言，志在相死，则相约格斗，选时择地，有傧介质成之仪文。此在民庶，久不用矣，而搢绅有爵，犹时为之。夫两造争讼，不正于理，而正于兵，此野蛮之事，非文明之事也。而国与国，至于今犹用之。吾英旧俗，凡两家争执曲直，不愿就理，而乐决于一斗者许之，此直至若耳治第三②之朝而犹用者也。嗣乃禁于平民，而不禁于官绅行伍之间，大洲此俗，至今不废，且众论以为宜然。此以见古之习

① 拉体诺：Latin，今译"拉丁"。
② 若耳治第三：George III，今译"乔治三世"。

俗，使其勒为典要，载之宪章，则虽至敝之端，可历久而自若。至今国王加冕之日，必有介胄之士，号于朝庙曰："有欲斗王者吾当之。"习非胜是，动逾千载，谁复从而诘之乎？

即至簿书文具，亦有循古不变之迹。如质剂契约，尚用羊皮，而常事则用絮纸。其文多用古书，其名义亦守拉体诺那曼德之旧，其诂训多与今语迥殊，画押虽所通用，而重大者犹以印玺。股票则有浮签加印，亦此意也。苏格兰民卖田及山，必饰载块石，以与新主，示有土之义。凡此皆最古国俗，而沿用不废者也。

其他官司所为，乐旧贯而惮改作，尤可见也。夫诘戎整军，所以御外侮，是宜循最胜之制，莫如武备矣。顾线枪必经至久而后改用针燃，其来复后膛诸制，皆经俗用历年，而后行间勉从新制。经费帐录，虽公司商业，悉用双入平衡新法，而国家会计，则因循单入古法，直至一千八百三十四年，火焚议署，古契悉毁无余，不得已而后下令用之。不然，削木锲齿，尚守威廉定英以来最古之制也。

乃至公私服制，其守旧之迹愈明白也。雄鸡大冠，犹见于将帅之首，橀具佩剑，徒取具仪，亦古之所常用也。大抵古之服饰，虽久亡于俗，而朝服盛饰，往往遇之。如今刑司理官所戴之假发，国学生所戴之四方平定冠，至于神甫牧师所服之冠履袿领，皆可考其所由者矣。

是故人心之乐墨守而恶更张也，其理实在在而可见。自犹太教宗刳去前皮之石刀，至于教寺演说所宣之古语，至于理官左右传呼之警跸，至于将弁所衣之肩版，至于国君所署之押诺，皆其端倪呈露者矣。由此而知凡为治制，主治者莫不愿法古而守常。又知法度者，其大用在于守成，故法度立而墨守之情自见。又知欲测将来之治化，如推曲线然，必于古取其远势，所规弥远，而世运之所趣乃弥真。则总之彼论群道而昧久成之理，徒斥斥于百年数代之间，固无当也。且以见为治之事，使以旦夕之逼，苟然立法，取济目前，行之既久，常至于害。及其既害，乃欲以一朝新用之力，与数百千年深演远来之力抗，则常无效。一政之行，其始进也，股股焉以兴，少则析析然以解，用之不已，则前之濡而韧者，乃渐即于定形，久之乃胶结而凝固。向之动而辟者,乃今为静而翕焉,既静既翕,斯其制不可以猝更。

故群学之有物蔽也,非独蔽于障碍纷淆已也,又以其物广远泂澉悠久蓄变之情,使其真不可以猝见。近者百年,远者千载,迁流递嬗,而其效乃如今。夫治群学而徒耸于目前旦夕之变者,无异欲审坤舆之曲,面地员之势,而求其实于自阜陵壑之间也。使学者于此而有明,则其论群法审民情,将必知其事之至难,而庶几寡过已。

嗟乎!吾欲以群为学,而物蔽之多且难如此。物固有真也,以人心之拘执,偏耆私利之不同,而其真以失。且心既正,意既诚矣,其所见而知者,又往往即谟为接,而不自知。或得其肤末,而亡其精巨,况乎六合之大,非一览所可周,千祀之遥,必徐考而多验。使合之数者而言之,则群之为学,求如他科之精审,而有益于人事也,不其难哉!虽然,群学以物蔽之多而难治,固也。向使治斯学者,必求纤悉之具,如化学;断论之尽,如几何;必考验至精,理见例立,如天文、地质诸科然者。则欲群道之成学,无异执石子以求匹雏,不如早置之为愈。顾群学自有其可立之例,亦自有其可见之理,非物蔽所能终害者,则吾何为而不孜孜然?今夫泰东之有封建,泰西之有拂特,言古制者不胜异辞焉。顾使参伍错综求之,封建拂特之制,固可得而述,其所关于治化者,又可得而指也。有史传,有礼经,设排比而类观之,将不徒其制之可明也,且将有得于事外,亦视吾术何如耳。况异群之记载,同等之民风,古若今有可得以推校者耶?知此,则群学之所为,可微见已。盖吾之考于纪载也,非于所纪载者,必信而据之也,吾将因其所纪载者,以得其所不纪不载者焉。夫如是,将群之形制功用,其原起,其演进,皆可从内籀之术而得之。物蔽固常有也,知而谨为之所,足矣。今夫考耳目所不经,事必依于证据,方其取而用之也,必谨于其物之难真,与夫害真之事之不一,故其征一事也,必先为之差,差之多寡,亦随所遭而为殊。大抵一例之立,必无先成乎心,而不系乎偏属之地,独当之时,则于群理也,其殆庶乎!

第三编

政治学与逻辑学

《群己权界论》译著选编①

1 穆勒原自序

以伉俪而兼师友,于真理要道,有高识遐情,足以激发吾之志气,其契合印可为吾劳莫大之报酬。其于是篇也,吾实为所感而后作,是中最精之义,吾与彼共之。吾乃今以是长供养此宝爱悲伤之旧影而已。盖是之为书,犹吾平生他所纂述者,曰吾作可也,曰吾妻之作亦可也。曩凡成书,为吾妻所复审者,其受益恒不可计量。今兹吾妻不及见其成,故获此益甚寡。此中要义,凡欲得其扬榷者,今此已无,则此书之不幸也。呜呼! 洪思尊感,永闭幽宅,使不佞能哀其半以传诸人间,将较自为绌写,其无所柅触扶翊于斯人不可跂及之神智者,其为有裨人群,乃真不可量尔。

① 选编自:汪征鲁,方宝川,马勇. 严复全集(卷三). 福州:福建教育出版社,2014.

2 译凡例

或谓:"旧翻自由之西文 liberty 里勃而特,当翻公道,犹云事事公道而已。"此其说误也。谨案:里勃而特原古文作 libertas 里勃而达,乃自由之神号,其字与常用之 freedom 伏利当同义。伏利当者,无挂碍也,又与 slavery 奴隶、subjection 臣服、bondage 约束、necessity 必须等字为对义。人被囚拘,英语曰 To lose his liberty 失其自由,不云失其公道也。释系狗,曰 Set the dog liberty 使狗自由,不得言使狗公道也。公道西文自有专字,曰 justice 札思直斯。二者义虽相涉,然必不可混而一之也。西名东译,失者固多,独此天成,殆无以易。

中文自由,常含放诞、恣睢、无忌惮诸劣义。然此自是后起附属之诂,与初义无涉。初义但云不为外物拘牵而已,无胜义亦无劣义也。夫人而自由,固不必须以为恶,即欲为善,亦须自由。其字义训,本为最宽,自由者凡所欲为,理无不可,此如有人独居世外,其自由界域,岂有限制?为善为恶,一切皆自本身起义,谁复禁之!但自入群而后,我自由者人亦自由,使无限制约束,便入强权世界,而相冲突。故曰人得自由,而必以他人之自由为界,此则《大学》絜矩之道,君子所恃以平天下者矣。穆勒此书,即为人分别何者必宜自由,何者不可自由也。

斯宾塞伦理学,《说公》(Justice in Principle of Ethics)一篇,言人道所以必得自由者,盖不自由则善恶功罪,皆非己出,而仅有幸不幸可言,而民德亦无由演进。故惟与以自由,而天择为用,斯郅治有必成之一日。佛言"一切众生,皆转于物,若能转物,即同如来"。能转物者,真自由也。是以西哲又谓:"真实完全自由。"形气中本无此物,惟上帝真神,乃能享之。禽兽下生,驱于形气,一切不由自主,则无自由,而皆束缚。独人道介于天物之间,有自由亦有束缚。治化天演,程度愈高,其所得以自由自主之事愈众。由此可知自由之乐,惟自治力大者为能享之,而气禀嗜欲之中,所以缠缚驱迫者,方至众也。卢梭《民约》,其开宗明义,谓"斯民生而自由",此语大为后贤所呵,亦谓初生小儿,法同禽兽,生死饥饱,权非己操,断断乎不得以自由论也。

名义一经俗用,久辄失真,如老氏之自然,盖谓世间一切事物,皆有待而然,惟最初众父,无待而然,以其无待,故称自然。此在西文为 self-existence,惟造化真宰,无极太极,为能当之。乃今俗义,凡顺成者皆自然矣。又如释氏之自在,乃言世间一切六如,变幻起灭,独有一物,不增不减,不生不灭,以其长存,故称自在。此在西文,谓之 persistence,或曰 eternity,或曰 conservation,惟力质本体,恒住真因,乃有此德。乃今断取涅槃极乐引伸之义,而凡安闲逸乐者,皆自在矣。则何怪自由之义,始不过谓自主而无挂碍者,乃今为放肆,为淫佚,为不法,为无礼。一及其名,恶义坌集,而为主其说者之诟病乎?穆勒此篇,所释名义,祇如其初而止。柳子厚诗云:"破额山前碧玉流,骚人遥驻木兰舟。东风无限潇湘意,欲采蘋花不自由。"所谓自由,正此义也。

由、繇二字,古相通假,今此译遇自由字,皆作自由。不作自繇者,非以为古也。视其字依西文规例,本一玄名,非虚乃实,写为自由,欲略示区别而已。

原书文理颇深,意繁句重,若依文作译,必至难索解人,故不得不略为颠倒,此以中文译西书定法也。西人文法本与中国迥殊,如此书穆勒原序一篇可见。海内读吾译者,往往以不可猝解,訾其艰深,不知原书之难,且实过之,理本奥衍,与不佞文字固无涉也。

贵族之治,则民对贵族而争自由;专制之治,则民对君上而争自由;乃至立宪民主,其所对而争自由者,非贵族非君上。贵族君上,于此之时,同束于法制之中,固无从以肆虐。故所与争者乃在社会,乃在国群,乃在流俗。穆勒此篇,本为英民说法,故所重者,在小己国群之分界。然其所论,理通他制,使其事宜任小己之自由,则无间君上贵族社会,皆不得干涉者也。

西国言论,最难自由者,莫若宗教,故穆勒持论,多取宗教为喻。中国事与相方者,乃在纲常名教。事关纲常名教,其言论不容自由,殆过西国之宗教。观明季李贽、桑悦、葛寅亮诸人,至今称名教罪人,可以见矣。虽然,吾观韩退之《伯夷颂》,美其特立独行,虽天下非之不顾。王介甫亦谓圣贤必不徇流俗,此亦可谓自由之至者矣。至朱晦翁谓虽孔子所言,亦须明白讨个是非,则尤为卓荦俊伟之言。谁谓吾学界中无言论自由乎?

须知言论自由,只是平实地说实话求真理,一不为古人所欺,二不为权势所屈而已。使理真事实,虽出之雠敌,不可废也。使理谬事诬,虽以君父,不可从也。此之谓自由。亚理斯多德尝言:“吾爱吾师柏拉图,胜于余物;然吾爱真理,胜于吾师。”即此义耳。盖世间一切法,惟至诚大公,可以建天地不悖,俟百世不惑,未有不重此而得为圣贤,亦未有倍此而终不败者也。使中国民智民德而有进今之一时,则必自宝爱真理始。仁勇智术,忠孝节廉,亦皆根此而生,然后为有物也。

是故刺议谩骂,扬讦诪张,仍为言行愆尤,与所谓言论自由行己自由无涉。总之自由云者,乃自由于为善,非自由于为恶。特争自由界域之时,必谓为恶亦可自由,其自由分量,乃为圆足。必善恶由我主张,而后为善有其可赏,为恶有其可诛。又以一己独知之地,善恶之辨,至为难明,往往人所谓恶,乃实吾善,人所谓善,反属吾恶。此干涉所以必不可行,非任其自由不可也。

此译成于庚子前,既脱稿而未删润,嗣而乱作,与群籍俱散失矣。适为西人所得,至癸卯春,邮以见还,乃略加改削,以之出版行世。呜呼!此稿既失复完,将四百兆同胞待命于此者深,而天不忍塞其一隙之明欤?姑识之以观具后云尔。

光绪二十九年岁次癸卯六月吉日严复识

3 首篇 引 论

有心理之自由,有群理之自由。心理之自由,与前定对;群理之自由,与节制对。今此篇所论释,群理自由也。盖国,合众民而言之曰国人(函社会国家在内),举一民而言之曰小己。今问国人范围小己,小己受制国人,以正道大法言之,彼此权力界限,定于何所? 此种问题,虽古人之意,有所左右,而为之明揭究论者希。顾其理关于人道至深,挽近朝野所争,枢机常伏于此,且恐过斯以往,将为人群大命之所悬。不佞是篇之作,所为不得已也,所言非曰新说,但宇内治化日蒸,所以衡审是非,裁量出入,稍与古殊,非为讨本穷原之论,难有明已。

与自由反对者为节制(亦云干涉)。自由、节制,二义之争,我曹胜衣就傅以还,于历史最为耳熟,而于希腊、罗马、英伦三史,所遇尤多。民之意谓,出治政府势必与所治国民为反对,故所谓自由,乃裁抑治权之暴横。治权或出于一人,或出于国民中之一族一种,其得此治权也,或由创业之战胜,或席继体之承基,而其人常非所治者之所爱戴。然其临下之威,民不欲忤,而亦不敢忤,特于厉己之政,时谨戒防而已。盖民生有群,不可无君,顾君权不可废矣。而最难信者亦惟君权,彼操威柄,不仅施之敌雠也,时且倒持,施于有众。夫弱肉强食,一群之内,民之所患无穷,不得已则奉一最强者,以弹压无穷之猛鸷。不幸是最强者,时乃自啄其群,为虐无异所驱之残贼,则长嘴锯牙,为其民所大畏者,固其所耳。故古者爱国之民,常以限制君权,使施于其群者,不得恣所欲为为祈向。其君所守之权限,其民所享之自由也。其得所祈向者,有二涂焉:与其君约,除烦解娆,著为宽政。如是者谓之自由国典。国典亦称民直,侵犯民直者,其君为大不道,而其民可以叛,一也。立国民之代表,凡国之大事,必其君与代表者互诺,而后称制,二也。前曰有限君权,后曰代表治制。夫君权有限,欧洲诸国大抵同之,至代表治制,则不尽然。近世乐尚自由之民,所汲汲勤求者,其端在此。或旧无而求其制立,或旧有而求其完全。自人类不可以无君,而两害相权取其轻者,则所期不过有其一尊而不为暴已耳。过斯以往,非所图也。

自世运之日进文明也,民又知治己者不必悉由于异己,而与之反对为利害也。则谓与其戴其一而君之,何若使主治之人,即为吾所任使而发遣者?脱有不善,吾得以变置之。夫惟如是,而后政府虐民之事,可以无有,而国民之势,乃以常安。挽近各国民党所力求者,皆此选主任君之治制。而前所谓节损君权立之限域者,又其次已。彼谓鳃鳃限制治权,其事无取。夫治权所常忧其无限者,以出治之君之利害,与受治之民常违道也。乃今出治之君与受治之民,为一体而同物。一体而同物,故出治者之利害,无异受治者之利害,国家之好恶,莫非其民之好恶也。夫国固何嫌于一己之好恶而常防之!问天下有施暴虐于其一己者乎?固无有也。故使君受命于国人,而其势常可以变置,则虽畀以无限不制之治权,犹无害也。彼之权力威福,国人之权力威福也,而所以集于其躬者,以行政势便耳,是谓自治之民。惟自治之民,乃真自由也。夫如是之思想,实五十年以来吾欧讲自由者所同具,即今大陆之中,持此说者犹至众。若夫去泰去甚,谓五洲治制,其甚不善者固不足存,乃若其余,限其治权已足,则政家之中,所不多观者矣。

人之有所短也,常以不偶而隐,常以志得而彰。惟哲理与政论亦然。夫当梦怀民主治制之秋,徒稽古而向慕,则有谓民主之权,不必忧其无限者,夫非至当不刊之说也耶?即或以法民革制①之日,所为多悖人理为疑,然于前说,不足遂摇也。彼将谓其时行事,多出于一二人之僭私,非国宪既立之效。夫叩心疾视之民,发狂乍起,而以与积久之专制为雠,则逆理不道之事,诚有然者,不得据此议前说也。乃浸假民主之治制立矣,于是

---

① 法民革制:French Revolution,今译"法国大革命"。

论治之士,乃得取其制,徐察而微讥之。何则?于此之时,固有事实之可论也,尔乃悟向所亟称自治之制,与所谓以国民权力治国民者,其词义与事实不相应也。虽有民主,而操权力之国民,与权力所加之国民,实非同物。其所谓自治者,非曰以己治己也,乃各以一人,而受治于余人。所谓民之好恶,非通国之好恶也,乃其中最多数者之好恶,且所谓最多数者,亦不必其最多数。或实寡而受之以为多,由是民与民之间,方相用其劫制。及此,然后知限制治权之说,其不可不谨于此群者,无异于他群。民以一身受治于群,凡权之所集,即不可以无限,无间其权之出于一人,抑出于其民之太半也。不然,则太半之豪暴①,且无异于专制之一人。

夫太半之豪暴,其为可异者,以群之既合,则固有劫持号召之实权,如君上之诏令然。假所诏令者,弃是而从非,抑侵其所不当问者,此其为暴于群,常较专制之武断为尤酷。何则?专制之武断,其过恶常显然可指,独太半之暴,行于无形,所被者周,无所逃虑,而其入于吾之视听言动者最深,其势非束缚心灵,使终为流俗之奴隶不止。于此之时,徒制防于官吏之所为不足也,必常有以囿众情时论之劫持,使不得用众同之威,是其所是,制为理想行谊之当然,以逼挟吾小己之特操,甚或禁锢进步,使吾之天资赋禀,无以相得以底于成材,必隤然泯其品量之殊,以与俗俱靡而后可。此压力之出于本群者,所为大可惧也。是故以小己听命于国群,而群之所以干涉吾私者,其权力不可以无限也。必立权限而谨守之,无任侵越,此其事关于民生之休戚,与世风之升降,实较所以折专制之淫威者,为尤重也。

此自其理而言之,则亦人人所共见。顾于事实,问权限之立,当在何许?社会之节制,小己之自由②,必何如而后不至于冲突?则古人于此无成说也。其有待于审立,几无事而不然。今夫民生之所以日休,而人道不至于相苦者,在人人行事有不可叛之范围耳。交际之地,重者则邦有常

---

① 太半之豪暴:the tyranny of the majority,今译为"多数人的暴政"。
② 小己之自由:individual independence,今译"人体之独立"。

典,下者虽刑宪所不及,而毁誉加焉,然则国法清议之用,必何如而后与公理合?此真人事之最重最亟者矣。从往事而观之,向所谓是非之公,舍一二最为明显之端,无确然可据者也。旷观千古,无两世之从同,横览五洲,微二国之相合,而一时一地,所号为经法者,他时他地,且诧以为奇,然则是非之至无定,可以见矣。所足怪者,常人于事理是非,恒若无所疑难,一似自有人道以来,其然否无不吻合也者,视其国所用旧法,皆言下而其意已明,即事而其理已足。如是之妄见,几天下之所同。其所以然无他,由习俗耳。盖习俗移人之力最神,故古人谓服惯为第二性。夫岂仅第二,视为第一者有之矣。惟以习久之成性也,故制为是非,以相程督,每径情遂事,无所犹豫于其间。且人人视其义为固然,于己初无可思,于人亦所共喻,此其蔽所由愈坚,而为终身不解之大惑也。挽近游谈之士,自拟哲家,每云折中人事,准情胜于酌理,一时风行,目为挚论。夫准情,则一切证辨推籀之事皆可勿施,故其论言行法则也,各本一己之中情,以期天下人之同彼。不悟是所谓法则者,既不为真理所折中,初不过一人之私好,就令同之者多,得所比附,亦不过一党人之私好,以云天则,邈乎远矣。乃自常人观之,则若一己有好,而又得众情之已同,此于公理,已为至足。平生藉宗教所传示者,以定是非,别善恶,宗教传示,有不悉及,则以众情之同异为从违,即其绅绎经文,解析神义,亦舍此无他术焉。是故常人之心所为美恶毁誉者,非真理也,恒视其灵台所受范之外缘。其所谓理者非理,其成见可也,其迷信可也,其所以媚俗可也。乃至媢嫉倾害之隐,虚骄气矜之隆,与凡其心之所畏欲,无不可以为理者。夫畏欲不过关于一身之私,而私之当理与否,更无待论。使所居之群,有贵贱之等衰,则其国所谓礼义者,大抵从守位别尊而起例。此如古斯巴坦之与希腊,今美洲田主之与黑奴,乃至天下之王侯庶人君臣男女,皆私权之所由分,即礼法之所由立,此各国贵贱分途,各主是非之大略也。

社会之好恶,抑社会强有力者之好恶?遂本之以为其民言行之科律,其或不率?则邦有常典,野有常讥,行之既久,虽有先知先觉之民,其为虑出于其群甚远,莫能辞而辟之也。所断断者,特一二节目间,见其所操持,与旧义不相得耳。即言好恶,彼将言社会宜孰好而孰恶? 至问人人之好恶,何以宜律以社会之好恶? 非所图矣。或社会所旧有者,彼心怀其异同,则思易其旧者使从己,至明好恶之端,宜任人人之自择,所未暇也。若夫近古豪杰之士,据最高之地,所守正而为议纯,累挫不衄,至必达其义而后已者,吾于宗教之士,仅乃见之。故吾欧宗教之争,最足开自由之理想,且于此见求心所安者,其道为不足恃也。盖恶异喜同之情,在真诚笃教之家,无问所守何宗,未有非其心之所安者。即宗教变革之初,其始发难,为不受罗马公教之衡轭,顾其党同伐异之情,所谓真教惟一而不可二者,新宗与所攻之旧宗,所怀无二致也。逮愤争之焰既衰,而异宗门户,有各立,无全胜,于是退而各守封疆,其中单寡宗门,知其势不为众附,乃转而向所攻辟者,执崇信自由之义,以求自存。然而小己得以抗社会,而社会不得侵小己之自由,所奉为天经地义之不刊,与天下人共质其理者,历史中独此事耳。彼谓宗教之义,首于不欺,而崇信自由,为人类不可夺之真理。故信奉皈依,乃一人本愿之事,断非他人所得干涉者,此后世宗教自由幸福之所由来也。虽然,人类不容异己之意,实根性生,至于所重之端,斯其不容尤至。故宗教自由之义,虽遍列邦,而实见施行,几于无有。此必待民视宗教为无足重轻之事,庶几其义有实行时。每见笃教之家,于崇信自由一语,用意皆有限制,或宽于威仪,而严于宗旨,或容诸异派矣,而于罗马旧派,则实不能容。或异说虽所并存,而必信二约之为神授,或所容益广矣,而真神天国之说则不可谓诬。总之,使其人于所崇信者,犹恳切而精诚,其期人同己之情,未尝或大减也。

吾英所与他国异者,其民清议势重,而邦典柄轻,国制分立法、行法二大权,小己私家行事,二权罕得问者,问则怨讟兴。顾其为此,非必以自由公理也,亦其心以为君民利害常相反故。至谓政府权力,即斯民权力,政府好恶,即斯民好恶,则民犹未喻其说。假其喻之,将小己自由,受侵于政府之公权,无异其被劫持于清议①。但以此时民情言之,使操执国柄之人,

---

① 清议:public opinion。

取一民之私计,向为国家所不过问者,欲以法整齐之,将其反抗之情立见,至其事为国法所当问与否,彼则未暇辨也。故民情如是,虽为上之人,有所忌而不敢肆。顾民用自由,则未必皆得理,其陷于悖逆者,时亦有之。政府之于民生,孰宜任其自然?孰宜取而裁制之?亦无定程也。由是人各用其所私是,见一利之当兴,一弊之当塞,或则曰:"此而不事,将安用政府为?"或则曰:"吾民宁忍无穷之苦况,慎勿以柄授官,彼将因之以为虐。"其为异如此,每遇一事见前,宜归官权与否,国人舆论,党别群分,而各视其情之所趣,至于明公理,立大法,定事权所属,宜官宜民,能得其道而不相抵牾者少矣。又以公理大法之不明不立也,故论事靡所折中,而二义之失常相若,每有官所不宜问者,乃请之官矣,亦有政府所当为,而议者反讥其逼下,故大义不著,故二者交讥也。

夫不佞此书,所以释自由者也,即所以明此公理立此大法者也。问以国家而待人民,以社会而对小己,何时可以施其节制?何事可以用其干涉?或以威力,如刑律之科条,或以毁誉,若清议之沮劝,则将有至大至公之说焉。今夫人类,所可以己干人者无他,曰吾以保吾之生云耳。其所谓己者,一人可也,一国可也;其所谓人者,一人可也,一国可也;干之云者,使不得惟所欲为;而生者,性命财产其最著也。然则反而观之,凡国家所可禁制其民者,将必使之不得伤人而已。所据惟此,乃为至足。若夫与人为善之义,云欲为益于其人之身心,以此干之,义皆不足。吾曰彼必为是而不为彼,夫而后为善良,夫而后乃安乐,夫而后为明理而合义,彼不吾从,谏之可也,劝之可也,与之辨可也,垂涕泣而道之无不可也。独至逼挟而界之以所苦者,大不可也。逼挟而界之以所苦者,必其所为,势不可遂,遂则害人,而后为合。是故一人之言行,其不可不屈于社会者,必一己之外,有涉于余人者也。使其所为于人无与,于是其自主之权最完,人之于其身心,主权之尊而无上,无异自主之一国也。

有言之若甚赘,而又不可不言者,则自由之义,为及格之成人设也,若幼稚,若未成丁,(成丁年格各国不同,经法二十五岁。)举不得以自由论。但使其人不为他人所顾复,外患己孽,悉可害生,则皆为未及格者,此自文明之社会言之也。若夫浑沌犹榛之民，其一群无及格者，虽以为皆幼稚可也。夫人群进化，本其自力最难，故当此时，而有宣聪明之元后，则出其化民之具，以鼓进之，是固不可以前理论，何则？其心固出于至仁，而文明之幸福至难致也。故待野蛮之众，舍专制之治，且无可施，而辨所为之合义与否者，必从其后效而观之，此所谓可与乐成，难与虑始者矣。自由大道之行也，必其民以自求多福而益休，而事理以平议而益晰者，若前之民，幸而其主为阿克巴，（有明间主印度之大蒙兀号英武明圣。）为夏律芒[①]，（隋唐世法兰西英主。）则虽建对天之义，为无敢越志之君师，蔑不可者。乃若其民有辨理审言之能事，是固可自奋，以蕲进于无疆之休。如是，使为国者犹用其干涉，曰惟吾令之是从，否则刑罚加之。是惟民行有关于他人之利害者可耳，至于一己之事，而不徒于公理为背也，而其群之不进可以决。

今夫论辨之事，使但衡其玄理之是非，而不计其事实之利害，则其议易为。虽然，不佞不尔为也。不佞之论自由，且将以利害为究义，凡论人伦相系之端，固当以利害为究义也。特其所谓利害者，必观之于至广之域，通之乎至久之程，何则？人道者进而无穷者也。今夫一人有为。而他人显受其敝，取而刑之，有国之通义也。即其势有不及刑，所谓清议者，数而毁之可也。祸人者负之事也，利人者正之事也，负者可得而禁之，即正者亦有时可以强之。彼既托庇于社会矣，故其中之义务，如鞫狱见证，捍卫疆场，徭役，道路，恤亡，救灾，惠保茕独，凡民义之所宜为，设彼而旷之，亦社会之所得论也。盖人之受损于其同类也，不必尽出其所为者，而有时或出其所不为，不为而损人，于法有可论，特论之宜加慎耳。大抵为之而损人，可以法论者其常，不为而损人，可以法论者其偶，则二者之差数也。人以一身而交于国，交之所在，法之所在也，小则所交者责之，大则其国责之，且有时不之责，而其义深于责。盖不之责者，以其事为社会权力所不周也，欲使自用其天良，而其人之将事愈奋，或周防之而所起之弊滋纷，此所以不之责也。当此之时，彼文明之民，其有所为，莫不愈谨，盖社会之责

---

① 　夏律芒：Charlemagne，今译"查理曼"。

弥轻，其天良之责弥重，己之方寸，即其国之士师，知其事皆一己之所自将，而同类之众，虽欲绳检之，而其道无由，凡此皆其不得自由者矣。

然社会于小己之所为，多不外间接之关系，其人所为，仅为一己之利害，即或有所牵涉，亦由他人之自发心，非事主所囮诱恫喝者，凡此皆与社会无与者也。至所谓一己利害者，自指发端直接者为言，若自其末流间接言之，则彼一身之利害，可虵及而为余人之利害者甚众，此其可议与否，将详于后篇。即今所言，则自由界域，显然可见者，其类有三：一凡其人所独知者，此谓意念自由，所赅最广，由此而有理想自由，情感自由，与其所好恶敬怠之自由。凡此无论所加之物，为形上，为形下，学术，德行，政法宗教，其所享自由，完全无缺，不待论已。乃至取其意念而发宣之，此若有本己及人之可论矣，然以人表里之必不可以二也，故所怀与所发不可以殊科，由是以意念自由，而得言论自由，著述自由，刊布自由，之数者之自由，亦完全而无缺，此一类也。二曰行己自由，凡其人所喜好嗜欲，与其所追趋而勤求者，内省其才，外制为行，祸福荣辱，彼自当之，此亦非他人所得与也。使我无所贻累致损于人，则虽以我为愚，以我为不肖，甚至为举国天下之所非，有所不顾，此又一类也。三曰气类自由，如前之二事，皆关乎一己者也，然人各有己，由一己而推之一切己之合，第使各出于本心，则所以自由之理同也。同志相为会合，而于人无伤，则一会一党之自由，与一人一己之自由，其无缺完全正等，非外人所能过问者也。特会合之人，必各具自由之资格，如已成丁壮，而非幼稚，其众不以囮诱勒抑而合，皆其义也，此又一类也。

凡以上种种之自由，设不为社会政府所同认者，则其国非自由之国，而其政制之如何？为君主为民主，所不论也。设认矣而其义缺不完，则其民亦未享完全自由之幸福，自由名实相应者，必人人各适己事矣，而不禁他人之各适其己事，而后得之。民自成丁以上，所谓师傅保三者之事，各自任之，其形体，其学术，其宗教，皆其所自择而持守修进者也。是故自由之义伸于社会之中，其民若各出于自为，而究之常较用怀保节制之主义，而人人若各出于为人者，其所得为更多也。

不佞所以释自由之义者大经如此。此非发自不佞者也,前人论之熟矣。故有人以不佞此作为赘旒骈枝,发其所不必发者。顾使自人事而征之,则名理虽悬,而舆论与之舛驰,政令与之歧趋者,盖莫此若。嗟夫!社会各以所习,定为邪正是非,辄谓民必安若而后为良,俗必安若而后为美,乃竭其力,束缚天下,使必出于彼之一涂,夫如是者,亦岂少哉!古者市邑公产之治,尝取其民之私计,为之令甲,以一切整齐之,当日号圣贤人者,未闻著说以非之也。问其主义,则曰惟国与民,同休戚者也。则所以缮吾民之身心,真国家之要政也。夫使如是而可,则必其国为蕞尔弹丸之民主,强敌环其四封,而常有内讧外侵之可惧,怵惕惟厉之意稍弛,则覆亡随之。故其所为,尚犹有说,何则?其为机诚偪,不能由自由之大道,以俟其俗之徐成也。至于今,国幅员大小,方之古大异也,政教权分,其道民之心德,与保民之身家者,绝为两事,又安得取小己私行之琐琐者,为之制以整齐之?顾乃今之条教,所以约束民行,使必准于当涂之好恶者,其严且重,若过庶政之所施。宗教者所以陶镕民德之大器也,设非统于罗马公教之一尊,则由于净士修教之刻厉,其任民自择,以求理得心安者,殆无有矣。乃至近世革新之家,其心于前古所昭垂,无一可者矣。顾其欲以己之所尚,率天下使己从,亦与前二宗者等。恭德①者,法之哲家也,尝取社会法制,勒成一书,其专己一术,务使人人不得自由,虽古人欲以一家治制约束天下,殆无有过之者矣。

自夫俗,以一道同风为郅治之实象也。张皇治柄之家,常欲社会节制权力,日益扩充,清议之所维持,法律之所防范,皆此志也。故今日世治流变之所趋,大抵皆进社会之众权,而屈小己一人之私力,此其势设任其自趋,将非若他端之害,久之浸微浸灭也,必将降而愈牢,不可复破。盖人心为用,无论其身为主治之君相,抑为田野之齐民,其欲推己意之所高,以为他人之标准,殆人同此情,所不为者,力不副耳。其所以为此之心,或发于至懿或出于甚私,而侵削自由,则未尝异。夫其势之日益盛大如此,藉非

---

① 恭德:M. Comte,今译"孔德"。

昌言正辞,为立至确极明之防限,以挽其末流,将所谓自由幸福者,所余真无几矣!

将欲语之详而辨之精也,与其统自由之全义而论之,莫若先致其一曲,将见是所言者,实犁然有当于人心,而非拂情背公之僻说也,则请先释意念自由之义,且由此而得言论著述刊布之自由。此其大义,虽久为文明诸国所循守,如宗教相容,民权代表诸事,间有出入,未尝背驰。然其义所据之本原,发于天明,抑由利用?则其理奥,非常俗所尽知。即使知之,亦未必悉如其所蟠际者。使不佞于第一义,能使读者深喻笃信其所以然,则后篇所言,皆可得之于言外。此谓攻其中坚,而首尾自应者也。假令所发挥之说,为读者所餍闻饫知者乎?则三百年以来,贤哲所屡辨不一辨者,得不佞之更为一辨,夫亦可告无罪者矣。

4 篇五　论自由大义之施行

前四篇所释自由之义,要不外举其大经,俟后贤之竟其绪,即有一二事之论列,不过以为释例之偏端,而非循条缘枝,以究其义之终极也。盖不佞是书所言,不外二条而已,欲学者别嫌明微,斟酌于斯二者之间,而折衷其至当,则于二者之限域,不得不详示起讫,以见其相辅之用,而不可以相蒙。故即继此所言,亦非自由之施行也,特所以施行之法式云尔。

则所谓二条之义何耶?曰以小己而居国群之中,使所行之事,利害无涉于他人,则不必谋于其群,而其权亦非其群所得与,忠告教诲,劝奖避绝,国人所得加于其身者尽此。过斯以往,皆为蔑理,而侵其应享之自由权者也。此所谓行己自由之义也。乃至小己所行之事,本身而加诸人,祸福与人共之,则大权非一己所得专,而于其群为有责。使国人权利,为其所见侵,则清议邦典,皆可随轻重以用事于其间,于以禁制其所欲为,俾其人无由以自恣,此所谓社会干涉之义也。

虽然,前谓祸福与人共之,则其人不得自由固矣。然使社会徒以受损,或虑其受损,遂奋其干涉之义,则又非前例之所言也。盖一民之行事也,每有自奋天才,于人理国律,无所违失。然究其终效,其势诚不能无损于他人者。或因彼有为,而丧其所可收之利益。凡如是之现象,每起于群制之不中,其法一日而存,其害一日不免。然亦有群制虽善,而其害不可卒逃者,此物竞世果之所以为酷烈也。譬如国家之科试,执同业而进者数百人,其中得者或不过数辈,或与人同竞利实,得者少而失者多,其得者之利,斯失者之害也。盖糜功力而丧所希望焉,夫其事之利少害多如此。顾古今社会,不以此为不仁而犹举之者,则以其事之终利于其群,而其竞之出于公道故也。今夫民之择术也,固无往而不身与于物竞之中,彼固内审其才,外察时势,而后为之,使如是而不得志于天择人择之中,则其所失亡者,固不得责偿于社会,特使胜负之际,而有奸欺巧伪,侵夺倾轧之恶,杂行其间,新社会不得不持其平而理之耳。

若夫商贾之业,国人交际之事也。民有废居居邑,具一货而鬻于市者,其利损皆及于其群,社会义得以干涉之。是故古之为国也,有监市,有平价,有阅工之官,以禁行滥,亭不平焉。挽近计学家,则以谓百货之攻监,市价之平倾,若任物自趋,而听售与沽者之自择,国家执在宥之义,而杜垄断抑勒之为,则其效过于国家之干涉者远。于是经累叶之争,而卒之有自由通商之法制。此其义求之于不佞计学本书,则与所谓行己自由之义,所据稍有异同,而期于有补民生,其义一也。盖商业之节制,或为商业而节制生物殖货之工,凡此所为,皆以社会为拘阂。拘阂每害于发舒,故即本事而言,不得为群之善制。虽然,其所节制者,则非侵小己之自由,乃国家应行之政令。惟今去节制而任自由,既以自由而得其所祈向,而节制不能,是节制工商,转不若放任自由之为愈。是故自由商法,乃计便利而为之,与行己自由为无涉。如问国家廉察挽伪售欺,当以何者为限制?又于匠作卫生之政,国家于厂主工师,宜如何以程督之?计学遇此,主自由之说者,皆以节制之余,其收利转不若放任自由之众,而非曰其事为小己之自谋,国家于其事有不当问也。然商业政令之中,又有关于小己自由,而为国家所不宜干涉者,则如前篇所论之麦音酒禁①,支那之鸦片烟禁,各国运售诸毒药之禁,与夫一切货物,一经施禁之余,则无从购买,或不易购买者,皆此类也。凡如是之禁制,其所侵者,非贩卖者之自由权,乃购买收用者之自由权也。

则如售卖毒药一事,有极可论者,盖于此国家干涉之权,与小己自由之实,二者疆界相错,非经详审,不能划然分明也。夫国家之天职,存于瘅罪恶,防害伤,而二者之事,又有其禁未然惩已然之异用。顾禁未然之事,每患其滥施,滥施则于国民大不利,不若惩已然者,其事常有实迹之可论也。其事既存于未形,虽国民灼然宜任自由之行事,往往以疑似之难明,文致之近理,皆可指为罪恶伤害之媒,从而禁之,斯为滥矣。然使国家官吏,乃至社会齐民,晓然的然,见有人起意于为恶,而乃漠置坐视,借口疑似难明,事非干己之说,必待恶著而后惩之,则又安心害理,而非文明社会之所宜有者。今使毒药为物,舍杀人无可用者,则国家不仅当禁其运售,虽绝其产殖,蔑不可者,顾毒之为物,亦视用之何如耳!用之得其道,将不徒无所杀,且将于人事大利而有功。今徒见杀人而禁之,此其说与销刀兵而绝水火者,何以异乎?然则自瘅罪恶言,运售毒药,固不宜徒禁也。且更自国家之宜防伤害而言之,使国家官吏,乃至社会齐民,深知一桥梁之已朽而将坍,乃有人闯然欲踏而过之,仓猝之间,不及与语,则虽执其人而转之,未为侵夺其人之自由也。何则?自由者,将以为其人之所欲为者也,使彼而非狂人,则踏危桥而坠水溺,非所欲为,可以决知,此防害伤,而小己行事,有时可干涉也。虽然,使其人所行,非灼然可知之事,而未然之损,又非其重且大者,则虽蹈险履危,宜听其人之自决。何则?彼固有所期,而自计已熟,然后出于此举,不必旁人为代虑也。故遇此之事,使行者非童稚之无知,非病狂之失智,又非当时思有他属,情有拂乱,而视听因之而瞀也,则相为之仁,止于告以所危足矣,不宜必强而禁之也。由此可推

---

① 麦音酒禁:Maine Law,今译"缅因州酒禁"。

以议禁止售毒之一令,而知法宜何如,乃不谬于自由之公理。则如责令售毒者,于瓶匣纸裹中,载明药性之毒烈,此可为者也。购者于其药之性品,固不能不欲悉其详也,若责买药之人,必具疾疢诸医之手据保单,则其事太烦费而不便,欲民得用药之便,而又不至于作非,莫若依法家边沁豫证之一术。豫证者,订约立契之事是已。律载凡民订约立契时,必循一定文法,如两造签名具押,必各有知状之见证。不如是者,其约契即同虚立。其为此者,使日后有争执之端,其人证乃所早具,恃此,故约不可以虚为。而既立之余,其要约又不同于空设也。凡售卖可以作奸之货物,皆可以是法行之。譬如卖药之家,可令每当售出之时,簿记时日,买药者之姓名居址,与所买之品色轻重,及其用之云何,使无医者之方案,则买卖二家而外,当有在旁知状之人。如是而为之,庶不为购药者之阻阂,而于作奸为恶者,有莫大之峻防,则国家干涉非与小己自由,可并行而不相侵也。

积民成国,国立则有戡暴禁非之特权,此古今社会之通义也。以此,而所谓行己自由者,乃有时不可以不屈。今如饮酒而湛醉,此以常道言之,非社会之所宜与者也。顾使有人,尝以其醉而伤人,他日复醉,社会禁之,不得引行己自由之义以自卫也。虽取其醉而惩之,有伤人者,被之以加等之罚,举不得谓社会过也。盖其人既尝以醉而伤人矣,则他日复醉,已为伤人之将然,伤人之将然,社会义得以禁阻之。又若惰懒之行,使其人不仰食于县官,又非有背于雇己者之要约,则不得侵其自由,而加之以罚。顾使其人以懒之故,而隳其所应尽之义务;如惰游饮博,而致其妻子饥寒,如此,社会虽执其身,而强其操作,未必遂为严酷,而侵小己之自由也。

又有事焉,行之则为其身害,然于他人固无损也,故以行己自由之例言,社会固无取于禁遏之,然使彼为其事于通衢大市,众目群耳之间,则为无礼不蠲,而有害于风化,此又社会之所得禁止者。天下固有其事无丝毫罪过之可言,然其行之也,不可以众著。凡此皆得以无礼不蠲例之,而社会有其行权之地,而行己自由不得不为之屈者,此其义无待详言而可知者也。

尚有一事,以欲与自由之义,并行而不悖,故必详论之,以求其处置之所宜。夫一人之行己虽非,然以其无损于人,社会不为之干涉。虽然,彼行者则有其行己之自由矣。设他人者,从而怂恿之,逢长之,将彼亦有其自由否耶?曰此不易作答之问题也。盖自其表而观之,则以甲而劝乙之行事,此其事为及人,而利害不终于一己,故赞成谏阻者,国人交际之端也。交际之端,其善否宜为社会所得察,不得以行己自由言,此一说也。虽然,使议者即事而更思,将前说未归于至当。盖其事虽非行己自由所可例,而其理则为行己自由之所赅,使前说必伸,将充类至义,数推之余,必与行己自由之义,抵牾而不并立也。夫使一人行己,于利害仅及一身之端,必自择其所宜,而自任其祸福,则彼与人有所商略,以谋其方,各申其意,或相劝焉,或相沮焉,是亦不可以不自由者也。在乙既许其可为,斯在甲自为其可劝,特其事之可疑而难决者,彼怂恿逢长者,或为此而有自利之私,抑所治业,乃作嬲媒奸,其事为社会国家之所恶耳。盖社会之中,固有一等人民,其所业与公益为反对,而以伤害风俗,为治生之资者。由此言之,彼社会宜取而干涉之乎?抑将放任之也?今夫男女逾闲,宜含垢优容,而不可禁者也,禁之则法不行而大扰。乃至蒲博亦然。然彼公然设女闾而张博馆者,亦将予以自由也耶?如是之事,实界于行己自由、社会干涉二者之间,其于二者宜何属?至难明也。于是议者有二说焉,其主于优容之说者曰:法之所宜辨者,在淫媒蒲博之当禁否耳,不得以民业之,而遂以为罪也。故使女闾博馆而宜禁,则淫媒蒲博之见于私家者,当先禁也。使其见于私家者而不可禁,不当禁,则资何说以禁博馆与女闾乎?故使民之行己,诚不可以不自由,则国家社会,于徒用及私之事,固不宜干涉其是非,干涉皆自乱其例也。害其事者则戒饬之,利其业者则劝诱之,而听行己者之自择,皆所谓自适己事者耳。必以武力禁制之,皆徒为烦扰,而不知政者也。其主于法度之说者曰:夫小己自由之事,诚非社会所得以主张,而明知伤风害化之事,则不在此论也。且牟利者之心,何所不至,但少料理之,使自由者无堕其术中,此未必遂生害也。是故蒲博诚不可禁,然使自由之民,为之于其家,或于其所众立之邸舍,无不可者也。而城市博馆,抽利陷人,何不可禁之与有?固知禁设博馆,虽有至严之令,皆未必其果行。盖与法相遁无易此者,然法行之余,彼将避人择猥僻之地为之,而不敢公然悬望以为招,此其于群,为益亦既多矣。若夫已甚之政,则亦非吾说之所持也。夫二家之说如此,诚皆有其所明之义,而于行事似后义尤长。顾不佞于此,不敢为断决之词者,窃谓为恶之人,常有主从之分,今者狭邪之游,呼朋之博,彼躬为此事者,主也。而设句阑,具场馆者,则从而已矣。乃今之法,不问其主,而独严其从,其于理果为平乎?故未敢决也。且由此而推之,凡买卖之交际,尤非社会所宜涉也。盖天之所产,人之所登,使用得其道,其于人皆为利,乃或滥焉,斯为害已。顾彼售是物之人,未有不以滥为己利者也,然不能以此义故,遂谓前者麦音之酒禁为得中也。卖酒之家,固利于国人之湛湎,若以此而禁之,彼以酒为中和之天禄者,与俱害矣。虽然,彼以己利而奖进湛湎者,实为害群,而国家之禁,亦合于公理,特过斯以往,则侵小己之自由耳。

尚有进者,设国家于其民之所为,深知其有损,以行己自由之义,既听其所为矣,然为之设间接之沮力,使其民不至于群趋。此如知酗酒之败德,乃为之高其酒价,限坊肆之多寡,定开张之处所,使其民得酒常难,可乎?曰凡此见于实行之政,皆宜别白为论者也。夫制为酒榷,使其物致贵而难酤,此其去禁酒不许民酤,特一间耳。使榷之而是,则虽禁不为非,使禁之而非,则虽榷何尝是?盖于富为榷者,其于贫与禁同也。且即富而言,亦无殊于坐饮酒而得罚。故以自由之道言,其人身为国民,苟国课既完,而于人无余负,其行乐之方,与所以散其财者,皆切己之事,而非他人所得干涉者也。然则国家独取烟酒而加之征榷非欤?曰是又不然。夫国欲无赋民不能也,且其赋民之术,往往能为其间接,而不可以径施。故不得已,辄取民生日用之所资,而加之以征赋,虽明知其于民有不便,然欲不如是而不能。故治国之征百产也,常择其所饶者,而置其所需者。夫择民之所饶而征之可矣,况夫所择之物,用资有节,淫则伤生害德者哉!特征赋之事,常有自然不可逾之界域,多取而逾之,则征额反减,使为赋者知此,而为之制法则焉。以收最多之岁入,此不独无可瑕疵也,抑且为知治者所共由也。

若夫酒肆多寡之限制，亦有可言者。盖民间喧豗麕集之区，本为警察之政之所重，而于酒肆尤谨者。以害群之事，每由此兴也。是以售沽酒醪之权利，必畀之有籍可信之家（此言当市而饮者，其沽取至家者，不在此论。）或有人焉为之任保，即其中开闭之时刻，亦宜由社会定之。假设肆者防范不周，常致生事，或为奸人盗贼之所聚居，而干犯法典，则应封闭，收其纵容辜権之利。凡此皆社会之所得为者也。乃至再加禁制，其合理与否？非不佞之所知矣。盖社会取酒垆饮肆，而限其数之多寡，意固欲使饮者难得酒醪，不至易沦于酗醉也。然其所为，无异以虑数人之过量败德，而罚及通国之不及乱者，使不得美酝以养生，且其政独可施之浅化之民，待其众如童稚，如蛮夷，必时加束缚检制，而不可稍纵自由者而后可。至于文明自由之国，未见此术之宜施行也。吾英治化，以蜕嬗之未已，故其政令，于自由禁制，二者主义，往往抵牾。察其政什八九立宪自由矣，而二三专制之严威，与夫父母政府之号令，（父母政府者，所谓视其民如童稚，而行其保赤之检制者也。）犹杂行于其中，不知既立宪自由矣，则行其专制父母之政令，未有不为害端者也。

前谓以行己自由之故，民若各本其在己之自由，而相约为合体，使其事不涉于余人者，其义亦可以自由。此所谓本行己自由，而为会合自由者也。夫人之共事，苟心志无变于其初，则契约之事，可以不立，以其志之常变也，故契约立，而相责守之义起焉，此各国律令之所同也。虽然，有其变例，今如两家所立契约，其行事于第三家应享权利有侵损，则其相责守之义为虚，且有时其约即于两家应享权利有侵损者，其责守之义，亦可为虚。何以言之？譬如身为化国之民，而与人立约，售其妻子，此其约无可责守者也。乃至为约，以自售其身，或任人售己为奴婢，此亦无可责守。国法清议，无为责者。夫人于其身，可谓得以自主者矣。然如是之契约，自社会视之，若无契约者，其理固甚明也。何以言之？盖所谓行己而不涉人，非他人所得干涉者，其义无他，即以此身之自由故耳。乃今彼则自货其躯，自货其躯者，放弃其所享之自由也。故彼以此一事，从此不得以自由论。不得以自由论，故其身不得以自主。不得以自主，则其人无卖己之权。夫自由之义众矣，然自由以不自由，此于义为不并立，故自由于他事可，独自由于放弃自由不可。此卖己者所以不得以自由称，而其契约为无契约也。

自此一事之特异而言之，则其理之分明如此，由此而知其理之所概者，不仅此一事也。但以生世所遭之不同，而自由之界域亦异。夫时有变而道有权，则其所以言自由者自然异耳。今如两家为合，而其事之利害，不关外人，则固各用自由，无所限制，顾即以合者之自由，而利害不关于局外也。故相约为合之人，理亦可相约而为解。夫契约之事，涉于财产者为多，惟此则既立之余，期于必践其约而后可，至于他约相将之事，其为约者，固可享解约之自由也。德儒浑伯乐著《国家天职论》，每言人事，析理至精，不佞前篇既引其说矣。浑尝谓两家为约，而事使交通之谊因之而起者，其约皆宜行于有限之时，不宜以国法责无穷之信守。夫两家之约，最重者莫若婚姻，顾婚姻之鹄，主于室家之和乐，假使两情乖刺，则其鹄已亡，强为合焉，成人道之至苦。浑氏之意，以为夫妇之伦虽重，然使两家之中，有一焉不愿为合者，则社会宜听其离异。虽然，不佞则谓其义关于人伦之至重，而义理亦繁，断非一二言所能尽。窃意浑氏此言，所为浑侻简易若此者，于著笔时，必有其所以然之故，否则以彼之识，当知兹事体大，所关于人道至深，而彼所据以为断论者，为深不足也。今使有人，以其所口许，或自其所身行，已使他人，视其人为终身之所仰，且由此而置其一身之私计，惟所仰者之赖，而祸福共之，则彼之于是人，固从此而有应尽之天职，虽有参差扞格，固宜资他术以补救，而弃置固不能也。又况缘两家之合，其事或迤及于余人，使受其影响，或因其所为，而荣悴甘苦视之，如婚媾之事，将有人焉，且由此而受生矣。则两家者，于此受生之人，自有无穷当尽之天职，而彼之所受，方以两家之离合而大异焉。夫如是，则是两家者，其所享之自由，其界域得无稍异其广狭耶？不佞非谓以是之故，两家离合之自由，遂从之而全失也。亦非曰两家宜牺其所身受之幸福，而为此受生之人计也。顾离合之顷，不缘此而少抑其自由则不可。浑伯乐谓两家之自由解约,自国律视之,不当以有外待者而不同;而不佞则谓两家之自由解约,自伦理视之,所当以有外待者而大异。夫婚媾之离合,于人道所系,岂不重乎?矧乎为所生者之所待命也。使其人不以此而宿留审顾,而乃脱然径行,徒以行己自由为解,虽国法所不必及,要不可谓非伦理之罪人也。虽然,不佞之及此也,谓自由之义,有不可以一概,为用其例者示广狭耳。而世之论婚媾离合者,常偏重于儿女之苦乐,而于夫妇之祸福特轻,此则又非不佞主张自由之指矣。

曩以自由之义之不明,于是有宜自由而不得自由,有不宜自由而自由者矣。近世欧洲一二事,自由之说最盛,而自不佞观之,则其事谓之自由而滥可也。盖行己之所以得自由者,非以其事之成败祸福,一己任之,而与人无涉乎?然则为他人谋,抑为他人治事,大若谋人之军师,小若受人之牛羊,其断断无自由之义甚明,不得曰他人之事,同于吾事,遂可率意而径行也。是故国家即以慎重齐民自由之故,畀人权位,使之居民上以理之,其人之行事,必时时为之觉察,不容已之势也。乃至身为一家之长,其云为动作,所事畜者,休戚视之,义尤不容以自恣,而今人则几于全忽之矣。今夫居室之事,旧俗夫之于妻,有无穷之专制,不待论矣。彼持此无理不公之旧义者,不必以行己之自由为词,且懔然以纲常饰其强权之说,是故人道改良,莫亟于此。必取旧义扫灭无余,使为妇者应享权利,同于其夫,其性命财产,同受国律之保护,与男子无殊,于天理人心,庶几合耳。又如国中童幼,亦坐人亲误用自由之说,致社会不得施其怀保,俗之视所生也,慈良者等其一身,暴戾者同其所饲畜,国家稍一过问,则曰侵其主权。夫今日之童幼,固后此之国民,而有共治此国之义务者也,则国家天职,自宜使其身有承此义务之才德。顾今昌言此义,而施之有政者谁乎?为父母者,于儿女既致其生矣,既使之为人矣,则后此奉生之能事,所以为人,所以接物,皆必及早为之施教,此为人亲者,无旁贷而最为神圣之天职也。顾乃国为定法,责使必行,则吾国士民,方且色然而骇矣。虽有国塾,而子弟之送入与否,方一听其自择。夫已有所生,而不为教养,使之长无以谋其衣食,而身才心德,不经陶冶,无以自存于物竞最剧之秋,此其罪恶,不仅负所生也,实于所居之群,有其大负。是故隳如是之天职者,国家虽取而干涉之,使为人亲者,各出其费而无所逃,不得以侵民自由论也。何则?是其事关于社会者至巨,而本非其身所得自由者也。

第使一国之民,皆知教育后生,乃国家不容已之天职,则国家之何以教民?与如何教民?其辨难纷争,皆可以熄。乃今日国中士庶之所争,而分为门户者,正在于后世事,此真费力竭时,其徒滋众议而寡成功有以也。向使国家定计,为举国童幼,必责教育于其父兄,则责之斯已矣。而教育之节目,宜任其民之自谋,能具资力之家,其为子弟择术求师,自宜听其人之所便,而国家之所佽助者,则有无力孤露之儿,与无人为谋教育之稚幼,足矣。挽近言群之士,多不以国家主张教育为然,以谓无益于民德。(如斯宾塞尔辈是。)顾其所论,非指责令教育,乃谓择术从师,与一切学业之程,国家不应为民代谋而已,此固绝为两事者也。若夫教育之节目,如所谓何以教与何如教者,使国家必取而干涉之,以约束一国之学术,使归于一途,则不佞之不以为然,与向议者诸公正等也。前篇言特操,言异撰,言独立,言言行思想之宜异而不欲同,使于其义有明,则一切方基于教育之各异。盖所恶于国家之教育者,彼将立一格焉,以陶铸一国,使务归于冥同,如一垄之禾,如一邱之貉,顾其所立之一格,非必至美善者也。特其时之君相师巫,当权贵族,或国民代表之大半,所号为美善者耳。使其术不效,则固误国民矣,就令而效,其势亦将以劫持人心,而成拘墟束教之大弊。是故以国家而任教育,课其终效,无一可者也。然则国家终不可以设学矣乎?曰可。必其所设之学,与私设者,杂然并存,与相摩厉,而去就则听民人之自择,此一道也。又或一国之民智卑微,非前识居上者为之倡导,其势必不能以有学,如是准两害取轻之义,而为之设庠序厉学官可也。此如商务然,以其民私家之不足以有为,由是而有官设之公司,与夫官督之商办,然此皆治化民力幼稚者之所宜,乃至文明自由之国,民之成学者已多,则一切宜任其民之自致,而国家之所宜重者,督国民子弟之必学,而孤露贫乏力不办者,则设公帑以饩助之,是则其职而已矣。

法立矣,将有以为督法之具,则非赖于考察不行也。故国家于民,既责令以不容已之教育,则于通国十龄之童幼,必历其家,以试其能读书识字否。设其不能,诘其父母,设无故而不令儿就学,宜加以薄罚,而必令具费送儿就学然后已。如是而每岁行之,其试已学,则稍高其程格,大抵皆最浅之普通学,以人人可及者督之,不骛高远也。过斯以往,其有深造之学子,则设科试而听其自来,及格者宜与以文凭,以为所学之据。然有不可不慎者,盖主试若操枋者,将渐有牢笼学界之权力,而以其意之是非为是非,且由之以定去取,此大害也。今欲免此,其所发试,皆取无可异说之事实,及科学中所已定论之物理,若所试者为宗教政治之科,其所问者,亦尽于事实,如某家某人成说及某之类,令承对者,常案而不断,如此则一时柄执政教之人,不得借程试为劫持风气之事,以杀缚异议,守一家之言,而人人于学说,可听其自择。盖凡争执之理,使操柄者得奋其权力,以驱其民于一偏,将无论其事之是非,皆有大害,若但就事实,而课来试者之所知,则固无弊,而公允有凭者也。譬如所试者为哲学,则试以陆克、汗德①二家学说之何如?如此,虽不信景教之人,亦不妨试之以新旧之二约,其事迹具在,而疑信向背之情,固不论也。大抵国家程试,至于高等专门之科,往者不追,来者勿距,若界主试者以事外选择之衡,如兼选声名品行之类,则未有终之不生害者也。即至获隽之考生,其所得学凭,亦其外为学级之据而已,不得执此以享社会它端之利益,以自别于平民而负权势。此则德儒浑伯乐之论,固已先获于我心,而无假不佞之复陈者矣。

且世人以不明自由之精义,致自忘其为人亲之天职,而以国家所宜过问者为不宜过问,岂独教育童幼一事然哉!今夫人生一世,于承先启后闲,生子者真一大事已,自无而使之有,问是儿之一世,将为己与人之福乎?抑为己与人之蓄乎?苟为之亲者,不与之以自立之资,不教之以修己接物之大义,则其人为至不仁,而于所生为有大负,彰彰明矣。且挽近之文明国,未尝不以过庶为忧,贫人生子而多,势将使国中势力之民,所得降而愈薄,此计学之公例,不可遒之灾也。是故吾欧大陆媒氏之法,莫不先

---

① 陆克:Locke,又译"洛克",英国哲学家。汗德:Kant,康德,德国哲学家。

验家财而后许其伴合,此亦国家所宜过问者也。虽其政之利行与否,视其国之人心风俗为不同,而谓之侵民自由,则必不可。盖其法所干涉者,乃真害群之事,而犯此者,为卤莽无远虑,纵私欲而不顾其群之害甚明。然而世俗之议,则以此为侵自由矣。惟以此为侵其自由,故每真侵他人之自由,而在己若行其所无事。嗟夫!世之人,奈何以妨害同群为己之权利,而彼但行己意,于人无毫发之损者,又不许以自主之权耶?

不佞是编所以粗释自由之义者具如此,顾国家干涉之界限,尚有宜极论者,虽其义稍与自由相远,然非得此,则是编之说为不完,是以愿推类而终言之。其所以与自由之义稍远者,盖其事非必侵夺国民之自由也,非取民之所得为者而禁制之也,而往往自为上者视之,乃辅相斯民意美法良之事。顾今之言政治者,则谓民于国家,举无事此,与其代民之谋,诚不若听其民之自谋,此其为说之利害当否,将必有其可言者,故不佞以此终为。

今者国家之政,于民之自由,虽无所侵,然每为之不如其己者,有三类焉。一曰:事以官为之,不若民自为之之善也。盖自常法常理言之,其事既为民事矣,则利害最切者,固莫如民。利害最切,故其治事也必最谨,而理财用人也必最详。此地方之工政,与夫民闲商工之业,治以官者所以常折耗,治以民者所以常有功也。虽然,此其说计学之家,言之屡矣,无取不佞更为扬榷于此篇也。

二曰:其事以官为之,虽善于民之自为,然国家以导诱其民,欲其心常有国家思想之故,又莫若听其民之自为也。盖必如是,其民之天才,乃益发舒,其见事乃以日明,而于其国之刑名钱谷日习,群之治乱盛衰日切也。今夫吾国讼狱,向有助理之制,虽其义至深,然如前者即其一说,余若地方自治之通制,工业惠赈之民会,皆本此义而为之。故其事自自由言之,则尚远,而自进化言之,则甚切。盖欲为文明之国,持既盛不可复衰之势,以日进于无疆,则所谓自由之民,必得此以为缮性操心之用,夫而后能自拔于一身一家之私,而与其国之公利众情相习,其身常出以与国人相见,而致力于公事之林,乃知一言一行,皆风俗进退,国体荣辱之所关,而其民有以常即于和,不至分处于独也。假其无此,则其国今者虽治矣,其民习将历久而日漓，其民才亦以不用而日窳，虽有自由至美之国宪，势将扞格而不操，桀者起而乘之，斯其治复返于专制，观于国无地方自治之制，而勉为立宪者，其转眴消灭，可以悟其所以然矣。且夫地方自治，与夫巨工大业，听民出私财，为一家之制以自力者，此其为利，不止于前之所云云也。观不佞此书第三篇之论，又可以见。盖国之大利，在其民为异事之发达，而操术不同也。假不任以民，而事之以官，官惟终古局于一法而已，进治夫何由？惟以私家民社，彼乃互相求胜，而各厉其精。当此之时，善为国者，宜以中央政府，为受与散之中枢，众辐同毂，总一国分治之成法，择其善者而布之，诚使其事而利，则虽弃官之旧制，以从民之新制可也。

三曰：使官之治事太广，将徒益之以可以已之权力，其流极将至夺民自由也。今夫国而有政府，其为一国之民所待命者，既已多矣，乃今于其常政之外，有所增益焉，使之持其柄，是一一所增益者，将于国民希望之情，严惮之意，皆有所驱纳，有所输散，有所推移，潜持阴劫，久乃益深民之奋发务进取者，莫不喁喁，惟政府是向，甚且向其将为执政之党人，必然之势也。今使吾一国之路功铁轨，钞业保险，国学商会，凡如是之兴发，一切不由于国民，而皆由政府所建设者，又使州县自治，讼狱惠赈，凡如是之庶致，其用人陈纪，皆政府居中而纲维之，其职事廪禄，乃至黜陟功罪，一阶之进，皆政府为之操枋而持衡，吾恐是英伦者，虽有大册，藏诸盟府，且益之以报章之不讳，代议之民权，与夫种种之立宪，将自其实求之，亦特名存而已。不宁惟是，使其为之而百废举，庶绩熙，其制度尤茂密而无间，且其法，实有以网罗通国人才，而使之皆在位，则其所以祸吾国与民者，乃愈亟也。曩有欲吾英文吏，尽出于考选，期以得一时国士而用之，其政之利害，议者人殊，或驳其说，则谓国家名位，利益凉薄，不足收高等人才之用，盖有才之士，往往于常业民会，所得胜于在官云云。此真不知痒痛者之言论，名为攻之，而实助之张目者也。不知即令国家果用其术，使名位与利实并美，乃通国才杰，尽入其彀中，如此，有识者方当忧之，未见其为福也。盖议者之意，固以一国庶政，尽责之于官，责之于官矣，乃求尽一国之才，而使之久其任。如是者，其势必成于部省之政制，而其弊乃有二端：冠伦魁能之士,部省既尽之矣,将所余在下者,不足与执政反对而廉察之,其弊一也;根柢蟠亘,久乃益牢,常乐因循,而惮改作,乃至虽有雄主,亦将拥空名于上,而振奋无由,其弊二也。如今日之俄罗斯是已,隐忧之伏,觇国之士,所共见也。札尔①(俄皇之称,盖罗马旧号凯撒之转。)之号虽崇,而大权则部省所分操,摇手不得,喜有赏,怒有刑,锡伯利亚之谴戍,日而有之,而札尔所得为,尽于此矣。至于其国,则舍部省,其势不行,诏书制敕,部省定从违,王言犹虚发耳,此其治之真形也。且文弊之国,国民之事,待官而办,习以为常即民欲有为,亦必奉令朝廷,而以官为之程督。是故国有灾害,民责言繁兴,以谓斯皆师尹之辟,致如此耳,使其可忍,则睊睊作慝之意兴;使不可忍,则嚣然群起而挺之,于是乎有革命之事。当此之时,脱有枭雄之姿,突起而干大位,沛然施号令于向之部省,部省承而行之,则一切如故。故曰朝代可易,部省不更,何则?部省常尽一国之才,无有能承其乏故也。

乃若国有人才,散处于下,而习于自治民事者,则不然。今如法国,民尽习兵,指挥统率之才,随地而有,是以一旦有事,大众既集,必得能者,以为之卫。又观北美之民,其习于文法,犹法民之习于武备也。假使数千百美民聚居,无所统属,旬日之内,必能自为政府,制度井然,隐若一国。嗟乎!此真自由之民矣。民于武备文治若法美者,将无所往而不自由,非彼之能自治,而自驭其衔辔也。故必下受他人之轨羁,而为之奴隶,虽有部省,势必不能使如是之民,驯伏于其辕轭也。是故使人才尽归于上,则部省制成;部省制成,则其行政也,必举其所利,而害己者置之。故其国之制度,乃部勒其一国之人才,以驾驭其余众,使其部勒愈精,其所收之人才愈尽,将其凌驾之势力亦愈张,乃卒之以平陂往复之理,虽彼居上之人,亦欲自由而不得。盖专制不自由之国,非独所治者之不自由也。其出治者亦困苦无聊,而不能以自拔。支那之宰相,与田野之佣民,皆奴才也。罗曜拉之耶稣会,人人皆束缚于其法制,其教会之权力虽大,而其会员则无与

---

① 札尔:Czar,今译"沙皇"。

也。古称野无遗贤,曷足贵乎?

尚有所不可不知者,使一国之才力聪明,皆聚于政府,将不独于其所治者害也,即政府之智力,其所恃以为进步者,亦浸假与俱亡焉。盖凡聚多数之人,以治一局之事者,其势皆必立成法,循例故以为之,循之既久,必隤然日趋于文具,而精意浸微,有时虽主枢要者,厌旧而喜新,幡然有所改作,然其所立者,必谋之而不熟,虑之而不周,而或至于生害。是故自由之国,欲政府常有与时偕进之机,道在使居政府以外之人,常为之指摘而论议,其政府必有辞以对之。其人之才力聪明,又实与政府比肩,而无多让,而后足为其他山之石。今欲政府之外,有如是之人才,则政府所收,不可尽一国之豪杰,又必有地方自治之制,以摩厉其治国之才,此其事固相须而不可偏废者也。彼专制之国,方其创业立法,莫不至精,然数传之后,常至于腐败不可收拾者,正坐政府而外,无反对耳。

夫治国必有政府,是非得一国之贤者以为之不可也。得一国之贤者而尽之,令一切之政,皆出于政府,则其势不独将以夺其民之自由,而政府亦以莫之反对而腐败,是愈不可也。是故斟酌于是二者之间,而善为之中制,此言治道者所最难也。此其事常存于节目,而必自其细者而谨之,欲粗举纲要,立大法以从事,不可得矣。虽然,闲尝为之熟思而审处,求其可施行,而为一切之政所折中者,于是得二言焉:曰使政而举,则务散其权于国民,使自治,而中央之政府,则为之总录,而司分布焉,此其大经也。譬如今日新英伦之治制,其地方自治,归于乡举之官,而部有行省之司,为中央政府所遣派者,行省之司,常以其部之所为,汇报于中央之政府。中央政府,其势足以周知一国之事,使一部之治法而善,则著为令甲,而布之于国中。夫如是,故地方皆竞于治理,而政府为之和同,为之监察。凡其法所不载者,悉听地方自主之,地方不如法,则治之以国宪,或咨于其部之民,使更选其乡官。总之,今世国家政府其最重之天职,在扶植国民,使有独立自治之能,而不为之沮梗,害之所由兴者,以一方之事,国下听其民之自为,夺其权而代其事也。不知处今物竞之世,国之能事,终视其民之能事为等差,彼为国家,而阴求民才之矬弱,以为必如是而后吾政举,吾法行,而国可治也。则不悟国多愚暗选软之民者,其通国之政令教化,未有能离屡稚而即明盛者也。就令法行治定矣,而置其国于竞争之冲,未或不靡,譬如机然,其笋缄轮杆,虽精且繁,而汽微材劣,则使当大任,举巨功,其挠折隳败,岂待时哉?然则善为国者,不惟不忌其民之自由也,乃辅翼劝相,求其民之克享其自由,己乃积其民小己之自由,以为其国全体之自由,此其国权之尊,所以无上也。

二

《社会通诠》译著选编①

1 开 宗

社会形式分第一

治制社会界说 治制者,民生有群,群而有约束刑政,凡以善其群之相生相养者,则立之政府焉。故治制者,政府之事也;社会者,群居之民,有其所同守之约束,所同蕲之境界。是故,偶合之众虽多,不为社会,萍若而合,絮若而散,无公认之达义,无同求之幸福,经制不立,无典籍载记之流传,若此者,几不足以言群,愈不足以云社会矣。

社会等差 社会之等差众矣,宗教、学术、懋迁、行乐,无一不可为社会。灵山法会,基督宗徒,教之社会也。庠序党塾,学之社会也。为懋迁,则若今之公司。为行乐,则城西之游邸。推之建一宗旨,以缔合同人,皆社会也,其物公私大小不同,然亦各有其法度章规,以部勒统治之,而后有

① 选编自:汪征鲁,方宝川,马勇.严复全集(卷三).福州:福建教育出版社,2014.

以达其宗旨。然则治制固不必国家而后有。然吾党必区治制之名，以专属国家者，以其义便，而国家为最大最尊之社会，关于民生者最重最深故也。夫国家之为社会也，常成于天演，实异于人为，一也；民之入之，非其所自择，不能以意为去留，其得自择去留，特至近世而后尔耳，然而非常道，二也；为人道所不可离，必各有所专属，三也；其关于吾生最切，养生送死之宁顺，身心品地之高卑，皆从其物而影响，四也；为古今人类群力群策所扶持，莫不力求其强立而美善，五也。此五者，皆他社会之所无，而国家之所独具者。是故，国（单称则曰国，双称则曰国家。）者，最完成尊大之社会也。若大不列颠，若法兰西，若荷兰，若俄罗斯，若高丽，若印度，宇内无虑数十。是数十之所守所行，谓之治制，此定义也。虽然，使吾党取数十国之历史而考稽之，将见是数十者，非古遂同于今所云也，实从其至异之形式，经数千年天演之递变，乃渐即于今形。古与今，其制度乃大异。

古今社会之异　古今社会，莫不有所以系属其民者。今社会所以系属其民者，曰军政。此于征兵之国最易见也。法德之民，最重过犯，莫若逃军；若反戈从敌，攻其宗国，斯为大逆。至若英国，其兵以募不以征矣。顾以军政系民，则异名而同实。王若后仗臣佐众扶之宪典，有急，得诏通国男子执兵，此不诤之柄也。假使英民有为敌国战者，朝被执，夕以逆民死矣。凡此皆以军政系民之实证也。惟古之社会则不然，其所以系民，非军政，乃宗法也。宗法何？彼谓其民皆同种也，皆本于一宗之血胤也。顾此于寡小之民族或信耳。至于历世滋大，则姑以为同种血胤而已。当此之时，民有显然容纳非种者，一国共诛之；虽有久居邻壤，与之通商，乃至与之同仇而敌忾，不以此故，得人其国为编氓也。《拿破仑法典》曰："坐于法土，斯为法民。"此军国社会与宗法社会之所绝异而不可混者也。古以宗法系民者，莫著于犹太，乃今国亡久矣，虽散居各土，而宗法之制犹存。惟古昔罗马，贵族、齐民之争；今日杜国，布阿士、蔚蓝德之讧，溯厥所由，皆缘种族。英国方诺曼未渡海之先，其时之爱尔兰、西卫①两种，而前三百

---

① 西卫：Welsh，今译"威尔士人"。

年之苏格兰山部①,其邦族群制,皆宗法社会也。

太古社会 前辈考社会之原者,大较至于宗法之制而止。意谓以宗系民,其制最古。故其言社会也,由一国而为一种,由一种而为一家,至矣,蔑以加矣。半期以来,科学日精,而寰区渐辟,稍稍以旧说为不然,知社会更有进于宗法之一境,而其演进实象,亦与旧说悬殊。此其所关甚巨,于史界治制,皆为新辟之奥区也。顾专科喻俗之书,不少概见,即其景象,于习常之人意,亦难以逼真,是以今之为论,其详不可得闻,仅能著其大略。所幸幽夐之阻,如是太古社会,尚有一二存者,而讨者之勤,虽亲历险远,冒死亡,犹能躬验其实,传写图书,故其情状较然可述。学者向称此等为图腾社会,顾图腾之名,稍不利俗,鄙意不若即称蛮夷社会。谓之蛮夷者,绝无鄙夷贱恶之义,特以见其为太古人类,居狉榛之世云尔。

【严复曰】图腾者,蛮夷之徽帜,用以自别其众于余众者也。北美之赤狄,澳洲之土人,常画刻鸟兽虫鱼或草木之形,揭之为桓表,而台湾生番,亦有牡丹、槟榔诸社名,皆图腾也。由此推之,古书称闽为蛇种,盘瓠犬种,诸此类说,皆以宗法之意,推言图腾,而蛮夷之俗,实亦有笃信图腾为其先者,十口相传,不自知其怪诞也。

故稽诸生民历史,社会之形式有三:曰蛮夷社会(亦称图腾社会。),曰宗法社会,曰国家社会(亦称军国社会。)。是编所论,本其最初,降成今制,所重者,即社会天演之常,以迹其蜕嬗徐及之致,非于三者有专详也。盖社会之为物,既立则有必趋之势,必循之轨,即或不然,亦必有特别原因之可论,其为至赜而不可乱如此。顾不佞欲以区区一卷之书,尽其大理,议者将谓其多廓落之谈,而无与于其学之精要。虽然,吾往者不既云乎,学之为道,有通有微,通者,瞭远之璇玑也;微者,显微之测验也。通之失在肤,微之失在狭,故爝火可炀室而不可以觇敌,明月利望远而不可以细书,是亦在用之何如耳。彼徒执显微之管以观物者,又乌识璇玑之为用大乎?

---

① 苏格兰山部:Scottish Highlanders。

善夫,吾师之言曰:"后世科各为学,欲并举众科,科诣其极,人道所必不能者也。惟于所有诸科,各得其一二,而于一二之科,则罄其所有,此生今学者所必由之涂术也。"意读者欲于治制之科得其一二者乎,则不佞是篇,或有当也。

本书裁制 行于北部森林之中,无图识,无指南,虽终古蹀躞其中而不得出可也。五洲社会之历史,其繁浩不翅北部之森林也,使无裁制,以先定其论述之义法,将宇宙之大、民族之多,言无统纪,轻重失宜,而卒同于无述,则义法之裁制尚矣。虽然,其将何道之由?

法度经制 今夫一社会之立也,或有文字,或无文字,实皆有其历史。历史者何?所以载其演进发达之阶级也。顾载矣,而其中有去而不留者焉,有立而久存者焉。即去而不留者,非于社会无效果也,然每浑而无迹,或微而难知。其立而久存者不然,孕育轮困,历千载而其效愈见,则法度经制是已。故法度经制者,社会之机杼也,得此而后有其组织之事。礼刑政教,官府兵赋,伦位爵禄,皆此物也。群学之家,以社会为有官之大品。法度经制者,又社会之股肱心膂矣,虽咸出于人为,而其理实同于天设。物体、群体,二者皆有其官司为之翕敛,为之导化,为之保持,又皆有生病老死之可言。知此,则吾书之义法定矣。

社会命脉 虽然,法度经制重矣,而其于社会也,犹官骸藏府之在一身而已。一身官骸藏府而外,不有其尤重者乎?则生命是已。生命,即在动植,尚未有犁然为之界说者,矧其在社会之最繁?故欲考社会而得其命脉之所存,莫若先为其形下,以致其形上。然则,法度经制,果不可缓也。竭吾心思耳目之力于法度经制,得其所以萌孽进长,而渐即于今形者,庶几有以尽其物之性欤!

专言治制 深演完备之社会,其为法度经制至众,有政刑,有工商,有宗教,有教育,使一一而详之,一科所未暇也。吾是书所欲讲者,在治制,凡所以合群驭众者,皆所论也。生养之制、行政之经,将溯其最初以驯至于今有,则以是为吾书之义法云尔。

2 宗法社会

宗法通论分第三

民群演进之第二境,是为宗法社会。其与蛮夷社会异者,民之相系有统而不混,豫附而益亲,生养之制,愈益繁密,其进于蛮夷社会远矣。其特别形制,所与前后社会殊者,可言如左。

一曰男统 往者,图腾社会,人道几无亲亲之可言。强为言之,亦矫揉而难定。何则?彼特以意为之,而非事实可指故也。所谓血胤传世,皆以女而不以男。其图腾辈行,则视大巫所分属者。独至宗法社会,斯族姓之义明矣,民之相与为亲,以木本水源,分于一男子之故,虽宗法之事,亦有伪而不真,成于人为,非由天设,如义子螟岭是已。然社会之有此,正以见宗法之綦严。今夫人群蜕变,由图腾而入种族,其间进演之致,虽甚微极渐而难知,于事必皆有可指之实,明矣。今姑舍是,而言其最显而易见者,则必自夫妇有别始。

次曰昏制 盖使夫妇无别,宗法无由立也。澳洲之蛮,有母不知谁父,宗何有焉?故必女子终于一夫,而后父子之伦有可指者,故有夫妇而后有父子也。虽然,妃偶定矣,而云匹夫匹妇,如吾欧今日之社会者,则又不然也。其女于固终于一夫,而男子法可以数妇,此为古宗法社会之通制矣。逮演而益进,而后匹合之制成焉。盖于时所重者,在男子丈夫之血统,而孤雄群雌,于宗法不为綦。且有时以社会生聚之亟,女子之数常多于男,其势甚便,而宗法得此,系统愈分明也。然使昏制定矣,而严君之权不立,其宗法虽行,亦不可久。

三曰家法 是以其三有家法焉。方民为宗法之社会也,其承宗之丈夫,为始祖之代表,所以统御其家人者,其权恒最重,盖王者专制之先驱也。所统治者,不独一家之生事恒产而已,所信奉之宗教,所往来之酬酢,皆受治于其家之一尊。其始家也,浸假则衍为小宗,为大宗。大宗之视小宗,犹严君之于家人也。其小宗之长,则对于大宗而有责任。大宗家长,权制限域,世长世消。如当罗马立国之初,宗子之权,周于通族,凡同姓之裔,无少长皆受制焉。操生杀之柄,教督禁制,所不论已。降及后世,所谓宗法者,稍变其初,盖国主权尊,而家君柄屈矣。然吾英西卫民律载,凡民年十四,若不及,于其父案下食者,以父为君,约束刑罚惟其父,不得名一钱,凡所有,其父主之。此自国律视之,是少年者,于国犹未生也,盖古家法之重如此。

征诸事实 右所言三者,盖宗法社会最先最显之形制。若征诸事实,不独古之宗法可见于载籍,今且不异于古所云也。如犹太之民族,如鄂谟所歌之希腊社会,如罗马之拉体诺种人,如大食之游牧行国,如五印度之民,如北印之回部,如阿富汗,皆此制也。求之吾欧,则如日耳曼条顿种人之旧制。其尤近者,如吾英西卫之刻罗狄种[1],若苏格兰山部,若爱尔兰,皆沿缘至今,尚有一二存者。盖宗法者,社会所必历之阶级也。

【严复曰】作者举似社会,常置支那,盖未悉也。夫支那固宗法之社会而渐入于军国者,综而核之,宗法居其七,而军国居其三。姑存此说于此,而俟后之君子扬榷焉。

宗法社会有两时代 著论之士,每不知宗法社会有两时代之分,而并为一说,遂使古昔社会情状隐约难明,而考者亦弥不易。盖时代既混而不分,斯事实纠纷,矛盾相陷,而浅躁之士,至乃谓宗法社会属臆设而无其实,非大谬欤? 幸今者古昔社会之真稍稍出矣。

有种人之时代 使学者而不惮烦,则事实显然,将见宗法虽一,而演

---

① 刻罗狄种:Celtic,今译"凯尔特人"。

有二时。其大者先见,可谓种人宗法;其小者后见,谓之族人宗法。种人之众,常至数百千人,而或过之,人人自谓同系,分于一体之遗。虽然,其事多不实。其所谓一本者,若存若亡,在幽夐难明之际。岁时报享,以宗祀其所自出之一人,用以系联其宗,而种人之心,有所附属。以云其实,则其众之果一本否,尚矣,不可考已。即其所自出之一人,亦往往有臆设者。特以目前而论,则种人子孙,皆为一宗而已。

有族人之时代　至于族人时代,乃大不然。族人之众,必少于种人。分族受姓以来,常有谱系之可溯,大抵至于高曾止矣。盖四五传之后,人口蕃多,则旁分为小宗,为新族。此其宗法,所以信而有征也。

旧说之谬　宗法有种、族之分,持旧说者,亦非不知之也,顾特味其入群之先后,此所以多所抵牾也。彼之意以为宗法之理,必始于一家。自一父之遗,而肇分为数子;父死,子复生子,如其父然;各自为家,惟不忘其为一父一祖之遗体也,乃相将而为一族,族乃滋大,亲远而情益疏,然而犹未忘其为一本也,由是相视而为种人。此其为说,乃据后起之迹以言古初。宗教言人之先,每如此者,而不悟其于群演事实,为倒置也。自事实而言之,则社会固先有种而后有族,亦先有族而后有家。其始自无种而为有种,种散而为族,族散而为家,家分而为个人,为小己,则今日文明社会之本位么匿也。此辜演自然之至势,而亦社会学新得之秘扃也。

新理确证　右之新理,发于史家斯坚尼。自其说出,而旧说废。操旧说者,盖习闻亚当、夏娃之谈,而未尝讨验于事实。且不谓宗法社会之前,尚有图腾社会在也,自初民群法日益著明,而斯坚尼氏之说乃益确。今之学者,莫不知最古人群,决非造端于夫妇,如《旧约》所云云者。此说尚有他证,特今所言,言旧说之必谬,足矣。

判分之始　斯坚尼氏种先于族之说既不刊矣,然图腾之所以变为种人,种人之所以进为族人者,则未尝及。今不佞将取后篇之所疏证者,为先标其大旨于此,曰:

蛮夷之社会,自能牧畜,而转为宗法之社会。

种人之宗法,自能耕稼,而转为族人之宗法。

宗法社会之特色　前之二例,非分专篇言之,不能悉也。乃今所与学者言者,在宗法社会与吾人今日所居社会之分殊,使知欲得社会天演之真形,必无囿于所习,无拘于其墟,庶几有以通其所以然,而不至于枘凿,则著其大者,见宗法社会所与今之军国社会异者,有四端焉。

一重民而不地著　宗法社会之籍其民也,以人而不以地。何以言之?前谓近世社会,所以系属其民,存于军政。以军政系民者,以民之所居者有定地也,是以地著尚焉。甲国之民,其可居于乙国固无疑,然乙国不以国民视之,于其国家之政,莫得与也。然使其人既受廛占籍而为民矣,则于其种族旧居靡所问也。故《拿破仑法典》曰:"生于法土者为法人。"自其大较言之,则是法也,欧洲列邦之所同用也。乃宗法社会则不然,其别民也,问其种族,而不问其所居。为其社会之民,必同种族者,不然,虽终其身,于其社会,乃至为之服劳,将为客而不为主。总一社会之民,有时可迁易其土居,其称某国自若,于避敌逐利,时时为之。虽演进稍深之种人,亦有不尽然者,而上古之宗法社会,则莫不如此矣。

【严复曰】可以为前说之证者,莫明于犹太与古所称之行国。吾颇疑史迁《匈奴列传》"冒顿曰:'地者,国之本也,奈何予人!'尽斩言予地东胡者"云云为钓奇而非事实。

二排外而锄非种　宗法社会,欲其民庶,非十余年、数十年之生聚不能。而今之军国社会不然,其于民也,归斯受之而已矣。虽主客之争,尚所时有,而自大较言之,则欧洲无排外之事也。盖今之为政者,莫不知必民众而后有富国强兵之效。古人以种杂为讳者,而今人则以挽合为进种最利之图,其时异情迁如此。是故,近今各国,皆有徕民之部,主受廛入籍之众。使此而立于宗法社会时,其不骇怪而攻之者几何! 盖宗法社会之视外人,理同寇盗,凡皆侵其刍牧,夺其田畴而已,于国教则为异端,于民族则为非种,其深恶痛绝之,宜也。故宗法社会无异民,有之,则奴虏耳。

三统于所尊　天演极深、程度极高之社会,以一民之小己为么匿(译言本位。)者也。宗法社会,以一族一家为么匿者也。以一民之小己为么匿者,民皆平等,以与其国之治权直接,虽国主之下,亦有官司,然皆奉至尊之名,为之分任其事,官司之一己,于义本无权责也。至宗法之社会不然,一民之身,皆有所属,其身统于其家,其家统于其族,其族统于其宗,循条附枝,皪然不紊。故一民之行事,皆对于所属而有责任,若子侄,若妻妾,若奴婢,皆家长之所治也。家长受治于族正,族正受治于大宗。此其为制,关于群演者至深,不佞当于后篇徐详之。

四不为物竞 今夫收民群而遂生理者,宗法也。沮进化而致腐败者,亦宗法也。何则? 宗法立则物竞不行故也。吾觉居文明之社会,享自由之幸福,夫自由、幸福非他,各竭其心思耳目之力,各从其意之所善而为之是已。国有宪典,公立而明定之,使吾身不犯其所禁者,固可从吾之所欲。农之于田,以早播为利,虽违众而破块可也。工之于器,以用楔为坚,虽变法而置胶黏可也。卖浆者忽酒,种莜者忽烟,无涉于人,皆所自主。乃宗法之社会不然,价高曾之规矩,背时俗之途趋,其众视之,犹蛇蝎矣。夫然,故人率其先,而无所用其智力,心思坐瞀,而手足拘挛,一切皆守其祖法,违者若获罪于天然,此其俗之所以成也。然而,腐败从其后矣。凡古社会,莫不如此,此不可逭之灾也。虽然,如是之习,其始何以生,其终何以变,此治群学者所不可不讨论也。乃今所言,使学者知其有是,足矣。

继此一篇,乃言绝大之新理,有之乃见社会之所由入于宗法,且不入于宗法不能。

～～ 工贾行社分第七 ～～

攻金之工 英语,凡商工之业,为之总名,曰茵达思脱理①。茵达思脱理者,力作勤动之谓也,实业之谓也。顾言力作,言实业矣,独不得以其名

---

① 茵达思脱理:industry,今译"工业"。

加诸田猎、牧畜、耕稼三者,此其偏属之义,诚有不可知者。虽然,民即当太始蛮夷之时代,不可谓无实业、力作也。部之妇人,刳皮炙肉,于其巢居土窟之中,是实业也。泊为游牧,种人妻女,织毳为鞴,挏湩作酪,又实业也。若夫耕稼之始,民之实业,斯益闳已。耒耜钱镈,杷梻锄耰,非此数者,田事不举,故有关于进化最大之实业,兴于此时,则冶铸之业,攻金之工是已。夫农功方始,其所执田器,常非金也,或石或木,虽然,操木石之田器,欲农功之精进,难已!

铁之为用 夫谓游牧之民,识攻金之业,此至今日,诚无可疑。吾欧最古载籍,莫若鄂谟尔之歌诗,其言甲胄刀矛,皆铜制也。犹太民族,用银为币,然无圜法。乃至非洲蛮夷,亦有金银之饰。人间掘地,往往得古铜器,年代久远,不可亿计。以此知员舆之上,民知攻金久矣,特所攻皆其柔者,操石锤可使成形,而其冶之也,不必为炉鞴,此所以为益于化浅也。故民群景运之开,肇于冶铁之世,铁非冶不从革,而坚韧过他诸金远,铁器所成之实业,非前此所梦见也。

学者多言,冶铁非欧民自致之能事,而得诸东方若埃及诸古国。盖埃及,相传其民知冶铁最早。此其为说,有或然者。近世有声名甚盛之德儒,(按:此盖指马克穆勒①。)以言语文字,证阿利安②民种之源流,尝云:阿利安种民,其旧语无通行铁字,以此知冶业之不始于欧,乃学而得诸他种者。此其说固亦或信。独不佞所得于历史而信有征者,无论其始之何来,白种之民,于冶铁炼钢之业,实久为世界先进,而吾欧亦以此为五洲文物渊薮而已。

铁工治人 然则言民群实业者,固当为治人铁工,首屈此指。且必得此,而后无穷之实业有以兴也。铸耒造镰而农业利,辟剑灌戟而兵器精,又得彼而后有缝裳、绽履之资,不然,所操者,鱼鲠竹箴而已。又得彼而后有斩刈、锤凿之业,不然,所执者石斧木椎而已,乌逮事乎?世傥有高才足

---

① 马克穆勒:Max-Müller,今译"穆勒"。
② 阿利安:Aryan,今译"雅利安"。

学之夫,殚年月之精,为考社会铁作演进之实,此于民群进化之因,思过半矣。顾即今吾辈所目得者,已足以有所发明,则如吾欧中古以前,此中冶铸之业,操以客民者,殆数百年,此无疑义。是客民者,或即今世吉布施(其人盖欧之流丐,相传为埃及种人。)之先。此曹操业,莫不深秘,往往谲诡诪幻,以神其术,故欧俗相传怪异,于铁工冶业独多,此皆可考而论其所以然者也。夫自吉布施言,则欧之冶业,固传诸埃及者矣。

工业判分 阿利安种民,其所以降而益光,而终局五洲民族先进者,无他故焉,同游天演之中,其民独善体合,以从其新云尔。夫以善体合之民,见冶铸之利用,未有不学而得之者也。即学而得之,未有不著出蓝之美者也。观吾英与法、德之民,其中以铁工为氏者最多,(其字在英曰斯美德;在德少异,曰希密特;在法曰法和鲁,皆人氏也。)可知操其业者之至众矣。且由之而他业之工,分殊涂焉,若梓匠轮舆,则得冶之锯凿钉削而后显其事者也;若业屦,若鞥工,则得冶之刀剪钳针而后呈其巧者也。自此以降,无虑数十,皆有待于冶而后进。故化之未进,冶之未为也,几无所谓分功之事,若织纺,若髹茅,若蒸炊,若酿造,家而为之者也。乃至此时,各有专业,而织人、圬者、饼师、酒工之名,纷然立矣。

商业之始 今夫工,成器致用者也;商,懋迁有无者也。则以人事次第言,固必有庶工,而后有商业,明矣。虽然,商之为事,固亦有先工而见者。澳洲之蛮,于民品为下下,无制造之足言,顾不可谓其无贸易,往往出其地产之良,以易其所喜好而欲得者。其所居产磻石,可以为斧斤硩镞之属,此蛮之所重也,则赍其所采撷,以易白牦翠羽之饰于其邻。凡此,皆蛮所常行者。其为日中之市也,亦有其所必循之仪。身为商贾,行而近其邻部之庐帐,必无失礼,而后以宾客待之,不然,则寇雠耳。今人见非洲种酋者必有赍,而酋亦出其所有以相为酬,无或爽者。凡此皆沿于太古者也。吾人于此,见近世商律之起点,而得懋迁天演之源。呜呼! 商业者,又人道进化之一大因也。

交易买卖 日中为市,交易而退。交易者,无一定之货,民各出所有,以易所无也。此其术沿用甚久,顾其不便,则不待言而已著。甲部之蛮,蓄鸵毛甚众,出以与乙部之蛮为易,乙之所有,不必甲之所欲得者也,则其事穷。其在同种一部之中,尚可悬之以为赊贳,而责所负于后来,异族行贾,不可悬也,以欲济其事之穷,则为建易中而用之,此如今日非洲所用之蝻贝是已。夫蝻贝非他,特蚝壳耳,其形若出水新荷,卷而未舒,黄白色,背穹窿作斑,腹中分,函齿,联百贝为一串,(按:此不独非洲用之,暹罗、南掌、印度皆然,而中国古所用亦此物,故贝字为象形,而凡贝之属皆从贝。)得此而交易事便。虽然,有不便者,则以其物之贱,无本值可言,受者常有失资之惧,则由是取有本值而为人所共珍者,固莫若用牛便矣。以牛为易中,凡货之值,皆以牛计。盖自易中立,而商业有交易买卖之殊。买卖者,资易中为间接之交易者也。甲部之蛮,出鸵毛与乙为易,而乙一时无甲所欲得者,则数牛以与之。故牛虽大物,而为价值之本位,衡货贵贱,莫不以牛。久之而后有泉币。虽然,泉币之始,无圜法也,今人得古金银钱,有于其一面作牛首者,则易中转变之迹,愈益明已。且三品以重相通,不为圜法,今天下浅化之民,尚犹如此。虽然,何必浅化,吾英之镑,为言磅也,盖降乃言枚,其始固言重也,谓银重一磅耳。

实业法制　实业者,工商之业也。由前之所述,成物、行货二实业之所由兴,可略知其故矣。然其事如牧畜、稼穑然,虽在初民,未尝无约束法度者也,则请继言其法制。夫法制非他,分职奠居,见天演之利行云耳。

乡社工业　自乡社先有,而实业继兴,故实业之制,常与乡社之制相谋而立,虽如铁工,前谓客民之业矣,则与同姓聚族而居之乡社,宜若不相入者,故冶铸之场,古常在违乡稍远之地,而至后世,则乡社铁工,为其中团体之一部,此至今犹然者也。其他工业,若梓人,若鞔工,若纺织,若垎者,若饼师,若衣匠,其在今日东方社会,与古时欧洲社会,皆乡社有分职之人,而传世执业者矣。独有古初商贾,则买贱卖贵,断垄牵车,而行唱炫鬻[1],故社会常视为污处。其人于乡社,无所专属也,而常有以通乡社之交,以其身为缀属之介。

---

[1]　炫鬻:pedlar,今译"行贩"。

乡社市廛　自工业判分,演而益备,图新去旧,业有专家。民知百工州处,于其业便,而易精进也,于是乎市肆之现象见焉。彼成物以供民用者,咸不招而自集,此今世通商都会、海国市步之先声也。社会学者每言,必工贾渐合,而后成市。或谓不然,乃市廛前立,有城郭之保聚,而后工贾辐凑之。是二说者,未知其孰信。顾所灼然可知者,则古昔邑居之制,肆在其中,而实业必待居肆而后益精者,亦无疑义。民处乡社之中,其田畴之所产,固不必赴市而求之,若夫实业之所供者,非适肆莫之求得也。

且市肆有最重之义焉,则其中为局外之地也,殊乡异族之众,至于其中,皆平等无主客之异,故英语谓市曰马礁①。其字原于马克,马克者,国土相际之地也。(按:此与吾国市字造意正同。《说文》,市从门,从之省,从乁。乁,及也。邑之外为郊,郊之外为林,林之外为门。市字从门,其为局外之地,与西字之原于马克者不谋而合。如此故,复谓六书乃治群学之秘笈也。)其所以为局外之地者,盖市肆必为和平之地,非战斗之场。欧洲中古以还,凡市皆立揭橥为桓,状若十字,此以见其地为宗教所翼保。其近今数百年,各国君王,亦以保市肆安平,为有国之要职。然此皆政、教二柄既行之事。至于太古,不知所以保市肆和平者,又何若也?即今蛮夷社会,事所可征者,则其俗供求二家常处于不相接之地。譬如甲蛮有所出以为售,则将其物置诸乙蛮庐幕之外而退。乙出审其所供之物,置其所欲出以为易者于其旁而亦退。甲还视,其价合,则取价置物;不合,则取物置价。此其为交易而保平和之道也。夫其事之委曲繁重如此,使吾人为之,不知一日之间,能市几许物?顾有持惜阴之义于蛮夷之世者,何异睹持瓮挈瓶之劳,而笑其不以机汲乎?时固非初民之所知恤也。若夫宗法之社会,则市固有神,以神之灵,而市亦无恙。至今东方之市,号巴察尔②者,其制度礼俗,皆古种人所旧有者也。

工贾行(音杭)社　民生上古社会间,其工贾之有行,犹其农之有族也。

---

①　马礁:market,今译"市场"。
②　巴察尔:bazaar,今译"市场,集市"。

盖民以一身独立于群,以小己而对于国众,此乃后世之群法,上古之民无其事,亦无其意识也。游牧之众,是谓种人,自以为同出于一原之血统,其相保也以血斗,建人鬼之宗教,以深其感情。浸假乃进而耕稼,以其众之浸多,乃分为族姓,一家之制行焉。分土授田,法度愈密,同姓者父子,异姓者主奴,主父为其怀保,奴子为其服从,天泽之义也。凡此皆以一众为社会之本位,而非以一人为国群之么匿也。乃工商之制亦然,其所以收其众而系属之者,曰奇而特。奇而特者,行社也。一工师之身,入于异地,忧其不自保而为强者侵也,则约从其同业之人为行社。其相与之道,犹向者之族姓也,其始以相保持而已,终之乃有鬼神宗教之事,无异族姓之祀其祖先。中古行社,莫不有其护业之神,其在支那,谓之祖师,虽其业不必祖师之所传,顾其为号,莫不如此。甚且谓操其业者,皆神之子孙。自社会之日蒸也,行社之制,亦以日密,勒操作之章程,定物价之涨缩,同度量,阅厂肆,杜作偶者之羼杂,而尤重于排外人。是则行社团体所有事者,第使取其制而谛论之,则与往之族法有极类者。高曾规矩,父子相传,使其父为社员,则其子之为同行,无疑义也。不然,则必其师为社员。工商之师徒,犹父子也,方其为徒也,居其师之宇下,饮食教诲,祭祀服劳,不殊亲子。故族姓之名子也,从其祖父之称,而行社之名徒也,以其先生之业,此今日欧人所由以业称名之众也。或曰,印度之喀斯德①,所以为民等之分者,即其执业之异耳。近世行社,其制尤繁,有学塾以课其孤,疾病相扶,葬祷相侑,其相称也以兄弟,争则有长老以为之公断,贾则禁其竞争,其事方之宗法,殆无殊焉。即其岁时酬酢,佑神饮衔,其事亦无异宗庙之燕毛,盖中古工商之行社如此。

以下总论宗法社会。

由蛮夷社会而入于宗法,由宗法社会而进于今日之国家,故今日社会之现象,一一皆可溯其源于宗法。且非经宗法社会之所为,有虽欲蕲进于今而不得者。宗法社会者,所以为今日之演进,栽成其民德,而奠厥群基

---

① 喀斯德:caste,今译"(印度社会中的)种姓"。

者也,民智以降而日开,群业亦降而日富。宗法社会者,于其前则为为之翕受,于其后则待以敷施,其制实本于民彝天性之至深。五洲民种繁殊,顾其所为,不谋皆合。继自今,虽社会之演进无穷,而其所受于初者,将在在长留其影响,此又人事之百世可知者矣。不佞言古社会,止于今篇。继此将言近世之社会,故特于此,举宗法、国家二社会之异,重言以申明之,使学者于是而有明,其于今日社会,将无难通之故矣。盖宗法较然可言者有四。

一以种族为国基也 欧洲今日言社会者,一切基于土地,故近世最大法典,言产于其国者,即为其国之民,而刑律必与地相终始。古之社会,乃大不然。其为游牧行国,随畜荐居,本无定地者,固无论已。即在耕稼地著之种,其言系民之制,亦以种族,非以地也。乃至工商之业,亦有一本同源之谊,而不以所居之同方,虽同行社者,常州处于一廛一市之中,然实以同行社故,而居比邻,不以比邻故,而同行社也。夫工商之业尚如此,则所谓种人族法者,其社会之以人不以地,愈可知已。

二以羼杂为厉禁也 惟宗法社会,以种族为国基,故其国俗,莫不以羼杂为厉禁。方社会之为宗法也,欲入其樊,而为社会之一分子,非生于其族,其道莫由。其次则有螟蛉果蠃之事,然其礼俗至严,非与例故吻合者,所弗纳也。向使古之种人,见今日欧、美诸国所以容纳非种者,将九庙为之震动,而不为神之所剿绝者几希。盖今日社会,所大异于古者,以广土众民为鹄,而种界则视为无足致严。颇有近世学人,以古社会之所为为是,而持知类保种之说,此彼是各一是非之言也。特不佞所征,则有世界历史所必不可诬之事实。必严种界,使常清而不杂者,其种将日弱,而驯致于不足以自存;广进异种者,其社会将日即于盛强,而种界因之日泯。此其理自草木禽兽蛮夷,以至文明之民,在在可征之公例,孰得孰失,非难见也。社会所为,不此则彼,无中立者。希腊邑社之制,即以严种界而衰灭。罗马肇立,亦以严种界而几沦亡。横览五洲之民,其气脉繁杂者强,英、法、德、美之民皆杂种也;其血胤单简者弱,东方诸部皆真种人矣,其可得于耳目者又如此。

三以循古为天职也 　今夫被服成俗，行古之道，虽今之社会，于所行犹居其多数，顾今之社会，率旧不忘矣，而改良进步之事，可并行而不相害也。乃宗法社会，则以习俗为彝伦，成法为经典，其于社会，有确乎不拔者焉。夫易者，天之道也，故虽古社会，有虽欲无变而不能者。顾其俗以不改父为孝，循古守先，为生民之天职，则去故就新之事，非甚不得已，而孰为之？昔者，吾英律学大家麦音显理游印度内地，所纪乡社闻见，有极可晒者，云其地以水泉之浊涩不甘，治其土者，有食水公司之设，具章程，谨开阖，而定其所纳之赀。其为法本至平也，使有行之伦敦东城(东城，贫者所聚。)者，民见泉甘价贱如是，未有不凫藻欢欣，以其事为幸福者。而印之乡社不尔云也，且谓英官以一纸之文书，废数千年之旧俗，其事大怪。已而有黠者，告其长老曰，是所为者，非新法也，乃吾印之古制失传，考诸典籍，复而用之耳。其众乃相悦以解，且谓古人之制，果胜今人也。盖印之习俗，虽工商实业，所行之法度章程，亦必相矜以久故。其民所以有喀斯德之等衰者，溯所由来，亦缘宗法之旧制而后有。吾党尝称不变之泰东，顾宗法与不变为同物，无论泰东、泰西也。

　　宗法所行，即无变进，惟其不变，故物竞不行。(按：此特言其内竞耳，至于外竞，则劣败之林也。)盖物竞之与维新，又偕行之现象也。同居一社会之中，彼竞而独存者，即以所为优于蹈常袭故故也。宗法之社会，其中即有所竞，亦不过同遵古始，而为之特良耳。使居愚贱之地，而自用自专，则灾逮其身者也。若夫工商实业，其为竞尤难，观一二名义，则其时之人心可以见矣，日垄断，日贵庚，皆贱丈夫之事也。顾居今而观之，则所谓贵庚者非他，购于一市之先，储之以待善价而已。所谓垄断者非他，所豫购者，几于尽一市之所有，后徐售之，而邀及时之利而已。是二事者，今之商贾，时其可为，孰不为之？未见其人之为贱丈夫也。何则？人各自由，平均为竞，而亦各有所冒之险故也。嗟乎！使古道而犹用于今，彼之持牢盆而操筹策者，为犴狂囹圄中人久矣，岂特贱丈夫也哉！

四以家族为本位也 　夫宗法社会，以民族主义为合群者也，顾其言合群也，异于言社会主义者之合群。社会主义之合群，凡权利财产，皆非小己所得私,必合作而均享之,而宗法社会不然,未尝废小己之权利矣,而其制治也,又未尝以小己为本位,此其异于言社会主义者,而又与国家主义殊也。故古之社会,制本于家。且古之家,大今之家,往往数世同居,而各有其妻子奴婢,统于一尊,谓之家长,家长之于家,为无上之主权。由是等而上之,家联为族,支子为之长;族合为宗,宗子为之君,则所谓种人之酋是已。吾人居今日之社会,皆以一身径受国家之约束法制者也。而宗法之社会,则种酋宗子,行其权于族,族长支子,行其权于家,家有严君,行其权于一家之众,且其行权也,与今世官府有司之行权,必不可混而一之也。今世官府有司之行权,皆己本无权,而所奉者国家之法,而种酋族长所奉者,其种之旧章,而传之于先祖,故咸有各具之权。

不佞所以言宗法社会者止此,学者欲知其制之详,则有郝略尔之《希罗邑社》一书在。夫希腊市邑,乃宗法社会之极制,其中有必非后世社会所可几及者,不幸有弱点焉,遂为天演之劣败。至于罗马种民,亦以是始者也,虽其美善逊于希腊之所为,然以及时知变,而拓辟疆土,遂跨亚欧。凡此皆古今社会之极盛者矣。

3 国家社会三亦称军国社会

国家之议制权分第十二

曩尝谓种人无法律之思想,虽然,非无法律之思想也,无议制造律之思想耳。盖种人所调法律者,同于率常,同于习俗,必其祖父前人之所已行,历数世百年而不废者。古之社会,义由人起,彼谓一人所宜守之法度,必其种与族之所常行者,无自作之理也。此义之行,而为欧人所严重者最久。一人之身,无论所居为何国土,必挟其旧法与偕。即至今日,号为文明之国者,于此说尚未尽去也。古宗法社会,最持久不变者,莫若犹太种人,其俗固重宗而不重国,故国亦随亡。然至今以其种居异邦人国土之中,尚沿用其种律而不变者,则犹太之人也。若他种,则入与俱化久矣。

【严复曰】中国社会,宗法而兼军国者也,故其言法也,亦以种不以国。观满人得国几三百年,而满、汉种界,厘然犹在;东西人之居吾土者,则听其有治外之法权;而寄籍外国之华人,则自为风气,而不与他种相入,可以见矣。故周孔者,宗法社会之圣人也,其经法义言,所渐渍于民者最久,其入于人心者亦最深,是以今日党派,虽有新旧之殊,至于民族主义,则不谋而皆合。今日言合群,明日言排外,甚或言排满,至于言军国主义,期人人自立者,则几无人焉。盖民族主义,乃吾人种智之所固有者,而无待于外铄,特遇事而显耳。虽然,民族主义,将遂足以强吾种乎?愚有以决其必不能者矣。

虽然,自游牧行国,转而为耕稼城郭之民,再进而有拂特封建之制,故其法律,亦渐以地起义,而与人离。其始所谓俗者,种人之俗也,乃今为乡社之俗矣;所谓礼制者,种族之礼制也,乃今为国邑之礼制矣,然而,从人之义,尚有存者,故必乡人、邑子、国民而后可以循其俗,由其礼,守其制焉。顾社会既日进于国家,而军国之势日重,其于民也,论所居而不言所自出,此古今群制之世殊也。

然而,典章刑法,以国言矣,使必谓一国之中,斠若画一,千里之地,同此刑法,同此典章,则又非当时之事实也。使吾党言古法典,当十一世纪之日,而漫云法兰西之法典,日耳曼之国律,此将为闻者所大笑。何则?见其于历史事实无所知也。当彼之时,若法兰西,若日耳曼,若斯巴尼亚,乃至若英伦之数国者,其中之一邑一乡,乃至黑子弹丸,莫不有其独用之异律,求其大同,无此事也。独英伦以运会事势之不同,故其此弊最蚤,然而祛矣,而至于今,犹有乡律、社律,如法家所谓契执例者,(按:契执例①,盖乡民受田于地主,租赋分收之事,地各不同,然皆有地主契约,俾收执以为据者,故云。)此关田产公案,所宜考而察之者也,乌在其能齐一乎?若夫法、德、斯巴尼亚诸国,则通行国律,直至百年前,乃肇有之,以此见法之难齐也。(按:由此可见,泰西百年以往,其政治远出支那之下,又以见其帝王专制之不逮于远东。)

夫法之不齐如此。使俗犹太古,民老死不出其乡,则相安可也。自治化日臻,水陆通而民辐凑,不变,将奸丛而民无所措其手足,此国家之法所由不可以已也。然民之所以能去故就新者,有三大因焉,为之用事,请继此而论之。

一曰旧典 欧洲之律,其可稽者,大抵皆传于中古。旧律,国而有之,为后世言治者之所重,以种人之所传,故通称之曰民律。又以其非罗马之所出也,故又称之曰夷典。凡条顿之种人,若义大里,若斯巴尼亚,若巴法利亚,若撒逊尼,若白尔衮地②;盖拂箖郎③,若苏洼比亚,若伏理舍,若英伦,若卫尔斯,若爱尔兰,乃至苏格兰、丹麦、瑞典、那威皆有之,虽著于载籍,时有后先,而自历史进化时代言之,则皆相若,皆见于始成国土之际,而为新王所裒集者。新王肇造邦家,以既得其地,欲稔其中之民俗,或民与之约,故俗旧律,不得尽废,得此而后从顺,故必著之载籍,乃有循也。

是故,夷典民律者,非创制显庸之事也,特沿缘旧俗,著而守之耳。且其典籍,大抵皆其地父老豪桀号为达礼明法之家之所献者,既至而王受之,行政布宪,咨而后行。

然而,其事则法典历史中一绝大因缘也。往谓种人法典,基于习俗,然习俗而不载于册书,则其事亦随时而迁变,特其变也,行乎其所无事,成乎其莫之知,非有人焉,敢为独异,以蔑古反常已耳。若夫存于盟府,布在策书,则事大异此,有其变易,莫不可知。将有监史,举而诵之曰,是前王

---

① 契执例:copyhold customs。
② 白尔衮地:Burgundy,今译"勃艮第"。
③ 拂箖郎:Frankland,今译"弗兰克兰"。

之法典也,不可以不循。虽然,使其民不进则亦已耳,进则其国礼俗必有质、文代变之事。由是,民始知法之可以损益也,则以时势之不便,或自请于王以为之,或王欲变其旧章,而许其民以特别之利益,与之为市。且典籍者,胥史之所司也,方其衰集著录之时,为其以意羼入者,又不少矣。吾党生于今日,常若以文字为等闲,不知方古之时,书契始作,民视文字,敬同神明。其于书契,犹今愚民之于符箓,言者但云某法某律,著于某籍,其辞即为神圣,莫之敢非。此上古之民所谓纯朴而易治也。昔有西医,行其术于印度南境,病者得其方纸,辄佩之以为已足,不于肆配药也,是知化浅之民,莫不敬恪文字。但使其文见于古册籍中,即宜顶礼崇拜,敬受奉行,而其原始之所由,则固非其虑所能及者矣。(按:于敬惜字纸,足以觇民智之程度也。)

二曰有司 前之言刑法也,见王国之理,所以为讼狱之所归,方王官始出听讼,固亦察各地民律,以之折狱平争。然既主一国之平,亲见法之不齐,地各为异,则凡势之可一者,莫不一之,自然之理也,况更有巡方问事、周流刺举之理官,以一人而察诸部者乎?其人本不专属于一地,故其行法,亦可无拘于墟。至一路使毕,归而报最于王朝,各言所遭,廷议其可以通行之法,于各部之民律,则采其大同,置其小异。吾英古通行律,即成于此。亦有一地习俗,守之至坚,则亦虚与委蛇,不为沙汰,顾其行也,及其一部而止。若前所谓之契执例,考其所以流传至今,即坐当日王官,不察契执田产之故。大陆之有通行律,其后于英国者几数百年,则以王国之理,主民狱讼,后于英者数百年也。独罗马史言,布吕多利(译言城尉)采集各部民礼,著为帝国通制。此与英人所谓通行律者,同其术矣。学者尝谓助理制兴,理官遣诸王朝,助理选诸其地,故理官主一王之制,而助理循异地之俗,是二者势必抵悟,而当年不闻分执之争者,何耶?则不知王国理官,自有其术,使助理有欲为其异而不得者。盖助理之设,以待王官顾问者也,王官所问,常在事实,而不及例故。譬如狱为争袭,使王官问曰,谁宜袭者?此例故也,地或不同;设其地之俗,率传少子,则助理将举少子以对,曰:少子某当袭。虽与王朝立长之制径异可也。乃今王官问曰:谁为长子？此事实也，助理必谨应曰，某也长子。而长子之宜袭，有王朝之法典在，王官举而诵之，其狱决矣，与助理者固无涉也。此其分异，著自古初，直至今日，法廷理官、助理，犹以此为疆界，不得相越也。

三曰粉饰 右之二术，皆所以铲众异以渐即于一同，而王朝于是乎有造律之事，特收效甚缓，而颇难齐耳。是二者之外，尚有一术焉，亦所以夺民律之柄，而使操之于王官者也，则有粉饰之事。假如其地民律曰，田不可售。乃今者，甲有田，欲售之于乙，则先令乙讼甲于理，谓田本乙产，而甲之祖父占之。以其事之为粉饰也，则甲固自承占田，而王官得断其田以与乙。此其所以与民律相遁之道也。虽然，田之谁主，其事在国人耳目间，脱非理官知而故纵，即粉饰亦何由而用之？此其事，学者将以为无足重轻，而不得与于一因之列。独是历史之事，往往名存而其实虽亡，民若有以自解，与之变古法而无辞；乃至名实两亡，有棘棘愤争，即喋血断胫所不顾者，此粉饰掩耳盗铃之政策，所以见于历史至多，而于古宗法之民为尤甚也。虽然，何必往古！近者，革雷特一岛，土耳其必不肯让其主权，后议尽去一切主权，独得树偃月孤星之国旗于其上，土乃欣然，受要约也。

终曰议制 虽然，右之三因，皆甚缓者也。当群演精进之时，除旧布新之事，几于日有所闻，使仅恃前三者为之变，必不及也，则于是乎有议制。制立而民不从不可也，则于是乎有国民代表之事。

国民代表之义 后世言政治者曰，国民代表者，合格之国民，所举以自代者也，选之于众，举其所贤，以为其部之喉舌。脱所议事重，则通国合格之民，先举举者，而后举者举代表焉。此代表之政举人之大略也。若夫代表之义，至于今犹未论定也，有最胜之两说焉。其一派之说曰，代表者，国民之所发遣者也，国民为主人，而代表者为之臣仆，代表宜听命于国民者也，其有言，国民之所欲言也，其有行，国民之所欲行也，夫而后曰代表。其又一派之说曰，是不然。代表者，国民举以从政者也，国民之于政，不皆达也，其所举，必其达于政者。既举之矣，是犹有美玉于此，而举玉人雕琢之，又何得曰姑舍汝所学而从我乎？故国民之于政，宜一听代表之所为，不宜更钳其口，而絷其手足也。二派为说，其不合如此。（按：二说皆坚，而后说尤中理。使中国而用之,则吾从后说。盖欲用前说,必民智至高而后可。然为代表者,不可不知前说之义,为国民者,不可不知后说之义也。)然有合者,则选举代表之时,国人得极意尽虑,以选其所欲得者,为之代表也。

虽然,此近世之观念也。方宗法社会始为国家时,谓民知治己者,己得自举以为之,此其心之必无是,可以决已。且略考古昔与今日浅化社会者,所共见也。夫初民犷忮,其于社会交涉,知有战耳,乌识其余?代表之制,彼见无所谓干己者也,故尤不乐事其事。言代表之始,而窥古人以吾辈思想者,必大失其实者也,则盍舍此,而更求其余?

夫代表如今世之义者,诚非古之人所与知。而见知连坐之法,则浅化之国所同有者,又为其民所习闻也。使甲而杀乙,乙之亲戚,不独责偿于甲也,甲之亲戚,且与同坐。使梓人丙,为丁筑室而不坚,俄而圮焉,不独丙偿之也,丙之同行,当共偿之。使贾人庚,有逋于辛,辛之索者,不独庚也,庚之同社,皆可以索。古俗,民之相联系以为责任,有如是者。

由是,其义则国家窃取而用之矣。盖国家始立,有不咨术于是而不得者。有人死官道问,杀者莫知主名,其左右三乡,必同首贼,必同出所罚金。有一牛亡,踪迹至某里,则责贼其里,可使出金偿牛主也。市肆有斗者,坠裂王旗,或监市之官蒙辱,法惟其邑人是问。王之赋其民也,簿曰某邑某集,所出几何,则邑集之人共出之,其富人最病。

连坐之律　虽然,责之矣,责之而民不出,则奈何?此其事自吾党观之,则曰,是一邑、一乡、一集之民,宜第其资产高下,使各出金有差,不时出,乃以法绳之,无他道也。然而是道也,将必有无穷之费力。彼为王者,不能置其庶政万几,徒谍谍逐逐,日于其民责逋赋也,则于是有简径之术焉,曰,吏取其邑、其乡、其集号最殷实者二三人而系囚之,使任出之可耳。方其行此也,都邑乡集之民必尽欢,而吏乃从容曰,如期具钱来,吾释若质。夫如是,其所为之暴戾酷虐,固何待言,然最有效。此至今东方社会,其中号能吏,所日日行者,我曹自不见耳。(按:近辛丑、壬寅间,拳匪平教会,责赔款亟,吏缘为奸,民不堪命,广宗以叛。告大吏纵兵狝之,所杀数千人,皆老幼妇孺不能去者。邑令所系囚,则富民景姓也。)大抵出财,皆其地之富室。即不然,其亲戚里党,为醵资以赎,而后释之。此虽谓当日国家所为,等于剧盗,蔑不可已。虽然,群演之将进也,往往良法胜制,缘于凶虐而后兴。脱其始无然,其法制反以不立可也。此治天演学,言社会之变者,所以不可无高世之议也。即如前事,正后此地方自治之制所由萌,然不暇论,而吾党即今所注意者,其事于国民代表之制,为一紧要之进步云尔。

风俗渐成 夫缘连坐之律,以劫质要民,其术之便事如此,此其势固无由熄,行且用之而益多。盖国家常亟于敛财,其取民也,莫不有可借之名目。是以,欧洲中叶之初,乡邑之长老豪宗,以保产澹灾之不可以缓也,恒以岁时,集于社木之下,与乡监、督租、诸王官会议,所以纳王供完国课者。商业稍兴,则有市邑,而市邑之中,亦有其领袖老成,以时为会,如其在野。当此之时,其所议者,不独租税贡输已也,且取乡邑地方之公事,于此而公言之。然而,其事之所以常举而不废者,实赖有王官焉,为之监临而程督之也。至今考诸故府之藉,当时之遗令,尚有存者,曰召县社,若伯社,(伯者,乡也,始其中容百家,故曰伯。)令以期集议,如故事,里甫与四民之众咸集焉,皆此令也。

议院滥觞 洎十二世纪之末年,天诱民衷,而绝大之理想,乃发现于吾欧之西部。当是时,商业日兴,民之往来日众,金银之市价骤低,诸部国家,皆苦贫乏,赋敛之苛,水深火烈,民于是群起曰,往者,县社、伯社,皆有集议故事,然则通国社会,何不可以集议乎?已而斯巴尼亚、锡西里[1]、法兰西、司根底那毗亚[2]、(瑞典、那威合邦半岛之名。)英伦、苏格兰、爱尔兰莫不有国会建立。虽然,其始为之议员者,不必皆众举之代表也,与议之众,杂而多端,盖草昧之制,其多缺不完,固如此也。

有世禄贵爵 前言国家之初制也,于国君名位既定传世之后,则及群臣之众辅。凡此,皆攀鳞附羽,与共定王业者也。其众常始纤而终洪,酬德畴庸,于是有五等二等之封爵。又以教宗之日盛也,其中尊宿为毕协,

---

① 锡西里:Sicily,今译"西西里"。
② 司根底那毗亚:Scandinavian,今译"斯堪的纳维亚"。

为亚博,其隆贵与勋爵拟,故其为数常多,而不可胜用。而国家常政,王乃别选具臣,为其侍从,此于古曰孤理亚,今音转曰孤尔德,(译言朝廷。)常在王之左右备任使。然使国有大议,则勋贵诸臣靡不集者。夫国会之始,不能无勋爵贵人者,势也。

有教会俦侣 且当此时,社会有必不可忽之民等,则教会之僧徒是已。自景教聿兴,为一洲贵贱之民所崇信,教会以檀施者之众,故积财益丰,通计一洲之田,主于教会者,殆五之一。极盛之际,(在中国宋、元间。)才杰之教皇六七作,肇为制度,使僧侣自别于平民,而自为一类。出家去亲戚,名以修身事天,断嫁娶,绝人道,则非俗官吏所得制,有田不供王赋,曰其租税已纳之朴伯教皇也。夫王之为国会者,正为财耳,则彼封殖深厚之僧徒,岂能任其不至? 则以力相强,使国中之神甫袄牧,凡有寺田恩供(义见前。)之赡者,皆会焉。此其事断非教会俦侣之所乐也,顾以制于王之强权,欲勿从而不可。

有中户之田主 使其家有数顷田,皆可于国会中举代表者,此其法固平等,然于吾英有未尽然者。盖遇将为国会,王则敕乡监,于每乡选送二人为会员。是二人者,乡监往往不于农民中求之,而多取其乡之奈德。(义见前。)奈德,田主而有执兵从王之义务者也。彼农户者,方深喜于劳费之不已及,乃其终效,使己族之权利坐夺,则所不及见者矣。若夫大陆诸邦之所为,则农户之代表,法必于农户中求之,不得专取奈德贵人也。

有市邑之平民 终之乃及于工商贾,亦令各举代表者,以为会员。此吾英所谓布尔则斯,或曰布尔格尔是已。(布尔格尔,犹言邑子,所以别于乡农也。)于是巴烈们(译言议院)之众备矣。最而言之,其中有贵爵,有僧侣,有田农,有工贾,得是四众,而国民中之有恒产职业者总至,此所谓国之额斯达者也。(按:额斯达,此无对译之字,可云桢干,或云基业,然皆不切。)

盖议院之首基如此。然其中有二要义焉,为后世之人所未深察者,是不可以不论也。

(甲)今人动谓议院为文明之民府,为民权之干城,其制之立,出于国主之至仁而大公,其始为国民所祷求而后得,既得之后,莫不欢喜颂赞,私庆其身为天下之幸民者。此真呓语,而与事实正相反者也。凡彼所云云,皆议院既兴数百年后之思想。若其制之始立,正国民所疾首私忧,而愿其速罢者也。为举者,为所举者,皆以为烦扰而病民。乡农苦之,以须出财,为会员之资奉也。僧侣恶之,以不欲委教会产业于政府治权之下,而听王官之指挥也。邑子忧之,以邑之有代表人者,其出赋多于无代表者也。通国之民疾之,以巴烈们之宗旨无他,主以搜括民财而已也。盖王为国会,正为于民有所加征特取之故,聚其民之代表于议院,以承王之所要索者而诺之,诺而后敛之于其众。夫如是,则其制之为民众所喜者几何?又何怪始行之百余年,众之无敢不集者,徒以国王压力之故。若君上荏弱,力不足以行其令者,则国会常不复合,若大陆诸小国,皆其证也。故以议院为当日民权见端者,学士不为此说也。

(乙)或谓议院既立,于一国事,大小无所不当问者。此亦非当时之事实也。盖其本制,止于承诺出赋而已。其论政议制之事,则其中之世禄贵爵,固世为议臣,备王者之顾问者。乃若僧侣与农工商四众之民,毫无此等权利。考之史册表纪,从无有及之者,是其证也。总之,议院代表诸员,其于国家,有诺责之必承,无权利之应享,考其本原,义尽于此。往者,以相连坐之法,王有所欲取,则质其豪而求之,议院之兴,正缘此义,特扩充之以为国会云尔。凡后世论治者之所云,彼时之君若民,实未尝梦及也。

【严复曰】作者推原议院始制,谓其事有诺责之必承,无权利之应享,故不可指为民权见端。此征实之谈,无可复议。虽然,自不佞观之,则于此等处,正见欧洲阿利安种人民权根本之盛大,而断非吾种之所几及者也。盖彼虽当中叶黑暗时代,其拓土开国之人,暴戾横恣,著自古昔,然莫不知赋税财物者,本民之所有,至吾欲取而用之,虽有设官所以治民,养兵所以卫民,可以藉口,然而皆不足,必待民之既诺,而后乃可取也。故虽召集通国之民,其事至为烦费,且有时或动民岩,顾其劳不可以已,不如此者,赋不可加,财不可得也。乃今试执此义,而求之于神州震旦间,而为考之于古以来圣经贤传之繁富,其有曰君欲赋民,必待民诺者乎?至于韩愈之《原道》篇,则曰:"民不出租赋则诛而已。"呜呼!

议院之新形 然而,社会之变,错综万端,往往一制之立,其所欲为者或不成,而其所不欲为者,反得此而大济。夫议院之立,固所以承诺国王所要索者也。萋言乱政,邦有常刑,虽然,是齐民之代表,固不可以议政,而呼吁请乞,则其所也。使其呼吁请乞,出之常时,为之上者,置而不察,盖什八九也。乃今适当其上之有所求于其下也,故得以相市,而所呼吁请乞者,最有力也。观之古籍,彼田农邑工之代表,固时有呼吁请乞之事,且为之甚力,其声甚哀。是以,国会既开,而王与有众,为日中之交易,王得财赋也,而民得其所欲有之权利。为例故,无变更,此议院始变之形式也。

【严复曰】此亦与吾今之报效者何以异乎?然报效者,志不逾于得官,而朝廷则以官界之,此上下交相失之道也。盖出财者,不必于官宜,则国失矣。或守虚荣,终其一身而止,则民失也。惟彼族不然,其所求者,大抵皆一地一业之利便,而可以世守者,故民权之成,亦以渐耳。上有所诺于民而不可食,有所约于民而不可负,食且负,民得据所守而责之,此民权之所以成也。

学者将曰,议院新旧形式,固如此矣,然而,是种种者,何关于国家之议制权乎?应之曰,此正议制之权所由有也,请继是而言之。

王言称制 国会合,则民有所呼吁陈请,与夫吏民之上书,此中古所流传,至今故府,尚多有之。使考者任取一时而核其事,则大抵分两大支。其一所言,则涉小己身家之私,如某人老病,然于国有劳,宜邀禄恤;某家有冤,乞为申理;某吏为暴,宜与罢斥,凡此,王可否之,皆无涉著令之事,其所涉者,仅国君行政之权已耳。乃若其他一支则不然,民之所言者,或称旧章之违反,或言某见法之未安,乞王修改,以幸百姓,使如此而王俞之,则无异更立法度,著之令甲者矣。古之人君,固法度之主权也,且以所主者为军国之社会也,凡所以守国安人者,彼固皆可以出令,如某事宜兴,为御寇雠;某政当立,为诘奸宄;某关当开,某口当闭;三品货金,不可出国;四封戍卒,践更以时,乃至立章品以叙其臣邻,颁法式以明其刑罚,凡此皆王者之名器典司,所独专之威柄,从其一义言之,即谓国之法典可也。

法从民立 然所谓真实之法典,则必一王之制作,与国民之吁请者合,而后所立之法,与民生日用有息息之相关,而前者散漫无统之习俗,乃今有本末范围,而垂为一朝之成宪,此真实法典之精神也。故法典者,国家所范铸之民俗也。古及今,作者之圣、述者之明,常循此道。其本一人之意,以作则示民者,其事至寡,必喜自用,则其事多败,而法或不行,故慎之也。大抵能者之为治也,知其国之敝俗,与其民之疾苦矣,固知其不可不早图,然未尝敢卤莽耕也,必深稽于社会之中,察其中才德明达之民所以自救者,其事何若,尔乃采其成法,著为律令,责下中之众,使率由之。夫非主治者不能自为法也,亦非法莫良于所已见者也,然大利之法,视民程度何如,过高者之不操,与不及者之病民等耳。乃今彼所著为律令者,即取诸社会之良,则知其时之已至矣。使中下者之勉致,所谓从其后者而鞭之耳。且法莫病于民之不己附也,而彼所行者,又无虑此。何则? 社会之中,已先有其同者故也。使议其后者曰,是不可行。则固明明有其行者,而议者之喙塞矣。今日政界有问题,曰,法令干涉,当以何者为之界限? 使学者于前说而思之,则所以解题者,当不远也。嗟乎! 为一国之政府,使徒以己意议制,而不察社会之程度何如,是无异言彼知社会,胜于社会之自知也,则吾末如之何也已!

从众之制 用代表之治制,而操国家议制之权,则必先有一法焉,而后有以行其制也,则从众是已。夫从众,今日有议院之国所同用也。虽然今同,而云古即如是,则不可。古之民不识从众之义也,有一议,十人之中,为七人之所合,古不以是为可用也。此自吾党观之,若甚怪者。然事在历史,固无可疑。议院之从众,仅始于近古,前夫此者,未尝以众同为决议之物也。

政党之分 所尤足异者,古之人无从众之说矣,然未尝无门户党人也。党人者何? 一众之人,利益相合,而共为所事者也。闻者将曰,既有党人,其争于外者无论已。假有同气之争,非有三占从二之术,其何以定之乎? 曰:出占探丸,均非所用。一议未决,考于旧章,旧章不足,乃为调停,调停不能,惟有战耳,胜者得之,负者噤若。故古众人之于议也,设非尽同,必出于战,此亦社会不进化之一大因也。

【严复曰】宜乎,古之无从众也！盖从众之制行,必社会之平等,各守其畛畔,一民各具一民之资格价值而后可。古宗法之社会,不平等之社会也,不平等,故其决异议也,在朝则尚爵,在乡则尚齿,或亲亲,或长长,皆其所以折中取决之具也。使是数者而无一存,固将反于最初之道。最初之道何？强权是已。故决斗也,且何必往古？即今中国,亦无用从众之法以决事者。何则？社会贵者寡而贱者众。既曰众,则贱者俦也,乌足以决事？以是之故,西文福脱之字,于此土无正译,今姑以占字当之,取三占从二之义也。

选举议员　以议院最初形式之如彼,故集国会,民有避举,无争选者。争选,后世之事也。今之议员,代表也,民使也；古之议员,虽代表,民质也。问世有争为质者乎？固无有也。是故,古之掫集议员也,王官往往捉人以当之,见家资及格者,则捆载致之议院耳。市邑之中,工商眉目,则自为值岁周流之规,以杜当举而避者,此其俗见于斯巴尼亚,至挽近始废也。

先进之国,民智早开,知国会议员为保持权利之要津,于是向之逃避选举者,乃今歆羡祈请之矣,此选举竞争之所以见也。代表治制之行于欧洲也,固当以吾英为巨擘,而至十五世纪之末年,当是时,有议院者,盖二百余年矣,而民始知议员之可贵,而有争而欲得之者。往者身为民质之想,直至是而始亡,而民使之义,与代兴焉。此其义,盖本于教会所用之罗马律,知议员之为民使,而后代表治制,乃拨云雾而睹青天也。又惟议员之为民使,故国民得推择而举之。虽然,推择矣,使同举者众情不合于一,则奈何？此其事迹之证,历史中不多有,然试观于社会之因果,庶几可得而解之。

群斗之选举　向不云乎,凡初民所以决疑定争者,大抵皆出于斗,则选举之争,亦犹是耳。斗而胜,则胜家簇拥其所举者,以贡之于有司。有司受之,书其名以传之于国会。今日报章每及议院之选举,所用之成语,皆沿于古初。其争选也,无殊其战也。此非仅借喻而已,盖古之事实,流传于文字间也。

哗噪之选举 战斗者,初民之所最乐也,然而事有难者,况董之以王官,可绳以扰害治安之法乎?故其始出于实斗,浸假乃名为斗,而一党之人胜焉。虽然,何党?曰,使他物而平等也,则党之最众者。此计数多寡以为胜负之所由也。而出占之法,亦从之以始。其始之出占,非若今之书名投瓵也,众各呼其所举者之名,为哗噪,所众举者,其声洪以闻,所寡举者,其声微以弱,此其以众蚀寡之道也,其法之粗如此。使举者异,而众寡之数略均,又无以辨也,于是乎效战陈之行列,而料简其人数,此亦古法也。今日国会选所不敢以此法行者,恐民将由今之文,而反古之质也。故雍容揖让之术行矣,则出占是尔。

政党实用 吾党由是而知从众之制,所谓以少数服从多数者,其始乃武健忿争之事,而非出于礼让为国之思。使常决于战斗,则战者才力之高下,将者指挥之巧拙,将皆有胜负之异效。惟用从众之制,前之事皆可以不计,易而易知,简而易从,是以其法大行,用以排难解纷,至于今不废,而推之弥广。且从众之制,与平等之义,吾不知孰为本末也。或曰,惟国民之平等,而后多数之权力若此重也,是平等因而从众果矣。独是考之历史,则又若平等之义所由大行,即坐国论常以多数决疑之故,然则又平等果而从众因矣。总之,是二物者,其相为用切,而相为始微,不得截然断其先后也。且自从众之制大行,吾国之政法,尚有一最大之机关,缘之以起,则政党之分是已。今夫门户之分,古之人以为大贼,而孰知其为吾国政理最精之机?朝野一议之兴,皆必有两派焉,为之异同而互照,此所以救人道过不及之偏,国家得以察两用中而无弊者也。嗟乎!言政党之利国,可更仆者,不一端已。约而举之,则国中之民,于门户各有所分属,以胜负之为用,于国事皆所关心,一也;政府行事,万目睽睽,常有其伺察监视之者,不敢放恣,二也;民之于国,其才智各有所施,其喜功自试之心,常有以自达,而民德不至于腐败,三也;饶实之民,与高材硕学者,常与国同休戚,爱国之意,不劝自深,四也;人人有国家之思想,视国事同于己私,故代表治制既立,不至名存实亡,五也。呜呼！欧西诸国,非号文明者耶？然使欧无政党者,斯焉取斯？

然则,总而论之,欧之诸国,其议制之权有三物焉,是三物者之于议制也,其犹心肺脑海之于人身欤！

一曰代表。

二曰从众。

三曰政党。

是三者之为用,大小不殊,施之中央政府可也,施之于自治之地方亦可也,乃至公司私会之间,蔑不可者。以其物之无适不宜如此,而人心遂若忘为其议制之机关,而以为道国之止境,则亦过矣。夫器者,所以善事者也。欲善事,必先利器,固然。然使物材脆薄,虽有利器,事之善者几何？则不可不于民德之中求其本也。不佞此篇,详言国家议制之柄,自草昧而底于今形。使吾言而有当乎？亦以使学者知社会天演之所范成,不至以今世之思想,以尚论太始之制度云尔。

～ 国制不同分第十四 ～

古分类法 吾欧言治术者,以希腊诸哲为最先,而希腊鸿哲言治之书,其最为后人所崇拜者,又莫若亚里斯多德之《治术论》。其论分世界国制,统为三科:曰专制,蒙讷阿基;(蒙讷之为言,独也。阿基之为言,治也。)曰贤政,亚理斯托括拉寺①;(亚理斯托,此言最贤,括拉寺,此言政,盖兼贵贵、尊贤二义。)曰民主,德谟括拉寺②。(德谟,犹言齐民。)民主又曰波里狄思③。(译曰

---

① 亚理斯托括拉寺:aristocracy,今译"贵族政治"。
② 德谟括拉寺:democracy,今译"民主"。
③ 波里狄思:politics,今译"政治"。

国众即此,为本科学术之名。)此其大经也。五十年前,欧洲言治术者,皆以亚氏之论为先河。以言国制,亦必以所立之三科为要素。问一国一社会之制,必曰,其为一君所独治者乎?为其国贵胄豪杰所分治者乎?抑通国之民所共治也?一若是三而外,无余形者。往者,此科之学为进之微,大都坐此。论者谓近世亚氏三科之说渐废,即此为政学猛进之实征,殆非浪语,诚以亚氏所分,仅合当时之论,至于今日,是三科者,既不足以尽国家之形式,又其所区分者,于治道实无关弘旨故也。且前辈于三科之优劣,尝致猖猖之争,此更为有识者所窃笑。盖治制本无优劣,视与其民程度相得何如。民如躯干,制如衣服,以童子而披贲育之衣,决其不行而蹶耳,何可用乎?故不察国民优劣,而徒于治制争之,祇成戏论,此治历史学者所共明也。

国所同有 自事实而观之,则世界中国家社会,皆一形式之变者也。其所以为一形式之变者,以其同有一物故。其同有之一物,何耶?曰无上主权是已。唆威辇帝,是其为物,至尊而无所屈,无对而不诤,凡社会一切所为,皆可以统驭,顾此权之谁属,则国以不同。不佞是篇,乃为微辨者也。且其权无所屈而不诤矣,此自国之法典言之,则如此耳。而自道德义理言,则亦有限制范围,为彼所默认者,设取而破决之,则其国乱而政柄移,此历史所以有革命之变,理佛留显①。理佛留显①者,言转轮也。夫自人道之多缺,而民德之难纯也,而国家主权,设为无限不诤若此,此不得言其无弊也。然以立国争自存,则又有无穷之大利,此所以今世国家,其形式虽异,而其有此权则同。或曰,美洲之合众国,其治内也不设此权,则其独异者矣。

经制之殊 无上主权所同有者也,所以制置此无上主权,国而异焉者也。有为一人之所执持者,俄罗斯、支那是已。虽其见于行事也,不必信然,且常有旁落倒持之事。顾以其法言,则扎尔皇帝之权,皆至尊无对者也,特此制于文明国不常有。而欧洲通制,恒分置其权于数家,曰王室,曰

---

① 理佛留显:revolution,今译"革命"。

世家,曰齐民之代表,如大不列颠、日本之制是已。夫使用后制,则分执主权之数家,对待之义,猬毛而起,非至纤至悉之宪法,不能定也,故其政府曰立宪政府,设用前制,以大柄之操于一人,故其政府曰独断政府。此二名也,以人心之有所爱憎,故所以言之义解不一。于独断政府,则自用任情之意,缘之以生;于立宪政府,则率礼遵度之情,附之而见。虽然,此亦言其大较尔。世固有国权分属,而任情自用,不减于独夫;亦有专制之君,其率礼遵度,远逾于立宪,是固当察诸其实,而不可徒殉其名以为论也。且立宪之国权分属矣,而分属之轻重多寡,又国相悬殊者也。即一国之中,又随世升降者也。其选举之法度,亦未可以一概也。国家主权有三重焉:曰法权,曰宪权,曰政权。顾有时宪、政二者,分属而不相谋,此如德、奥二邦是也,而英伦则二者合并而不分矣。有时法权独尊,非议制之宪权所得统,而吾英又以议院为最尊之法曹,是法统于宪矣。更有进者,言一国之元首,君主之国则有帝王,民主之国则有伯理玺,帝王为传统,伯理玺为选君,顾其权力,不必以传统而遂尊,亦不必以选立而遂俭也。日耳曼皇帝,其权甚大,固传统也;米利坚伯理玺,其权亦甚大,非传统也。荷兰王位传统矣,而其权甚微;法兰西之伯理玺①选立也,而其权亦微。其经制之相诡如是,学者乌得以君、民二主之号,遂区以别之乎?

行权各异 且无上主权所同有矣,而所以行用此权者,又国为异制,此又文明法典重要之区分也。盖此权之于国也,有永建、暂立之殊。永建者,其当国之人,常具无上主权,为随时之用。暂立者不然,必有特设之部署,而后其权集而用之。吾英之无上主权,永建者也,鼎足而立,其议制之权力无穷。当十八世纪之末年,大陆各国,主权大抵同于吾英,皆永建者。顾百载以还,民情惩于既往,不欲界平时当国者以无限主权,于是乎其权有暂立而无永建。此如斯巴尼亚②、比利时、荷兰及德之合邦,其中寻常当国之人,皆著之权限而勿许越。权限,则其国之宪典也,使限内之权,不足

---

① 伯理玺:president,今译"总统"。
② 斯巴尼亚:Spain,今译"西班牙"。

以逮事,当国者必求之于暂设之主权,如大会国民,使之出占决议是已。

以行权有暂立、永建之异,而法典中之甚重区别从之以兴,则其为律令也,有原本律,有寻常律。原本律,非平时当国者所能议立改订也,其所议立改订者,皆寻常之律令而已。原本律者,期与国长久不刊之宪法也。寻常律者,议事以制,随时之宪法也。法典旧义,有载府不载府之辨,不刊随时,义正如此。载府之宪法,大抵皆不刊者,方其议立,固以此为不可变者。而不载府之宪法,年月萌生,积久而著,则寻常宪权所得修改增削者矣。(自注云:独义大利,其宪法皆载府矣,而属寻常宪权所可更易。奥、法二国,宪法之制,介于彼是之间,然其宪法载府者,特一部分耳。)

不佞往常谓经国垂法,其治制之形式,视所遭之时世,与国民之资格为何如。观于前事,有以见吾言之非妄发。吾英用不载府之宪法、永建之宪权,然数百千载以来,日益盛富,假有人焉,倡暂立之权、载府之法于其间,此其为书生迂谬之论,不待言矣。而使处时事,正如大陆各国之所遭逢,则虽欲不为暂立之权、载府之宪,有必不可者。何则?其国权新集,而人心未定故也。所足异者,载府之宪法,往者吾英实创之于察理失位、英民革命之时,自其子复辟以还,废而不用,然而,其法北美袭而用之于自立建国之初,由北美而传之于法兰西,自法兰西而布之大陆诸国,终之乃用于欧洲之诸属焉。(按:法权分永建、暂立,宪法分载府与不载府,此必民权甚张之国而后有之,且其制必用之为革命之后,观所述之流转,可以知大概矣。)

地方自治之制　挽近世之国家,莫不有地方自治,与中央政府相辅而为治。此其制之所由成,必考诸各国之历史而后得其实。顾其制之利害,则即今现象有可言者,不必往古也。大抵内重之国,其中央政府之权最尊,而内重之形势,多成于古一强国,以力征经营,蚕食并立之诸小部,而合于一统者。(按:中国古秦,而今日之俄罗斯,皆正如此者。)如今世之法兰西,其幅员国势,非自古而然者也,以巴黎为之枢毂,其中王者,积累世千有余载之勤劳,渐收四邻,合于一国。如古之白尔衮地、芳宾、布鲁哇、阿基典、葛桑尼、吐鲁思①、不列颠尼等，其始皆建国，而今为法之部省矣。是故，中央政权，法最完备，可以为法式模楷。其统驭之柄，实有以举国中之事而尽之，虽至纤悉，皆若网在纲，有条不紊。故以大较言，虽谓法无地方自治之制，蔑不可也。义大利之治制，什八九以法为师，亦缘古萨地尼亚王族，剋伐四邻，成于一国，特其治不若法之烈，故义之治制，大类法兰西，而地方自治之权亦不著。若夫地方目治权重之国，其形势，成于外族一旦以兵力之胜而奄有之；或先进之国，倡合邦之制于群部之中，若往者之普鲁士。如是，则地方自治之权力最重而实，盖事势所趋，非人力也。真地方自治者，其主治之人，必地方人民之所选举推立，中央政府从而授之，一也；于地方之制置，得以便宜为取舍，不必皆受命于中央之政府，二也；中央与自治者之相临驭也，有前定之要约权限，权限而外，地方可自适其事，三也。有是三者，其自治之权始实。否，特名耳。夫地方自治之制行于英者，最古亦最善，吾英之治，实以此为之首基。其始之所由成，以种族之相异，特至于今，其异泯耳。

其制之利　若夫其制之利，则讲治术者言之旧矣，顾其大旨，可略而言也。设为砥砺竞争之局，使国民人人有国家之思想，中央政府，其势常与民悬，以自治政府为民之所自立，故常与之共休戚，通痒痛，其便一也。为国中人才之试验场，他日策名王国，无美锦学制之虑，其便二也。土地有异宜，民材有异用，中央政府常期于同同，得地方自治，而后其地其民所独擅者见，其便三也。中央政府得分治者之为用，可专意会神于纪纲之大者，而国事不至于<u>丛脞</u>，其便四也。(按：若对于吾治而言，则人视其地皆祖宗坟墓之乡，子孙蕃殖之所，故有利必为之举，有害必为之除，不若铨流之官，视所居如传舍，其便五也。为其民之所举，耳目必周，无措直举枉之可虑，其便六也。)其利于社会者如此。然亦有其不便者焉。以所治在一隅，而选才专于其地，故常有狭小孤陋，偏执自私之弊，一也。局小禄微，为能者所不屑，故其事常患于无才，二也。虽然，使中央政府知其所短，而为之斟酌调剂于其间，吾未见

---

①　吐鲁思：Toulouse，今译"图卢兹"，法国南部城市。

其弊之不可以终祛也。

【严复曰】地方自治之制,为中国从古之所无。三代封建,拂特之制耳,非自治也。秦、汉以还,郡县之制日密,虽微末如薄尉,淡泊如学官,皆总之于吏部。其用人也,以年格而非以才;其行政也,守成例而非应变。此吾国之冶,所以久辄腐败,乃至新朝更始,亦未见其内治之盛也。总之,中西政想,有绝不同者。夫谓治人之人,即治于人者之所推举,此即求之于古圣之胸中,前贤之脑海,吾敢决其无此议也。往者,罗马之盛,官吏出民推择者大半。至于叔季,君士丹丁之后,必命于朝。其时之说,谓得官必富贵有势力者之所赐,而后为荣宠,若夫小民之所推择,此为佣丐领袖可耳,何足邵乎?使今以此语之吾国之人,吾知其必有合也。考为上而为其下所推立者,于中国历史,惟唐代之藩镇,顾彼所推立者,为武人,非文吏也,故其事为乱制。往顾亭林尝有以郡县封建之议,其说甚健,然以较欧洲地方自治之制,则去之犹甚远也。

合众国家 近世言治术,于中央政权、地方自治二者之分尤谨。此其义非专论不能明也,盖十八期世界崛兴之治制,所尤照灼在人耳目者,莫若合众之国家。合众,犹合从①也。合从之制,滥觞于中欧之瑞士,用于小国民社之间,乃今大陆诸国,放而修之,遂为挽近之胜制,此瑞士国民历史之至荣也。一千七百七十七年,华盛顿既自立,而米利坚合众制成。至一千八百七十年,普既胜法,于是有德意志之联邦,此毕士马克所称为铁血范成之帝国也。同时有吾属之坎纳达②,于一千八百六十七年,踵米利坚成法,而合诸部。最后乃用之于英属之澳洲,此尤吾人今日所注目,而祷其有成者矣。

新制缘起 古之为合从也,以盟誓,今之为联邦也,以约书③,今之约

---

① 合从:federal,今译"联邦"。
② 坎纳达:Canada,今译"加拿大"。
③ 约书:contract,今译"合同,合约"。

书,犹古盟誓也。夫古亦未尝无约书,特其为力微,不足以牵合各奋强权之列国。乃至今日,章条要约,有以责邦国之信守。或曰,此公法学修之故。或曰,此宗教迷信之衰,而社会文明之进也。虽然,合众之成,固尚有社会他因,为之用事,不仅恃约而已。德之所以为帝国也,非普鲁士之兵力,无以成之。坎纳达诸部之合,亦非英伦帝国主义之昌,末由致也。故曰耳曼之为帝国,尚倚于铁血之范围,有所牵率而成之,非合从之至者也。而若瑞士之民社、北美之友邦、澳洲之藩部,则若出于一心,知其为公利而合耳,此其所以不胶而固也。今夫学法典者,莫不知方古之世,契约之力,其所以束民者盖微,虽有之而不守,或守之而不坚。乃至今日,国之与国,民之与民,其所以为交者,常本此而起义,虽强权犹用,契约有不可恃之时,顾以今方古,其进步可谓超然者矣。吾意继今以往,契约之用,且以日增,而其范围社会之力,亦以日重,此学者于久要之信,所以不可不钦钦也。

合众等差 欲深明合众之义,当知其事起于争存,而以力丑德齐之故,不得已而出于并立。是以,合众之国,其始皆散处独治之群部也,即不然,则同居一大国之下者也,以欲并立,乃为其合。然合矣,而非以为一也,是为合者,同有所欲为,同有所祈之境位,同有所欲得之权力,于是著之约书,列为条款,以共守之。然而,彼非以是为壹统也,非合同而化也,部之相为异自若也,此合众国家之真形也。是故,五洲之合众众矣,无两合众其条约尽从同者,有等差名号之异焉。而交之最浅者,莫若国主私合,此如往者韩诺华之与吾英,(起一千七百十四年,讫一千八百二十七年。)以吾王为韩人之故。外是,其为合之致,有可得而等者,如左方。自其下级,至于最高,此可以尽今世之为联邦合从者矣。

一曰共主之合 假如两独立之国民,相约永受一朝廷之管辖,而地方自治之权如故,如是者,谓之共主之合。法家沿其古称,谓之真合。今世真合最著者,莫若北部之瑞典、那威,其瑞典王,永永兼领那威,载于国宪册府,然那威自有议院,与其自治法权,乃至外交,亦自为政。苏格兰之于英也,昔以国主常为甥舅弟兄,为国主私合旧矣。洎一千七百七年立一王之约,始为真合,然以议院不分,故其合日固,故论政制者,得以英、苏为一国,而那、瑞不然,职是故耳。

次曰联盟之合 欧洲自罗马解纽以来,其合邦会同,皆联盟之合也。至于近世,以其制之不神,文明国民,罕有踵其事者。今日所存,独一而已。为合之国,其始皆分立也,以欲合故,乃各取其固有之国权,以授中央之盟长。其事为永建可也,为暂立可也,视合者为约之何如。其所授盟长之国权,大较尽于诘戎、议制二者,而刑法、行政诸大柄,则仍分治者之所自操,非盟长所得而问者。有时,其为合起于公益之一二事,如邮政、商税、圜法、交犯诸端,所谓盟长者,权尽事中,为合至浅。此如昔日日耳曼之榷会,德语曰皂尔和兰①是已。顾为之盟长者,常有特握之兵柄,以征不谨,故其为合,所关于外交为深。至近世联盟之合,莫大于日耳曼之北部,(起一千八百六十六年,讫一千八百七十年。)遂以成今日德意志之帝国,虽盟长诘戎、议制,其权至大,而刑法、行政二权,则几于无有。夫帝王所统御其国者,大柄尽于四端,乃今得其半而亡其半,此诚中央政府之权限,而制之所以不神,亦坐此。又以其无行政之权也,故制虽立,无以责分治者之必遵。有时,败约事重,则尝不得已而用兵,搂诸侯伐背约者,而连鸡之群亦散。往者,罗马解纽,散为列强,而所谓神圣帝国者,绵绵延延,未尝绝也。中经蜕化,成最后之德国,顾旧有之典章,虽非今世所宜,尚羁绊之而为其治之累。故学者欲明大陆政制源流,是非溯之古初,殆难晰也。

【严复曰】欧史之最为纠纷者,莫若日耳曼帝国之始末。今之日耳曼帝国者,即古神圣罗马帝国之委形也。日耳曼皇帝,常称为罗马皇帝之代表,以旧典言,则大陆中部、西部皆所统治之区,而为之帝国,称神圣者,以其权与罗马宗教合也。其民,德意志民族,而古兼义大利之民。自李唐中叶,法之大察理第一,受衅沐于教皇,称西帝。后其统传于噶罗林,称东帝,其治所居日耳曼。赵宋初,有鄂朵者,以撒逊名王,膺帝号,自此,罗马帝统,无出德意志诸部者。有元之世,

---

① 皂尔和兰:zollverein,今译"关税同盟"。

其统中绝。已而，奥主赫伯士保起，袭名称。传世至乾隆间，佛兰硕思第二[①]，国破于拿破仑，而帝号亦归之。考罗马帝号所归，制由拥戴，而拥戴由金牛宪典所定之七选侯。每一帝崩，则是七选侯者，为之公举。百年以往，见增五侯，是为十二，而所谓帝国者，则区为十圜之地，盖不出德、奥二邦之故地已。其崖略如此。

渝盟解从　往者，米利坚南北部之战，其事大显联盟合邦之弱点。南部之民，意谓米利坚合众，其事出人为，非天成者，故虽渝盟解从，于法无不可，而北部之民不谓然也，此战之所由起也。今澳洲合邦之制，相约非公诺不得解从，然亦不甚效也。

三曰共和之合　案共和之制，今世合邦之最为演进者也。中央政府，其权不止于诘戎、议制，乃并刑法、行政二大权而有之，故其合也，虽有各具主权之分治，而可合以为机体完具之大邦。此其已见者，若今北美之合众，若坎纳达之连藩。其将成者，若澳洲之公产。夫我不列颠帝国，制从其地，故未建一统之治制。有王者兴，为数大端之变制改良，则可以祛其政治之分歧，而成大共和之盛制，此非意外不可跂之业也。夫共和之合邦，有其最要之形式。往者，政家戴视于《论宪法》书，表之最晰。盖共和之制，有三大纲如左：

一、宜立共和之通宪，为最尊法典，百事首基，以祛中央与分治者之争执。

二、宜著国权分操之限域，使中央、分治咸晓然于其责任义务之所当为，无越畔侵官之虑。

三、宜建无上法权，以宣宪法，责遵守，其行权也，以中央与分治政府为之机关，而不为二者所牵制。

夫共和之制优矣，而遂谓其中无弱点焉，则大不可。盖其制终主于人为，而非天合，虽有同祸福相扶持之义，然欲所合之众，发忠爱之悃诚，若天成之国群民族，大难。夫国家之势，所以成苞桑之巩、磐石之安者，以民

---

①　佛兰硕思第二：Francis II，今译"弗朗西斯二世"。

视其国之可爱,由天性之发中,故临难之时,虽断脰捐躯,有不顾耳。共和之邦,其得民不能如是之深可决也,此其为弱点一也。合邦甚大,而制治之机关亦繁,繁故易于丛弊,此其为弱点二也。地大机繁,其气脉之流通必缓,缓故有事之秋,其国力难鼓,此其为弱点三也。以第一之弱点,故往者义大利之中兴建国也,虽用共和之制,其业可以速成,而一时之纷争易息,顾彼中豪杰,知其流弊,故宁舍易成之业而就其难,真高世之识也。若夫第二之弱点,则可察之于米利坚。而第三之弱点,则瑞士以小国而病之矣。凡此,皆前说之明证也。独是共和合邦之制,于人群天演,实能为无穷之体合,虽有至纷之时势,至异之国内,得此以施,皆可相合。使世界他日不进于大同则亦已耳,果进于是,则共和治制,将大见于后来之历史,殆无疑也。

【严复曰】吾译前语,于吾心怦怦然。何则?窃料黄人前途,将必不至于不幸也。即使其民今日困于旧法,拘于积习之中,卒莫由以自拔,近果之成,无可解免,而变动光明,生于忧患,行且有以大见于世史,无疑也。今夫合众之局何为者?以民族之寡少,必并合而后利自存也。且合矣,乃虽共和之善制而犹不坚。何故?以其民之本非一种,而习于分立故也。天下惟吾之黄族,其众既足以自立矣,而其风俗地势,皆使之易为合而难为分。夫今日谋国者之所患,在寡,在其民之难一,而法之难行。而吾民于此,实病其过耳,焉有以为患者乎?且吾民之智、德、力,经四千年之治化,虽至今日,其短日彰,不可为讳,顾使深而求之,其中实有可为强族大国之储能,虽摧斫而不可灭者。夫其众如此,其地势如此,其民材又如此,使一旦幡然,悟旧法陈义之不足殉,而知成见积习之实为吾害,尽去腐秽,惟强之求,真五洲无此国也,何贫弱奴隶之足忧哉!世有深思之士,其将有戚于吾言。

且世所谓虎狼国,行其先王之遗策,有长驾远驭,并吞六合之心者,非俄罗斯乎?虽然,论者将特震于其外云耳。以言其实,则俄不足畏也。种杂,而所收者多半化之民,其弱点一也。其政之不修,弊之所丛,随地而有,其弱点二也。财赋空虚,而犹勤远略。其勤远略也,正以泯其内乱,所谓至不得已者也,其弱点三也。以半化之国,与文明邻,民心浮动,日益思乱,其弱点四也。其肤立者,以军制耳,一役败衄,则革命立至,其弱点五也。所收诸属,为合不深,根本一摇,全体解散,其弱点六也。俄于战事最有功者,前败拿破仑之师而已。此虽天幸,然足以鼓舞其民。自兹以后,舍苦来米亚而外,未闻俄有大役也,故其兵力之坚脆,不可知之事也,此其弱点七也。其为弱点之多若此。吾意俄今之所以胜中国者,其在上之国主官吏为文明人耳,舍此而外,实无所优于中国也。癸卯十月并识。

平等议贵两主义 吾此书终篇,所以释政制之殊者如右。然天下之立政以治其民也,自用法而言之,犹有二大主义焉,其为异之所关至巨,此前人之所忽,而后贤所绝重者,是又不可以不终论也。盖天下之政制,大较可分为二类:一曰平等之治,一曰议贵之治。准平等之治者,其国之人民,为官为私,为勋贵,为齐民,自法视之,皆无差别,其讯断之者,同此法廷也,其科当之者,同此刑典也。循议贵之制者,其人民不仅有独享之利益者至众也,乃至凡在官者之行事,或全或偏,皆非寻常法廷所得问者。此用法之至殊者也。今世用平等之治者,大抵皆盎格鲁之民族。其余世界所号文明国者,皆循议贵之制者也。是故,深明二制之分异者,尤吾英学者之所亟也。(自注云:平等之制,义大利始造邦时,尝欲用之,然而累试而终不效,其他如瑞士,如瑞典、那威,皆旧用之,而后废者。)

平等法制之国 夫所谓平等法制者,非曰官吏与齐民势均,而不得施其用刑,行政之权力也。收禁罪人,拘没货产,乃至检点人家,诘察行旅,此吾国官吏所日日行者,不为过也。藉令私家行之,则有罪矣。虽然,有制:

一、官吏之所以为是者,必出于奉法承职而后然。

二、假令有诘其权限者,彼官吏之自理,所就质之法廷,所服从之刑典,与齐民无攸异也。(自注云:虽在平等法制之国,亦有不可一概论者。如王与后,其躬例神圣,不可干犯,不可讼讯者,至于臣下,则不能以奉令受遣为作奸犯科之干盾。爵贵之受法也,其所质之法廷不同,而所服之刑典无异。又如议员,其当官之时,其小过不可以议。此皆吾法之不一者,虽然,以比大陆,则九牛之一毛矣。)使官吏所犯为公罪,孤理密法廷主之;所犯私,司域尔法廷主之。是二廷者,决不以贵贱使法有轻重也。

议贵法制之国 余国所用之法,乃大不然,而几于相反。凡在官奉职之人,自其至贵,至于极卑,其有所行,皆称为国,而所行逾越权限与否,果为奉法行职与否,不深论也。其行事非寻常法廷所得过问。即不然,亦必请诸其人之上官,否则,罪人不可得。夫行法之倾而不平若此,于是乎有行政便宜之一说。此其名义,出于法国,求之英文,殆无正译。且其所谓行政便宜,何耶? 官吏政府,自为科条,用以请比其属之过犯罪罚而已。夫如此而犹称法典,则何怪大陆之民,常受官吏之束缚烦扰无穷乎? 使其法而用于吾英,期月未终,革命将起。嗟嗟! 彼中非无宪法也,而民权天直不可侵犯之约,又未尝不载诸盟府也,而行法之侵而不平若此!

【**严复曰**】泰东诸国,议贵之法,因亦有之,然所施至狭,不若欧西大陆之为制也。然则,泰东诸国,用平等法乎? 曰,固也。虽然,吾闻孟特斯鸠尝论之矣,曰:"盎格鲁之民,与泰东之民,法典之二极也。盎格鲁之民,最自由者也,泰东之民,无自由者也,故于用法也,盎格鲁以最自由而平等,泰东以无自由而亦平等。譬之数然,至于为无,皆等分也,君王而外,其余皆奴婢仆妾而已,奴婢仆妾,又何必为之等差也哉!"此孟氏之说也。

法异所由 夫盎格鲁之民,与余种之民,法之相异如此,是亦有可言之故者乎? 曰,有之。且言其故有先于不佞者矣。美之法家曰罗额勒者,尝为指最确之证于历史,非臆说,故可用也。其言曰,英治之为演也,其法权先成,而政权后立,故当行政威柄之日张也,刑法权以其制之完备,而势力之重也,常有以制伏而绳纠之,使不敢肆。十七世纪至于十八世纪之初,吾英刑、政二柄之争尝烈矣,而卒之法权大胜,此不独区区三岛之幸福也,逮其民族自东徂西,开国北美,乃挟其故所有者,而用之于新邦,盖其制已为吾种与生俱赋之天直,懔然有必不可侵犯之势。至于大陆之治之为演也,其事正反。其法权之立,乃在政权既重之余,故其民被服成俗,视执政柄者有帝天之威、父师之严,而法权幼稚,方仰鼻息于政权,不为国民之所畏。当此之时,虽有明法之家,为之张皇补苴,以蔚成一国之法典,而彼行政之官吏,怙其尊位矣,使伏于法权之下而不甘者,亦其所也。此二制相异之实因也。今使有识大陆诸国以用法之不平者,彼且复之曰,是固有所不得已。使不如是,将行政者威权轻亵,而政府之势且不安也。(按:汉贾谊之说,与此论正合。)彼之意,以为使行政者不为境内治安,则亦已耳,藉使为之,则侵犯下民之自由,而破决寻常法典之防者,所不得免者也。且行政者,必其身贵权尊,而后有以资弹压。使官吏之身有事,与乡国小民同受羁轭于法权之下,是与为治之意已相背驰,恶乎可乎?乃为指吾英之事实曰,果如若言,将不足以资弹压者,莫若吾英之政府,乃今日宇内,用英之法制众矣,未睹其威严轻亵,而安重不倾逊于大陆者,又何耶?彼之闻此,将邪头竦肩而张两手。(按:欧大陆人遇语穷计绝则为此态。)曰,是固汝盎格鲁之特性,非所论于他种人者矣。其自护之坚如此。往十八世纪间,法之孟特斯鸠诸贤,皆深明法学之士,其论治制也,尝低徊流连于英之宪法,而其所反复致意者,尤在刑、宪、政三权分立之制。顾吾英之法意,在刑法权独立,不受制于行政权,而大陆政家,则以为行政之权宜无受制于刑法,自法民革命,大陆治制,毁而再造者多矣,然其称分权之义犹如此。呜呼!名学固审理辨惑之利器也,而有时操之者割如此,则为辩者可不慎欤?

全书结论 呜呼!社会之为变亦繁矣。观其历史,盖总总纷纷如也。于总总纷纷之中,为求其天演层出之秩序,是固吾力所未逮,而是编所可言者,亦止此矣。夫言治术者,其学派至不齐。或且曰,宇内之所呈,随地所偶见。使其意而如是也,则于兹编之所议,宜淡漠而置之。然使有人焉,知历史之事,虽其来若无端,实皆依于天理,为最大公例之流行,而处处从外缘为殊异,故殊途百虑,其归墟将同,第使其意而如是也,其诸与不佞之所勤勤,亦有合乎?而以为非妄作者乎?且治术之事,从其一方而观之,虽议其贪天之功,徒离跂攘臂于桁杨椄槢之间可耳。乃更自其一方而观之,则固生人所待命者,虽求进者其力若至微,而所得若至不足道,然而其意固可尚也。何则？是固根于人性之至深,而以人仰人,以人为人,将伯之助,施济之功,极于此事而止矣。夫能群者,非人道欤？有治术,而后能群之实著,此亦六合见象之至不可掩者也。然则,彼持不倚之心,以搜讨此业者,不可訾矣。虽有时若觃琐烦猥,顾其至诚,不可以隐。嗟乎！自天演言,千春犹旦夕耳,必谓从治术之日进,而人伦有以诣极,验天赋群德之不虚,此其为时或尚远耳。虽然,本诚心以求公益,建真理以俟后来,世有一人之自将,人有一日之无怠,皆取其途而日促之也,皆指其鹄而日明之也,惟古哲人,所自任者如此,而吾党之功所以大足恃也。

三

《穆勒名学》部甲译著选编①

1 篇一 论名学必以分析语言为始事_{（凡及语言，皆兼文字）}

～ 第一节 论名之不可苟 ～

言名学者，深浅精粗虽殊，要皆以正名为始事。名家谓名曰端（其说见后），端有分类。今之所为，从常法耳，其所以然之故，无俟深明也。夫讲名学者，将以为致思之术，而语言者，思之大器。使其器不具不精，抑用之而不得其术，其事将有纷淆，抵滞之忧，而所得有不可深信者矣。故使人于心声心画之事，习为潦倒不精，而于名言也，苟然而已，以如是之心习，而为穷理致知之功，将无异于畴人子弟，持管窥天，而不知伸缩裁量，使光度之合于其目也。

自夫穷理致知，为名学之本业，而无间在心以意、在口以词，皆必有文字语言为之用，使其人于世间之名物，眊然不达其义，苟而用之，则其所穷

① 选编自：汪征鲁，方宝川，马勇. 严复全集（卷五）. 福州：福建教育出版社，2014.

之理、所致之知,大抵皆误,有必然者。是故言名学者以谓欲治其学,非于发轫之始,先去其丛过之端,则虽有至精之术、至严之例,将无所托始,而皆为无益之学矣。夫具察远显微之镜者,将以验物也。乃今用之,而物形皆失其真,则为之师者,非先教之用镜之方,取其相合而有助于目力者,又乌从以施其循诱逊节之教乎?此名学始教,所以莫不先治语言,而求祛其蔽也。

不宁惟是,夫名学者,知言之学也,言必有名。使于名之义蕴昧然,则无以察言,而知言学废。故正名之事不仅以救过已也,欲知言,先正名,其事有不容已者。

且名学之事,吾于引论既言之矣,凡以迹推知之所由来。理有有征而不容疑,有无征而不可信;吾心疑信之用,当以何者为指南,使由之而不惑乎?事理之呈于吾前,其以觉性、官骸接者,不待再验矣,降此乃有别。别之奈何?论其证据是已。名学所以审鞫证据者也。顾欲言审鞫之方,必先察所审鞫之物。徒名不足以与此也,故正名而外,莫重于析词。夫事固有其可思,而亦有其不可思。理固有其可穷,而亦有虽穷而不至者。凡此皆必待词晰而后可言也。

第二节　论析词第一层工夫

无论设何等问题,其对答之言,必成一词,或一有谓之句法而后可。盖非一词,非一有谓之句法,则是非然否无由施,而可信不可信之异,亦无由见。故诚妄之理,必词定而后可分。所谓诚者非他,言与事合者也。所谓妄者非他,言与事爽者也。取一切之言,而考其义蕴同异者,实无异考天下凡可设之问题,与凡可以是非然否者耳。夫曰:天下可设之问题有几?曰:可下之断语几何?曰:斯人所称之词,其有谓者凡几类?此特一事而所从言之者异耳。自天下疑信之理、可论之事,莫不以言为之,故但取诸种之词,而考其义蕴之同异,斯古今所设之问题,与其所信之理,皆可由此而得其所以然也。

则试即最简极易之词而先观之,将见词者,联二名、执两端而成者也。试为词之界说曰:词者何? 执两端而离合之者也,两端犹二名也,可以喻矣。今云"地为圆物",此乃执"地"与"圆物"两端而合之者也。如云"耶稣不生于欧洲","耶稣"一端也,"生于欧洲"者又一端也,此一词,乃执二者而离之也。

是故凡词必具三物:词主①一也,所谓②二也,缀系③三也。(词主一曰句主。如前文"地"与"耶稣"皆句主也,"圆物"及"生于欧洲"则所谓之名也,而缀系则"为"与"不"也。名少者一字,多者无数字。缀系非名,而有正有负,有见有隐。如前文"为"字正系也,"不"字负系;正系"为"字而外,如"曰"、如"是"、如"乃"、如"爱",皆常用者。行文句法隐系多而见系少。)词主,言者意之所属,有离合之可言者也。所谓者,所离所合之物若德也。而离合之实,则于缀系见之。

今置缀系以为后论,则将见言虽至简,必有二名,特离合之情不同而已。且是二名者,常居一词之首尾,此自古名家称名曰端之所由来也。析词见物,其事如此。人闻一语,而欲致其然否之情,一名不足,必闻二名而后可。为疑为信,必意存两物而后能。物者何? 可名之物也。近世理家,多舍物而言意。彼曰:言者离合二意之所成也。又曰:词主、所谓二者皆意之名,而无与于物。以一意合诸他意,如"地"与"圆",然之事也;以一意离诸他意,如"耶稣"与"生欧洲"者,否之事也。夫谓名为物之名,抑意之名,二者孰是孰非,初学之人,尚不足以与此,则姑置勿论可也。今但云必遇两物,而后有然否是非之可论,此两物者,形下之物可也,形上之物可也。非二其在心,不能成分别见。非二其在口,不能成词。一物止于可念,二物而后可思。一物止于可名,二物而后可议。此不易之定理也。

设吾今而皫然曰"日",此其所皫然者,固不得谓之无所念,而人之闻

---

① 词主:subject,即"主语"。
② 所谓:predicate,即"宾语"。
③ 缀系:copula,即"系词"。

吾声者,亦皆知吾意之所属也。使吾少焉而叩闻者曰:吾所云是耶非耶?吾子亦信之否耶?彼必茫然不知所以置对也。何则?一名不足与于然否、信不信也。乃今吾将于日而有所谓,且择其最简之所谓而云之,曰"日在"。当此之时,设从旁人而叩之,彼将曰"然"。其可以然者何?云"日"者一名,云"日在"者二名故也。二名云何?"日"一而凡"在"之物又其一也。或者曰:但云"日",则日固在矣,何必更云"在"耶?曰:是不然。日而不在,固可思议之一事也。仅云"日",日之不必在,犹仅云"吾父",吾父之不必在也。犹仅云"有角圆形",有角圆形之不必在,且无所在也。故使吾仅云"日",仅云"吾父",仅云"有角圆形",则吾词为未毕,世无人焉能然否之也,能诚妄之也。必曰"日在","吾父在","有角圆形在",夫而后世之人于其一则"然"而信之矣,于其次则或"然"或"否",或信或不信之矣,于其终乃咸曰"否",而莫之能信也。

第三节　论欲观物宜先审名

夫成词而后有是非。词而析之,其先见者如右。此其义虽至浅,而所关甚巨。顾词之可论者众矣,其先及此者,以其理不待既详名类,而已可言也。今者欲益进而论词,则将见欲晓夫词之义者,非进明夫名之义不能也。词必有两端,推其一名,以离合于一名者也。人方为是词也,口其名而心其物。必物有所以离合者,而后于其名而离合之。是故欲究乎词之义,必更审夫名之义,且取夫名与物之相待者,豫考而微论之而后可。

或曰:既云物有离合而后名有离合矣,且究词必先审名,而审名自知物始,则曷先观物之为得理乎?夫名之无实久矣,故穷理而徒于名求之,最其所得,将不过昔人立为是名者之旨。名学之所求者,物之诚也,非昔人之旨也。故于其名而求之,不若即物以求者之易得真也。此其陈义甚高,第欲从其言,岂惟吾难之,将天下莫有能者。果用其术,必尽弃前人之功,而谓穷理尽性之事,自是人始而后可。今试问一人所知于万物者,舍其所受诸人,存者几何? 即若人能即物穷理矣,而所得又甚多矣,顾曰是一人之所得,过于古今人类之所共得者,彼之得者皆实,而人类之所先得共得者,诚妄方不可知,有是理乎?

用一人之心思耳目,而各审夫物,其所称举而别属者,必囿于其心思耳目之界域无疑也。而后之人欲知其事之当否,所为之详略,又必即其所立之名而求之。则何若起事于名,由名审物之为径乎? 名之存而传者,非一人心思耳目之所得也,乃无数人心思耳目之所得也。非不知人类之于名也,固亦有称举其无所称举,而别属其无事别属者,而此又非初学之所敢议也。故名学之始基,必即名以起事。迨学进而有以见古人之失,然后匡之。彼先立虚义,以辕轭天下之实物,而后乃徐审其立义之当否者,此其涂术,绳以名学之义,固先有其不合者矣,奈之何其从之也?

2 篇二 论 名

第一节 论名乃物之名非意之名

名家郝伯斯①,尝为名之界说曰:名者,微识也,以一字或数字为之,用以起吾心旧有之意于己,亦以宣吾心今有之意于人者也。此其界简易明白,吾无间然。虽名之能事,实不止起意于己,示意于人,顾皆由此二者而生,此吾于他日所当更详者也。

精而论之,名物之名乎? 抑意之名乎? 自古今之公言常法观之,则名

---

① 郝伯斯:Thomas Hobbes(1588—1679),今译"霍布斯",英人,哲学家。

者固物名也。而理家或以为未尽,则以名为意之名。谓由物起意,由意得名。其为分虽微,而于名理之所系至重。郝伯斯睿于名理者也,察其意,亦以后说为当。故其说曰:方言之顷,言者所用之名皆以名其意,而非以名其意所由起之物。盖方吾言"石",其以"石"之音,而得为块然一物之徽识者,以人闻是音,知吾之意方在石也。闻名而知吾意,则名固意名也。

然而有辨。夫谓方吾言"石",其吾心之所存,与所呼而起于闻者之心者,乃石之意而非石,此其说固无可议。顾吾终从常说,而以名为物名者,亦自有说。如云"日",是固天上之日之名,而非吾意中之日之名。盖名之于言也,非但使闻吾言者意吾意也,夫固将有所谓,而蕲其吾信也。信者信其事,而非信其意也。设吾曰"日者所以为旦也",此非曰以吾日意,起旦之意也,夫固曰有天象焉曰日日行者。(自注:此而析之至微,将为觉性而非意境。)以是为因,而有旦昼之变现也;吾为前言,固以白其事实耳。则以名名物,为径为实;而以名名意,为迂为虚。此吾是书所用之名,所以终从常说以为物名,不从理家之说以为意名也。

然而名者固以名物矣,其所名者果何物欤?将为此答,则宜列诸类之名,以详论之。

第二节　有不为名之字必与他字合而后成名

欲取诸种之名,区以别之,须先知言语文字中,有其不为名,而必合之而后成名者。如"之"、如"其",至一切文律所谓区别字,如"佳花"之"佳"字、"跋来"之"跋"字、"吾子"之"吾"字,凡此皆不能独指为名,而加以所谓者也。设有曰"佳难常","佳独立","之好我","其孔庄",则于言为不词。而曰"佳美也","之为语助","其为指属之字",此则训释之词,即字为名,原无不词之诮。至于常语,则必曰"佳景难常","佳人独立","之子好我","其容孔庄",夫而后词完义备耳。

【案】西字区为八类：一曰名物①，二曰动作②，三曰区别③，四曰形况④，五曰代名，六曰缀句⑤，七曰缀名，八曰嗟叹。名物，如"天""地""山""川"是也。动作，如"爱""恶""歌""哭"是也。区别，如"方""圆""美""丑"，所以别名物者也。形况，如"勃然""莞尔""颀然""黝然"，凡以写动作之不同，抑区别之殊等者也。代名者，"我""尔""彼""汝"是已。缀句如"然而"、如"且"、如"尔乃"、如"抑"、如"虽然"、如"第"。缀名如"之"、如"与"、如"若"、如"及"。嗟叹若"呜呼"、若"猗欤"、若"唉"、若"叱嗟"。此其大略也。而中文则宜增语助一类，"焉""哉""乎""也"，为西文之所无者。但西文用字母以切音成字，是以八类之字，易于为别。中文以六书制字，形、意、事、声为经，假借、转注为纬。字形既立，不容增损，故变之以声，在古有长短缓急之读，迨四声用，而有读破之法，本缓者急之，本仄者平之，凡以为虚实异用之别而已。故西文不可为名之字，五尺之蒙，有以知之。而中文则名、非名之间，非达于文理者不能辨也。能文字者，正在用虚为实、用实为虚之事。故同一字也，在此为名物，在彼为动作、为区别、为形况，在读者自得之耳。其用散见于小学诸书，无专书言文律也。

名物居一词之两端，故词主与所谓皆名物，此常道也。而有时区别之字，可以为所谓，如云"雪白"，是以区别字为所谓也。（"雪白"句，其缀系字隐。若显之，则云"雪乃白"。中文缀系隐者最多，与西文异。）且有时可为词主，如云"白为本色"是已。凡区别字如是用者，其在文律，谓曰文楣。文楣者，如楣员然，形削而意在也。若全言之，当云"雪为白物"。今但云"雪白"，意已具矣。（中文文楣最多，故分类析义，非通人不能。）希腊、罗马二国文字最精，其区别字，为词主、为所谓皆通。而吾英语言，固有时而不能用。如云

---

① 名物：noun，即"名词"。
② 动作：verb，即"动词"。
③ 区别：adjective，即"形容词"。
④ 形况：adverb，即"副词"。
⑤ 缀句：conjunction，即"连接词"。

"地员"可也,第若云"员则易转",于英文为失律,当云"员体易转",始合法也。("员则易转",中文正通。可知震旦文字,文椭之用最多。)虽然,此皆文律之事,无关名学宏旨。自名学言之,则区别之字,既有所别,斯有其物,则谓名物、区别二类之字皆名可也。名物、区别、代名三类而外,无有能为词主与所谓者,非有所传傅合,皆不能自为名。

凡字不能自为名者,希腊名家谓之沁加特歌勒马的,此云合谓,盖待合而后有谓也。其可居一词之两端而为词主、所谓者,谓之加特歌勒马的,此云谓,其字本有所谓也。聚二类之字而成一名者,有时谓之杂端。如此立名,本为蛇足。本学之事,但取其为一名而已,杂否固不论也。

其用字虽多,而所指但一,此自一物之名,不能为二。如云,"其地以古先哲人之区画,而为后王之所都者",此名用字虽多,萃有谓、合谓二属以为之,然自名家观之,一物而已,指一地而已。凡别一名众名之法,在取其名而加以所谓,则试观为一事乎? 为二事乎? 斯名之为一为二可知。如前名云,"其地以古先哲人之区画而为后王之所都者今废矣"。此固一事也,则不能为二名。又如云,"伦敦令尹诺基约翰兹晨化去",此亦一事,则"伦敦令尹"与"诺基约翰"不能为两名。虽缘此词,人知诺基尝为伦敦之令尹,顾早为其名之所涵,不因云"化去"而后知其然也。第云"伦敦令尹与诺基约翰"云云,则云"化去"知为两事,故二名耳。

右之所明,皆至浅之义,稍知文律文理者,莫不知之,固无取于赘论。则请继此而言以义分名之事。

❧ 第三节　论有公名①、有专名 ❧

凡名必有所名之物,物或实或虚无论已。顾物物不必皆有专名。物

---

①　公名:general name,即"普通名词"。

之贵者,与别之而后事便者,乃有专名。此于人约翰、路嘉、毛嫱、西施是已,于地如伦敦、柏林、泰山、黄河是已,于畜宋鹊、韩卢、狮子花、玉鼻骍是已。其他虽言语所常道,固无取而一一专名之,而意有所属,乃加以区别之字。如言"此日",如言"谷城山下黄石"。虽"乃""之""其"字为他日他石所同用,而当为言之顷,固专指一日一石,而非余日余石所得混也。

由是而公名生焉。公名者,类同德无数物之名也。物有公名,非仅以济语言之穷而已。夫语言固公名之一事,顾公名之用不止此。必公名立而后有通谓之词,而后可以离合一德于无穷之同物,而民智乃以日充也。是故物有专名、有公名者,自有言语以来,其事已起,而为名物至大之分殊也。

故公名界说曰:用其名而有以谓无穷之物者,曰公名。而用其名其所谓止于一物者,曰专名。譬如"人",公名也。设吾于人而有所谓,则吾所谓者,统约翰、佐芝、妥玛、马理,至于前古后世无穷之众而通言之,无所扬抑轻重者。盖物之克膺是名而为人者,固有同具之形德,今吾一言谓之,是同德者莫或外也。设吾曰"后稷",则所云者止于弃之一身而止矣。虽古之为稷者不止弃,而吾之所言,意专指弃,非取古中国稷官而通谓之也。设吾又曰:"中国三代以降享国最久之人君",此其名用字虽众,亦一人也。设有所谓,亦谓此一人而已。或又为公名界说曰:公名者,通一类之名也。此虽可用,然不若前界之善。何以故? 界说律令:不得以义深界义浅者。公名与类,二义深浅,尚未可知。自我观之,类义为深,公名义浅。与其以类界公名,不若以公名界类:类者何? 统无数之物,而共一公名者也,乃合律令也。专名之对为公名,然公名又与总名异。人于公名而有所谓,其所谓者,加于同名之物。总名不然,设有所谓,谓其总者,不谓其散者。如曰"英国第七十六队步军",此总名也。如曰"中国翰林院",此又总名也。苟于斯二者,而有所谓,必谓其全军全署,如一物然。如曰"英国第七十六队步军最健战",此固谓其一军,非必曰队中之卒,如约翰、如雅各布、如威廉等,人人皆健战也。如曰"中国翰林院在京师",此亦谓其一署之僚,非曰如某如某,乃在京师也。且总名者,自其内之合而成之者言之为总名,如

"会"、如"军"、如"乡"、如"党";自其外之离立者言之,又为公名。何则?
天下固不止一会一军一乡一党也。

⌒⌒ 第四节　言名有玄察之别 ⌒⌒

其次,名之分殊,莫要于玄、察。察名①何?所以名物也。玄名何?所
以名物之德也。如"约翰"、如"海"、如"几",皆物之名也。以其昭著,故曰
察。如"智"、如"义"、如"寿考"、如"凶短折",皆德之名也。以其附于物而
后见,又可离其物而为言,故曰玄。(中文之义,玄者悬也。意离于物,若孤悬然,
故以取译。)名或可玄可察,视其用之如何。若"白"。前云"雪白",其"白"为
察名,此犹言"雪为白物",凡白物之名也。今设云"白马之白":前"白"为
区别字,合"马"而成察名。后"白"言色,谓物之德,则为玄名,不可混也。
"人",察名也,"仁",玄名也,人之德也。"老",察名也,而"考"为玄名。前
谓物,后谓德也。

　　【案】玄、察之名,于中文最难辨,而在西文固无难,其形音皆变故
也。如察名之"白",英语"淮脱"也。玄名之"白",英语"淮脱业斯"
也。独中文玄、察用虽不同,而字则无异,读者必合其位与义而审之,
而后可得。西文有一察名,大抵皆有一玄名为配。中文亦然,如《周
易》八卦,"乾健坤顺"云云,皆指物德,皆妙众物而为言者也。玄西文
曰阿布斯脱拉脱,此言提,犹烧药而提其精者然。

　　以玄、察中文之无所分别,译事至此几穷,故稍变本文为之,期于
共喻其理已耳。

　　名有玄、察之分,自希腊诸理家始。希腊诸公谈理,虽未必皆臻胜境,

---

①　察名,concrete name,即"具体之名"。

顾设立名义,则往往见极。后有更易,触处成病。即如所谓玄名,本名物德。乃洛克(英理学家)以谓一公名之立,实皆妙众物以为之,遂偏称公名为玄名,而置物德于无所名。物德而无所名,名学几无由以发论。今者此书,宁复希腊之旧,而洛克、康智仑①诸家之说,不敢从也。

或曰:名有公、专之分矣,又有玄、察之异。则所谓玄名者,为公名乎? 抑专名乎? 曰:玄名有专者,有公者。盖有一玄而统众德,则其名为公。此如"德"之本名,所名不一德也,仁、义、忠、信是已。又如"色",不一色也,青、赤、黑、黄是已。他如"尘"、如"根",皆如类已。顾亦有专为一德之名者,如"可见之德""可触之德",如"平"、如"方",此皆不二,则皆专名而已。要之于玄名而论公、专,固不若别存玄名,而不以公、专论之为善也。

难者曰:不独玄名所以名物德,而有时区别之字加于名物之前者,亦所以名德也。而子分前之名德者为玄名矣,又谓后之名德者为察名,此何说耶? 吾不闻"白牛之白",前"白"之言色,异于后"白"之言色也,顾前察而后玄者,其义何居? 曰:是不然。欲知同名而异用,必从所谓而后见之。如今云"雪白""乳白""絮白"者,固非谓雪、乳、絮三者之为色也,调三者之具是色耳。至云"白雪之白",吾所谓者,固在色而非在雪也。故知言"雪白""乳白""絮白"者,其"白"为凡白者之物名,故曰察。而云"白雪之白"者,其"白"为色名,色物德也,故称玄。非不知物之有是名者,由其有是德也,然此可谓名因德起,不可合德、物二者而一之。如谓有仁之德而后为人,然心人与仁而一之,固不可耳。此其理观于下节分名之事,而自明矣。

第五节　论名有涵义、有不涵义

名之以义区者曰涵、不涵。此为第三分类,乃名物一最要区别,而关

---

① 康智仑:Etienne Bonnot Condillac(1714—1780),今译"孔狄亚克",法国哲学家。

于文字语言之全体者也。何谓不涵之名？其名专名一物，或专指一德，义尽于名，则皆无所涵者。其命一名，而义涵一德，或不止一德者，则所谓有涵之名耳。不涵之名，如"约翰"、如"伦敦"、如"英伦"，此专名一物，而无涵义者也，如"白"（"白牛之白"第二"白"字）、如"长"（如云"一节之长""长"字）、如"善"（如云"继之者善也""善"字），此专名一德而无涵义者也，是以皆为不涵。而"白"（如言"其白如茶""白"字）、"长"（如言"寸有所长""长"字）、"善"（如言"性本善""善"字），又皆有涵之名。何以故？盖三者皆物之名，命其物而涵其义。如"白"以命白物矣（如雪、如素、如海沫），而涵白之德。方其言时，所谓在物，而所涵在义。吾今曰"善"，此其名实举古今无数善人，自苏格拉第、郝务得等，至于无穷之善人，而一命之。而此无数人，所以能膺是号者，以有善德之故。必有是德，而后统于是名，无是德者，所不统也。

是故凡公名而察者，皆为有涵。如曰"人"，公名亦察名也。其所命之物，如彼得、如约翰、如马理，至于无穷，凡已古、未古之男若女，皆统于此名者也。然是无穷之物，其所由统于是名者，则以具同德之故。其同德惟何？取其显者而数之，则具体一也，含生二也，秉彝三也，所同有之外形四也。两间之物，合于此四德者，皆命为人。使有物焉，有其一而亡其三，有其二而亡其二，甚至有其三而亡其一，将皆不得冒于此名。盖仅具体，则土石非人也。仅具体而含生，则草木非人也。即具体含生而有秉彝之性矣，独其外形大异，则若古所谓四灵之畜，犹之不得称人也。今设于非洲奥区得一物焉，其聪明思理，与人正等，独其形似象，吾恐俗将曰此"灵象"耳，不曰"人"也。往有词家瑞弗德者，撰小说言马国焉，有伦理政教，名曰汇宁牡，不称人也。又使物类之中，具人之三德，而独少秉彝之性，思虑道绝。使果有之，世亦将肇锡之以新名，未必遂混尔以"人"称也。（自注云：吾于此若有疑词者，其说见后。）由是"人"之为名，涵前者之诸德，而命物之涵此德者。其所命者，物而非德，其所涵者，德而非物，德自有名故也。故公名而察者，命物而涵德。所命者见其名之广狭，所函者见其名之浅深。广狭者谓之外帜，深浅者谓之内弸。

有涵之名，亦曰定称之名，盖其物之称，定于所涵之德故也。雪絮之所以称白物,以有白之德。彼得、雅各布、威尼称人,以其具人之德也。名由德定,必有同德,而后有同称。

名之公而察者,皆有涵固矣。乃至玄名,本以称德,亦有时乎有涵。以德又有德,命者一德而涵者又一德故也。此如"弊"字,凶德之名也。弊不一数,则其所命者广,而涵害义,未有无害而可名弊者也。譬如今言马之行迟,是为一弊。此不必便为凶德,但马而有此,不便主人,或致害事,故称弊耳。"弊"为玄名,而涵害德,然则玄名亦有所涵,以为其内弸者矣。

公名有涵,具如前论。独至专名,实皆无涵。盖专名之立,理同徽识,取便指呼,施诸言论,不必命名皆有义也。今如有人,命其子为保罗,抑呼其犬为凯彻,凡此之名,皆同徽识,初无有义居于其间。固知人物立名,多缘事义,但名以义立,既立之后,常与义分。今如西俗,父子不妨同称,则人名约翰,或以父名约翰而尔。又如地名汾阴,以居汾水以南之故。假使此为定义,则凡名约翰,其父当必同称,而不尔也。即汾阴之名,亦不常涵前义。何则?假使忽逢地震,陵谷变迁,汾水远移数百里外,汾阴之名,未必遂改。由此可知其名与事,两非相傅。假其相傅,其事既变,厥名必更。以其不更,故不相属。名事不属,故知无涵。

夫专名不涵固矣,然亦有专名而涵者。盖人取专物而命之以名,所以便于举似,闻者得其声而不知其义,凡此皆不涵者也。然亦有由名得义之专名。物虽止一,而德著于斯,则非不涵者矣。此如云"日",日止一耳。又如奉一神之教者之云"神",神亦一也。然必云二者之名,乃专非公,亦视其为说何如耳。谛而论之,即谓"日"与"神"皆公名可也。尝闻古者数日并出矣,畴人子弟亦谓恒星皆日,能自发光矣,然则"日"公名也。员舆之上,信多神之教者,居人类大半,则"神"又公名也。公名而察,故皆有涵,可勿具论。第吾今所欲辨,尚有真专名而涵者。如此之名,专即其所涵之一德。如云"某公之独子",又如云"罗马之始皇帝"。又有其名所涵之德,即其定名之事,其理必不可二。如云"苏格拉第之父"。又有其事但为一物之所能有者,如云"撰著《伊厘遏德》①之人"(《伊厘遏德》希腊古诗,作者名鄂谟尔),又如云"弑显理括特者"。虽著书、弑君,有时不皆出于一手,然英文之律,凡以底字定名,皆有专指。(西文名物既有众、独之别,而又有定名之区别字,故不能误。)有时虽无定名专指之字,而观其本文上下,其义自瞭。如云"凯彻之军",若文叙专役,则此名为专,不与其他军混也。即至"罗马军""十字军",皆可用此法,而决其名之有专属。他若多字之名,虽其主为公名,而有诸区别之字傅之,使其全名能专指而不能通谓。此如云"今英国首相",夫"首相",公名也,虽同时不二,而由来积多,虽在国独立,而列邦均有。然自傅以"今"字而时定,别以"英国"而地专,则其名为专非公,不待外证。有涵专名,其义如此。总之,名之绝无所涵,尽于立为徽识之专名,闻声知物,更无余义。而有涵之专名,虽顾名可以思义,然其义亦在于所涵,而不存所命也。《天方夜谭》者,大食志怪之书也。(《天方夜谭》不知何人所著。其书言安息某国王,以其宠妃与奴私,杀之后,更娶他妃,御一夕,天明辄杀无赦。以是国中美人几尽。后其宰相女自言愿为王妃,父母涕泣闭距之,不可,则为具盛饰进御。夜中鸡既鸣,白王言为女弟道一古事未尽,愿得毕其说就死。王许之。为迎其女弟宫中,听姊复理前语。乃其说既吊诡新奇可喜矣,且抽绎益长,猝不可罄,则请王赐一夕之命,以褒续前语。入后转胜,王甚乐之。如是者至一千有一夜,得不死。其书为各国传译,名《一千一夜》。《天方夜谭》诚古今绝作也,且其书多议四城回部制度、风俗、教理、民情之事,故为通人所重也。)言盗以蠡灰识别居人屋庐。其所为亦仅识别而已,非蠡灰能言"是中有可欲者",抑"此为某富人居",为群盗利市也。当其为此识别也,盗之意固谓:"此间屋庐,多相类者。吾觅此屋久,今舍此,后更来,且不可辨。无已,则以法为之,使无与他混,庶他时目而得之。"此其所为尽此,而于其中之贫富有无,则未暇及也。惟其如此,故主人之婢摩真那见之,尽画他屋,如盗所为,而盗之谋败。其前画者,固犹在也,而于盗无所用。何则?其所以为别者亡也。向使所为不止于识别,将见画知蕴,其谋又乌从败乎?

---

① 《伊厘遏德》:*Iliad*,今译《伊利亚特》。

然则吾人以专名命物者,其所为与前盗等耳。专名之识别,不加于物也,而加于其物之意,然为无有意义之名。俾他日复见其名,或闻其声,而思存于是物。不加于物,非以别物如盗。加于物意,则他日设于是名而有所谓,知所谓者,为吾前观之某物也。

故取专名而谓之者,如今指以示人曰:"此人为布仑","此人为斯密",或曰"此邑为约克",不过告以其名,等于无所谓也。且苟欲是地合于其意中所有之一地,则更即所知而告之曰:"此为约克,即闵士特大教寺之所在者"。然此不过用其人之所前知,而非于名有新义也。设今取一有涵之名而谓之,则其事大异此。如曰"其城以白石为之",此于听者,或为新知之事。其得此新知者,由"以白石为之"五字,成一有涵之名故也。故如是之名,其能事不止于识别,其立也,亦不止于仅备遗忘而已。名固徽识也,然此为有义之徽识,如兵弁之军衣焉。兵之同所属者衣同,物之具同德者名同也。而德者即其所涵之义也,在物称德,在名称所涵。

夫有涵之名,以德而立固矣,而即谓为其德之名,则大不可。盖有涵之名,取以命具德之同物,犹专名之命专物,特专名其德不自名见耳。故即名以求其物者,异于从名而寻其义。一物固有数名,而名之义各异者有之矣。有古人焉,吾知其名曰"苏芳匿斯古",而他日又谓之曰"苏格拉第之父",是二名者,所谓特一人耳,而其称互异。异者以其二用,前者所以识别,后者所以指事也。设吾更谓其人为"男子"、为"希腊人"、为"雅典人"、为"像工"、为"老者"、为"廉节士"、为"勇者",凡此之名,固非苏芳匿斯古所独得,彼与无数人焉,克共有之,其取而谓之也,各有其所以然之故。闻者苟知其训,则每举一名,将由之而得其人之行实。惟不知者,将徒闻其以称是人,而不得所谓也。故往往知名为先,而通义居后。且知其名,并知其所名之物矣,而问以义,乃茫然者,亦多有之。不见孩提之子乎?孰为其兄,孰为其父,皆能言之。而所以父此人,兄此人,而不父兄其余者,彼固茫然莫能辨也。故曰名无间有涵无涵,皆以命物,而非以名其物之德也。

有时知其名之有所涵矣,亦知所涵之为何德矣,第所涵之浅深多寡,因之以定其名者，有不可得而决也。此如"人"之一名，其所涵之德，生也，秉彝之性也，而又有一定之外形焉。顾欲断然言必何形而后有"人"之称，则未易也。设今于未经人迹之区，得一新种，吾不知其异于常形者必几许，而后可靳"人"之号而别锡之以新名也。即至秉彝，虽为恒性，亦有等差。吾不知物之可企为人者，其至少之分当得几何，其至多之分定为几何，古及今无定论也。如是者，其公名之义，常泛而难以指实。然此泛而难以指实者，亦不必遂为言语之梗，而有时转以便事，此余于论分类术时，将详言之者。两间之物，虽显然不淆，而各自为类，顾其界畛之际，常以渐而不以顿。欲于自然之中，求所谓等次截然分明者，盖几几无是物也。则物德分限之泛而难指也亦宜。

用一名而于其义怃然者，是谓不审。欲祛不审之弊，非用名至慎者不能。迹其习之所由来，大抵用有涵之名，而于所涵昧然。其所知者，不过即所命之物，泛然苟然，得其所同然者。此吾人自有生髫稚以来，观物学语之同情也。今如一稚子，其渐知"人"字、"白"字之义，其始乃闻诸长者，见若等外物，加以此名，徐乃为其推概、分析之事于不自知，用以得是诸所名者之同德。第"人""白"二言，其推概、分析之事至易，初不待学问而后能。万物之中所称为人，诸相之中所号为白，其与他物他相，绝不相蒙，故易为也。至于他物余事，必由学问，而后不为疑似之所荧。下此则往往徒为皮相，见其相似，遽称同名。而是名所涵之德，因而茫昧模糊，泛然而言，怃然以思，其于名义之间，无异龆龀之儿之云"兄""弟""姑""婿"已耳。今夫婴婉之子之遘一新物而不知其称也，彼未尝因之而或疑讶也，常有长者焉，从其旁而辟咺诏之故也。及岁之后，违其父师，而耳目所睹闻，新者愈众，彼非自用其权衡焉，势固不可。由是遇一物而不知其名，则据其外之形似，以类之于所前知之某物。譬如地上之物，所前知者沙也、土石也，兹行深山，俯拾一物，则姑即所最似者，亦沙之、土之、石之而已矣。以俗之为此，故有一物之名，虵称日远，至于无可举之定义。其所命之物悬殊，至于无可言之同德。其民之文字语言，遂以日窳，而不足以为穷理致知之器者，盖不止一国之语言也。且用名不审者，不独无学之童骏氓俗然也。

科学之家,其用名宜最审矣,乃有时其破坏文字也,与彼正同。此其故坐无所知一也。或坐苟且,不顾旧名之有定义,而猥以称新物之貌似而实不同者,意以谓必如是,乃不至于骇俗。由此而一名所命,日以益梦,所命益梦,则所涵之德,日以益寡。前后互视,遂不知其名内外之界果为何也。

【案】所谓一物之名,赿称日远,至无可举之定义,此弊诸国之语言皆然,而中国尤甚。培因曰:今试观"石"之一名,概以称山中矿质之物矣。乃果中之坚者亦称石,膀胱之积垢致淋病者亦称石。且同为石也,乃质理密致,略加磨砻,又谓之玉。其可揭为薄鳞而透明者,又谓之马加。铁养可吸铁者,则谓之慈石。夫语言之纷,至于如此,则欲用之以为致知穷理之事,毫厘不可苟之功,遂至难矣。即为界说,势且不能。盖界说之事,在举所命之物之同德,以释其名也。今物之同名者,不必有同德,而同德者,又不必有同名,界说之事,乌由起乎?是以治科学者,往往弃置利俗之名,别立新称,以求言思不离于轨辙,盖其事诚有所不得已也。培因之言如此。顾吾谓中国尤甚者,盖西学自希腊亚理斯大德勒以来,常教学人先为界说,故其人非甚不学,尚不至偭规畔矩,而为破坏文字之事也。独中国不然。其训诂非界说也,同名互训,以见古今之异言而已。且科学弗治,则不能尽物之性,用名虽误,无由自知。故五纬非星也,而名星矣。鲸、鲲、鲟、鳇非鱼也,而从鱼矣。石炭不可以名煤,汞养不可以名砂。诸如此者,不胜偻指。然此犹为中国所前有者耳。海通以来,遐方之物,诡用异体,充牣于市。斯其立名,尤不可通。此如"火轮船""自鸣钟""自来水""自来火""电气""象皮"(其物名茵陈勒勃,树胶所制)"洋枪"之属几无名而不谬,此真穆勒氏所谓坐无所知者矣。尝记英群学家鲁拔约翰为余言:南非洲新开,欧人驱牛运致装物入境,黑人见之则大骇,私相议曰:"是庞然大形,而行于于者,非鬼物耶?白人力能使物,必遣此怪,来残吾类。观其头各戴二利钩,可以知矣"。已而侦之,觉无他异,且牛甚驯伏,行稍迟,御者辄鞭之,或用利镞刺其股。则大悟曰:"前说非也。是特白人之妻耳,故为之负装,不力虽遭鞭刺,不敢叛怨。是特白人之妻耳"。盖彼俗以妇人任重也,遂相说以解。通其语者,为记其实如是。嗟乎! 智各囿于耳目之所及。彼黑人者,何尝不据其已明之理、相传之说,以为推乎? 不实验于事物,而师心自用,抑笃信其古人之说者,可惧也夫!

物名多忼而不精,常语皆然。而其弊于讲论性灵、考核道德之言乃大见。此其因言语之病,致其理之聚讼而难明,其学之拘阂而不进者,凡治是学之家,皆能言之矣。虽然,事经数百千年之后,欲革其旧,使悉从其新,甚难。就令能之,恐于本学亦未必遂有大益也。是故为今之计,凡爱智家所得为,与所当勉图其难者,在用旧有之文字词义,而力求有以祛不审不赅之弊也。求祛其不审不赅之弊,则莫若取一切公且察之物名,而定所涵之物德,使举似之顷,闻者读者了然于持论者心意之所存,庶几有其遏末流之加甚者耳。顾其事难之中尤有难者,则在定其所名之物德矣,而又使其名所命之物,无大加亦无大减,其广狭之量,不大变夫前。而古之建言,凡生人所信守服执者,理非甚违,大较犹立。此则俟后之治文字者。

彼取物名而为界说者,皆欲定所涵之物德,而去其不审不赅之弊者也。故其为界说也,或襮其涵义,抑析其名义而得之。试观自古人著书言道德以来,其争辨之最梦,其互攻之最烈者,莫若其最大公名之界说。则吾此篇所指物名不精之弊,有以明其非过实之言矣。(此如柏拉图《主客论》诸书,大抵设为主客以发明"公"字、"恕"字、"诚"字、"自由"字之义,往往数百往复,终莫能明。然其书最发人神智也。)

然宜知名无定涵,与名之有歧义者异。一名而数训者,文字中固多有之,然虽歧而不惑。盖其义皆定,而闻者所已知,故虽歧不害也。且世间之物无涯,而人之为名有数,则一名数用,亦以济人事之穷,未必遂为诉病也,故不可与有涵而不审不赅者一概论也。歧义之名,直异物异德之名,而其形与音偶合而已。至形同而读异者,已为区别,尤不得卤莽而一之矣。

第六节　论名有正负之殊①

名之第四区分,曰有正负。正者如"人"、如"木"、如"善",负者如"非人"、如"非木"、如"不善"。凡名之正而察者,皆有负者与之并立。故吾人既定一物一类之名矣,将自有一名以统宇内之余物,亦以便言者之总论。使其正者为有涵之名,则其负者亦为有涵,特所涵绝异,不为前德之有,而为前德之亡也。如言"非白",此名所命,乃笼天下之物,而独距白者。故其名所涵,乃白德之不存也。不存之德,亦为一德,苟具斯德,则被此名。故有负名之察者、则亦有负名之玄者。

【案】穆勒之意,以谓正负二名,统宇内一切物。如曰"人",其名尽人类矣,又曰"非人",则物之不可以"人"称者皆属之,是宇内万物,无能外此二名者矣。顾其弟子培因之意,不以谓然,曰:正负二名,不能尽宇内之物也。如云"白、不白",仅能统物之可以色论者。至于色界以外之物,无白、不白之可言,则二名加之,为无谓矣。虽然,名家之意,终谓即以"不白"之名,被之声味,不为悖义。且从培因之说,其为分难。故仍穆说也。

【又案】正负之名,指物德之存亡,与差等之名大异,且亦与反对之名不同。譬如"小、大"二名,非正负也,"贤、愚"二名,亦非正负也。盖小大之间,尚有齐等,贤愚之际,犹有中材也。惟"不大"而后为"大"之负,可以尽物。言"不大"者,自平等以下,至于更小,皆尽之矣。言"非愚",自中材以上,至于贤圣,并举之矣。由是而推,知"美丑""巧拙""忠奸""善恶"诸字皆不足为正负,而寻常对偶之字如"晴雨""方员"之属,愈不可以正负言。反对之字,独"有无""动静""奇

---

①　正名:positive name,即"肯定名词"。负名:negative name,即"否定名词"。

偶"可谓正负,余即"生死",亦几几不得为正负之名也。(说见后段。)

名固有似正而实负,而亦有似负而实正者。如云"不便",本负名也,然其名所涵者,不止于便德之不存,而兼涵烦恼、窒碍诸义,则可正也。他若"不妙",亦负名也,顾所涵者,不止于妙亡,亦兼有凶灾之意,则亦正也。至如"游手",诚正名也。叩其何义,则不事事耳,无常职耳,非负名耶?至若"醒"不涵也,"邪"不正也,皆形正义负之名,可类推也。

正负二名而外,有别为一类者,是为缺憾之名。缺憾之名者,兼涵正负之德者也。正者其物所应有,负者其物所今亡。譬如"瞽",无目者也,抑不能视者也。顾其名必被于当有目、当能视之物。使非词章寓言,其断不被于木石水土明矣。人畜可以"瞽"称,如曰"盲人""瞎马",以其本有见性故也。又曰"盲进",又曰"瞽说",大抵皆谓宜见而不见者。惟文字中有时言"盲风",而井之枯者曰"眢井",虽为寓言,然亦必其有不盲不眢之时,而后有以得此。故曰缺憾之名,同时而涵二德,一曰本有,一曰今无。以其两涵,故于正负之外,而别为一属。(故"死"亦缺憾之名,物本无生者,不得称死。)

第七节　论名有对待、独立之殊

名之第五区分曰对待与独立。顾独立之义,名家谓未尽善,故不若即用其负名,曰无对待之为愈也。对待之名,如"父子"、如"君臣"、如言"同"、言"等"、言"不同"、言"不等"、言"长短"、言"体用"、言"因果",凡此皆对待之名。对待之名,无虑皆偶。当言其一,先有其一在于言外,与为对待。譬如方谓一人为子,意中必有其亲。方言一事为因,所论必及其果。谓一距之远者,以有近者与之方也。谓一物为同者,必有所同者与之较也。对待之名,常语皆异。惟言"同"则二物一名,所对之名,与本名合也。

使对待之名为察,则其名必皆有涵。其所命者物,其所涵者德,其德必有玄名。故有"同物"之名,斯有"同德"之名。于"父子兄弟"之名,亦有"父子兄弟之德"之名。前名皆察,而后名皆玄。(西文物、德异字,而中文则同字而异义。如云"是其生也与吾同物",此察名也。至云"虽其同有同乎?"则玄名也。"父父、子子、君君、臣臣"诸语皆上察下玄,上物名下德名,尤易见矣。)第对待诸名所涵之德,与常名所涵者,同乎抑异乎? 此又可得而言也。

或曰:对待之名,其所涵之德,即所谓伦理①者耳。顾其能言,尽于此矣。设更问之曰:伦理果何物耶? 吾决其不能置对也。此诚由来言理论道诸家,所谓甚精微渺不可猝言者。顾自吾观之,诚不知对待所涵之义,何由而较他名所涵者加精微也。且其物之可言,似较诸他名所涵为尤易。必能言对待之所涵,而后言他名所涵之物德,乃迎刃解耳。

则试即一对待之名而论之。譬如"父子",是二名者,其所命之物不同,而其名之所由起,以为所涵之义者,则共一事实也。夫二名诚不可谓为同德,为父者,诚异于为子,然方吾谓一人曰"父",更谓一人曰"子",其所指之事实,则无有殊也。言"甲为乙父",与言"乙为甲子"者,特同事而异云耳,岂有异乎? 甲之所以为父,乙之所以为子,初非两事。设取而擘析之,将见其为一联形气之事衔接而成,是二人为之事主,而"父子"对待之名,从之以生。故是名之所涵者,此一联形气之事是已。斯为其名之义,亦为其名之全义而无余。其名之所求达者此义,而所谓伦理者,即在此形气之事之中。是以古希腊学者,其言人伦,有所谓伦基②者,即此谓也。伦基者,一切对待之义所由起也。

互对之名,同一伦基。伦基一事可也,众事可也,既为此涵之义,亦即为彼涵之义。如观贝然,所见不同,而终于一物。"父"之一名,所涵者此事,本之以为父道。"子"之一名,其所涵者亦此事,本之以为子道。直所从言之异路,而义初无二致也。推之凡有对待之名,皆有对待之基。有一

---

① 伦理:relation,亦称"关系"。
② 伦基:fundamentum relation,即"基本的关系"。

事而两家与于其际者,皆有对待之名,而其事遂为二名之所共涵。

是故以二名而称对待者,皆有第三物处于其间,伦理是已。(此"伦"字所名较广,不若旧义之专主于人也。)如是之名,非二不备,欲明夫此,必及其彼,孤言其一,将莫能喻。盖独立之名,虽两间无余物,犹可以存。对待之名,谓能孤存者,在口不能词,在心不能意者也。

【案】此节所指,皆对待之名,而无对之论,几不齿及。审其用意,以既明对待,则无对者不言而喻。然不止此。盖自名理言之,天下无无对之名也。今如但言浅近,则"父子""夫妇"诸名,为异名之对待,"朋友"一名,为同名之对待,而无所对待者,如"水""风""草""木"诸名,不并举而可论者是也。顾培因氏及诸名家则谓不然。人心之思,历异始觉。故一言"水",必有其非水者,一言"风""草""木",必有其非风、非草、非木者,与之为对,而后可言可思,何有无对独立者乎?假使世间仅此一物,则其别既泯,其觉遂亡,觉且不能,何往思议?故曰天下无无对独立者也。往者释氏尝以真如为无对矣,而景教(本为耶稣教之一宗,今取之以名其全教,名家固有此法)则以上帝为无对矣。顾其说推之至尽,未有不自相违反者。是以不二之门,文字言语道断,而为不可思议也。今穆勒氏所言,固先指其粗近,而未暇遂及其精微。然透宗之义,学者又不可不略明也。

第八节　论名有一义、有歧义、有引喻之义

名家区名,恒云名有一义、歧义之异。顾特用字异耳,不可谓即名之体,有二类之别,如前者之五事也。一义之名,其用只一,最为贞信。然此求之言语文字之中,不独难得,盖几绝无。夫字义本一,自不知者取而用之,不幸通传,异义遂众,而不足以为致知穷理之资。故居今而求一义之名,转在后起之科学也。他如常用名义,歧者最众,俯拾即是,不假深搜。

如中文"师"字,既训军旅,又称所从受业解惑之人。又如"田"字,既为受耕之地,又为从禽之功。名有数义,绝不相蒙,直是异名,偶尔音形相合已耳。(本文所学皆为英字,译者以中文易之。)以其群歧,言思多惑。是故欲治名学,先从审歧义始。

然歧义虽训义悬殊,苟易识别,尚无大累也。独至引喻之义,以其弥近,遂多乱真,而为求诚学术之荆棘矣。夫引喻之义,其始皆有牵涉,及用之既久,乃忘分殊。此如中文"风"字,本言地气动者,不知何时,妣名狂易之疾,然而本喻义也。乃传说既久,遂谓人得狂疾,乃风入恒干,乱其神虑。又如"朕"字,初云朕兆,降而为支那天子之自称,遂与塞黇悬旐,同为穆穆高拱之意。他若"节"竹约也,乃训用财之啬,乃为奉使之符,乃为守义死贞之事。"荣"木之华也,而为污辱之反对。"英"草之秀也,而为出群拔俗之姿。"豪"野彘耳,乃称人杰。"径"微行也,而名过圆心线。凡此皆引喻之义,离其初名,以意为转。大氐由于耳目之显,而假以达心意之微。其本义之存,尚可迹而得也。其名虽异于歧义者之径庭,而谛以言之,终为二而不可合。自古巇言之众,缪说之滋,莫若即歧义为同名,尤莫若以喻义为本义,此余于后卷匡谬发覈之篇,所当与学者反复而详辨者也。

《名学浅说》译著选编①

1 译者自序

不佞于庚子辛丑壬寅间,曾译《穆勒名学》半部。经金粟斋刻于金陵。思欲赓续其后半,乃人事卒卒,又老来精神茶短,惮用脑力。而穆勒书精深博大,非澄心渺虑,无以将事;所以尚未逮也。成申孟秋,浪迹津沽。有女学生旌德吕氏,让求授以此学。因取耶方斯浅说,排日译示讲解,经两月成书。中间义旨,则承用原书;而所引喻设譬,则多用己意更易。盖吾之为书,取足喻人而已,谨合原文与否,所不论也。朋友或訾不佞不自为书,而独拾人牙后慧为译,非卓然能自树者所为。不佞笑颔之而已。

---

① 选编自:汪征鲁,方宝川,马勇. 严复全集(卷五). 福州:福建教育出版社,2014.

2 第一章 引 论

第一节

法国著名戏曲家摩利耶，尝为曲剧一出。中有约但其人，以旁人告彼，四十余年出语，皆为无韵之文而不自知，因大自失。此不足异也。今若告人，谓彼虽不识名学①为何等物，而平日话言思想之间，所用名学之器术，如转词、如联珠、如对举、如设覆，以至类族辨物，比事属词，已不知其凡几；则愕眙自失者，吾知百人之中，且九十九也。

由斯而谈，将彼为既习名学，而为名家者乎？殆未然也。何以知之？盖虽有学问之人，求其于名学具明晰观念者，固不多觏。然彼自能言以来，又必日由其道而不自知，此则近是之说耳。

或曰：夫使其事本不待学而能，则何取于设为学科而教之。应之曰：是又不然。夫由于其道者，非必通其学也。是故人用其术，而能事各殊，程度相越，且不幸多误，而害灾以生。此教与学之所由不可已也。且如是者，凡学术皆然，不仅名之一学而已。譬如炫力技击之为术，吾且未通其名词，而或早具其能事。否则上树逾墙，且所不克。但即此区区之戏术，设欲为之而精；又欲筋力强固，攀转趫捷，而不至有绝脰颠坠之虞者，则其道取从师，而亦必有事于练习也。

---

① 名学：logic，现译"逻辑学"。

～ 第二节 ～

又况名学为事,重于炫力技击者乎! 何以言之? 培根曰:智识者权力也。智识有待于思辨;思而精,辨而明,又有待于习名学。人徒以强力趫捷言,其不如马鹿虎豹狙猿远矣。顾虽至弱之夫,使智力足恃者,将有以驯马鹿,絷虎豹,取狙猿而有余。盖以思辨有法,为万物尤。故劣于始者,必优于终。又能见今知后,筹策无遗;既有以避害以就利,且常智所视为不可以能者,彼或有术焉以达其鹄也。须知虽以蝼蚁之微,但使脑力胜人,彼且浸假以人类为奴,而或灭其种类。呜呼! 智力固不重哉! 名学固不重哉!

～ 第三节 ～

夫谓耳目既通之后,则智慧自开,其言固也。顾禽视兽听,彼岂独无耳目之用? 故具有权力之智慧者,非常智也,格物致知之所得也。人固有终身视听行触,于外物若无所知者矣。必无视之以目,而视之以心,夫而后得物之所由然。而于事机将至,能操其术,而俟其时,知所以开之矣,又知所以止之者,且人又乌能无用思,而得失常大异。故名学者思辨之学也。必通名学,夫而后能决思理之无差,而有以照天下之事实,察夫辨言之妄,而不至日陷于过失与危机也。

3 第二章 论世俗思辨之情状

～～ 第四节 ～～

语有之曰:前事之不忘,后事之师也。故吾人思付,大抵执一事之已然者,以概同事之将然。电光忽闪,知将闻雷。以往者雷音,常从电光之故。见黄员之果,知其为橙,而食之无害者,亦以往日见果,与此同形,而吾食之未尝害也。此虽常法,而昔者澳洲之金矿,即由是术而得之。其人名哈古里甫,尝于美之加利方尼为掘金之佣。忽集澳洲,见新南卫之山形,与其所见于加利方尼者相似。窃意外形类者,其内容亦必类也。由是试为开掘,果得金焉。此二地所以得新旧金山之名也。

～～ 第五节 ～～

是属最浅易之思辨,其名曰:以类为推。以类为推者,固时时误。夫使物果类而后推之,是诚无害。不幸物之形类者,其实不必类也。两果两菌,有极相似者,常人且以为同物;而其一或食之而益人,其一或尝之而有毒。菌常如此,夫人而知;即橙亦有形极相似,至剖而食之,又为他果而非橙者矣。故曰为类推难。

人之服毡毳者,以御寒也。见有用以苞冰,使长寒而不易化者,乃大怪矣。彼方谓事之同者,其得效必同,则毡之苞冰,法当使冰转热,而孰意不然。盖毡之用,非御寒也。实则服之,使人体之热不外散。故以苞冰,其用在使热不内侵。此其同用异功,徒以毡之不善传热已耳。每见人家婢仆,于墙炉作火,有极可哂者焉。每欲火旺,则横庋铁条于炉炭之间。意谓铁条有神,能使火烈。历次验之,固莫不尔。不谓铁条,非能熯炭,其能使火烈者,政缘撬炭离松,而令空气易入而已。何则?火燃人活,皆得气而后能也。

∽ 第六节 ∽

笃而论之,天下之理,惟用事之物真同,而后可期从同之效。此在名学,谓曰因同果同。犹世俗之言种瓜得瓜种豆得豆也。然有难者,在有时莫决其因之真同耳。能决真同之因,非慎思明辨者不办,方其博考勤求,政欲知何者必为相从之因果。但使其因既立,无论何时何地,必有是果从之。如此者谓之公例。公例者,所以据既然之事,而逆知来者之为何也。今夫火一而已,乃有时燃而有时不燃。火必无所谓自主之权也,则一燃一否,必有其致燃之故。于是观而察之。知火之所以易燃者,一必有足用之空气,二必所燃之薪炭不湿而为干,三又必无甚寒之物,绕于其旁,使其热易散而不得聚。是故前言置铁杖于炉间,将以为火烈具举之用者,使为之不知其术,致事效相反者,亦或有之。何则?铁易传热,将使热散不聚故也。为之而得其术,则以所散之热少,而空气开进者多,而火乃致烈。

∽ 第七节 ∽

所谓天然公例,常例一而信验之事无穷。缔一宗之公例,则一科之学成焉。使吾党思之,将见名学之科,所以教我者,宜有两事:一则公例未立,必如何而后可以立也。二则公例既立之后,所据此例以推究物理者,宜如何也。则于是有内籀(音纣)之术焉,所以推现至隐,取会散见之事,而通之为一。吾目吾耳,乃至鼻舌、肌肤,由之而知所接者为何物,又由是而类族辨物焉,而得其天然之公例。得此而其事以形,则如云雨雪霜,雾露雹凇,尽水质也,而皆居于空气之间。由是知天气有湿,第使热度降微,则若前之种种必现。是为一公例。公例随物随事而有,不仅于此一端然也。

第八节

则又有外籀之术焉。外籀者,与前术相反,而适相成。内籀见事物之众变,而求其为何例也。外籀者,其例既立之余,问事物之变,当如何也。如此者谓之推知。推知者,执一事之信,而推他事之信也。譬如云湿气遇冷,必生水点矣。则由是而知:一杯冰水,置之室中,杯外必有凝露。古哲学家尝以内籀之术,得万物亲地之一例。以月亦近地之一体,故知月亦时时有坠地之势,验之天文而信然。或以谓思辨所难,在知公例。故必先讨公例,而后学所以用例为推之术。此其说实不然。盖非先了然于外籀术者,于内籀术固无由明也。

第九节

智识在富于天然公例。然欲洞识天然公例为何物,必知其所推知者之云何。夫古今建言众矣,固皆公例之流传者也,而信妄大异。吾欲征一例之信否,舍印证事实而外,其道无由。是故方前识哲人之欲标万物(谓有

质之物)亲地为公例也,固前知月亦一物,使其例而信,则月亦常有坠地之
势无疑。则从而测之,而知其例之果信。且人为内籀时,非借径于外籀固
不可。此其说将于后篇详之,而今则先发外籀之蕴可耳。

4 第三章 论何谓外籀

〜〜 第十节 〜〜

吾人于思付论辨之事,大抵皆三转语。此不必笔之于书也,藏于心而
默为之,固已逮事。试为譬之。假如夏雨初过,菌生林中,验其香色,吾知
其为蕈也。则其思付之情,可列如下。曰:

凡蕈皆可食者。

此菌为蕈。

故此菌为可食者。

是三者各自为句,而各直指一事实。其第一为吾心所前知。第二为
当前之所见。由是二语,而得其第三,则新获者也。是故思付得,则事物
无待于试验而后知。不然,即如所食之物,必每试而后知其可否,如神农
然;则遇毒之事,必至众矣。所幸者此蕈之香色,固可以口鼻而别知。合
诸前所知之信例,由此而决当前之物,为无毒可食而无疑。故思付之事非
他,从所前知,以定新知已耳。

第十一节

则更进而取前三句而解剖之，以观其物属何如。是三句者，意义各完，而又各言一事。古称意内而词外，故是三者皆名为词①可耳。其第一词曰：凡蕈皆可食者。句中举二物焉，蕈一也，可食者犹言可食之物二也。此皆物之名，而常居词之两端②。上端蕈而下端可食者。故如是之名，于名学皆谓之端。两端之中，又有其连系者焉。如为如皆，皆亦为也，特言众耳。以其缀二名而为一词也，故称之曰缀系。此外尚有凡字，都草之属而言之。此为区别之字，与多有太半诸字，皆立限制，以见谓物之多寡。然则其字为指数之徽识而已矣。

其余二词，取而析之，不外如是。如云此菌为蕈，则见此菌及蕈为两端，而为字为之缀系。其第三词，所新获者，则见此菌与可食者为之两端，而亦以为字为缀系。合三词而观之，知每端必再见。此菌见于二与三，蕈见于一与二，而可食者则见于一与三也。由是而知：凡为一思辨，必资三词三端。缀两端而为一词。叠三词而为一辨。此固不可以易者也。

第十二节

缀端叠词，不中律令，则以无思辨为思辨，是谓不通，而思辨废。是故欲思而慎，欲辨而明，必恪守律令而后可。此名学之所谨也。然欲知之至

---

① 词，propostition，"命题"或"判断"。
② 端，term，"辞"，或称"概念"。

审者,又必讲端之异同,而知其几类。至词之情性,又有可论别者在也。明端与词矣,而后乃讲其合三之用。合三词谓之连珠。是故端也,词也,连珠也,合而言之,则外籀之学也。记曰:工欲善其事,必先利其器。故言外籀必先讲连珠,讲连珠必先审词,审词在于察端。凡此皆外籀之器云尔。

第四编

八大译著外之译著选编①

---

① 选编自:汪征鲁,方宝川,马勇. 严复全集(卷五). 福州:福建教育出版社,2014.

中国驻英钦差大臣即将离任

中国初次遣派驻英钦差大臣将起程离英,于中英交际史册之中为第一紧要关键,愿不能不一详论之。

从前中国尽有遣使致命之典,然至特简使臣驻节他国,中国历来俯视一切,无不视为可惊可笑之一事。未经天津交兵以前,中国待西洋各国尚不足侪缅甸、安、暹之列。西商到华者,经中国皇帝哀悯远人,听从沿海觅食,其战舰则视同盗船,来不知何由,去不知何往,驿骚海疆,强索国帑而已。世爵高福、佩带宝星葛兰德用兵时,中国但言驱逐外夷。所颁上谕,何堪偻指?后来各国之兵,直抵京城,占据安定门大街,世爵额尔金指定和约,大减中国自欺之见。然而其自大之心,终不能改。至今与中国人论彼时入京,是京里人开城给我们进去,则十人中难得一人不斥为妄谬。其识事者则由此而知西洋利害,不可以他蛮夷视之,倘不谋所以善处之法,终非稳局。又经许多翻难避就,始允不照上邦允许下邦之式,而相视为与国,各国遣使驻扎北京,勉强多时,方如所请。其时中国遣使各国,尚未及持此议论;即持此议,中国亦决不能安然允从。此等事,中国视为最失国体之一端。故中国不特无人允行,并无人敢议及,一议及而以为辱国矣。逮后西洋船至中国日多,商务日盛,交涉之事亦日繁,于是中国亦有数大臣渐知时事新局。同治皇帝亲政时,各国钦差合请朝见,免其跪拜叩头,与各国朝廷等。此事为中国绝大创局,然亦以见中国之知西洋情事日深。此后中国遣蒲恩林踩勘各国,亦无甚关紧要。又后崇钦差赴法兰西谢天津教堂一案,而此次郭钦差因云南马加理案向君主致谢中国皇帝悼惜此案之心。郭钦差官阶甚高,晓畅欧洲事体,故中国朝廷遣副此奇创之委任。现闻离英在即,特为议论中英两国往来遣使之谊。

郭初来时,有中官刘姓者副之,此人后往柏灵驻扎。所可怪者,中国朝廷同时将此两人召回,其中自是大有因委。初时想系中国必欲派一与西洋作对者驻英,如撤毁吴淞铁路,阻止中国进益一党人复有作为。但其改派驻英之人现已就道,看来中国尚无此等意见。因是揣度二人同召回去,必是起于不睦交参;当刘在伦敦时,本报已数次说过,盖至今尚未息也。若使此情果实,中国必谓两使不和,恐伤中国体面,故两两撤回。西洋之人则以为中国不查究此事谁是谁非,但守中国一例议处之老办法,为可怪异。其意不过欲平两党争竞忮忌之心,实非定结此事之道。惟望执政大臣不能定夺、不肯定夺之事,以新任大臣之所阅历定结之。

郭钦差此行,凡在英法两京见过者均为惋惜。然或渠任已满,自请回国,亦未可知。渠是第一个中国驻英之钦差,论事如其所见,所详报者皆所得于西洋而有益于中国之事。其尤可称赞,令人思其为国之苦心,在将外国实事好处切实说尽,以求入于偏疑猜嫌中国人之耳。此辈真是误叫做读书人,徒知餍中国古昔之糟糠,而弃欧罗巴第十九百年之梁肉也。再渠此行在联络两国交谊,而于此为能不辱命。即中国人刻下不知此意,日后当自知之,渠为人和平诚实,鉴别事理之当,足壮外国人心志,使之看视中国异于昔日。似此看来,此后英国于中国交好,当日以永固无疑,然皆郭之功也。但渠职称矣,而渠之瓜期亦已届。或中国为欲别派一人亦来一观起见,才能学问不必论,年岁已视郭为盛,待用之日正长,其有益后来更远大,然此人须谢郭为渠开一好路也。

其处置吴淞铁路一事,人皆知之。中国阻止进益之党不作他事,止以禁止改变为务。毁弃铁路主议何人,不可得知,闻共有七人。史册内载历来开创有七个圣人,似此可编列"七愚"姓名,传之后世。年来论及吴淞铁路,嬉笑怒骂兼而有之,想此亦必伤郭之心,一则为其国人之愚,一则为国之使而视其国之为人笑骂也。郭有一语最中我等心坎,言:"中国大而未通。"不料与郭同来之柏灵公使,同观同想而不同心,谓电报铁路虽于不慊于心之夷鬼有用,于汉人全不相宜。中国最念禹治水。夫禹治水,直将遍地漫漫之水清出几条线,使江河各归各路行走,然后得有许多田地来种五谷,一心只要奠安百姓,何曾是守成法?大禹有知,定必驳斥此辈之谬。从前中国有个皇帝,恐民智之日滋,因而焚书坑儒,至今传以为笑。阻止铁路之人,亦必贻笑后代无疑也。如郭之为人,中国用之,其益不浅,我等亦更欢喜。接任之人为所荐代,必能举行所应行之事。此次回国,并得将渠所见真实,宣解与中国人听。

素闻曾侯晓畅洋务,即其地位,与出使亦复相称。渠系中国故侯曾中堂长子。曾中堂才能人所共知,虽云袭其父之侯爵不必袭其父之才能,然民知日新,则或较胜其父,未可知也。渠从未受官,惟于其父总督两江任内帮理庶务,后丁忧三年,今始起复。既未出仕,可无官场气习前来英国也。李钦差以署使前往德国,想不过暂时署理而已。盖中国此时当知星使须选有资望而与在朝诸大位声气贯通者,方能照事平论,不虑排斥。李署使不能归入其列,以其谱系仕宦言之,向来资望皆浅。前任刘钦差亦缺此两层。既然如此,则虽有见到处,亦未必能有胆量发撼所知,真实语言,亦知所谓真实者不合朝廷执政大臣之心,则得失计较之私,不能不俯就时论,以违背事理之真。

更有一事须说者,英、俄、法三国既派有名望使臣,则德国一席似亦不宜轻视。盖相形见绌,即德国亦不能不存是心。此次遣使俄国之崇公,其地位极崇,又复沛拊天亲,其遣派出洋,中国亦大有郑重崇奖之意。我等极欲推求中国遣派此种优使,或是为俄强大,抑或别有他故。英、法与中国交涉事务十居其九,然止以一使兼之,则此番举动,在俄必有极大事故矣。常念中国如渴睡初醒人,遇事惝悦,不甚分明。或是认识俄国为强邻压境,又因伊犁尚在俄国,如物在典当中,特派优使以餍渥俄人之心,而谋速取还此地。然中国须晓得这边亦是一样要紧也。中国以为收回质于俄国之地,事之成否全在所派钦差之事权轻重,吾意尚思劝令中国人知悉:实在办事之才能亦所急需,而中国时苦缺少实在办事之才能也。

二

《斯宾塞尔劝学篇》译著选编

第一篇　论群学不可缓

　　田事告隙，口烟卷，手酒卮，箕坐山邨酒肆间，三四佃佣高睨大谈。说牛疫盛行，议院宜有以补救之术。农头奋髯抵几，杯棬铿然，与相应骂：今岁屠牛，利入不及往年之半，意皆恨当官者不勤民，依致如是也。至其论畎亩稼穑利病，某事当兴，某令当废，尤自信，无留难，大都气象不减护商法初除时。于时乡野家家言本国征税重，此令果除，将使他国轻赋之民持货入市，与本土重赋者角。是此举，以妨民病国有余，云不然者，愚且妄也。

　　闻者曰，是无惑乎其如此也。陇亩小民，未尝学问，生计不越手口间，固何能为远谋乎？乃试观都人士已尝学问者，其论议又何如？其论民生也，则曰奢侈虽非，然其事利工贾。国中之民，有罹饥馑苦乏绝者乎？劝捐敛财赈之之外，无余事也。亚丹斯密氏理财之学，出几何年矣？而常人为议，犹如此夫。由前而言，是徒知一业之可以养民，而是业所产之益无益，为漏卮否？尚能生财否？皆不论矣。由后而言，是徒知财之可以振贫，而不知国财为物，此盈则彼虚。忘其未用，为赈之先，此财之固非无用也。饬材庀工，待斯而举国之货赖以出，民之生赖以苏。今移之以养无业之民，则待此而业者，其数减矣。且赈者弥多，则待赈者将日益众。赈之力有时而尽，待赈者之困无时而轻，理财之道固如是乎！（案：此论纯指英国养贫之政而言。）今夫财之为事，生与食二者之间，其理至繁赜尔，纷歧委曲，殆难猝明。而若人视之易易若此，则无怪诐辞谬论，虽屡经驳辨，而终稍解复合也！总之，常人之论事也，见不出近因近果之间。至于近因之前，有无穷之远因，近果之后，有无穷之远果，则皆在不论不议、不见不闻之列。如是而言国事，秉国成国焉，有不病者乎？

自来民智蹇浅，则所望弥奢，其责上也亦弥重。以为兴利除弊，国家自不为耳。果其为之，则一国之事，数著可了，有何难哉！此不必求之异邦也，即在本国，已有不胜偻指者也。如日者《太晤士报》，因见商舰一时沈碰多支，遂论国家宜设督办商邮海政之官。乃不知海军诸船，规制极备，而同岁之中，沈者两艘，其三仅免？又见某报中言民居造房，多不合式，国家应有总营造司，察看民居，绘式颁图，令其循造。乃不见同时官中营立坊表，并起盖几处刑司衙署，其形制恶劣，众口交议？又或云伦敦屋密人稠，气水浑浊，国家宜设专司，以为扫除之隶，庶无积溷，以生厉灾。乃不闻同时郎波拉疾疫，即由官中安排地沟伏筒办不如法之所致？又或言铁路公司过多，互相排挤，不能得利事，以官办为宜。乃不悟国家现办之政，如海部，如船厂，如军政，如刑狱，如邦交，百司纷纭，日滋纰缪。晨间阅报，粲若列眉，益以铁路讵能称善夫？议院者，国中最重寺署也，乃谋一疏气之方，费帑二十万镑，经鲁益德与巴礼两名师经营期年，迄无成效，则其他又何说乎！而国中之责备执政者，依然若罔闻知。今日谓国家宜于官银号筹备轻息成本，俾民资生，明日言国家宜广设育婴，收养民间孽子。主事者佥不胜任，责事者日以益多，一若既云是官即属无所不能也者。吾人闻法兰西人言其公主，闻民有饿死者，惊谓左右，救饿之法最为易易，何缘坐令如此？则大笑之，虽然，何必笑耶！

智之开也，物理为先，群理为后。未有物理不明而群理了然者，何则？物理简而群理繁也。（案：此《中庸》所以云尽物之性，《大学》所以先格物致知。）吾每入人家,闻主若仆言壁炉鼓火之法,谓但须以铁杆横庋炉楞,其炭自炽,斯火之烈,铁杆功能。又闻人言,合尊促坐,人数勿过十三,尔则一人不利。又闻言手谈叶戏,某人时利,某人时衰,枭雉之成,其分以此云云。其言如是,则可决其于物理因果之故,全未分明。夫人于浅显易知之端,其持论尚诞妄不根如此,况国群之事,政教之行,其为奥博微眇,千百于斯,求其分明,斯无望尔。发言轻易,责备不伦,固其所也。其处事有拘忌机祥之见者,则其论世也,亦杂以拘忌机祥之见。盖心之为用,大小常通。然吾每怪景教之家,见异邦人拜祀象偶,则谓其民大愚不悟。象偶,人所自为,土木之施,丹黄之饰,尽从人意,何能为灵?而乃从之求福,此与野蛮之信巫蛊、供蛙蛇为智,实不相远,此其愚之是也。顾不知国家之与象偶,虽大小有殊,其属诸人为一耳。野蛮聚一部落之货财力役,造一偶像,信其有无限之威神。吾人合通国之赋税征徭,建一国家,亦信其无穷能力。再四思量,为异安在?夫君公大夫士,食税衣租,以治人为业,质而言之,与夫社会之中,鸠资财立会长者无以异也。既为社会所公立,则会长之智慧,即社会之智慧,会长之权力,即社会之权力。使一日者社会贫而无资,愚而无才,则会长之能事尽矣。此不必极智之夫而后知此也。独至于论事之顷,则若国家随事可举,无待租税庸调而能为者,则又何也?彼见一事宜兴,则瞋目语难曰:"奈何不为是以福我?"及见征调烦重,官吏冗杂,则又蹙额相告曰:"奈何竟为是以苦我?"噫!我知之矣,彼固谓国家者,无所不能,而无待于民力民智也。往者格物尚浅,力理未明时,尝有人欲运巧思,制为自行不息之机器。迨奈端、格里辽诸子出,发明全力常住之理,而后人知用力少而成功多,为宇宙必无之理。譬诸一机一顷不焚煤则止,又如人体一日不饮食则羸。今之责望国家者,大抵欲制不息之机者耳。惟其如是,故以为国群盛衰之故,尽在云为法制之中。充其能事,至可使弱民为强国,贫民为富国,愚民为智国。此所谓蒸砂作饭,千载无充饥之日者也!

故格致不明,则无以与于治平之理,是固然矣。顾吾所窃惑者,世有格致之家,物理既明,而与论国群之事,政教风俗之所由然,则若与常智不相远者,是可怪也。岂群之为学,果奥博精微,不易讲欤?抑常情眩于变故之繁,遂荧而不知其一贯欤?今夫宇宙万变,不外质力相推。而质力二者,皆为常住,常住故不增减,不生灭,不能自无而有夫。曰:用力少而成功多者,必其有权藉者也。苟无权藉,则屈伸相报,不爽毫厘。此不独天运然也,金石水土然,至于有官之品,如植如动,凡生之事,莫不皆然。近者又知人心性情思虑之用,与脑质之感动移易息息相关。然则力质恒住之理,固无往而不在也,则何独于群而疑之夫?群者合众生以为生,有生气官品之一大物也,是故其中消息盈虚之故,与生之为事,可比例互观焉。群之中有一事之效实,必先有一力之储能,方其效实储能以消,而是效实者,又为后事之储能,如是相生,至于不可究诘。而其中果必如因,无不能有,有不能无,则断然可识也。格致之家,用此例于他学则无疑,而用之于群学则依违之。噫!使质力常住一语,而可以依违,是尚足为最大公例耶?(按:储能效实乃格物家常语。《中庸》喜怒哀乐之未发,可谓之储能。至发而皆中节,可谓之效实。)

达于理者谓之学,明于权者谓之方。其理弥赜,其学弥难,其权弥微,其方弥审。是故世治大进,业有专家,未有不事其学,不通其方,而能然否是非于其事之论议者也。忒德者,英算学家之眉目也,造方维术(西名括德尼恩),以穷力理之至深。亨蒙和志者,德格物家之职志也,唱二量体之说,谓外缘若异,则几何常理有不通时。斯二者,皆晚近数理中至为精深之说也。今使有人于象数之学,素乏研精,闻忒、亨二子之言,乃自作聪明,妄参末议,则畴人子弟,必将目笑存之,谓此何等学,非竭半生精力,索隐钩深,岂容强作解事者!此其讥之是也。顾吾每逢名算专家,与谈政教中至为繁难之事,彼则矢口论断,都不疑留,此何故耶?盖其意以谓世间惟象数之理,乃有艰深,至于政教之施,固属尽人能喻耳。而岂知二者难易之分,正与数言相反耶!夫象数之事,纵极艰深,其所据以为算之与数,必先周知,其用事数,亦较有限域。至于民群之中,一事之源流变见,往往迎不见首,从不见尾,与数既难周知,所用事者又皆无限,其悠久蕃变之情,皆象数中所无有。由是言之,究孰难而孰易乎?然而彼必易之者,何也?

曰：惟其不知，故云易耳。

今格物之学，无论天地、动植、人身、体用，其遇一难解之端、嫌疑之理，必实测以征至确之证，明辨而运至精之思，必待见其会通，而后录为新得，不妄论断也。独至群治，则未有由其术者，此非不佞之私言也。试即一二事观之，则治忽之分见矣。夫天学之事，至今世，其精审至矣。而畴人尚所聚讼者，莫若日中之黑子。盖使知黑子为何物，则日体何若，即可由此而推，故其求之汲汲如此也。次诸家之说，以韦理森为最先。其说曰："太阳外轮，为自发光气，此犹地之风轮，再下则为云轮，以裹日体不发光不透光之黑质，与大地同。日面见黑子者，乃外轮光气震荡，如大地之有飓风，震荡则有堆积，有破裂。黑子者，其破裂处见内质也。全露则为深黑，半露则为暗虚，此远镜中所以有柳叶诸相也。"是说初出，多为同时所宗，侯失勒维廉极主之。盖前人持一星一世界之说，意日球可住，事等地球。又察验黑子，常有下陷之形，行至日旁则呈微缺，故谓韦说为可通也。至维廉之子侯失勒约翰，绍隆家学，起而驳其说曰："韦说虽足以解黑子之形，然据全力常住之理，则曜灵光热二物，必当有所从来。韦说于此默然，是为巨谬。"其父信之过矣。太阳全体乃极热流质，悉能发光，而自元始来，光气与热度不减者，由以吸力收摄日局散质，时时射入日面之故。其外轮纯为光气布护焕发，实诸金散气所成云云。此其说也，与世界本始为涅菩星气之理合。然则黑子究何物乎？于时德人克齐卡佛用分光镜测知太阳本质，所有原行与地球无异，异者流凝而已。于是言黑子乃外轮金气抟结成云，由其质稠，故隔光景。至于种种变相，则由日体自转甚驶之故。合而观之，视韦说似为进矣。顾黑子变相，实与云气不伦，故克氏之言，尚未得实。于是法人费臮曰："太阳外轮，诚能发光，而内质则非凝非流，乃极热气，而无光彩。（案：寻常灯火，亦外明内黑，费氏之说，似系即此为推也。）外轮震荡破裂时，内气冲罅而出，非他物也。"细测黑子，常有自内外冲之象，又内暗外明，亦有或然之理。故费氏之说，不可尽非。然有不可通者，则黑子常现洄旋之形。又极热之气，可不自发光，然不隔光景，使近处见罅，而对径之远处犹明。漏此二义，则费氏之说，终为非实矣。洎最后而侯失勒约翰乃折中诸说，断以己见，论曰："日体有决无疑义者，全体神热，非世间一切诸火诸电所可方拟，一也；金气腾上，化为光轮，二也；日球中衡内外，若地球温带处，常有大力回旋，如羊角飓母，三也；当洄旋处，中心成虚，（理如海中龙挂）压力外逼，质点内吸，且既轻虚，热度自减，飞流凝沍，遂能隔光，四也。依此四理，则黑子情形，冰融雪解，一切柳叶暗虚诸相，皆有真因可言。"黑子之说，可论定矣。虽然，尚有难者，其难维何？用约翰之说，凡遇黑子，当见旋形，而实测所见，黑子或旋或否，岂为旋甚微，远难见耶？抑约翰之言，尚有未尽者耶？然则谓黑子一物，至今尚未论定可也。盖格物之难，而审理之严，有如是者。始也谛观物变，继乃即变为推，融会贯通，以立一说。稍有抵牾，即从弃捐。方其求解也，悬揣虚拟非不用也。然必广即事实，有以尽其变异纷纭而后可，其立一公例而用之也，且用且验，未尝固也。苟历试之未多，推较之未广，则宁视为悬词，不目之为定论，此其考理大略也。至于实测之际，不敢信所接者为即实也。外缘致差，既已谨为增减，内因互异，亦必以之乘除焉。譬诸测天，如仪器差、地辐差、清蒙气差，此外缘也。或损或益，固无论矣。此外尚有人差，盖观象纪时，目治手识之交，脑脉之行中，须秒息，且迟速之度，人各不同（每秒三十迈当至每秒九十迈当不等），寒暑互异，凡斯之类，皆谨核之。诚哉察物之道，无所苟而已矣！

而独至治群为政之事，则何如？今试于国家议大政、立大法时，而执前者察物之家，而讯以此政此法之利弊，则沛然作答曰："如是当利，如彼应弊，绝少徊翔审顾者，盖百人而九十九也。"其同是政法，行于他邦异族者，其流变为何如？未尝一问也。其同是政法，行于本国前代者，果得所祈向否？又未尝一考也。是故是法行，其与现有之政法、一国之情势、其时之风尚民心，果相得否？大抵不能细也。又设国家于是政法终不为立，其事效宜如何？又或听民自为，不更善否？亦未必为之称量以出也。至于一国之能力，止有此数，一政之立，此有所长，则彼有所消，时势之变动，不可端倪。事今便者，后或为梗，其所消者，将见何所？其属梗也，将为何形？期其郑重宿留，则愈非常智之家所能办矣。吾非敢谓今之从政者，于前五事,果瞆瞆然不计虑若此也,就令计虑出之,其未尝如察物者之精且严,则可决也。吾意其所讨论者,将不出一时报钞之中,累年案牍之内,不遍不赅,不精不详,合其见者则援之,异其旨者则埋之,如是而止耳。至一二远谋高识之士,为之扬榷史志,比例见闻,以求其事实之源委,则其人凤毛麟角矣。又不幸前史体例,其于事变也,志其然而不志其所由然,且于君公帝王之事,则虽小而必书,于民生风俗之端,则虽大而不载。是故于一群强弱盛衰之故,终无可稽。而盈卷连篇,纪淫侈爽德佞幸猥琐之迹,与夫战伐纷给纶、焚袭相斫,下洎教师朝党,阴谋秘计,诡得诡失而已,于群理何关焉?可置之不足道也。其尤可异者,察物之事,必审人差,非以不如是,将不得其实故耶?然人差之在,仰观俯察者,尚其小然者耳。独至论世知人,则所关甚巨。夫一人之情识行习,或以种业不同,或以居养互异,故其观理论事,人自为差,又皆信为当然而不自觉。分而论之,有以学业师传而辟者,有以地势隆污而辟者,有以生产国土而辟者,有以朋党门户而辟者,有以教门宗派而辟者,外缘既异,益以内因。血气之刚柔,心脑之灵蠢,斯则制行发言,判然别矣。此贤不肖之所同,而无或解者也。故不知人差,则论事必违实,而世人于物理则致严,于群理则忽之,可谓倒置者矣。嗟夫!知人差之生心害政,于群学思过半矣。

虽在格致之家,其用思素经研练而有法者,然于观物则审,察群则疏。设数事焉,较而论之,将愈可见。一如人眼视物,若气若水,皆成中尘,光影人眼,物之形位,因以失真。譬若夜间仰见星斗,皆较真位为高,弥近地平,此差弥大。又临水叉鱼,若就见处下叉,鱼不可得,盖其真位常距视位尺许,弥深弥差,此格物者所共喻也。顾乃观人论事,则不知亦有中尘,故论古则尽信古人,谈今则偏闻朝论。二如气类动法,固符力理,然冲决排荡,至于过繁,则极难调御。故至今理室中气,俾利人居,尚无准术。此又格物者所共喻也。顾乃群中民气,风行转移,所向何方?为力几许?则视同弁髦,谓为易御。三如原行质点,固为简易,而二质爱拒之理,深察乃知,往往诉合所成,超人虑外,此又格物者所共喻也。顾乃人为质点,蓄变至多,性品不同,爱拒互有,与接为构,厥变维何,则目为无奇,不足考验?

四如诸物对待,变化因生,往往人意所云,违真千里。故北球之民,常意夏令炎燠,地必近日,冬寒反此。迨至加以实测,乃悟偾倒,此又格物者所共喻也。顾乃群中之变,对待尤多,众力交乘,敏者难计。则人自为意,皆若前知,因然果然,何须实测?五如物质化例,少常多奇,故二冷相遭,或成涫热,二清相杂,忽呈浊泥,水入磺养,凝于红铁,此又格物者所共喻也。顾乃人心殊致,合为群情,则谓泊然相遭,都无异效。凡如是者,比事为论,殆难详举。此其用思违反,在不学者,何足深讶?讶者以其出于格物之家,彼固谓群事为无难。然而群事难测,日有其证,略留意者,在在可明,不待聪睿之士而复能尔也。夫行众谋佥同之政,而其效乃不如其所期,收前未曾有之功,而其法常智所共斥。此之效相反,岂待求之一群一国而后然,即寻常人事之间,已可见矣!今夫优游暇豫之夫,宜其有所为作者也。然而徒有暇人,乃无暇晷,事功所转,在日不遑给之人。少年游塾久者,法宜淹通,士人记诵博者,法宜明察,然而通才多晚学之夫,明智非记丑之士。今以处置病风狂痫之术,咨之常众,必曰是人内检既去,外束宜严。然而养癫院中,用禁锢之旧法者烦扰,行宽弛之新法者利安。名医杜克巴特治癫独优,常云:风人思逃,与锁禁之力为正比例,锁禁不用,逃思乃亡,此百人中九十五然也。又古者刑名之家,佥云禁民为非,莫如重典矣。然英国自鲁密理创为轻典以还,而民之怀刑自爱者日多,作奸犯宪者日少。此不仅见之于英已也,马歌哪支见之于那弗岛,迪克森见之于西新金山,倭巴迷尔见之于日耳曼,蒙德新奴见之于日斯巴尼亚。凡此数公皆云,凡处治犯人,倘第收其身,期毋害群而止,则化民之渐,此为最神,殆非常智所能梦见。嗟夫!使常智而皆可用,则吾群学之书不必作尔!

盖人心入群之用,微眇难知,为治者卤莽而耕万无一当。前之所论,尚不过略举数端,期于人人共喻,而因果之间,其不测已如此矣。然此犹是与吾同种、与吾并世者也。至于旷观异种,尚论殊世之群,则将见人心之用,群理之机,其效验益未易测也。今者就吾人所阅历以为揣,孰能知他土种人,有为媚神之事,穿臂悬炉,持矢插肉,或谓刲股可以疗亲,或翻身泥涂数十百里,号为进香资求福者?又就吾人之政治风俗以为言,孰能知东方之群中,有代人断头而令妻子获其利者? 夫风气不同,至于如此,则论化者尚安得轻心掉而即我为推耶? 更观上古往者,英国神甫创为洗业天阍必待忏悔之说,而英民之半皆人教门。又国家制为永业不售之律,其中稍有不平,乃致都鄙之,田民皆舍为坟墓。凡斯事效夫,岂造教立法者之所前知者耶? 欧洲前世,王侯将相,率皆盗魁,横恣睢盰,殆无人理,而孰知如是之夫,乃身及子孙,皆持兵徒步万里,不辞战伐苦辛,求复耶稣之墓? 且耶稣生时之立教也,言求天国尊荣,不受人间权力。而岂谓教行之后,有教皇者号彼得宗徒,为数百年欧洲之共主? 夫十字架乃行暴之器,等诸炮烙,而执知传为地基形制,必如是乃建神堂。(吾得以益之曰:中土之孔、曾、思、孟,皆立教明民,而孰知后王即用其书,倡为制科,以行其愚民之术。)然人心之行,发为群业,其因果之间,殆有不可思议者矣。故吾得约而举之曰:群之为事,无论观于何种,察于何时,大抵一政之为用,一教之所期,苟其原始要终,则所求之效,不必得或暂得辄废,而浸淫日久,恒得所未尝求者,此亦一公例也。

夫群事难知,何待深言而后喻? 自察近知远者言之,则即一人之身,已可见矣,遑论群哉,此吾所以反复其故而不知何。悠悠者,动以经济自诩之多也。今自吾一饭而言之,则馒首成于俄罗斯之麦,牛肉来于苏格兰,薯蓣至自爱尔兰,白糖运于摩理哈斯,胡椒致之占马卡加利,由之东印度,酒醴出于法兰西,蒲桃干产于希腊,橘柚长于西班牙,鳞集麇萃,不可枚举。且岂惟是一饭而已,即清水一杯,吾兹所饮,可谓至近无奇,若穷其所自,则由缸而川,由川而源,绮交脉注,千里方遥,而更溯为云为雨之时,则是一口清凉,初乃函盖百千由旬海宇之物。苟于吾所饮所食,物物思其所由来,将见吾兹藐焉,乃无数原行,初遍大地,因缘际会,萃成是身。呜呼,岂不繁哉!

然此犹是就吾人躯干言之而已,若更观人之知识性情行止,则所以成是之因,其繁赜殆过前而无不及。晨起饮茶而腹疾,则知支那人之好欺。夜间饮酒而瞑眩,又识德意志人之售伪。以英领事与亚伯沁尼王违言致争,算缗之税以加,而汝之家用因乏。以北美富人不愿蠲复黑奴,议院喧愿,而汝于朋友,遂成决绝。此自远者言之者也。更就其人本国而言之,支那君臣,半夜起而受朝听政。南洋岛人,日中闭关而寝,黑夜为市。英人交易,不逾八小时,此谁约者,而行之若素?三餐时刻,于吾病体虽甚不宜,然人既为然,则吾不得不尔。交际之事,酬酢之文,所以合欢也,而束缚虚拘,反成苦趣。凡汝之意识议论,若政若教,皆俗所已具,而汝受之,虽心所深疑,不敢叛也。野鸟乳则汝出,野鸟蛰则汝入,伦敦议院开阖,为汝终岁生业作辍之程。汝云自由几何,其能自由也?然此犹是言其现在者耳。若自过去言之,则吾一果之成,有无数因之说,愈可见矣。问欧人所以七日息业之故,则上追数千载而后知。且七日息业,景教之所约也,息业而嬉,非景教之所禁也。顾于法、德、澳、意则为俗,于英伦、苏格兰则为非。苟考所异之由,非论世观人,远至数十百传无由得也。教事如是,政法群事,何莫不然?意大利、希腊之村庄镇集,皆居山颠,至今汲水运薪,民有负重登高之苦,叩其所以,乃知往古寇夺虏刘,致其如是。支那婚嫁,男女不相通知,三年亲丧,凡挂名仕版者,即宜罢去,如有罪然。考选贵近之臣,而以能书为取舍之的。席地之旧俗既去,而九拜投地之礼仍存。凡此皆沈缚牢固,虽甚憎甚苦,而莫谁何!一俗之成,民违其性,咎始作俑,而作俑者不独任其咎也。多因成果,不其然哉?

是故群理难知,以其为天下至繁之物,此岂徒保种谋国者所宜就兢者耶?即在寻常一生计贸易之间,其难已见矣。今试设一织布厂主人,心欲趁现时市价,增囤棉花,此可谓世间至常之事。然是主人苟以折阅为忧,则其操筹握算之端,大略如左:一须计本国各厂成布屯者若干,发行者几许?二须计依现在行价零售,各店是否竞相屯货?三须计各外国外埠,此货是盈是虚?四须计依现在各处市景,外国各厂制货是缓是急?以上四条,乃计销路。既计销路矣,五又须计同行收买棉花用意何若?互相观望,俟价跌乎?抑策其将贵,已争收乎?里物浦为英西积布大区,故六又须计其中各行其现囤多寡,其已行收买而未至行者若干?七既计内市矣,又须计外市,如法国之新俄里安及诸洲各埠现货多寡。市价腾跌,皆不宜忽。八须计出花之地,如美南,如印度,如埃及各处花年衰旺。夫使以上八条,皆为厂主人所计及,则其握算可谓周矣,如是可以操必赢之券乎? 曰:否否,未尽也。盖棉之价视其销路,棉之销路视棉布之销路,而棉布之销路又视杂布之销路故也。往者南北美哄棉花,不出口洋布。大昂人用竹布绒布,而洋布之价斗落,积棉者皆折阅焉。是则不可不计者,又其九也。于是闻者曰:至矣,尽矣,蔑以加矣。应之曰:未已也。尚有二大事焉,倘主人计之不审,则其亏折又什八九也。是二云何? 其一曰审商情。盖从来买卖之家,其料市价也,纵有冠能魁伦,皆不过得其近似,而拙者则每有径庭之差。商情如浪,时而过实,时而不及实,如是者日而有之。至轩然大波,一落千丈,则年月间事。故其见于市事也,忽无端而狂趋,忽无端而恇怯,大抵如群羊焉。始也面面相视,人怀狐疑,一勇开端,诸懦竞捷,如是则往往或过,而亏负倒折随之矣。是以善计之家,既察事物之余,复审商情之差,率而不随外为转。此所以能为众胜之先,又能居众败之后也。又其一曰察利权(市俗谓之银根)。必将合一国之商利而统计之,以知后此利权之舒促。盖积贮废居之事,必以钞号为之通利权,若促无买期插息之事,则经营之业,举将废矣。前九后二,必统十一事而计之,择精虑详,而后操必赢之券,不其难哉! 故都市货物之事,朝暮时价腾跌,在分毫铢两之间,昧者视为无奇,而孰知其所以成是之因,其繁如此。此常为士大夫主度支掌管权者所不知,而商贾豪杰则深信吾言而不疑也。

右之所谈,不过一物价之腾跌而已。夫物价者,朝成暮更,顷刻云烟,去不留迹者也。然其因之胶葛骈罗,固已若是,则由是而推,物之长留人间,悠久蓄变者,其来因往果,事当如何? 此不仅群为大物然也,即群中一教之立、一政之施,其理莫不如是。盖天演无在而不然,而物竞天择之用,政教实同。夫动植皆能吸质点以为滋长,收养己者以为自存,或孳乳而浸多,或蔓延而坟植。其究也,强者兼弱,旧者蜕新,轮囷离奇,至于不可复识,而有非立是教、施是政者之所虑及者矣。夫支那皇帝厚私宗亲,使之食税衣租,岂意数传之余,致勾霿无能,蠢愚无智,而转以病之。西班牙之罗耀拉,创为耶稣会,本以保教,乃拥党擅利,权倾国家,而终于被逐。英国大东公司,本为商业,乃不数百年,并五印度而有之。凡此岂立教施政者之所虑及者耶？试举似其二三，智者可触物而悟矣。

合前后所列者而观之，可知喜事之家，动谓使我为治，则天下事，无难为者。无有是处，欲为经济，非肆力于学不能，且非肆力于群学亦不能也。于是议者曰：吾辈在群，日有应行之事。在朝则有当官行政之责，在野亦有选举议政之权（此自指民主国而言），诸务纷乘，皆取当机立决。若悉俟学优而后从政，则政之不举者，亦已多矣。此所谓论高而难行者也。此言也，似是而实非。盖起于必有所为之一念，而令身与群交，受其害而不自知。夫人居如是，国为如是，民见其中弊政秕俗，有心者莫不愿有以除此政、变此俗。此其意甚可尚也，而无如不学无术，卤莽灭裂，于治无毫毛之补，反以害之。此正如人家奴婢见小儿坠地，必急捽起，而不知既坠之后，卧地无伤，而急捽或致损也。又如乡氓村妪，见邻㮄疾痛，必云某药有验，何不试服？腰腹痛耶，胸鬲痞耶，只须服此，药到病除，纵使无瘳，当亦不害。余前者尝至一友家，亲见其仆取其主所余药液，向口倾尽。问何为此，则云此是妙药，既利吾主，当亦利吾，捐弃余沥，岂不可惜！此可知常人之心，于对症下药四字全无分晓，故沿街揭帖，动以万应为名。及夫民智宏开，医学精审，然后分别细密，而知服药一事，其治病者寥寥，而转以滋生他病者十八九也。且此之为事，不仅浅知与无知者有别，而深知者又与浅知者悬殊。是故古之为医，其遇病也，必云如此之证，针乎？灸乎？汗乎？下乎？施汞铅乎？而今之为医，既审病情之后，必先计此证，不用汤药治疗，而但于饮食起居、天气水土诸事，节适调和，可期愈否？每见今医，其于术弥精，则其用方也弥不易，非不得已，断不用药。嗟乎！苟知此意，则医道通治道矣。

然则前议者所称诸务纷乘，皆取当机立决之言，非坐智识微谫，故攘臂缨冠，视天下事易为若此乎？且群学之道，同于生学，使其实测既多，错综比例，用格物新法，精求所归，则凡举措之间，其指事责效之心，将无自信稍难，恒恐一政之施，所祈向者不必至而反增害乎！夫云有病不治，常得中医，其言固不必皆中，即言有在宥而无治术，亦将使天下无事功。顾去害治而任自然，其得效不较卤莽灭裂者优乎？盖民智愈卑，其发谋愈易。若时事皆数著可了,而无俟深求者,不知群学之事,考察益密,则措手益觉其难。由近因而及远因,自近果而及远果,止须至二三层,其繁便不可胜计。乃知群中秋政弊俗,拯之至难。盖秕弊二者,皆群形之见端,使为群质点之众民,其智德力三者卑,卑则虽有至美至良之政术,皆将无补于治,此泯则彼见,甲长则乙消。合全群而观之,其所谓秕弊者,常自在也。群学之公例曰:民质未进,则群害可以易端,而末有祛绝。此之理,实固可考之史册,察之时政,有以知其必然者也。往者澳国患过庶,而民嫁娶无节也。制男女之年与家产,而后许其胖合。此令下,嫁娶固如律矣,而野合之子满街,于是又造育孩之局以收之,而国中之弃儿者益众。英国往者,患屋居之窳陋易倒,制为造屋法式颁行之,于是小屋不得利,民间无更造者。而民始混居,乃又制为居室人数,以防其混,而夜间贫民,皆出露宿坊下厕中,及牛马粪堆中皆满(其卧粪中,以生暖故)。此皆已事所共闻见者也。无宁惟是,就令一弊之除,不更见于他所,而审而察之,亦不过化聚为散,或易有形为无形,而其害自若。何以言之? 盖使国家力除秕政弊俗,不任更作他形、更见他所,则其术当如何? 无亦广设官吏,严与诇察已耳。而是官吏之禄费,岂能从无而生,有出而供之者,宁非民耶? 关権之税则弥繁,盼盼者之生计则逾狭。昔法国官吏大小六十万人,皆一出为官,不耕而食。农工商出重赋而后给,执业之男,虽已疲而不得休,相功之妇,虽育子而不暇乳,恒饥之稚子,衣食愈以不周,作苦者加劳,催租者益励,举国愁叹,戚戚无欢。揆其所由,皆广官吏、严诇察之政阶之厉也。此吾害不能除,特化聚为散之真注脚也。故曰:民质未进,则群害可以易端,而末由祛绝。即令圣者为治,自其标而论之,亦不过视所易之何如,同害相权,受其可忍者而已耳。今然后知彼,喜事之家动曰使我为治,则天下事无难为者之真无当也。嗟夫! 使群之为事,易言若此,则亡国乱群不如是之相随属矣。

于是难者又曰:"如子所论,则政乌乎行? 盖为政之事,仅得就吾识之所及,为之相时而制,宜深追远溯、讨源穷流所不暇也。治平之事,异夫格致,国群之大,不同名物,彼之实测易为功,而此之博考难为力也。俟河之清,人寿几何,万几当前,岂遑问学？亦祇罄此囊底之智,以与事势相将迎而已。责之过苛,则不情也。"夫此之云云,察其微旨,乃谓群之为学,必不能如格物之精,而有执因责果、即果原因之事。又乃谓群之变化至蕃,纵与讨论,必难得实。总之,彼乃谓群必无学而已。是言也,智耶？愚耶？然耶？否耶？吾将于第二篇详论之。

严复译事年表^①

1854 年

1 月 8 日,生于福建侯官(今闽侯)县盖山镇阳岐村。

1859 年

开始进私塾读书,先后从师数人,中曾从五叔父严厚甫(名煜昌)读书习字。

1866 年

8 月 4 日,父振先病卒,家贫,不再从师读书,不久,全家搬回阳岐村居住。

冬,参加福州马尾船厂附设的船政学堂(原名"求是堂艺局")入学考试,名列第一。

1867 年

正式进入船政学堂后学堂,学习英文、数学、物理、化学、地质、天文、航海术等。入学后改名宗光,字又陵。

---

① 本年谱参考:孙应祥. 严复年谱. 福州:福建人民出版社,2014;皮后锋. 严复评传. 南京:南京大学出版社,1990.

1871 年

于福州船政学堂毕业,考列优等。

1877 年

3 月 31 日,由清政府派遣,随华监督李凤苞、洋监督日意格等赴香港转英国学习,抵达英国朴茨茅斯学校。

9 月底,经考试入格林威治皇家海军学院,学习课程有高等数学、物理、化学、海军战术、海战公法及海军炮堡建筑术等。留学期间,研讨西方哲学、社会科学著作甚勤。常与驻英使节郭嵩焘论析中西学术政制之异同,深受赞赏,与郭嵩焘结为忘年交。

1878 年

12 月,寄郭嵩焘书信一封及英国报刊译文两篇,一为蒲日尔游历日记;二为《泰晤士报》一篇评论,尝试托译言志。

1879 年

8 月,学成归国,于母校福州船政学堂任教习。改名复,字几道。

1881 年

初读英国哲学家斯宾塞(Herbert Spencer)的 *The Study of Sociology*(严译为《群学肄言》),大为佩服。

1892 年

奉李鸿章之命译英国传教士宓克(A. Michie)的《支那教案论》。

1895 年

2—5 月,受甲午战败刺激,先后在天津《直报》上发表《论世变之亟》《原强》《原强续篇》《辟韩》《救亡决论》等文,鼓吹变法维新,提倡"新学",

提出"鼓民力、开民智、新民德"的救世方略。

1896 年

赞助梁启超在上海创办《明务报》,《原强》《辟韩》等文在该报重刊。

夏,翻译英国学者赫胥黎(T. H. Huxley)的《天演论》(*Evolution and Ethics*,现译名为《进化论与伦理学》)一书,至重阳节完成初稿及序言。

10 月开始译英国经济学家亚当·斯密(Adam Smith)的《原富》(*An Inquiry into the Nature and Causes of the Wealth of Nations*,现译名为《国富论》)。

1897 年

请桐城派宿儒吴汝纶为《天演论》作序。

与王修植、夏曾佑等在天津创办《国闻报》。该报社论大都由严复撰写,并发表《论中国教化之退》《有如三保》《道学外传》等重要文字。

12 月,翻译斯宾塞的《群学肄言》(*The Study of Sociology*,现译名为《社会学研究》)中的两篇《砭愚》《倡学》。

1898 年

译亚当·斯密《原富》(未完),寄吴汝纶商榷。

所译《天演论》由湖北沔阳卢氏慎始基斋木刻出版,天津嗜奇精舍石印出版,吴汝纶作序。

1899 年

续译《原富》,寄请吴汝纶审定。

译成英国哲学家约翰·穆勒(John Stuart Mill)的《群己权界论》(*On Liberty*,现译名为《论自由》),初名《自由释义》,后改名《群己权界论》。

所译宓克的《支那教案论》由上海南洋公学译书院出版发行。

1900 年

4 月下旬,《原富》初译毕。

7 月,八国联军攻占天津,乃仓皇离津赴沪避难,自此脱离海军学堂,其"津寓为法兵所占",所有书籍,俱未携带。《群己权界论》译稿及知交函札,积年以来不下百数十通,亦均散失。(幸运的是在混乱中获得该译稿的外国人,于 1903 年春将其邮还严复。)

7—8 月,在上海创建中国第一个"名学会",并任会长,系统讲演名学(逻辑学)。上海租界避难期间始译约翰 · 穆勒的《名学》(*A System of Logic*,现译名为《逻辑体系》),首次将 logic 音译为逻辑学,意译为"名学"。

秋,金陵金粟斋译书局蒯光典请译《穆勒名学》。

1901 年

1 月 30 日,《原富》全书正式译毕。

致书吴汝纶,请其为《原富》作序,撰《原富》"译事例言"。张元济、郑孝柽编《中西编年、地名、人名、物义诸表》附在《原富》译本后。

1902 年

由管学大臣张百熙聘为京师大学堂译书局总办。

3 月,译约翰 · 穆勒《名学》原著第 1 卷前半部,即《穆勒名学》部甲。

续译《群学肄言》,岁暮完成,凡三易稿。

《与梁任公论所译〈原富〉书》在《新民丛报》上发表。

9 月,所译《群己权界论》由商务印书馆出版。

10 月,译完英国学者甄克斯《社会通诠》一书。

10 月,《原富》由上海南洋公学译书院出版。

11 月,《原富》全书(共五篇)由上海南阳公学译书院出版齐全。

1903 年

1 月 5 日,所译《原富》全书结集再版发行,印行 2000 套。

是月,所译《穆勒名学》部甲由金陵金粟斋木刻出版。

2 月 9 日,吴汝纶辞世,慨叹"惠施去而庄周亡质,伯牙死而钟期绝弦"。集玉溪《剑南诗》句挽之曰:"平生风仪兼师友,天下英雄惟使君。"

2 月,开始从英译本转译孟德斯鸠《法意》(《论法的精神》)。

5 月,所译《群学肄言》四册由上海文明译书局出版。

7 月,应弟子熊元锷请求,开始专门为其编写英文文法书——《英文汉诂》。

11 月,译成英国甄克斯(Edward Jenks)的《政治简史》(*The Short History of Politics*),后易名为《社会通诠》。

下半年,《群己权界论》由商务印书馆正式出版。

1904 年

正月,所译《社会通诠》由商务印书馆出版。

6—7 月,所编《英文汉诂》由商务印书馆出版。

7 月,所译孟德斯鸠《法意》前三册由商务印书馆出版。

继续翻译《穆勒名学》第一卷其余部分。

1905 年

1 月,《广益丛刊》连载了先生所译《群己权界论》。

5 月,所著《英文汉诂》由商务印书馆出版。

夏,应上海青年会邀请,分八次系统演讲西方政治学,鼓吹君主立宪。其演讲辑为《政治讲义》,1906 年 3 月由商务印书馆出版。

8 月,所著《侯官严氏评点老子》一书由熊季廉在日本东京出版。

冬,所译《穆勒名学》上半部(相当于原著第 1 卷)由金陵金粟斋木刻出版。

1906 年

在上海青年会发表讲演,后以《政治讲义》为题,由商务印书馆出版。

8 月,所译孟德斯鸠的《法意》完成,由商务印书馆出版。

1908 年

被学部尚书荣庆聘为审定名词馆总纂。

1909 年

《名学浅说》由商务印书馆出版。

受赐文科进士出身。

1911 年

12 月 4 日,清海军部成立,被特授为海军部一等参谋官。

1912 年

8 月,海军部设编译处,被任命为总纂,负责翻译外国海军图籍。

拟续译约翰·穆勒《名学》未果。

1914 年

1 月 10 日,译成卫西琴《中国教育议》一书,呈北京中四教育会,后刊登于《庸言》第 3、4 期上。

12 月,海军部设海军编史处,被聘为总纂,负责编辑海军实纪。

1915 年

4 月,与马相伯、伍光建编译《欧战缘起》,译成中文,刊于《居仁日览》,供袁世凯浏览。

7 月,被参政院推举为中华民国宪法起草委员。

1917 年

11 月 27 日,张元济购入《穆勒名学》出版片及出版权,不久函请续译《穆勒名学》。

1918 年

秋,返福州家乡,拟续译《穆勒名学》,未果。

1921 年

10 月 3 日,自觉病深,手书遗嘱。"须知中国不灭,旧法可损益,必不可叛。须知人要乐生,以身体健康为第一要义。须勤于所业,知光阴时日机会之不复更来。须勤思,而加条理。须学问,增知能,知做人分量,不易圆满。事遇群己对待之时,须念己轻群重,更切毋造孽。"

10 月 27 日,在福州郎官巷寓所逝世。

12 月 20 日,与王夫人合葬于闽侯阳岐鳌头山,曾与严复父谊甚笃的晚清内阁学士陈宝琛为其撰墓志铭,曰:"旗山龙渡岐江东,玉屏耸张灵此钟。绛新籀古柝以中,方言扬云论谭充,千辟弗试千越锋,昔梦登天悲回风。飞火怒扇销金铜,鲸呿鼍跋陆变江。氏见犹阅世君非蒙,咽理归此万年宫,文章光气长垂虹。"

中華譯學館·中华翻译家代表性译文库

许 钧 郭国良 总主编

第一辑

图书在版编目(CIP)数据

中华翻译家代表性译文库. 严复卷 / 徐雪英编. —
杭州:浙江大学出版社,2020.10
　　ISBN 978-7-308-20516-0

　　Ⅰ.①中… Ⅱ.①徐… Ⅲ.①严复－译文－文集
Ⅳ.①I11

中国版本图书馆 CIP 数据核字(2020)第 159750 号

中华翻译家代表性译文库·严复卷

徐雪英 编

出 品 人	褚超孚
总 编 辑	袁亚春
丛书策划	张　琛　包灵灵
责任编辑	张颖琪
责任校对	陆雅娟
封面设计	闰江文化
出版发行	浙江大学出版社
	(杭州市天目山路 148 号　邮政编码 310007)
	(网址:http://www.zjupress.com)
排　　版	浙江时代出版服务有限公司
印　　刷	浙江印刷集团有限公司
开　　本	710mm×1000mm　1/16
印　　张	25.5
字　　数	460 千
版 印 次	2020 年 10 月第 1 版　2020 年 10 月第 1 次印刷
书　　号	ISBN 978-7-308-20516-0
定　　价	88.00 元